옮긴이 ── 임동근

도시지리학자. 서울대학교 도시공학과를 졸업하고 동 대학원에서 공학 석사학위를, 프랑스 파리7대학에서 지리학 박사학위를 받았다. 공간연구집단 연구원으로 활동했으며, 서울대학교 지리학과에서 학생들을 가르치기도 했다. 지은 책으로『서울에서 유목하기』『메트로폴리스 서울의 탄생』(공저) 등이 있고, 옮긴 책으로 데이비드 하비의『신자유주의 세계화의 공간들』등이 있다.

KB118486

살과
돌

서양 문명에서의
육체와 도시

살과
돌

리처드 세넷 지음

임동근 옮김

문학동네

일러두기

1. 이 책은 Richard Sennett, *Flesh and Stone: The Body and the City in Western Civilization* (W. W. Norton, 1996)을 옮긴 것이다.
2. 본문의 [ ]는 옮긴이의 부연설명 또는 첨언이고, { }는 원저자의 것이다. 원서에서 이탤릭체로 된 강조 부분은 고딕체로 표시했다.
3. 단행본과 잡지는 『 』로, 논문이나 시는 「 」로, 예술작품 등은 〈 〉로 표시했다.

이 책 『살과 돌』의 초안은 1992년 프랑크푸르트의 괴테대학에서 발표되었다. 여러 문제를 곱씹을 기회를 준 초청자 위르겐 하버마스 교수에게 감사를 표한다. 고대 도시에 대한 연구는 1992~1993년 로마에 있는 미국학술원에 머물며 진행했다. 친절하게 대해준 아델 챗필드 테일러 원장과 맬컴 벨 교수에게 감사를 전한다. 1993년 우드로윌슨 국제학술센터에서 머물며 의회도서관의 원고를 볼 수 있게 해준 찰스 블리처 박사께도 감사를 전하고 싶다.

여러 친구가 책을 읽어주었다. 프린스턴고등연구소 글렌 바우어삭 교수는 첫 장 집필에 실마리를 주었다. 뉴욕대학의 노먼 캔터 교수는 중세 파리에 관한 글을 쓸 때 중요한 맥을 짚어주었다. 펜실베이니아 대학 조지프 리쿼트 교수는 건축사를 세세하게 알려주었다. 프린스턴대학의 칼 쇼르스케 교수는 계몽주의를 다룬 장에 도움을 주었다. 뉴스쿨의 찰스 틸리 교수와 프린스턴고등연구소의 조안 스코트 교수는 원고 전체를 호의적이지만 날카로운 시각으로 읽어주었다.

출판사 W. W. 노턴의 에드윈 바버는 책을 주의깊게 읽어주었고, 앤 아델멘은 작가의 욕심에서 나온 이 원고를 세심하게 정리해주었다. 이 책은 자크 샤조가 디자인했고 앤드루 마라시아가 제작했다.

친구인 피터 브룩스와 제럴드 시겔은 논평과 함께 친절하게 나를 도와주었다. 그들이 있었기에, 또 우리 인생이라는 모험의 열성적인 동반자인 아내 사스키아 사센이 있었기에 집필 과정이 덜 고독했다. 책이 발전해나가던 시기에 같이 성장하며 우리에게 가장 큰 기쁨을 주었던 우리 아들에게 이 책을 바친다.

지난 몇 년간 함께 작업한 학생들에게 많은 빚을 졌다. 몰리 맥개 리가 건물, 지도, 신체 이미지를 조사했다. 조지프 페미아가 기요틴 작 동원리를 가르쳐주었고 여기에 기초해 원고를 썼다. 안느소피 세리솔 라는 프랑스어 번역과 주석 작성에 도움을 주었다. 대학원 조교인 데 이비드 슬로컴이 없었으면 이 책을 쓰지 못했을 것이다. 그는 맹렬하 게 자료를 찾았고 끝없이 바뀌는 원고를 세심하게 읽어주었다.

마지막으로, 15년 전 육체의 역사를 함께 연구하기 시작했던 친구 미셸 푸코에게 가장 많은 도움을 받았다. 그의 죽음 이후 원고 앞부 분을 한쪽에 제쳐놓았다가 몇 년 뒤에야 다른 기분으로 작업을 재개 했다. 『살과 돌』은 젊은 날의 푸코가 좋아했을 법한 책은 아니다. 서론 에서 밝혔듯, 이 역사를 다르게 쓰도록 권유한 것은 푸코의 마지막 몇 년이었다.

"국가는 다수의 사람들뿐만 아니라
여러 종류의 사람들로 구성되어 있다.
서로 같은 사람들로는 국가가 만들어질 수 없기 때문이다."
— 아리스토텔레스, 『정치학』

육체와 도시

이 책은 육체의 경험으로 풀어본 도시의 역사이다. 고대 아테네에서 현대 뉴욕에 이르기까지 도시에서 여자와 남자가 어떻게 움직였는지, 그들이 무엇을 보고 들었는지, 그들의 코를 자극했던 냄새는 무엇이 었는지, 그들이 어디서 먹었는지, 무엇을 입었는지, 언제 목욕했는지, 어떻게 사랑했는지를 살펴본다. 이 책은 과거를 이해하기 위해 사람의 몸을 다루지만, 단지 도시 공간에서의 물리적 감각을 역사적으로 목록화한 것만은 아니다. 서양 문명은 몸의 존엄성과 다양성을 존중하는 데 늘 어려움을 겪었다. 나는 그런 육체-어려움이 건축, 도시설계, 도시계획 실무에서 어떻게 나타났는지를 이해하고 싶었다.

나는 오늘날 수많은 현대 건물을 저주하는 것 같은 감각의 상실이라는 문제, 또 도시 환경을 악화시키는 지루함과 단조로움, 무미건 조함 같은 문제가 주는 당혹에서 벗어나고자 이 역사를 쓰게 되었다.

이런 감각의 상실은 현대가 몸의 감각과 물리적 삶의 자유를 찬양한다는 점에서 더욱 놀라운 일이다. 내가 공간에서의 감각 상실을 처음 탐구하기 시작했을 때, 이 문제는 전문가들이 잘못해서 생긴 것인 줄 알았다. 현대 건축가와 도시계획가가 설계 과정에서 인체와의 능동적인 연계를 놓쳐버린 결과인 줄 알았다. 시간이 지나면서 공간에서의 감각 상실은 훨씬 더 광범위한 원인과 깊은 역사적 근원이 있다는 것을 알게 되었다.

— 1 —
수동적인 육체

몇 년 전에 친구와 함께 뉴욕 교외의 쇼핑몰에 영화를 보러 갔다. 친구는 베트남전쟁 때 왼손에 총을 맞았고 군의관이 그의 손목을 절단할 수밖에 없었다. 이제 그는 수저를 들거나 타자를 칠 수 있는 금속 손가락이 달린 기계장치를 착용한다. 우리가 본 영화는 피투성이의 전쟁 이야기였고, 친구는 무표정하게 앉아서 때때로 기술적인 지적을 했다. 영화가 끝나고 우리는 만나기로 한 다른 사람들을 기다리면서 바깥에서 담배를 피우며 머물렀다. 친구는 천천히 담배에 불을 붙인 뒤 금속 손으로 담배를 쥐고 안정되게, 짐짓 자랑스럽게 천천히 입술로 가져갔다. 관객들은 방금 두 시간 동안 몸이 터지고 찢기는 것을 보았고, 특별히 제대로 명중한 장면에서는 박수를 치는 등 피투성이 장면을 온전히 즐겼다. 사람들은 우리 주위로 몰려나오더니 금속 인공 보철물이 불편한 듯 힐끔거렸다. 우리는 곧 군중 속의 섬이 되었다.

심리학자 후고 뮌스터베르크가 1911년 무성영화를 처음 보았을 때 그는 현대의 대중매체가 감각을 둔화시킬지 모른다고 생각했다. 그는 영화에서는 "거대한 외부 세계가 그 무게를 잃어버린다"고, "공간과 시간과 인과성이 사라져버린다"고 썼으며 "활동사진[영화]이…… 실제 세상과 완전히 단절될 것"을 두려워했다.[1] 영화 속에서 다른 사람의 몸이 찢어지는 모습에 기쁨을 느끼는 군인이 거의 없는 것처럼, 촬영된 성적 쾌락의 이미지는 실제 연인들의 성적 체험과는 전혀 다르다. 나이든 두 사람이 벗고 사랑하는 모습, 뚱뚱한 사람들이 사랑하는 모습을 보여주는 영화는 거의 없으며, 영화 속 성교는 배우들이 침대에 들어가는 첫 순간부터 대단하다. 대중매체에 묘사된 경험과 실제의 경험 사이에 간극이 생긴다.

뮌스터베르크의 뒤를 이은 심리학자들은 이 간극을 대중매체의 효과 및 대중매체의 기법 자체에 초점을 맞추어 설명했다. 뭔가를 보면 조용해지는 법이다. 화면으로 고문과 강간을 보는 데 중독된 수백만 명 중 몇몇은 실제로 사람을 고문하고 강간하고 싶어질지도 모르나, 내 친구의 금속 손에 대한 반응은 분명 폭력을 대리체험하면 실제 고통에는 둔감해진다는 더 일반적인 반응을 보여준다. 예를 들어 텔레비전 시청자 연구에서 로버트 쿠비와 미하이 칙센트미하이는 "사람들은 텔레비전을 보면 수동적이게 되고 편안해지고 비교적 집중하지 않는다고 일관되게 말한다"는 점을 발견했다.[2] 가상의 성교처럼, 가상의 고통을 대량소비하면 몸의 인식이 무뎌진다.

우리가 조부모 때보다 더 솔직하게 몸의 경험을 보고 말한다지만, 그렇다고 해서 우리의 물리적 자유가 생각처럼 큰 것은 아니다. 우리는 적어도 대중매체를 통해서는 자신의 감각을 두려워했던 사람들보다 더 수동적으로 육체를 경험한다. 그렇다면 무엇이 몸을 도덕적이고 감각적인 삶으로 이끌 것인가? 무엇이 현대인을 서로 더 잘 인식하고, 물리적으로 더 잘 반응하게 만들 것인가?

사람들이 서로 접촉하고 있든 떨어져 있든, 인간 육체의 공간적 관계는 사람들이 서로 반응하는 방식, 서로를 보고 듣는 방식을 확연히 바꾼다. 예를 들어 우리가 전쟁영화를 보았던 그곳은 다른 이들이 내 친구의 손에 수동적으로 반응하게끔 영향을 주었다. 우리는 뉴욕 북쪽 교외의 넓은 쇼핑몰에서 영화를 보았다. 한 세대 전 고속도로 가까이에 지어진 별로 특별할 것이 없는 쇼핑몰에 30여 개의 상점이 늘어서 있고 그 안에 복합영화관이 있고 주변에는 여기저기 큰 주차장이 있었다. 이는 밀집된 도심에서 좀더 밀도가 낮고 비교적 비정형적인 공간으로, 교외 주택과 쇼핑몰과 사옥단지와 공업단지로 인구를 이전시키는 오늘날의 대도시 변화 중 한 모습이다. 교외 상점가의 극장이 에어컨이 있는 편안함 속에서 폭력적 쾌락을 맛볼 수 있는 만남의 장소라면, 사람들을 조각난 공간으로 모는 이 거대한 지리적 이동은 만질 수 있는 현실의 감각을 약화시키고 육체를 무디게 만드는 데 큰 영향을 미쳤다.

무엇보다도 이는 새로운 지리학을 가능케 한 물리적 경험인 속도의 경험 때문이다. 오늘날 사람들은 우리 조상들이 전혀 상상하지 못했을 정도의 속도로 이동한다. (자동차부터 끊김 없이 뻗은 콘크리트 고속도로까지) 움직임의 기술은 빽빽한 도심을 넘어 그 주변 공간으로 인간 정주지를 확장시켰다. 이제 공간은 순수한 움직임이라는 목적을 위한 수단이 되었다. 이제 우리는 자동차로 통과하거나 빠져나가기가 얼마나 쉬운지를 기준으로 도시 공간을 측정한다. 이 움직임의 힘에 예속된 도시 공간의 모습은 필연적으로 중립적이다. 운전자는 주의를 분산시키는 특이한 것이 최소화되어야만 안전하게 운전할 수 있고, 운전을 잘하려면 표준화된 표지판과 중앙분리대와 배수관이 있어야 하고, 거리에 다른 운전자를 제외한 생명은 없어야 한다. 이렇게 그저 움직임의 기능만을 할 때 도시 공간은 자체적인 활력을 잃는다. 운전자는 공간을 뚫고 지나가고 싶어할 뿐 공간에서 자극받기를 원하지 않는다.

돌아다니는 육체의 물리적 조건은 공간과의 이 단절감을 강화한다. 일단 속도 자체 때문에 지나가는 풍경에 집중하기 어렵다. 속도라는 외피를 보완하는 행동, 즉 차를 모는 데 필요한 행동, 가속 페달과 브레이크를 가볍게 밟는 일과 후방거울을 오가는 눈 움직임은 마차를 끄는 데 필요했던 신체의 고된 움직임에 비하면 아무것도 아니다. 현대 사회에서 지리를 항해하는 데는 물리적 노력이 거의 들지 않으며, 따라서 물리적 관여도 없다. 사실 도로가 점점 곧은 직선으로 규격화될수록 여행자가 이동하기 위해 거리의 사람과 건물을 신경쓸 일은 점점 줄어들어, 점점 덜 복잡한 환경에서 극미하게 동작한다. 그렇게 새로운 지리는 대중매체를 강화한다. 텔레비전 시청자처럼 여행자는 최면 상태로 세상을 경험한다. 공간 속에서 둔감해진 육체가 조각나고 불연속적인 도시 지리 속 목적지를 향해 수동적으로 움직인다.

고속도로 공학자와 텔레비전 연출가 모두 '저항으로부터의 자유'라 할 만한 것을 창조한다. 공학자는 방해 없이, 노력 없이, 또는 관여

없이 움직일 수 있도록 길을 설계하고 연출가는 사람들이 무엇이든 너무 불편해하지 않으며 볼 수 있도록 길을 찾는다. 나는 영화가 끝나고 내 친구에게서 물러서는 이들을 보면서, 그가 사람들에게 위협적인 이유는 상처난 육체의 모습 때문이기보다도 경험이 자국을 남겨 부자연스럽게 움직이는 육체 때문임을 깨달았다.

저항으로부터 육체를 자유롭게 하고자 하는 이 욕망은 현대 도시설계에 명백해진 두려움, 즉 접촉의 두려움과 맞물려 있다. 예를 들어 고속도로 부지를 선정할 때 계획가들은 흔히 주거 지역을 업무 지역에서 분리하기 위한 교통 흐름을 유도하거나, 부유한 지역과 가난한 지역 혹은 인종이 다른 지역을 갈라놓기 위한 교통 흐름을 만들려고 한다. 커뮤니티 개발에서 계획가들은 외부 사람이 접근할 수 있는 바깥쪽보다는 커뮤니티의 중심부에 학교와 주택을 집중시키고자 한다. 날이 갈수록 담장과 출입구와 경비가 있는 계획된 커뮤니티가 풍족한 생활이라는 이미지로 판매된다. 그러므로 우리가 전쟁영화를 보았던 쇼핑몰 근처의 교외지역을 연구한 사회학자 M. P. 바움가트너가 "일상 생활에서 삶은 갈등을 부정하고 최소화하고 억누르고 피하려는 노력으로 점철된다. 사람들은 대립을 꺼리고, 불평하거나 나무라는 일을 아주 싫어한다"는 사실을 발견한 것은 그리 놀라운 일이 아닐 것이다.[3] 촉각을 통해 우리는 무언가 혹은 누군가를 이질적으로 느낄 위험이 있다. 우리의 기술은 그러한 위험을 피하게 해준다.

따라서 1751년에 윌리엄 호가스가 제작한 두 점의 훌륭한 판화는 현대적 시각에서 이상해 보인다. 〈맥주 거리Beer Street〉와 〈진 골목Gin Lane〉에서 호가스는 그 시대 런던의 질서와 무질서의 이미지를 묘사하

윌리엄 호가스, 〈맥주 거리〉, 판화, 1751.

고자 했다. 〈맥주 거리〉에서는 사람들이 서로 가까이 앉아 함께 맥주
를 마시고 남자들이 여자들의 어깨를 팔로 감싸고 있다. 오늘날 이탈
리아 남부의 작은 도시에서 사람들이 진지한 이야기를 할 때 상대의
손이나 팔뚝을 잡듯이, 호가스에게 서로 만지는 몸은 사회적 연결과

— 윌리엄 호가스, 〈진 골목〉, 판화, 1751.

질서정연함을 의미했다. 반면 〈진 골목〉은 각각의 인물들이 술에 취해
자기(그 또는 그녀) 안에 침잠해 있는 사회적 풍경을 보여준다. 〈진 골
목〉에서 사람들은 서로에 대한 몸의 교감이 없으며 거리의 계단과 벤
치와 건물에 대한 감각도 없다. 호가스에게는 이런 물리적 접촉의 결

핍이 도시 공간 속 무질서의 이미지였다. 호가스가 생각한 도시에서의 육체적 질서와 무질서는 밀폐된 커뮤니티 개발자가 군중공포증이 있는 고객에게 전달하는 상과는 아주 달랐다. 오늘날 질서는 접촉의 결핍을 의미한다.

일부 현대문화 비평가들은 바로 이러한 종류의 증거, 즉 인간의 육체 감각을 마비시키는 현대적 기술들과 협력한 현대 도시의 쭉 뻗은 지리를 바탕으로 현재와 과거 사이에 큰 단절이 있다고 주장한다. 현대 사회에서 감각적 현실과 육체적 활동의 손상은 역사적으로 유례를 찾을 수 없을 정도라고 말이다. 그러한 비평가들에 따르면 이 역사적 변화의 전조는 도시 군중의 성격 변화에서 찾을 수 있다. 한때는 많은 육체가 도심에 빽빽하게 차 있었으나 이제 군중은 흩어졌다. 이들은 공동체나 정치권력의 더 복잡한 목적을 위해서가 아니라 소비를 위해 쇼핑몰에 모인다. 사회이론에서 이런 주장은 대중사회 비평가, 특히 아도르노와 마르쿠제에 의해 발전되었다.[4]

여전히 내가 도전하고 싶은 것 또한 과거와 현재 사이에 존재하는 이런 깊은 틈을 지각하는 것이다. 현대적 기술과 마찬가지로 현대 도시의 지리는 인간 육체가 서로를 인식하게 하는, 인체를 위한 공간을 잘 상상하지 못하는 서양 문명의 고질적 문제를 표면화한다. 컴퓨터 화면과 외곽의 섬들은 과거에 풀지 못한 문제의 공간적 여파이다. 사람들이 한데 모이던 거리와 광장, 교회와 시청, 집과 마당 등 돌로 된 옛 건축물은 사람들이 서로 접촉하도록 강제했으나 그 설계들은 호가스의 판화에서 예감할 수 있었던 살flesh에 대한 인식을 일깨우는 데는 실패했다.

— 2 —
이 책의 계획

『역사 속의 도시The City in History』에서 루이스 멈퍼드는 도시를 구성하는 기본 형태인 성벽, 집, 거리, 광장을 훑으며 4000년의 도시사를 이야기했다. 나의 학식은 이보다 못하고 내 시각은 더 좁다. 그래서 나는 같은 역사를 다른 방식으로 썼다. 나는 각 도시의 특정한 순간을, 즉 전쟁이나 혁명의 발발, 건물의 준공, 의학적 발견, 어떤 책의 발간으로 몸에 대한 사람들의 경험과 그들이 사는 공간 사이의 관계에 중요한 분기점이 만들어졌던 시점을 연구했다.

『살과 돌』은 펠로폰네소스전쟁 발발 당시 전성기 아테네에서 벌거벗음이 어떤 의미였는지를 탐구하는 것으로 시작한다. 벌거벗고 드러난 몸은 흔히 자신들의 도시에서 자신감이 충만하고 편안했던 사람들의 표상으로 인식되어왔다. 그러나 나는 이러한 육체적 이상이 남녀관계에서, 도시 공간의 형성에서, 아테네 민주주의의 실천에서 장애의 원천으로 작용한 과정을 탐구했다.

그다음 초점은 하드리아누스황제가 판테온 신전을 완성했을 시기의 로마이다. 여기서 나는 이미지에 대한 로마인의 맹신, 특히 육체 기하학에 대한 믿음과 이를 도시설계와 제국의 관행으로 번역한 방식을 탐구하고자 했다. 시각의 권력이 말 그대로 이교도 로마인들을 속박하고 그들의 감수성을 둔하게 만들었으며, 하드리아누스 시대의 기독교인들이 도전하기 시작한 속박을 지탱하고 있었다. 기독교인 황제 콘스탄티누스가 로마에 돌아와 라테란 바실리카를 건설했을 바로 그 당시, 기독교인 육체를 위해 만들어진 초기 공간을 나는 알아보고 싶었다.

연구는 이후 육체에 대한 기독교인의 믿음이 어떻게 중세 전성기와 초기 르네상스 시대의 도시설계를 형성했는지로 넘어간다. 성왕聖王 루이[루이9세]의 위대한 성서가 나온 1250년경, 십자가에 못박힌 그리스도의 물리적 고통은 중세 파리 사람들에게 도시 내 자비와 신성의 공간을 생각할 수 있게 했다. 그러나 이런 공간은 새로운 시장경제 시대에 접어들어 물리적 공격이 난무하게 된 거리에 불안하게 자리하고 있었다. 르네상스 시대 도시의 기독교인은 이교도와 비유럽인이 유럽의 도시경제 궤도로 진입함에 따라 자신들의 공동체 이상이 위협받고 있다고 느꼈다. 나는 1516년부터 시작된 베네치아의 유대인 게토 형성 과정에서 이런 위협적인 차이들이 분명해져가는 한 양상을 살펴보았다.

『살과 돌』의 마지막 부분은 근대 과학이 육체를 알아감으로써 과거의 의학지식에서 해방되었을 때 도시 공간에 무슨 일이 벌어졌는지를 살펴본다. 이 혁명은 17세기 초 육체의 순환계에 대한 이해를 근본적으로 바꾸어놓은 윌리엄 하비의『동물의 심장과 혈액의 운동에 관한 해부학적 연구』가 출간되면서 시작되었다. 순환하는 체계로서의 육체라는 이 새로운 이미지는 18세기 들어 도시 내에 육체를 자유롭게 순환시키려는 시도를 촉발했다. 혁명기 파리에서는 육체적 자유라는 이 새로운 심상이 공동의 공간과 공동의 의례라는 필요성과 충돌하게 되었고 감각적 수동성이라는 현대적 징후가 처음으로 나타났다. 19세기에 대도시가 형성되며 개별화된 움직임이 승리하면서는 오늘날

서론_ 육체와 도시

우리의 삶에 배어 있는 특정한 딜레마, 즉 자유롭게 움직이는 개별적 육체는 다른 인간을 물리적으로 잘 인식하지 못한다는 문제가 발생했다. 이 딜레마의 심리적 대가는 제국 시대 런던의 소설가 E. M. 포스터에게 명확하게 나타났고, 그 사회적 대가는 오늘날의 다문화 뉴욕에서 잘 드러난다.

그러나 어느 누구도 이렇게 많은 것을 섭렵할 순 없다. 나는 이 책을 헌신적인 초심자로서 썼고, 독자 또한 같은 심정으로 그 과정을 따라오길 바란다. 다만 짧게 간추린 이 글이 더욱 시급하게 제기하는 문제는 어떤 육체를 탐구하는가이다. '인간 육체'는 결국 변화무쌍한 세월, 성과 인종의 구분을 아우른다. 이런 다양한 육체 하나하나는 과거의 도시에서나 오늘날의 도시에서나 그 자신의 독특한 공간을 가진다. 나는 이를 목록화하기보다는 과거에 '인간 육체'라는 집합적이고 포괄적인 이미지들이 어떻게 사용되었는가를 탐색하고자 했다. '육체'의 기본 이미지는 특히 서로 다른 육체를 가진 사람들 간의 상호적이고 감각적인 인식을 억누르는 경향이 있다. 사회나 정치 질서가 총칭으로서 '육체'를 이야기할 때, 그 기본계획에 들어맞지 않는 육체들의 요구는 부정되곤 한다.

육체에 관한 기본 이미지의 필요성 중 하나는 사회질서의 필요성을 표현하는 '몸 정치'라는 문구에 나타난다. 몸 정치에 대한 가장 직접적인 정의는 1159년 철학자 솔즈베리의 존의 "국가res publica는 몸이다"라는 선언일 것이다. 그에게 사회의 지배자는 인간의 뇌처럼, 그 신하는 심장처럼 기능하고, 상인은 사회의 위장, 군인은 손, 농부와 하인은 발이었다.[5] 그의 이미지는 위계적이었다. 사회질서는 지배자의 기관인 뇌에서 시작한다. 이어 솔즈베리의 존은 인간 몸의 모양과 도시의 형태를 연결시켰다. 도시의 궁전이나 성당이 머리이고, 중앙시장은 위장이며, 집은 도시의 손발이었다. 그러나 사람은 숙고하는 기관인 교회에서는 천천히 움직여야 하고, 불같이 빠르게 소화가 진행되는 위장인 시장에서는 빠르게 움직여야 한다.

솔즈베리의 존은 과학자로서 다음과 같이 썼다. 뇌가 어떻게 작동하는지를 알아내면 왕에게 법을 만드는 법을 알려줄 수 있다고. 현대의 사회생물학은 이 중세과학과 추구하는 바가 크게 다르지 않다. 사회생물학 또한 사회가 작동하는 방식을 이른바 '자연'의 명령에 근거를 두고 싶어한다. 중세에나 현대에나 몸 정치는 사회 통치를 육체의 지배적인 이미지 위에 확립한다.

솔즈베리의 존이 육체의 형태와 도시의 형태 간 유사성을 지나치게 축자적으로 생각했다고 볼 수도 있지만, 도시 발전 과정에서 어떤 건물 또는 도시 전체가 어떻게 보여야 하는지를 결정하는 데 '육체'의 기본 이미지는 변형된 형태로 흔히 사용되어왔다. 육체의 벌거벗음을 찬양한 고대 아테네 사람들은, 비록 그들이 추구한 포괄적인 인체 형태가 사실상 남자의 몸에 한정되고 그들이 젊었을 때로 이상화되었긴 하지만, 아테네의 김나시온에서는 벌거벗음에 물리적 의미를, 도시의 정치적 공간에서는 은유적 의미를 부여하고자 했다. 르네상스 시대 베네치아 사람들이 도시에서의 '육체'의 존엄을 이야기했을 때, 그들은 기독교인의 육체만을 생각했으며 이러한 배제로부터 반인반수인 유대인을 격리하는 논리적 결과가 도출되었다. 이런 식으로 몸 정치는 육체를 총칭하는 언어, 배제를 통해 억압하는 언어를 구사함으로써 권력을 실행하고 도시의 형태를 창조한다.

하지만 육체를 총칭하는 언어와 몸 정치를 단순히 권력의 기술로만 생각하는 데는 편집증적 측면이 있을 수 있다. 또한 사회는 단일한 목소리를 냄으로써 사람들을 하나로 묶고자 노력할 수도 있다. 무엇보다 그동안 포괄적인 육체 언어는 도시 공간으로 형상화될 때 무척 기이한 운명을 겪었다.

서양 역사에서 육체의 지배적 이미지는 도시에 각인되는 과정에서 갈기갈기 찢겼다. 본질적으로 육체의 기본 이미지는 그것에 지배당하는 사람들에게 동요를 일으킨다. 모든 사람의 몸은 물리적으로 특이하고 모든 인간은 모순된 물리적 욕망을 느끼기 때문이다. 서양 도시에서 집합적 기본 이미지가 불러일으키는 육체의 모순과 동요는 도시 형태의 변형과 변질을 통해, 도시 공간의 용도 전복을 통해 표출되어왔다. 그리고 바로 이 '인간 육체'의 필연적 모순됨과 파편화가 상이한 인간 육체의 권리들을 발생시켰고 그러한 육체를 존엄하게 했다.

『살과 돌』은 권력의 지배력을 추적하는 대신 구약성서와 그리스비극에 나타나는 서양 문명의 큰 주제 중 하나를 좇아간다. 그것은 우리의 육체에 강제된 불행한 경험이 우리가 사는 세상을 더 잘 인식하게 만든다는 것이다. 아담과 이브의 [금기] 위반, 자신들의 벌거벗음에 대한 부끄러움, 그리고 에덴 추방은 이 최초의 인간들이 잃은 것만이 아니라 그들이 무엇이 되었는지에 관해 들려준다. 에덴에서 그들은 순수하고 무지하고 순종적이었다. 세상에 나온 그들은 자각하게 되었다. 자신이 흠 많은 피조물임을 알았고, 그래서 생소하고 이상한 것들을 탐구하고 이해하고자 했다. 그들은 더이상 모든 것이 주어진 신의 아이들이 아니었다. 소포클레스의 『오이디푸스 왕』도 비슷한 이야기를 들려준다. 자신의 눈을 파낸 후 세상을 떠도는 오이디푸스는 자신이 보지 못하게 된 세상을 새롭게 인식하고, 이제 겸허히 신들에게 더 가까워진다.

우리의 문명은 그 기원부터 고통받는 육체라는 도전을 받아왔다. 우리는 고통을 피할 수도 꺾을 수도 없는 경험으로, 그 뜻이 자명한 것으로 받아들이지 않았다. 육체 고통의 수수께끼는 그리스비극과 신의 아들을 이해하려는 초기 기독교인의 노력에 흔적을 남겼다. 육체의 수동성 및 수동적 반응이라는 문제도 우리 문명에 깊은 뿌리를 내렸다. 스토아학파 철학자들은 쾌락과 고통 모두에 수동적으로 반응하는 방식을 함양했고, 그들의 기독교인 후계자들은 교우들의 고통에 적극적으로 개입하는 것에 자신의 감각에 대한 무관심을 결합시키고자 했다. 서양 문명은 고통을 '자연화'하기를 거부했으며, 고통을 사회적 통제로 처리하든가 아니면 더 높은 의식적 정신 체계의 일부로 받아들이고자 했다. 내가 고대인들이 우리 동시대인들과 마찬가지라고 주장하는 건 결코 아니다. 그러나 이러한 주제는 서양 역사에 늘 다시 등장하여 시끄럽고 지속적으로 재구성되고 재가공되고 있다.

서양 역사를 지배해온 육체의 기본 이미지들은 에덴 바깥의 육체에 대한 지식을 부정할 것이다. 그 이미지들은 육체라는 시스템의 완전성을, 그리고 육체가 지배하는 환경과 그 육체의 통일성을 전달하려고 하기 때문이다. 전체성, 유일성, 일관성은 권력의 어휘에서 빼놓을 수 없는 단어이다. 우리 문명은 더욱 성스러운 육체의 이미지, 육체가 고통과 불행의 원천인 그 육체 자체와 싸우는 신성한 이미지를 통해 지배의 언어와 싸워왔다. 이 불화와 불일치를 인정할 줄 아는 사람은 자신이 사는 세상을 지배하지 않고 이해한다. 이것이 우리 문화에서 만들어진 신성한 약속이다.

『살과 돌』은 그 약속이 특정한 장소에서 어떻게 맺어지고 깨졌는가를 이해하려는 시도이다. 그 장소란 도시이다. 도시는 권력의 장소로 기능했고, 이곳의 공간들은 인간 자신의 이미지 속에서 일관성을 얻고 온전해졌다. 또한 도시는 이런 기본 이미지들이 산산이 부서지는 공간이기도 했다. 도시는 서로 다른 사람들을 한데 모으고, 사회생활의 복잡성을 강화하며, 서로를 낯설게 여기게 한다. 차이, 복잡함, 낯설음이라는 도시 경험의 모든 양상은 지배에 저항할 수 있게끔 한다. 이 복잡하고 어려운 도시의 지리는 특정한 도덕적 약속을 제시한다. 스스로를 에덴에서 추방된 자로 여기는 사람들에게 도시는 집이 되어줄 수 있다.

— 3 —
개인적인 기록

나는 1970년대 말 미셸 푸코와의 공동 작업으로 몸의 역사를 연구하기 시작했다.[6] 이 책 곳곳에 그 친구의 영향이 배어 있을 것이다. 그의 죽음 이후 수년이 지나 다시 이 역사를 쓰기 시작했을 때, 나는 우리가 처음에 택했던 방식을 고수하지 않았다.

『감시와 처벌』 등 잘 알려진 책들에서 푸코는 인간의 몸이 사회 권력이라는 매듭에 거의 완전히 목이 졸린 상태라고 상상했다. 자신의 몸이 약해지면서 푸코는 그 매듭을 풀고 싶어했다. 나아가 『성의 역사』 제3권과 생전에 완성하지 못한 다른 많은 글에서는 사회에 감금되지 않은 육체의 쾌락을 탐구하고자 했다. 그의 삶 대부분에서 뚜렷이 나타나던 통제에 대한 편집증은 그가 죽어가기 시작할 때 사라진 셈이었다.

푸코가 죽어가는 방식을 보면서 나는 살아남은 자들이 죽음 앞에서 고쳐먹게 되는 많은 생각 중에서도, 지어진 공간이 고통받는 육체에 중요하다는 관념에 도전했던 비트겐슈타인의 지적을 떠올렸다. 그는 이렇게 물었다. "우리는 고통의 장소를 아는가? 고통의 장소를 안다면 그곳이 이 방의 두 벽에서, 바닥에서 얼마나 떨어져 있는지 아는가? ……내 손가락 끝에 통증이 있고 그 손가락으로 내 이를 만질 때, {이것을 치통이라고 말하려면} 통증이 손끝에서 16분의 1인치 떨어져 있어야 한다는 것이 무슨 의미일까?"[7]

이 책을 쓰면서 나는 내 친구가 죽음을 맞이할 때 보인 위엄을 기리고자 했다. 그는 고통받는 육체—그 자신의 육체 및 그가 마지막 몇 달 동안 글로 쓴 이교도의 육체—를 그런 계산의 영역 너머에서 살아가는 것으로 받아들였기 때문이다. 바로 이런 이유에서 나는 우리가 처음에 택했던 관점, 즉 섹슈얼리티라는 프리즘을 통해 사회 속 육체를 탐구하자는 관점에서 벗어났다. 빅토리아 시대의 성적 금욕으로부터 육체를 해방하는 일은 현대 문화의 대사건이었지만, 이 해방은 또한 육체적 감성을 성욕으로 좁히는 결과로 이어졌다. 『살과 돌』에서 나는 타인의 육체적 인식이라는 주제 안에 섹슈얼리티를 통합하고자 했지만 쾌락의 약속만큼이나 고통의 인식도 강조하게 되었다. 이 주

서론_ 육체와 도시

제야말로 육체를 통해 영적 지식을 얻을 수 있다는 유대-기독교 믿음을 존중하는 것이며, 나는 신자로서 이 책을 썼다. 나는 에덴에서 추방되었던 이들이 어떻게 도시에서 집을 찾을 수 있는가를 보여주고 싶었다.

제1부

목소리와 눈의 권력

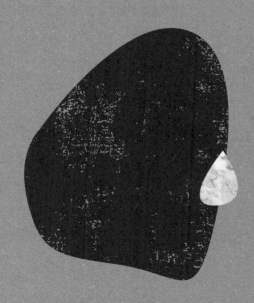

제1장

벌거벗은 육체

페리클레스의 아테네

기원전 431년, 아테네와 스파르타의 전쟁이 시작되었다. 아테네는 승리의 확신을 가지고 참전했으나 27년간의 전쟁 끝에 대패했다. 아테네의 장군으로 자신이 참가한 전쟁의 역사를 기술한 투퀴디데스에게 펠로폰네소스전쟁은 스파르타의 군사화된 생활과 아테네라는 개방적 사회가 격돌한, 군사적인 동시에 사회적인 충돌이었다. 투퀴디데스는 기원전 431~430년 겨울, 전쟁의 초기 전사자를 기념하며 최고 시민 페리클레스가 했다는 '추모연설'을 통해 아테네의 가치관을 보여주었다. 투퀴디데스가 기록한 말이 실제로 페리클레스가 한 말과 얼마나 가까울지 우리는 모른다. 하지만 오랜 시간이 지나며 이 연설은 그 시대를 비추는 거울이 되었다.

현대의 역사가 니콜 로로의 말을 빌리면, 그 연설은 "부모의 슬픔을 자부심으로 바꾸기" 위한 것이었다.[1] 젊은 전사자의 하얀 유골이 침엽수 관에 넣어져 도시 성벽 바깥에 있는 묘지로 옮겨졌고 슬퍼하는 군중이 그 뒤를 따랐다. 이제 옛 무덤들 위로 소나무 잎이 양탄자처럼 뒤덮인 그 공동묘지는 전사자의 쉼터가 될 것이었다. 페리클레스는 도시의 영광을 찬양함으로써 전사자에게 경의를 표했다. 그가 말하길 "(우리는) 소수자가 아니라 다수자의 이익을 위해 나라가 통치되고……법 앞에 만인이 평등합니다."[2] 고대 그리스에서 데모크라티아 demokratia는 데모스demos(민중)가 국가의 크라토스kratos(권력)임을 뜻한다. 페리클레스는 단언한다. 아테네인은 도량이 넓고 세계주의적이며 "우리 도시는 온 세계에 개방되어 있"다고.[3] 맹목적으로 명령만 따르는 스파르타 사람들과 달리 아테네 사람들은 서로서로 설득하고 논쟁하며 "말과 행동을 양립할 수 없는 것으로 보지 않"았다.[4]

페리클레스는 현대인이라면 상당히 놀랄 만한 일을 당연하게 여겼다. 예술작품에서 젊은 전사들의 지도자들은 거의 나체로 묘사되었으며, 그 벗은 몸은 단지 방패와 창으로 보호되었다. 젊은이들은 도시의 체육관에서 나체로 레슬링을 했고, 거리와 공공장소에서는 헐렁한 옷을 입은 남자들이 자유롭게 그들의 몸을 드러냈다. 미술사가 케네스 클라크가 관찰한 것처럼, 고대 그리스에서 나체로 몸을 노출하는 사람은 약한 사람이 아니라 강한 사람, 나아가 문명화된 사람이었다.[5] 예를 들어 투퀴디데스는 『펠로폰네소스 전쟁사』 앞부분에서 전쟁 발발 시점까지의 문명화 과정을 추적하면서 스파르타 이야기를 한다. "공개석상에서 옷을 벗고 나체로 경기를 한 것은 그들이 처음이었고", 반면에 그 시점에도 ('이방인' 또는 '야만인'으로 번역할 수 있는) 바르바로이barbaroi 중 많은 이들은 여전히 경기에서 성기를 가리려고 했다.[6] 문명화된 그리스인들은 벗은 몸을 찬양의 대상으로 삼고 있었다.

고대 아테네 사람들에게 자신을 드러내는 행위는 시민으로서의 위엄을 확인하는 일이었다. 아테네 민주주의에서는 자기 몸을 드러내는 것과 자기 생각을 드러내는 것이 똑같이 중요했다. 이렇게 서로에게 자신을 드러냄으로써 시민들은 더욱 긴밀한 관계를 맺었다. 오늘날이라면 그러한 결속을 '남성 유대male bonding'라고 불렀을 텐데, 아테네 사람들은 말 그대로 결속했다. 고대 그리스에서는 남자끼리의 성적 사랑을 가리키는 말이 시민과 도시의 결속을 표현하는 데 그대로 사용되기도 했다. 정치가는 자신이 연인이나 전사처럼 보이기를 원했다.

보여주기, 노출하기, 드러내기를 고집하는 태도는 아테네의 돌에 흔적을 남겼다. 페리클레스 시대의 주요 건축 작품인 파르테논 신전은 아래쪽 도시 어디에서나 잘 보이도록 튀어나온 언덕에 세워졌다. 도시의 거대한 중앙광장인 아고라에는 오늘날의 사유지와 달리 금단의 영역이 거의 없었다. 모든 시민이 참여하는 민회가 열렸던 프뉙스 언덕 위 극장 등 아테네 사람들이 만든 민주정치의 공간은 군중 배치 및 투표 규칙을 통해 개인이나 작은 집단의 투표를 모든 사람이 볼 수 있게 노출시키고자 했다. 벌거벗음은 이 도시에서 아주 편안한 사람들의 표식으로 보이기도 한다. 도시는 돌의 보호 없이 대지를 정처 없이 방황하는 야만인과 달리 시민이 행복하게 자신을 드러낸 채로 살 수 있는 장소였다. 페리클레스는 살과 돌 사이에 조화로움이 군림하는 아테네를 찬양했다.

벌거벗음을 중요하게 생각하는 태도는 일면 페리클레스 시대 그리스인들이 인간 몸의 내부를 사고하는 방식에서 비롯되었다. 그 시대

인간 생리학의 열쇠는 체열體熱이었다. 자기 몸의 열을 잘 집중시키고 통제할 수 있는 사람에게는 옷이 필요하지 않았다. 더구나 뜨거운 몸은 차갑고 둔한 몸에 비해서 타인에게 더 잘 반응하고 더 열성적이었다. 뜨거운 몸은 행동하고 반응할 열을 지니고 있어 강하다는 것이었다. 이런 생리학적 인식은 언어 사용에까지 확장되었다. 사람이 듣고 말하고 글을 읽을 때는 몸의 온도가 올라가고, 그러면 또 행동의 욕구가 강해진다는 것, 이것이 말과 행동이 하나라는 페리클레스의 신념에 깔려 있던 육체관이었다.

투퀴디데스는 자신의 몸을 자랑스러워하고 자신의 도시를 자랑스러워하는 그리스인과 털옷을 입고 숲이나 늪에서 살아가는 야만인을 선명하게 대비시키지만, 그리스인의 생리학은 벌거벗음을 그러한 대비보다도 훨씬 더 복잡하게 이상화했다. 그리스인의 인체 이해는 체열이 어느 정도인지에 따라 권리가 달라지고 도시 공간에서도 차이를 두었다. 이 차이는 젠더 구분에서 가장 눈에 띄게 나타났다. 왜냐하면 여자는 남자의 차가운 상태로 여겨졌기 때문이다. 여자는 도시에서 나체를 드러내지 않았다. 게다가 마치 어두운 내부가 햇빛이 비치는 외부보다 여자의 생리에 더 적합하기라도 한 것처럼 주로 집 안에 머물러야 했다. 집에서 여자들은 무릎까지 내려오는 얇은 튜닉을 입었고, 거리에서는 발목까지 내려오는 거칠고 두툼한 아마포 튜닉을 입었다. 마찬가지로 노예에 대해서도, 심지어 태생은 귀족이라 해도 힘겨운 노예 생활로 인해 체온이 떨어지므로 시간이 지남에 따라 아둔해지고 말주변이 없어지고 인간성을 잃고 주인이 시키는 일밖에 못하게 된다고 믿었다. 페리클레스가 찬양한 말과 행동의 통일은 그것을 이룰 능력을 '타고난' 남성 시민만이 경험하는 것이었다. 즉 그리스인들은 지배와 종속의 법칙을 시행하는 데 체열의 과학을 이용했다.

이런 지배적인 육체 이미지를 받아들이고 그 이미지를 바탕으로 한 과격하게 불평등한 방식으로 사람들을 다루고 그 이미지의 명령에 따라 공간을 조직했던 것은 비단 아테네 사람들만이 아니었다. 하지만 일면 아테네 민주주의에서 육체의 이런 기본 이미지가 위기를 만들었기에, 오늘날 우리에게 페리클레스 시대의 아테네는 아마도 스파르타는 해주지 않을 법한 이야기를 들려준다. 투퀴디데스는 '추모연설'의 주제를 거듭 다루었다. 그는 페리클레스가 정치체에 대해 표현했던 자신감을 두려워했다. 투퀴디데스의 역사는 중요한 순간마다 사람들이 권력에 가졌던 믿음이 얼마나 자기파괴적인지 보여준다. 또 고통받는 아테네 사람들의 육체가 도시의 돌에서 어떠한 위안도 발견하지 못했음을 보여준다. 벌거벗음은 고통스러움 앞에서 어떤 진통제도 주지 않았다.

그러므로 투퀴디데스는 우리 문명의 초기에 있었던 자기과시의 열망에 대해 교훈담을 전한다. 제1장에서 우리는 말의 열기가, 수사修辭의 불길이 이 자기과시를 어떻게 파괴했는지에 대해 투퀴디데스가 주는 단서를 짚어갈 것이다. 제2장에서는 [제1장에서 살펴본 것들의] 그 이면, 즉 차가운 육체를 가진 자들이 어떻게 말없이 고통받기를 거부했고, 그 대신에 어떻게 도시 안에서 그 차가움에 의미를 부여하고자 했는지를 탐구할 것이다.

시민의 육체

파르테논과 나체의 과시

페리클레스의 아테네 사람들

페리클레스가 찬양한 도시를 이해하기 위해서, 전쟁 첫해의 아테네를 산책한다고 상상해보자. 시작은 그가 연설했다고 하는 묘지이다. 이 묘지는 도시의 성벽 너머 아테네 북서쪽 끝에 위치했다. 그리스인들은 무참히 죽은 사람들에게서 오염물질이 흘러나오고 죽은 시체가 밤에 걸어 다닐지도 모른다며 시체를 두려워했기 때문이다. 도시로 다가가면 그 주요한 입구인 트리아시오문(나중 이름은 디필론문)에 도착한다. 이 문은 네 개의 큰 탑과 그 중앙의 안마당으로 이루어져 있었다. 현대의 한 역사가에 따르면, 아테네를 찾아온 평범한 사람에게 트리아시오문은 "이 도시의 권력과 난공불락을 상징"했다.[7]

아테네의 성벽은 그 권력의 성장을 말해준다. 아테네는 원시적인 무기로도 방어할 수 있는 노출된 언덕인 아크로폴리스를 중심으로 발전하기 시작했다. 아마도 페리클레스 시대로부터 1000년 전 아테네 사람들은 아크로폴리스를 방어하기 위해 성벽을 지었던 것으로 보인다. 아테네는 주로 아크로폴리스 북쪽으로 뻗어나갔으며, 다소 불완전한 증거에 따르면 아테네 사람들은 기원전 600년경에 성벽을 증축했으나 도시 초기만 해도 폐쇄된 요새로 보기 어려웠다. 아테네는 다른 많은 고대 도시처럼 물 가까이에 있었지만 물가에 있지는 않았다. 즉 페이라이에우스항구가 도시에서 7킬로미터쯤 떨어져 있었다는 점이

방어 문제를 복잡하게 했다.

도시와 바다를 연결하는 생명줄은 허술했다. 기원전 480년 페르시아가 아테네를 침공했을 때, 기존 성벽은 별 도움이 안 되었기에 아테네인은 생존하기 위해 도시를 봉쇄해야만 했다. 기원전 470년대 들어 아테네의 본격적인 요새화가 두 단계에 걸쳐 진행되었는데, 첫번째는 도시 자체를 에워싸는 것이었고 두번째는 도시와 바다를 연결하는 것이었다. 성벽 하나는 페이라이에우스로 이어졌고, 다른 하나는 페이라이에우스 동쪽에 위치한 보다 작은 팔레론항구로 이어졌다.

추모연설에는 한마디도 언급되지 않았지만 성벽은 혹독한 노역의 지리地理였다. 아테네에 부속된 영토는 성벽에 둘러싸인 땅보다 훨씬 넓었다. 아테네 주변 2000제곱킬로미터에 이르는 코라khora는 소보다는 양과 염소, 밀보다는 보리를 기르는 데 적합했다. 이 땅은 기원전 600년대까지 대부분 벌채되어 생태 문제가 심각해졌다. 또 그리스 농부들은 지중해 연안의 일반적 관행대로 올리브나무와 포도나무를 매우 짧게 가지치기했는데, 그로 인해 바싹 마른 땅이 더욱 햇볕에 노출되었다. 땅이 너무 메말라 아테네는 식량의 3분의 2를 수입해야만 했다. 코라에서는 은이 생산되었고, 성벽이 들어선 뒤로는 대리석이 집약적으로 채굴되었다. 그러나 농촌 경제는 주인과 노예 한두 명이 일하는 소농이 지배적이었다. 고대 세계는 결국 농경사회였다. 역사가 린화이트가 말하길 "보수적으로 생각해도, 농사가 아주 잘되는 지역이라 해도 농지에 살지 않는 한 명을 먹여 살리기 위해 열 명 이상의 노동이 필요했다."[8]

아리스토텔레스는 다른 그리스인들, 나아가 현대 서양의 엘리트들과 마찬가지로 생존을 위한 물질적 투쟁이 품위를 떨어뜨린다고 생각했다. 사실 고대 그리스에는 "'노동'이라는 일반개념 또는 '보편적 사회기능'으로서의 노동 개념을 표현할 단어" 자체가 없었다고 한다.[9] 그이유 중 하나는 서민들이 너무도 절박하게 일할 수밖에 없었고, 그런 삶의 조건에서는 일이 곧 삶 자체였기 때문일 것이다. 고대의 연대기 작가 헤시오도스는 『일과 나날』에서 "사람은 낮에는 노동과 슬픔으로부터, 밤에는 죽음으로부터 결코 안식할 수 없다"라고 썼다.[10]

이런 압박받는 경제 덕분에 도시의 문명화가 가능했다. 그것은 '도시'와 '농촌'이라는 단어의 뜻을 심하게 비틀었다. 각각 도시와 농촌을 뜻하는 그리스어 아스테이오스asteios와 아그로이코스agroikos는 각각 "'재치 있다'와 '어리숙하다'"로 번역될 수 있다.[11]

성문을 통과하면 도시는 약간은 덜 험악한 분위기를 띠었다. 트리아시오문을 지나 도시로 들어오면 바로 도자기 구역(케라메이코스 Kerameikos) 중심부에 도달한다. 납골 항아리는 매장할 때 핵심 물품이었기 때문에 도공들은 성벽 밖의 새로운 묘지와 성벽 안의 옛 묘지 근처에 모여 있었다. 트리아시오문에서 도시 중심부까지는 페리클레스 시대 이전부터 있었던 적어도 500년은 된 대로大路가 있었다. 원래는 이 대로를 따라 커다란 항아리 장식이 있었는데, 페리클레스 이전 세기부터 아테네 사람들의 발전된 기술을 보여주는 작은 석판(스텔라이 stelai)이 놓이기 시작했다. 그 세기에 다른 갖가지 무역과 상업도 이 대로를 따라 발전했다.

이 중심가는 드로모스Dromos 혹은 파나테나이아 길로 불렸다. 길을 따라 내려가면 땅이 가팔라지고 도시 북부를 가로지르는 작은 에리다노스강을 건넌다. 이어 콜로노스 아고라이오스 언덕을 돌아, 아테네의 중앙광장인 아고라에 도착한다. 페르시아가 공격하기 전까지 아고라의 건물 대부분은 콜로노스 아고라이오스 쪽에 있었고, 재앙이 끝난 후 이 건물들이 제일 먼저 재건되었다. 그 앞에는 4만여 제곱미터 규모의 마름모꼴 개방공간이 있었다. 아테네 사람들은 여기 아고라의 개방공간에서 교환 및 거래를 하고 정치를 하고 신들에게 경배했다.

파나테나이아 길을 벗어나면 사뭇 다른 도시가 펼쳐졌다. 길이가 약 7킬로미터에 달하는 아테네 성벽은 15개의 주요 문이 있었고, 낮은 집과 좁은 길이 빽빽이 들어찬 도시를 둥글게 에워쌌다. 페리클레스 시대에 이런 주택은 코일레Koile라 불린 남서쪽 구석 지역에 가장 밀집해 있었다. 대체로 단층인 아테네 주택들은 돌과 고온에서 구워낸 벽돌로 지어졌는데, 부유한 가문이면 주택 내부의 중정 쪽으로 방을 더 만들거나 이층을 올렸을 것이다. 대부분의 집은 가정과 일터가 상점이나 공방의 형태로 결합되어 있었다. 도시 내에는 아고라 주변의 큰 시장 외에도 항아리, 곡물, 기름, 은, 대리석상 등을 만들고 팔 수 있는 별도의 구역들이 있었다. 오줌 냄새와 음식 기름 냄새가 진동하는 이 구역들의 단조롭고 칙칙한 벽에서 "그리스의 위대함"은 찾아볼 수 없었다.

하지만 파나테나이아 길을 따라 아고라를 벗어나면 다시 경사가 가팔라지기 시작하는데, 길은 이제 아크로폴리스 성벽의 북서쪽 밑부터 오르막으로 가다가 아크로폴리스 입구의 거대 건물인 프로필라이아에서 정점을 이룬다. 원래는 요새였던 아크로폴리스 언덕은 초기 고전주의 시대에 이르러 오로지 종교 구역이 되었다. 아고라의 다양한 생활 위에서 유지되는 성스러운 보호지역이 되었던 것이다. 아리스토텔레스는 이러한 공간 변화 역시 도시의 정치적 변화라는 측면에서 이해할 수 있다고 믿었다. 그는 『정치학』에서 이렇게 썼다. "과두정체와 독재정체에는 성채[아크로폴리스]가 유리하고, 민주정체에는 평지가 유리하다."[12] 아리스토텔레스는 모든 시민의 수평적 관계를 상정했다. 하지만 아크로폴리스에서 가장 눈에 띄게 우뚝 선 파르테논은 도시 자체의 영광을 선언했다.

파르테논은 기원전 447년 기존의 신전 자리에 착공되었고 기원전 431년에 완공된 듯하다. 페리클레스가 적극적으로 참여했던 새로운 파르테논 건설이 그에겐 아테네 덕목의 상징으로 보였던 듯한데, 왜냐하면 그것이 시민들의 집단적 노력을 대변했기 때문이다. 전쟁이 시작되기 전 연설에서 페리클레스는 펠로폰네소스반도의 적은 "자기 땅에서 스스로 경작하는" 사람들이라고 말했다. 그는 이런 자작농의 상황을 아주 경멸했다. "자작농은 전시에 재산보다는 몸으로 복무할 각오가 되어" 있었다. 아테네 사람들과 달리 "그들은 공동의 관심사에는 약간의 시간만 할애하고 대부분의 시간을 자신의 이익을 추구하는 데" 썼다. 아테네가 그들보다 강한 이유는 "(적들은) 그들도 모르는 새 공동의 이익이 훼손되고 말기" 때문이었다.[13] 페리클레스와 같은 아테네 사람들에게 도시를 뜻하는 그리스어 폴리스polis는 지도상의 장소보다 훨씬 더 깊은 뜻을, 사람들이 통합을 이루는 장소라는 뜻을 담고 있었다.

도시 내 파르테논의 입지는 그 집합적이고 시민적인 가치를 극적으로 보여주었다. 구시가지뿐 아니라 확장된 신시가지 등 도시 곳곳에서 볼 수 있는 통합의 아이콘이 태양 아래 빛났다. M. I. 핀리는 이 건물의 자기과시와 보여짐의 특징을 '옥외성'이라 적절하게 불렀다. 그가 말하길, "이런 점에서 우리가 일반적으로 받는 인상은 매우 왜곡된 것이다. 우리는 폐허를 보고, 폐허를 살피고, 파르테논 내부를 걸어다닌다. ……고대 그리스인들이 보았던 것은 그와는 물리적으로 완전히 다른 것이었다."[14] 건물의 외형 자체가 중요한 문제였고, 그것은 마치 노출된 피부처럼 연속적이고 자기만족적이고 흥미로운 표면이었다. 하나의 건축적 대상이라는 관점에서 표면은 파사드와 다르다. 파리 노트르담대성당의 경우처럼 파사드는 건물 내부의 매스mass[공간의 부피를 덩어리로 표현한 실체]가 외부의 파사드를 생성시켰다는 느낌을 주는 반면, 파르테논의 표면인 열주와 지붕은 내부로부터 생성된 형태처럼 보이지 않는다. 이 점에서 파르테논 신전은 아테네의 도시 형태 전반에 대한 실마리를 제공하는데, 이 도시의 부피volume는 표면의 작용에서 비롯되었다는 것이다.

그렇긴 해도 사람들은 페리클레스가 연설했던 묘지부터 파르테논까지의 짧은 산책만으로도 도시 건설의 위대한 시절이 만든 결과물을 보았을 것이다. 특히 아테네 사람들이 말로써 자신을 드러낼 수 있는 장소를 제공한 건물들이 그러했다. 아테네 사람들은 도시 성벽 밖에 암기술이 아닌 토론을 통해 젊은이들을 교육하는 학교들을 발전시켰다. 아고라 안에는 1500명을 수용할 수 있는 법정을 세웠고, 500명의 지도층 시민이 정치사를 논하는 회의장을 건설했으며, 그보다 적은 50명의 고위 인사가 일상사를 논하는 톨로스^{tholos}라는 건물도 지었다. 아고라 근처에는 프뇍스 언덕에 자연적으로 형성된 사발 모양의 경사면을 따라 전체 시민의 회합장소를 만들었다.

이런 엄청난 물질적 발전이 막 시작된 전쟁에서 승리하여 부를 차지하리라는 큰 희망을 불러일으켰다. 몇몇 현대 역사가는 아테네 사람들의 폴리스 우상화는 이 도시국가가 제국으로서 누릴 부와 불가분의 관계라고 믿는다. 반면 다른 몇몇은 이 모든 것이 오직 잘못된 개인을 처벌하고 반역 집단을 통제하기 위해서만 고취되는 수사학적 관념으로 작용했다고 말한다. 그러나 페리클레스는 의심 없이 그 가치를 믿었다. 현대 역사가 E. R. 도즈는 이렇게 말했다. "이 세대에게 황금시대는 헤시오도스가 믿은 대로 희미한 과거에 파묻힌 잃어버린 낙원이 아니었다. 그들에게 황금시대는 그들 뒤에 있는 것이 아니라 그들 앞에 있었고 하물며 그리 멀지 않은 곳에 있었다."[15]

육체의 열

파르테논 외부를 두르고 있던 '엘긴 마블스$^{Elgin\ Marbles}$'라 불리는 유명한 프리즈^{frieze}는 이런 도시의 형태를 만들고 희망을 불러일으켰던 벌거벗은 몸에 대한 믿음을 보여준다. 이 프리즈는 19세기에 아테네에서 런던으로 이 유물을 가져온 영국 귀족[엘긴 경]을 기념하여 이름이 붙었고 현재는 대영박물관에 소장되어 있다. 이 부조는 아테네가 이 도시의 창건과 도시의 신들을 기념하는 행사였던 파나테나이아의 행렬과 우리가 그랬던 것처럼 파나테나이아 길을 따라 도시를 통과해 아크로폴리스에 도착하는 시민들의 모습을 묘사했다. 아테네의 창건은 야만에 대한 문명의 승리를 뜻했다. "아테네 사람이면 누구나……
당연히 아테네가 이 싸움에서 주인공이 되리라 생각했을 것"이라고
역사가 이블린 해리슨은 지적한다.[16] 아테나 여신의 탄생은 파르테논
의 전면 박공에 묘사되었고, 반대편 박공에는 아테나가 아테네의 수
호신으로서 포세이돈과 싸우는 모습이, 메토프metope에는 (반인반마
인) 켄타우로스와 싸우는 그리스인들과 거인족을 상대하는 올림포스
신들이 부조되어 있었다.

파나테나이아 행렬에서 수많은 인간이 신들과 함께 섞여 있다는
점에서 엘긴 마블스는 특이한 작품이다. 조각가 페이디아스는 인간의
몸을 독특한 방식으로 재현했는데, 무엇보다도 다른 조각가들보다 더
대담하게 인간의 몸을 환조로 새겼고 이것이 신들 옆에 인간이 존재
한다는 현실성을 높였다. 실제로 파르테논 프리즈에 새겨진 인간은 델
파이에 있는 프리즈보다 좀더 편안해 보인다. 델파이의 조각가는 신
과 인간의 차이를 강조했던 반면, 아테네의 페이디아스는 필립 펠의
표현대로 "내재적 필요성을 어떻게든 표출하는 인간 영역과 신 영역
사이의 미묘한 관계"[17]를 조각했다.

파르테논 프리즈의 인간상은 모두 젊고 완벽한 몸으로, 그 완벽성
을 적나라하게 드러내고 있으며, 소를 기르든 말을 길들이든 표정은
평온해 보인다. 이 형상들은 인간이 어떤 모습이어야 하는지를 일반화
한 것으로, 예를 들어 그 몇 년 전 올림피아에 조각된 제우스와는 대
조적이다. 제우스 신의 몸은 노년의 기미를 보이는 근육과 두려움이
깔린 얼굴 등 좀더 개성적이었다. 비평가 존 보드먼이 지적하듯, 파르
테논 프리즈에서 인간 육체의 이미지는 "비현실적이게도…… 개별적

이기보다는 이상화되었다. 신이 그렇게 인간적이었던 적도, 인간이 그렇게 신성해 보인 적도 {결코 없었다}."[18] 이상적이고, 젊고, 벗은 몸은 신과 인간의 차이를 시험하는 인간의 힘을 나타내며, 그리스인들 또한 알고 있었듯, 이 시험은 비극적 결말로 이끌 수 있었다. 자기 몸에 대한 사랑 때문에 아테네 사람들은 휘브리스hybris[오만], 즉 치명적 자부심이라는 비극적 결함을 무릅썼던 것이다.[19]

이와 같은 육체에 대한 자부심의 원천은 인간이 되는 과정을 좌우하는 체열에 대한 믿음에서 나왔다. 임신 초기 자궁에서 충분한 열을 받은 태아는 남자가 되고, 초기에 이 열이 부족한 태아는 여자가 된다고 여겨졌다. 자궁에서 충분한 열을 받지 못하면 "더 부드럽고, 더 물 같고, 더 축축하고 차갑고, 한마디로 남자보다 형태가 덜 견고한" 생명체가 만들어졌다.[20] 열의 불균등을 연구한 최초의 그리스인은 아폴로니아의 디오게네스였고, 아리스토텔레스는 『동물의 생성에 관하여』 등에서 디오게네스의 분석을 받아들이고 확장했다. 예를 들어 아리스토텔레스는 생리혈과 정액의 관계를 분석하면서 정액은 열을 받은 피인 반면 생리혈은 차가운 피라고 생각했고, 정액은 새 생명을 만들기에 우월한 반면 생리혈은 활성화되지 않았다고 믿었다. 그는 "남자는 운동과 생성의 원리를, 여자는 질료의 원리를 가졌다"며 몸 안의 능동적 힘과 수동적 힘을 대비시켰다.[21] 고대 의학자 히포크라테스는 결국 동일한 결론에 이르는 또다른 논리를 제시했다. 그는 인간의 정액과 음액 모두에 담겨 있는, 강하고 약한 두 종류의 정자를 가정했다. 토머스 래커는 히포크라테스의 관점을 다음과 같이 요약한다. "둘 다 강한 정자를 만들어내면 남자아이가 생기고 둘 다 약한 정자를 만들어내면 여자아이가 태어난다. 그런데 어느 한쪽에서 약한 정자가 싸움에서 승리하고 다른 쪽에서는 강한 정자가 승리한다면 아이의 성별은 정자의 양으로 결정된다."[22] 이 경우에도 그렇게 해서 만들어지는 것은 뜨거운 남자 태아와 차가운 여자 태아이다.

체열 개념은 그리스인들이 발명한 것도 아니었고 그들이 처음으로 성별에 적용한 것도 아니었다. 이집트인, 어쩌면 그 이전의 수메르인까지도 육체를 그런 시각으로 이해했던 것 같다. 이집트인의 기록인 주밀락 파피루스는 "뼈는 남성의 특성, 살은 여성의 특성"으로 기술하며, 뼈의 골수는 정액으로, 살의 지방은 차가운 여자의 피로 만들어졌다고 전한다.[23] 그리스인들은 이집트의 의학을 더 발전시켰다. 그리하여 아리스토텔레스는 정액의 열에너지가 피를 통해 살에 스며들기 때문에 남자의 살이 더 뜨겁고 잘 식지 않는다고 했다. 그는 남자의 조직이 더 뜨겁기 때문에 남자의 근육이 여자보다 더 단단하다고 생각했다.[24] 따라서 남자는 벌거벗고 자신의 몸을 드러낼 수 있지만 여자는 그리할 수 없었다.

그리스인들은 '여자'와 '남자'를 육체 스펙트럼의 양극단으로 보았다. 이에 비해 예를 들어 빅토리아 시대 사람들은 월경과 폐경을 신비로운 여성의 힘으로 간주하고 남성과 여성을 거의 다른 종으로 취급했다. 래커는 그리스인의 시각을 일종의 "단성 육체" 관점으로 본다. "적어도 두 개의 젠더gender가 단일한 성sex에 상응하며, 여기서 남녀의 경계는 정도의 문제이지 종류의 문제가 아니다."[25] 빠듯한 정도로만 열을 받은 남자 태아는 여성적인 남자가 되고, 정상 이상의 열을 받은 여자 태아는 남성적인 여자가 된다. 나아가 그리스인들은 이런 생식

생리학으로부터 남자와 여자의 해부학을 이해하는 원칙을 도출했다. 남자와 여자의 생식기는 같은 기관이 서로 뒤집어진 형태라는 것이다. 페르가몬의 갈레노스는 의학도들에게 다음과 같이 상상해보도록 했다. "여자의 질을 바깥쪽으로 뒤집고, 남자의 성기를 안쪽으로 넣어 이중으로 접어보라. 그러면 둘이 모든 면에서 같다는(같은 구조라는) 것을 알게 될 것이다."[26] 갈레노스의 이런 시각은 고대 서양에서부터 아랍 의학을 거쳐 중세 기독교 의학에 스며들었고, 르네상스를 버텨낸 후 17세기에 종말을 고할 때까지 거의 2000년 동안 과학적 진리로 받아들여졌다.

이처럼 서양 역사 대부분에서 의학은 '육체'를 하나의 몸으로, 즉 생리학적으로 매우 차가운 상태에서 매우 뜨거운 상태에 이르고, 가장 여성적인 상태에서 가장 남성적인 상태에 이르는 몸으로 이야기했다. 체열은 사람들이 보고 듣고 행동하고 반응하는 능력과 심지어 말하는 능력까지 좌지우지하는 것으로 여겨졌다. 이 담론은 페리클레스 시대에 육체적 자극의 언어로 정리되기 시작했다. 예를 들어 페리클레스보다 두 세대 이전 사람들은 일반적으로 "사람의 눈에서 빛이 발사되기 때문에 앞을 볼 수 있는 것"이라 믿었다.[27] 반면 페리클레스 시대에는 눈이 물체에서 나오는 따뜻한 빛을 수용하는 것이라 생각했다. 뒤에 아리스토텔레스는 『감각과 감각되는 물체에 대하여』에서 투명성과 빈 공간에 대한 경험까지도 그러한 물리적 경험이라고 주장했다. 또한 실체로서의 빛이 눈에 인상을 남기기 때문에 이미지가 보는 이의 몸에 열을 발생시킨다고 했다.[28] 하지만 이 따뜻한 빛은 사람마다 각기 다르게 느껴진다. 마치 활활 타오르는 불꽃이 가까스로 가물

거리는 불꽃보다 더욱 격렬하게 통나무를 태워버리듯, 받아들이는 몸이 따뜻할수록 자극에 대해 더욱 강렬하게 반응한다. 차가운 몸은 그런 반응이 느리고, 더 천천히 뜨거워진다.

이미지와 마찬가지로 말도 몸의 감각에 물리적으로 같은 인상을 남긴다고 여겨졌고, 언어적 자극에 반응하는 능력 또한 몸이 가진 체열의 정도에 달려 있었다. 플라톤의 경우 "뜨거운 말"과 "논쟁의 열기" 같은 문구는 은유라기보다 문자 그대로의 묘사였던 것이다. 토론과 논쟁은 참여자의 몸을 뜨겁게 했고 고독한 육체는 점점 차가워졌다.[29] 물론 페리클레스 시대의 그리스인들은 극작가 에우리피데스가 『히폴리토스』에서 묘사한 묵독默讀 습관을 새로 들이고 있었다. 독서는 말하기와는 다른 정신적 습관을 필요로 했다.[30] 하지만 그리스인들이 현대적이고 추상적인 의미에서 '텍스트'를 경험했던 것은 아니다. 그리스 독자들은 글에서조차 실제 사람들이 말하는 음성을 듣는다고 생각했을 것이고, 쓰인 글을 고치는 것은 다른 이의 말을 방해하는 것과도 같았다. 육체는 오직 홀로 있을 때, 말하지도 않고 읽지도 않을 때, 차가워지고 둔감해졌다.

고대인은 이러한 체열 관념을 바탕으로 인간 사이의 부끄러움과 영예에 관해 사고했다. 여성적이고 차갑고 수동적이고 연약한 것에서 남성적이고 뜨겁고 강하고 적극적인 것으로 변해가는 의학적 기록은 인간 가치 상승의 척도를 이루었다. 이에 따르면 남자는 같은 질료로 만들어졌어도 여자보다 우월했다. 현대의 역사가 줄리아 시사는 이렇게 지적한다. "여성적인 것이 남성적인 것과 같은 영역에 포함되었을 때…… 그로 인한 결과는 동등함을 관대하게 인정하는 것이 아니라 여성적인 것을 '명백히' 남성적인 것의 하위에 두는 것이었다."[31] 또 이런 의학적 기록은 시민과 노예를 대비시키는 역할을 했다. 한쪽에는 말이 부족하여 점차 둔하고 차가워진 노예의 몸이 있고, 다른 한쪽에는 공회당에서 뜨겁게 논쟁하며 데워진 시민의 몸이 있었다. 파르테논의 프리즈에 나체로 새겨진 풍만함, 평온함, 영예는 그보다 못한 육체의 부끄러움과 분리할 수 없었다. 도시의 영예와 부끄러움은 그리스인의 생리학 개념에서 유래했다.

벌거벗은 몸의 힘을 키우기 위해 어른들은 소년들을 김나시온에 보냈다. 현대에도 쓰이는 '김나시온(김나지움gymnasium)'이라는 단어는 그리스어로 '완전한 나체'를 뜻하는 굼노이gumnoi에서 왔다.[32] 벌거벗은 아름다운 육체는 자연의 선물처럼 보인다. 하지만 앞에서 보았듯 투퀴디데스는 벌거벗음을 문명의 성취로 기록했다. 김나시온은 젊은 아테네 사람들에게 어떻게 나체가 되어갈지를 가르쳤다. 아테네에는 세 개의 김나시온이 있었고, 그중 가장 중요한 아카데미아는 페리클레스 이후 몇 세대 지나 플라톤의 학교가 되었다. 여기로 가는 길을 상상해보면, 우리는 다시 트리아시오문을 나선 뒤 나무 그늘이 드리운 널찍한 보행로를 따라 걸을 것이다. 아카데미아는 문에서 북서쪽으로 약 1.4킬로미터 거리에 있었다.

이곳 학생은 아카데미아에 기숙한 것이 아니라 도시에서 이곳까지 걸어 다녔다. 아카데미아의 운동장은 고대의 성역이었고, 민주주의 시대에는 "일종의 교외 공원"[33]으로 변했다. 운동장에는 열주가 있는 직사각형 건물 팔레스트라palestra가 있었고, 여기에 레슬링장, 일반 훈련실, 마시고 떠드는 공간이 있었다. 어떤 김나시온은 레슬링장을 별도 건물에 두기도 했다. 아리스토파네스는 희극 『구름』에서 김나시온에서 보내는 목가적인 나날을 그렸다. "그대는 토실토실하고 건강이 넘치는 모습으로 운동장을 거닐게 되고, 요즘 젊은이들처럼 아고라(장터)에서 되지못한 잡담과 재담을 늘어놓거나 지저분한 송사에 말려드는 일은 결코 없으리라."[34]

김나시온은 수염 등 이차 성징은 아직 덜 나타났으나 근육은 부풀어오르기 시작한 사춘기 중후반 소년의 몸을 만들고자 했다. 이때가 체열이 근육에 완전히 자리잡는 일생의 중요한 시기였던 것이다. 학생들은 레슬링을 할 때 다른 소년을 들어올리면서 등과 어깨의 근육을 키우고, 몸을 비틀고 돌리면서 허리를 바짝 죄었다. 또 창이나 원반을 던지면서 팔 근육을 늘렸고 달리기로 다리 근육을 단단하게, 엉덩이를 탱탱하게 만들었다. 운동할 때는 몸에 올리브기름을 발랐기에 레슬링을 할 때는 서로가 미끄러지며 빠져나갔고, 기름을 바른 만큼 손의 악력이 키워졌다. 운동 경기는 몸을 부비며 체열을 높인다는 생리학적 목적에도 충실했다.

김나시온은 남자의 근육을 단련할 뿐 아니라, 학생들을 서로 말로 겨루게 함으로써 도시의 민주주의에 참여하기 위한 필수 기술인 남자의 목소리를 단련했다. 페리클레스 시대에는 김나시온에 찾아온 일반 시민들이 끼어든 채로 토론 훈련이 이루어졌다. 처음엔 소년에게 발성법과 단호하게 말하는 법을 가르쳤다. 이어 소년은 레슬링에서 배운 것과 같은 움직임의 경제성에 따라 말을 사용해 의견을 주고받는 법을 배웠다. 페리클레스 시대의 학교는 이전 시기의 암기 학습을 지양했으며, 경쟁이 이를 대신했다. 그러나 소년들은 여전히 그러한 토론에서 준거로 사용할 방대한 양의 호메로스 시를 암기해야 했다.

스파르타의 김나시온에서는 오직 몸만 단련했다. 논쟁하는 목소리는 시민적 틀을 형성하는 부분이 아니라고 봤기 때문이다. 나아가 스파르타에서는 몸에 상해를 가하는 능력을 키우게 했다. 예를 들어 스파르타의 김나시온은 해자로 둘러싸여 있었고, 여기서 "젊은 스파르타인은 서로 격렬하게 싸워 상대를 물속으로 집어던졌다."[35] 또한 스파르타는 소녀들에게도 레슬링을 시킨 몇 안 되는 도시 중 하나였다. 하지만 이는 출산을 위해 몸을 강화한다는 실리적인 이유에서였다. 아테네의 김나시온이 소년들의 몸을 훈련시킨 것은 야만적인 힘을 넘어서게끔 하기 위해서였다.

바로 이 김나시온에서 소년은 자신의 몸이 폴리스라는 더 큰 집합체의 일부임을, 육체는 도시에 속하는 것임을 배우게 된다.[36] 강한 육체는 분명 훌륭한 전사를 만들며, 훈련된 목소리는 훗날 그 몸으로 공무에 참여할 수 있게 해주었다. 그런데 아테네의 김나시온은 하나를 더 가르쳤다. 소년은 성적으로 벌거벗는 방법을 훈련받았다. 현대의 도덕주의자들과 달리 아테네 사람들은 섹슈얼리티를 시민의식의 긍정적 요소로 생각했다. 이 태도는 성적 금기, 예를 들어 자위는 아무도 성교하고 싶어하지 않는 노예에게나 어울리는 행위라는 믿음을 지키는 수준을 넘어서는 것이었다. 즉 노예의 김나시온 출입 금지 같은 법의 시행을 넘어서는 것이었으며, "자유인인 소년과 사랑하거나 그런 소년을 따라다니는 것"을 넘어서는 문제였다.[37] 김나시온에서 소년은 명예롭게 욕망할 수 있고 욕망의 대상이 될 수 있도록 자신의 몸을 사용하는 법을 배웠다.

그리스 남자의 일생을 보면, 어릴 때는 나이 많은 남자에게 사랑받고, 나이가 들면 어린 남자에게 사랑을 느낀다. 물론 여자에게도 성적 사랑을 느낄 수 있다. 그리스인들은 육체 생리학을 바탕으로 오늘날 우리가 말하는 '동성애'와는 다른 '여자 같음'을 구분했다. '연약한' 남자의 몸(말타코이malthakoi)은 여자처럼 행동했다. "그들은 다른 남자들을 상대하면서 '여성적인'(즉 받아들이는) 역할을 갈망한다."**38** 말타코이는 남자와 여자의 중간 체열 영역에 속했다. 김나시온의 소년은 말타코이처럼 수동적인 방식이 아니라 적극적인 방식으로 사랑하는 법을 배워야 했다.

소년의 사랑 선생은 레슬링 등의 경기를 보러 온 연상의 젊은이혹은 성인이었다. 더 나이 많은 남자(에라스테스erastes)는 사랑의 대상으로 더 젊은 남자(에로메노스eromenos)를 찾았다. 이때 에로메노스가 되려면 어른 키는 되어야 했지만, 이차 성징, 얼굴과 몸의 털로 둘의 나이 차이를 알 수 있었다. 소크라테스는 60대에도 젊은 연인이 있었지만, 대체로 에라스테스는 미혼이거나 막 결혼한 젊은 남자였다. 에라스테스는 에로메노스를 칭찬하고 그에게 선물을 주며 그를 귀여워했다. 김나시온의 공적 공간이 성교 장소는 아니었다. 여기서는 접촉이 이루어졌다. 두 남성이 서로 끌리면 김나시온을 둘러싼 정원으로 자리를 뜨거나 이후 밤에 도시에서 만났다.

이 시점에는 구강성교, 항문성교 등 몸의 어떤 구멍으로도 삽입해서는 안 된다는 섹스 규칙이 있었다. 대신에 에라스테스와 에로메노스는 상대의 성기를 자기 허벅지 사이에 끼운 채 비비고 문질렀다. 이 문지르는 행위는 체열을 높이는 것으로 여겨졌고, 남자 간 성경험의 핵심은 사정이 아니라 몸의 마찰에서 느껴지는 열이었다. 남자와 여자의 성교에서도 전희로서의 마찰은 여자의 체온을 높임으로써 여자가 생식을 위한 액체를 생성할 충분한 힘을 갖도록 하는 것으로 여겨졌다.

남녀 간 섹스는 보통 몸을 굽힌 여자가 뒤에 서거나 무릎 꿇고 있는 남자에게 엉덩이를 내놓는 자세로 이루어졌다. 고전학자 케네스 도버는 항아리 그림을 증거로 제시하며 이 자세에서 "삽입은 의심할 여지 없이 주로 여자의 질이 아니라 항문으로 이루어졌다"고 결론지었다.[39] 다른 많은 문화에서처럼 그리스인들은 항문성교가 독특한 쾌락이자 단순하고 안전한 피임법임을 알았다. 그러나 이는 사회적 지위를 드러내는 자세이기도 했다. 즉 눕거나 몸을 구부리는 여자가 복종하는 쪽이었다. 이와 마찬가지로, 삽입당하기를 바라는 여성적인 남성도 복종하는 자세를 취했다. 티마르코스의 시민권을 박탈하기 위해 열린 재판에서 고발자 아이스키네스는 아테네 사람에게 어울리지 않는 섹스와 시민의식의 위엄에 걸맞은 섹스를 대비시켰다.

몸을 구부리거나 낮춘 자세를 취하는 것, 다른 남자의 성기를 항문이나 입으로 받아들이는 것. {그와 반대로} 화대를 거절하는 것, 잠재적 파트너가 가치를 입증할 때까지 모든 육체 접촉을 냉정히 미루는 것, 그런 접촉의 관능적 쾌락을 절제하는 것, 선 자세를 고수하는 것, 첫날밤 파트너와 눈을 마주치지 않는 것……[40]

남성 간의 섹스는 흔히 둘 다 똑바로 선 자세로 이루어졌다. 삽입을 삼가고 둘이 똑같은 행동을 하는 이 자세에서 두 남자는 나이와 상관없이 동등하다. 이것이 아이스키네스가 말하는 동료 시민으로서 하는 섹스이다. 사랑은 몸의 표면에서 일어나고, 이는 도시 공간의 표면에 부여된 가치에 상응했다.

그리스 문화는 걷는 모습과 선 모습으로 성격을 표현했다. 큰 보폭의 걸음은 남자다운 것이었다. 호메로스는 "트로이아인은 빽빽하게 떼를 지어 앞으로 몰려나왔고, 헥토르는 큰 보폭으로 전진하며 그들을 이끌었다"고 헥토르에 경의를 표했다.[41] 반면 "여신 헤라와 아테나가 그리스인을 돕기 위해 트로이아에 등장했을 때, 그들은 성큼성큼 걷는 영웅과는 정반대로 {호메로스의 표현에 따르면} '발걸음이 소심한 비둘기'와 흡사했다."[42] 도시에는 이런 오래된 속성이 남아 있었다. 느리더라도 끊임없는 움직임은 남자답게 잘 교육받았음을 드러냈다. 작가 알렉시스는 "내가 신사답지 않다고 보는 특징 중 하나는 거리를 품위 있게 걸어야 할 때 경솔한 걸음으로 걷는 것이다"라고 말했다.[43] 여자들은 여전히 작은 보폭으로 머뭇거리며 걸었고, 어떤 남자들은 그렇게 함으로써 자신을 '여자처럼' 보이게 했다. '직립한, 공정한, 결의에 찬'을 뜻하는 그리스어 오르토스orthos는 남자의 강직함을 나타냈다. 오르토스의 반대편에는 항문성교에 복종하는 남자의 특징으로 여겨진 불명예스러운 수동성이 있었다.

이런 사랑하는 몸들의 안무가 아테네 시민의 합당한 행동을 결정했다. 나아가 추모연설에서 페리클레스는 도시에 대한 사랑을 표현하는 데 '연인'을 의미하는 성적인 단어 에라스타이erastai를 사용하여 시민은 도시와 "사랑에 빠져야만 한다"고 주장했다.[44] 투퀴디데스는 여

제1장. 벌거벗은 육체

기서 페리클레스가 일상적인 어법을 사용했다고 언급한 것이다. 다른 아테네 사람들도 도시를 사랑하는 사람들을 말할 때 성적인 단어인 에라스타이를 사용했다. 이는 또한 아리스토파네스의 연극에서도 사용된 방법이었다.[45] 시민과 시민 간의 관계처럼 시민과 도시 간의 성적인 결합은 소년들이 김나시온에서 처음 배우는 적극적이고 똑바로 선 사랑이다.

아테네 사람들은 몸과 건물의 직접적인 유사성을 이야기했으나, 그렇다고 머리나 손가락 모양의 건물을 세우지는 않았다. 그들은 육체의 생리학적 이해를 토대로 도시의 형태를 만들었다. 아고라를 가로지르는 상상을 하며 우리는 이런 특성을 지닌 스토아stoa를 지났다. 기본적으로 긴 곁채로 지어진 스토아는 차가움과 뜨거움, 보호와 노출의 특징을 갖고 있었다. 스토아의 뒷면은 벽에 막혀 있었고 앞면에는 아고라의 개방공간으로 통하는 열주가 있었다. 스토아는 단독 건물이었음에도 페리클레스 시대에는 독립적 구조물이 아니라 아고라의 개방공간 테두리로 여겨졌다. 남자들은 이 곁채의 벽 쪽에서 서로 대화하거나 거래를 하거나 식사를 했다. 공공건물의 식당은 다소 집의 식당처럼 구성되어 있었다. 사람들은 벽으로 완전히 둘러싸인 곳에서 먹고 마시길 원했기에 "개방된 열주 쪽으로 등을 돌린 채" 몸을 기대려고 하지 않았다.[46] 바깥에서 사람들이 끼어들어 방해하지는 않았으나 안을 훤히 들여다볼 수 있었다. 벽이 없는 아고라 쪽으로 다가가면 다른 사람이 알아보고 다가오기도 했다. 이쪽은 "남성의 면, 노출의 면"[47]이었다.

디자인 역시, 소년의 몸은 원료에 육체의 생리학이 적용되면서 일종의 예술작품처럼 주조될 수 있다는 김나시온의 가르침을 따랐다. 파르테논의 프리즈가 제자리에 있었을 때, 거기에 극적으로 조각된 육체들의 장면은 조각가의 예술적 기교를 보여주고 한 현대 비평가의 말마따나 "이 조각가가 {극적인} 시와 경쟁할 수 있게" 했다.[48] 그러나 육체를 예술작품으로 다루는 디자인의 함의를 더욱 대단하고 정치적인 방법으로 드러낸 것은 파르테논의 크기와 형태 자체였다.

페리클레스 시대에 지어진 파르테논은 다른 그리스 신전과 사뭇 달랐다. 파르테논은 길이가 70미터, 폭이 28미터이고 이는 대략 9대 4의 비율로 내부의 많은 공간에도 똑같이 적용되었는데, 그리스 신전에 없던 새로운 비율이었다. 외부 기둥 역시 보기 드문 것이었다. 그리스 신전들은 주로 기둥이 전면에 6개, 측면에 13개 있는 정형적인 형태였는데, 파르테논의 경우에는 8개와 17개였다. 이 이상한 수치는 안에 거대한 아테나 동상을 수용해야 하는 필요성의 결과였다. 조각가 페이디아스가 묘사한 아테나는 아크로폴리스 다른 곳에 작은 목조 성상으로 서 있던 자궁과 흙의 여신 아테나 폴리아스가 아니라 전쟁의 여신 아테나 파르테노스였고, 여기서 파르테논의 이름이 나왔다. 이제 아테네는 겨우 성벽 주변 땅에서 생존하는 작은 도시가 아니라 해양 제국이었기에 파르테논은 과거의 규칙성과 단절한 새로운 규모의 신전에서, 치솟는 권력의 광명 속에서 도시의 수호신을 찬양했다.

파르테논의 내부는 두 개의 방으로 나뉘어, 뒤쪽에는 보물창고가, 앞쪽에는 아테나 조각상이 있었다. 약 12미터 높이의 아테나 파르테노스는 바닥의 연못에 반사되어 그 시각적 효과가 배가되었다. 사람의 키는 아테나가 놓인 기단 높이밖에 안 되었다. 여신상은 청동의 육체를 가졌으나 금과 상아로 된 옷을 입었고, 이 황금 드레스의 높이는 10미터가 넘었다. 팔과 얼굴은 금속 살을 덮은 상아빛 피부를 드러냈다. 연못은 여신의 이미지를 땅 속 깊이 반사시킬 뿐 아니라 그 상아빛을 촉촉하게 만들었다. 페리클레스는 전쟁 비용이 필요할 때 이 황금 드레스를 벗겨 녹이면 된다는 주장으로 거대한 아테나 상을 새로 만드는 비용을 정당화했다. 즉 이 성스러운 아이콘은 국가가 돈이 필요할 때 물리적으로 훼손될 수 있었다. 그렇게 해서 도시를 수호하는 육체가 도시에서 가장 잘 보이는 건물의 규모로 그 흔적을 남기게 되던 것이다.

김나시온, 스토아, 파르테논은 육체가 도시 형태에 미친 영향을 보여주었지만, 페리클레스가 아테네 사람들에게 도시의 연인이 되기를 요구한 결과가 무엇인지는 이러한 패턴에 잘 드러나지 않는다. 아테네 사람들에게는 그 사랑을 충족할 공간 디자인이 필요했다. 더욱이 페리클레스의 추모연설은 인간 목소리의 권력에 기초한 아테네 민주주의에 대한 찬송이었다. 아테네 사람들은 육체의 힘을 강화할 말하는 목소리를 위한 공간, 무엇보다 길게 지속되고 노출되는 단일한 목소리에 육체의 벌거벗음이라는 명예로운 특질을 부여할 공간을 설계하고자 했다. 하지만 이런 도시설계는 애초에 의도했던 방식으로 목소리를 돕는 데 실패하는 경우가 많았다. 그 속에서 벌거벗은 목소리는 무질서와 불화를 연주하는 악기가 되어버렸다.

— 2 —

시민의 목소리

아고라 광장의 요동치는 삶

아테네 사람들은 두 종류의 공간 속에 육체를 밀집시켰는데, 각 공간에서 군중은 상이한 구술 언어를 경험했다. 여러 활동이 동시에 벌어지던 아고라에서는 사람들이 여기저기 돌아다녔고 이 무리 저 무리에서 동시에 서로 다른 것을 이야기했다. 하나의 목소리가 전체를 압도하는 경우는 드물었다. 한편 극장에서는 사람들이 조용히 앉아 하나의 일관된 목소리를 들었다. 두 공간 모두 언어를 위험에 빠뜨렸다. 동시적이고 유동적인 아고라의 활동에서는 왁자지껄한 목소리가 쉽게 말을 흩뜨려놓았고 움직이는 육체의 대중은 길게 이어지는 의미의 조각조각만을 경험했다. 극장에서는 단일한 목소리가 수사적 기교를 통해 예술작품이 되었고, 사람들이 듣는 공간이 너무도 잘 조직된 탓에 관객은 범람하는 수사에 마비되고 치욕당하는, 수사의 피해자가 되기 일쑤였다.

말하는 공간

아고라는 부자든 가난한 자든 모든 시민에게 열려 있었지만, 고대의 도시경제를 지탱한 엄청난 인구의 노예와 거류 외국인은 여기서 열리는 대부분의 의례와 정치 행사에서 배제되었다. 어떤 이는 기원전 4세기 아티카의 전체 인구를 15~25만 명으로, 그중 시민을 2~3만 명으로 추정한다. 확실히 고대 전체를 아울러 시민이 전체 인구의 15~20

퍼센트 이상이나 성인 남자의 절반 이상을 차지했던 적은 없었다. 이 시민 중에서도 소수만이 여러 날, 여러 시간 다른 시민들과 떠들고 토론하면서 여유로운 삶을 누릴 수 있는 부를 소유했다. 이 유한계급은 시민의 5~10퍼센트였다. 유한계급이 되려면 적어도 1탈란톤, 즉 6000드라크마의 재산이 필요했다. 당시 숙련노동자의 하루 일당은 1드라크마였다.

게다가 아고라의 요동치는 강렬한 삶에 매일 빠져들려면 아고라 근처에 살아야 했다. 그러나 아테네 인구 상당수는 아고라에서 멀리 떨어진 성벽 밖 코라에 살았다. 기원전 5세기 말에는 시민의 40퍼센트가 도심에서 약 25킬로미터 이상 떨어진 곳에 살았다. 그 먼 데서 아고라에 오려면 시답잖은 시골의 울퉁불퉁한 길을 최소 네 시간은 걸어야 했다.

아고라에 참여할 수 있던 이들은 완전히 난장판은 아니지만 동시에 다종다양하게 펼쳐지는 많은 활동을 접했다. 아고라의 일부인 오케스트라orchestra라는 노천 평지에서는 종교적인 춤을 추었고 양지바른 곳의 테이블에서는 은행가와 고객이 거래했다. 아테네 사람들은 개방된 공간에서, 또 오케스트라 바로 북쪽에 위치한 '올림포스 십이신'을 모시는 성역 등에서 종교 의례를 올렸다. 식사와 거래, 잡담과 종교행사는 페리클레스 시대에 아고라의 서쪽과 북쪽에 길게 늘어서 있던 스토아에서 이루어졌다. 북쪽의 스토아는 뒷면의 벽이 바람을 막아주고 전면의 열주가 햇빛을 통과시켰기 때문에 겨울에도 사용할 수 있었다.

460년경 아고라 북쪽에 지어진 가장 유명했던 스토아인 포이킬레

Poikile, 즉 '채색' 스토아는 파나테나이아 길 건너로 아크로폴리스를 바라보고 있었다. 존 캠프는 "아고라에 있는 다른 대부분의 스토아와 달리 포이킬레는 특정한 용도나 활동을 위해서나 단일한 공무원 집단이 사용할 목적으로 건설되지 않았다"고 지적한다. "그것은 주로 대중의 요구를 충족시켰던 것으로 보이며, 아고라 광장에서 조금 떨어져 있는 쉼터 혹은 만남의 장소로 이용되었다." 군중은 이곳에서 "칼을 삼키는 사람, 마술사, 거지, 식객, 생선장수…… {그리고} 철학자"를 구경했다.[49] 뒤에 제논은 이곳에서 스토아주의로 불릴 철학 운동을 시작하게 된다. 세속적인 일에 개입하기를 멈추라는 철학이 기이하게도 이 허식과 환락의 장소에서 유래한 것이다.

아고라의 표면과 부피는 아테네 민주주의의 발전에 따라 결정되었다. 참여 민주주의에서는 같은 시공간에서 가능한 움직임이 중요했기 때문이다. 사람들은 이 무리 저 무리를 기웃거리며 도시에서 무슨 일들이 벌어지고 있는지 파악하고 토론할 수 있었다. 또한 개방된 공간에서 이루어지는 재판에 일상적으로 참여할 수 있었다. 민주주의 시대의 아테네 사람들은 재판광으로 유명했다. 『구름』의 한 등장인물이 말하길 "이곳은 아테네요" 하자 바로 다른 이가 "그게 무슨 말이오? 믿을 수 없소. 배심원들이 앉아 있는 게 보이지 않으니"라고 답한다.[50] 고고학적 증거가 확실하진 않지만 아마도 남서쪽 모퉁이에 가장 유명한 시민법정인 헬리아이아Heliaia가 있었을 것이다. 건물 자체는 그전 참주정 때부터 있었지만 이제는 동시에 몰리는 몸들로 활기를 띠었다. 이 법정은 1500명까지 수용할 수 있는 지붕 없는 거대 공간이었다.('배심원'은 최소 201명으로 구성되어야 했고 501명이 넘는 경우도 많왔으며, 때로는 1500명이나 되었다.) 이 거대 공간을 둘러싼 벽은 아마도 1미터 정도로 낮았다. 그 결과 밖에 있는 누구라도 안을 볼 수 있었고, 배심원과 지나가는 사람들이 공식적인 논쟁을 벌일 수 있었다.

아테네 사람들은 아고라의 열린 공간에서 도편추방, 유배와 같은 가장 중요한 정치적 사건들을 처리했다. 시민들은 일 년에 한 번씩 모여 특정 개인이 참주가 될 만큼 권력이 강해지고 있는가를 판단했다. 연설이 준비되었고 명단이 만들어졌다. 두 달 후 다시 모임이 소집되었다. 도편추방의 유력 후보들은 이 두 달의 숙의 기간 동안 끊임없이 흥정과 험담, 중상모략을 시도하고 업무상 만찬을 이어갔다. 아고라에는 정치적 파도의 포말이 계속에서 덮쳐왔다. 시민들이 다시 모였을 때 6000표 이상을 받은 사람은 누구든 10년간 유배에 처해졌다.

오르토스(똑바름)가 아고라에서의 육체적 행위를 통제했다. 시민은 결단력 있게, 다른 육체의 소용돌이를 최대한 신속하게 통과하며 걷고자 했고, 가만히 서 있을 땐 낯선 이들과 눈을 마주쳤다. 시민은 이런 움직임과 자세와 육체 언어를 통해 자신의 평정심을 발산하고자 했다. 예술사가 요한 빙켈만이 말한 대로 아고라의 이런 육체 집단은 다양성 속에서 육체적 질서를 재현한 하나의 그림 같은 장면을 구성했다.[51]

6000명의 육체가 밀집해 있을 때 무슨 일이 일어나는가? 현대의 군중 측정 기준으로 보면 이는 4만 제곱미터 공간의 중간 내지 중상의 밀도로, 축구장 군중보다는 낮고 전형적인 쇼핑몰보다는 높다. 오늘날 한낮의 시에나광장에 모이는 군중의 밀도와 비슷하다. 현대의 군중이라면 이 정도 규모는 30~50개의 작은 무리로 나뉘고, 각 무리가 서로 인접한 무리에 등을 돌리는 경향이 있다. 그리하여 군중은 다수의 군중들이 되고 개인 육체의 가시성은 하위 군중 내부에 갇힌다. 고대 아테네 사람들은 아고라에서 6000명이나 되는 군중이 신속하게 행동할 수 없다는 것을 깨닫고 특별한 건물로 이 어려움을 개선하고자 했다. 예를 들어 톨로스에는 시의원이 50명씩 돌아가며 일하는 집행위원회가 있었다. 이 집합체는 연중 매일 낮밤 만났고, 50명 중 17명이 톨로스에 상주하면서 모든 비상사태에 대비했다.

알다시피 후기 아테네 사람들은 아고라의 다양성이 그들의 정치적 품위와 진지함을 깨뜨린다고 생각했다. 아리스토텔레스는 『정치학』에서 "물건을 사고파는 장터는 그곳[예배의식을 위한 신전과 공직자들의 주요 공동 식사장소]에서 떨어진 곳에 별도로 있어야 한다"고 권했다.[52] 아리스토텔레스가 다양성을 적대하지는 않았다. 『정치학』의 다른 곳에서 그는 "도시는 다수의 사람들뿐만 아니라 여러 종류의 사람들로 구성되어 있다. 같은 사람들로는 도시가 만들어질 수 없기 때문이다"라고 썼다.[53] 그는 현대의 보수주의자처럼 정부가 시장에 간섭하면 안 된다고 주장하지도 않았다. 그보다는 경제와 정치가 섞이면 정치, 특히 법 행정의 위신이 떨어진다고 생각했다. 이후 다른 논평가들도 독립된 법 공간에서 오르토스의 언어를 사용하여 '법의 위엄'을 확립하자고 주장했다. 판관들은 최대한 존엄하게 보여야 했다. 그들의 존엄은 대중에게 분명히 보이는 존엄이어야 하지 대중에 묻혀버리는 존엄이어선 안 되었다.[54]

무엇보다 아고라의 질서가 육체의 행동을 통해 세워졌다 해도 행동만으로는 동시에 벌어지는 활동들이 인간 목소리에 가하는 효과를

제1장. 벌거벗은 육체

거스를 수 없었다. 소용돌이치는 군중 속에 육체가 여러 무리를 떠도는 가운데 대화는 조각났고 개인의 관심은 부서지고 산만해졌다. 아테네 사람들은 아고라의 서편에 있는 불레우테리온Bouleuterion(평의회 회의소)에 언어를 보다 길게 경험할 수 있는 공간을 마련했고 여기에는 동시성과 상반된 설계 원칙을 적용했다.

이 건물은 시민 전체가 논의할 사안을 정하는 대표 500명을 수용했다. 이들은 아테네 역법상의 공휴일 60일과 자치를 위해 신의 분노를 일으키는 때인 '저주받은' 날 며칠을 제외하고는 매일 여기서 만났다. 불레우테리온은 참주정 시대에 세워졌으나 그 형태는 민주적 용도로 쓰였다. 남은 흔적을 보면 이 건물은 극장처럼 좌석이 위쪽으로 경사를 이루었다. 평의회는 이 좌석에 앉아 바닥면에 선 발언자의 말을 들었다. 이 형태로 보건대 듣는 사람 모두가 발언자를 볼 수 있었고 그들끼리도 볼 수 있었음이 확실하다. 돌아다니는 육체의 어떤 흐름도 말하는 자와 듣는 자의 대면을 방해하지 않았다. 또한 불레우테리온은 아고라의 왁자지껄함에서 어느 정도 분리된 차분한 건물이어서, 고고학자 위철리의 지적대로 "아고라 건축에서 기대할 법한 눈에 띄는 장소에 있지도 않았고 그래서 접근하기가 조금 불편했다."[55] 불레우테리온의 담은 높았고 건물엔 지붕이 있었으며, 밖에서 쉽게 엿보거나 들어올 수 없었다. 그에 따라 이 공간에서는 하나의 목소리가 길게 이어지며 말을 풀어놓았다. 좌석 형태도 그 목소리에 의원들이 주목할 수 있게 했다. 목소리에 관심을 집중시키는 공간은 시각적 감시 체제도 만들어냈다. 경사진 좌석 때문에 누가 어떻게 투표하는지 확실히 파악할 수 있었던 것이다. 이는 기껏해야 바로 옆에 있는 사람들의 반응만을 볼 수 있던, 같은 높이의 지면에 있는 군중에게선 쉽게 일어날 수 없는 일이었다.

참주정이 끝날 무렵인 기원전 510년, 아고라는 서로에게 해야 할 거의 모든 말을 할 수 있는 곳이었다. 기원전 400년경, 참주정의 유혹을 이겨낸 아테네에서 민주주의가 안정적으로 정착되었을 때, 발언의 공간은 아고라에서 도시의 여러 다른 공간으로 퍼져나간 상태였다. 기원전 5세기 중반부터 아고라는 더이상 드라마의 중심이 아니었다. 이 오래된 아고라에서 새 연극이 상영될 때면 야외의 오케스트라에 임시 나무 연단을 세웠다. 기원전 5세기 중반 무렵 한 연례 축제 행사 중 이 나무 연단이 무너졌고, 그 대신에 아크로폴리스 남쪽 경사지를 깎아, 사발 모양의 관람석과 그 아래에서 무용수와 배우가 공연하는, 더 튼튼한 극장을 만들었다. 같은 시기, 사방이 트인 아고라에서 열리던 많은 음악회가 음악 경연을 위한 실내 강당인 오데이온Odeion으로 장소를 바꾸었다. 그렇다고 아고라가 쇠퇴한 것은 아니었다. 스토아와 신전은 그 자리에 그대로 있었다. 도편추방을 결정하기 위한 모든 시민의 민회는 여전히 아고라에서 열렸고, 법정은 사람들로 넘쳤으며, 아고라에 이르는 길은 도시의 중요한 시장으로 발전했다. 그러나 이제 아고라는 목소리가 지배하는 공간이 아니었고, 특히 그 다양성은 더이상 권력의 목소리를 충분히 에워싸지 못했다.

초기 그리스 극장은 자리에 앉아 무용수나 시인, 운동선수를 볼 수 있게끔 약간의 계단식 객석을 마련한 언덕일 뿐이었다. 이런 위치에서는 앞에서 일어난 일이 옆이나 뒤에서 일어난 일보다 훨씬 중요하다. 계단식 좌석은 원래 나무 벤치였다가, 넓은 통로로 돌 좌석 구역을 더 촘촘히 분할하는 체계로 바뀌었다. 이로써 다른 사람들을 방해하지 않고 오가기가 쉬워졌고 관객은 전면에 시선을 고정할 수 있었다. 그리스어 테아트론theatron에서 유래한 '극장theatre'이란 단어는 문자 그대로 '보기 위한 장소'로 번역할 수 있다. 테오로스theoros는 대사大使, ambassador라는 의미이기도 한데, 실제로 극장은 관객의 눈과 귀를 향해 다른 시공간에서 일어난 이야기를 전달한다는 점에서 대사의 활동과 비슷하다.

야외극장에서 오케스트라, 즉 춤추는 장소는 부채꼴 모양의 객석 맨 밑에 위치한 딱딱한 원형의 땅이었다. 시간이 지나면서 극장 건축가들은 오케스트라 뒤편에 스케네skene라는 벽을 세웠다. 그 재료는 처음에는 천이었다가 이후 나무로, 다시 돌로 바뀌었다. 페리클레스 시대에는 천이나 나무로 된 스케네 앞에서 연극이 상연되었고, 배우들은 그 뒤편에서 공연을 준비했다. 스케네는 목소리를 퍼뜨리는 데 도움이 되었지만, 극장이 목소리에 부여한 더 큰 물리적인 힘은 좌석의 경사에서 비롯되었다. 음향학적으로 이런 경사진 공간에서 발성되는 소리는 경사면이 소리가 퍼지는 것을 막아주므로 평지에서보다 소리가 두세 배 더 커진다. 경사면은 관객이 앞사람 머리 위로 연극을 볼 수 있으므로 당연히 더 선명한 시야가 확보되지만, 그렇다고 영화 카메라처럼 이미지의 크기를 키워주지는 않는다. 고대 극장에서 먼 거리의 인물을 시각적으로 명확하게 인지하게 한 요소는 보이는 것보다 더 가까이 들리는 목소리였다.

배우의 목소리 증폭과 그 배우를 바라보는 이의 시선은 고대 극장에서 배우와 관객의 분리와 관련이 있었다. 이 분리는 순전히 음향학적인 이유에서 이루어진다. 야외극장에서 경사진 객석에 앉은 사람의 목소리는 아래로 내려오면서 흩어져버려 평지에서보다 더 희미해진다. 더욱이 페리클레스 시대의 배우들은 기술적으로 전보다 훨씬 세련되고 전문적이었다.

이 분리는 극장 공간이 정치에 사용될 때 매우 중요한 역할을 했다. 기원전 5세기 아테네에서는 아고라에서 10분 거리에 있는 프뉙스 언덕 극장이 정치에 활용되었다. 다른 극장들이 사용했던 언덕과 비슷하게 사발 모양으로 된 프뉙스 언덕은 처음에는 500여 명이 모이는 대규모 정치 회합을 위한 공간이 되었고, 몇 년 후 참주 히피아스 Hippias가 실각되었다. 언덕에 위치한 이 극장에서 청중은 북풍을 맞았고 발언자는 서서 남쪽의 햇빛을 마주했으니 그 얼굴에는 그림자가 전혀 지지 않았다. 알려진 바로는, 페리클레스 시대의 프뉙스에는 발언자 뒤에 아무 배경이 없었고, 발언자의 목소리는 그의 뒤편에 펼쳐진 광활한 대지로부터 청중으로 향했다. 여기서 발언자는 언덕과 하늘의 파노라마와 시민 대중 사이의 유일한 중재자였다.

아고라의 건물들은 마스터플랜 없이 지어졌고, "그 중앙의 비포장 공지 4만여 제곱미터"는 그대로 유지한다는 것을 제외하면 "(아테네의) 아고라 건축에선 이렇다 할 단일한 개념은 없었다."[56] 이와 대조적으로 극장의 부채꼴은 빈틈없는 디자인이다. 이 구조는 군중을 수직의 열로 조직하고, 아래쪽에서 들리는 단 하나의 목소리를 증폭시키고, 발언자를 모두에게 노출시켜 그의 모든 몸짓이 잘 보이게 한다. 이는 개인을 노출시키는 건축이다. 역사가 얀 브레머가 지적하듯, 그리스 문화에서는 서 있고 걷는 것만큼 앉아 있는 것도 중요한 가치를 가졌으나, 이 가치는 보다 이중적이었다. 예를 들어 페리클레스 시대에 신들은 축제 때 앉아 있는 형상으로 조각될 때가 많았다. 하지만 젊은 여자가 결혼 후 처음 남편의 집에 가서 착석이라는 의례로 그에 대한 복종을 표시할 때처럼, 앉는다는 것은 복종을 의미하기도 했다. 꽃병의 그림에서도 앉거나 쭈그린 자세로 일하는 도시의 노예들을 볼 수 있다.[57] 극장에서는 앉기의 이런 측면을 비극에 사용했다. 앉아 있는 관객은 말 그대로 상처받기 쉬운 주인공에게 공감할 수 있는 자세였다. 관객과 배우 모두의 육체가 "숭고한 법칙에 초라하고 순종적으로" 놓여 있다는 점에서 그러했다. 고전학자 프로마 자이틀린이 보기에 그리스 비극은 인간 육체가 "강인함과 완전함이라는 그 이상에서 가장 멀리 추락한, 파토스pathos라는 비정상적 상태"에 놓인 것을 보여주며, "비극은…… 바로 이 육체를 드러내고자 한다."[58] 이런 의미에서 파토스는 오르토스의 정반대였다.

아고라의 야외 생활이 대부분 걷거나 서 있는 육체들 속에서 일어난 반면에, 프닉스는 앉아서 관람하는 육체를 정치적으로 이용했다. 사람들은 수동적이고 상처받기 쉬운 자세에서 자신을 제어하도록 노력해야 했다. 그들은 이 자세로 밑에서 말하는 벌거벗은 목소리를 들었다.

말의 열

한 해에 마흔 번이나 프닉스에 소집된 모든 시민의 회합, 즉 에클레시아Ekklesia의 결과는 명백했다. 입구의 문은 건물로의 진입을 통제했고, 아테네는 유한계급의 주도권을 막기 위해 문에서 모든 시민에게 참석수당을 지급했다. 회의는 아침 일찍 시작해서 한나절 동안 이어졌는데, 이 또한 나머지 한나절은 일을 해야 하는 가난한 시민을 위해서였다. 회의는 기도로 시작했고, 불레우테리온의 더 작은 평의회에서 정리한 안건들을 다뤘다. 준비된 발언이 있었고, 이어 무기명투표나 거수투표가 진행되었다.

펠로폰네소스전쟁의 끝이 가까워진 기원전 406년, 도시에 정치적 분쟁이 들끓던 이 시기에 우리가 프뉙스 민회에 있다고 생각해보자.[59] 아르기누사이 해전에서 물에 빠진 병사들이 지휘관들의 결정으로 구조되지 못했다. 프뉙스에서 그날의 전례관이 전통적인 방식으로 묻는다. "누가 발언하고 싶은가?" 그전 회의에서는 아테네 시민 테라메네스가 지휘관을 처벌해야 한다고 주장했다. 크세노폰에 따르면 지휘관들은 바다에 폭풍우가 거셌다는 설명으로 스스로를 효과적으로 변호했다. "그들은 그러한 주장으로 민회를 거의 설득했고, 많은 시민이 일어서서 그들의 보증인이 되고자 했다." 그러나 날이 어두워져 토론이 끝나버렸다. 오늘, 테라메네스와 손잡은 칼리크세노스가 또다시 처벌을 주장한다.

그는 가장 중대한 의사결정 건에서 투표자 확인 절차를 환기시킨다. "모든 아테네 사람은 이제 부족에 따라 투표해야 하며, 각 부족에 두 개의 항아리를 지급"하는데, 하나는 지휘관을 용서하자는 투표 항아리이고 다른 하나는 처벌하자는 항아리이다. 이로써 아테네의 각 부족은 토론을 바탕으로 결정을 내리고 그 결정에 책임질 수 있다.

그때 지휘관을 옹호하는 쪽에서, 이는 법정에서 결정할 문제이므로 그런 절차는 법에 어긋난다고 주장하며 견제에 나선다. 이에 "대다

수 군중은 무엇이든 인민이 원하는 것을 못하게 막는 것은 끔찍한 일이라고 소리쳤다." 군부 지지파는 난폭한 반응에 겁먹고 "법에 어긋나는 일은 아무것도 하지 않겠다는…… 소크라테스를 제외한" 모든 이들이 굴복한다.

이제 지휘관 측 변호가 시작된다. 영향력 있는 시민 에우리프톨레모스는 이전에 성공했던 주장을 다시 한번 이용한다. 그는 지휘관들을 단체로 심의하자는 불레우테리온 평의회의 제안에 반대하며 지휘관 각각을 심의하자고 주장한다. 처음에 시민들은 단순한 거수로 이 제안에 찬성한다. 하지만 투표가 채택된 후 저명한 시민 메네클레스가 이의를 제기한다. 그는 군중을 흔들 수 있고, 군중은 표결을 바꾼다. 지휘관들은 한꺼번에 법정에 회부될 것이다. 연단에서 발언자들의 논쟁이 잦아들고, 시민들은 지난 회의에서 지휘관들에게 보였던 열정을 버리고 그들을 처벌하는 데 표를 던진다. 아테네 장교들은 사형에 처해진다. 하지만 이야기는 아직 끝나지 않았다. 크세노폰은 다음과 같이 말한다. "그로부터 얼마 안 가 아테네 사람들은 후회하고, 인민을 현혹한 자들을 재판에 부치게 되었다."

처벌로, 다시 맞고발로 끝나는 이 급박하고 모순된 일련의 사건에서 무슨 일이 벌어지고 있었던가? 사건 자체는 도시 밖에서, 멀리 떨어진 곳에서 발생했다. 크세노폰은 지휘관들이 법정에서 자신을 변호할 시간이 부족했다고, 하지만 자기 자신을 위해 열렬히 논쟁했다고 전한다. 처음에 그들은 폭풍의 위력을 극적으로 표현함으로써 곤경에 빠진 해군에 대한 상상의 공감을 불러일으키며 사람들의 마음을 움직이는 데 성공했다. 하지만 그들의 변호인이 두번째 민회에서 전략상의 실수를 저질렀다. 인민의 결정권에 도전한 것이다. 마법은 깨졌고, 사람들은 지휘관들에게 등을 돌리기 시작했다. 그러자 메네클레스와 다른 발언자들이 사건을 재해석했고, 군중은 자연의 재앙이 아니라 자기 마음 속 인간의 비겁함을 보았다. 지휘관들은 처형당했다. 돌이 킬 수 없이 저질러진 이 일을 사람들은 되돌리고 싶었고, 그래서 자신 들을 설득한 자들을 공격했다. 그들의 목소리는 속이는 목소리였다.

크세노폰 등 민주주의를 지켜봤던 고대인이 보기에 민회를 좌지 우지한 것은 수사修辭의 힘이었다. 수사의 힘은 페이토peitho의 힘이다. 페이토란 무기의 위력이 아니라 말의 위력으로 다른 사람의 동의를 얻 는 것을 뜻한다. 아주 바람직한 듯 보이지만, 수사의 파괴적인 면은 헤 시오도스가 예로 든 판도라 여신의 전설에 등장한다. 판도라의 유혹 적인 페이토는 "사람들과 그들의 일을 망치는…… 거짓말과 알랑대는 말과 교활한 기질"을 낳았다.**60**

말은 체온을 높이는 것으로 여겨졌다. 그리스인들은 "열정의 열" 이나 "불타오르는 말" 같은 표현을 말 그대로 이해했다. 수사법은 말의 열을 발생시키는 기술이었다. 헤시오도스가 두려워한 수사법의 "거짓 말과 교활한 기질"은 기술의 힘이 인간 생명체에 미치는 영향을 보여 주었다. 이 육체-기술은 말로 된 형상인 '비유'를 다수 대중을 자극하 는 방향으로 이용했다. 그리스인은 정치적 수사의 수많은 비유를 호 메로스의 서사시에서 가져왔다. 군중을 흔들고 싶은 연설가라면 호 메로스를 속속들이 암기하고 있어야 했다. 특히 많은 연설가가 사람 들에게 열정의 열을 자극하려고 거짓으로 열을 흉내냈다는 이유에서 플라톤은 물론 그보다 평범한 많은 그리스인이 정도를 벗어난 탄원을 두려워했다.

　연설가도 배우처럼 환상을 다루지만, 연극에서의 환상은 정치에서의 환상과 전혀 다른 가치를 가진다. 소포클레스의 『오이디푸스왕』이 시작할 때, 관람자는 자기 옆 사람에게 오늘밤 "오이디푸스가 자기 아버지를 죽이고 어머니와 동침했기 때문에 자신의 눈을 멀게 할 거야"라고 말할 수도 있고, 이를 알았다 해도 옆 사람은 자리를 뜨지 않을 것이다. 이 줄거리 요약은 경험이라기보다는 정보이다. 연극의 관객은 충격적인 대면과 반전과 엇갈림을 통해 전개되는 말의 경험을 따라간다. 이 각각의 단계마다 의미가 축적된다. 우리는 점점 오이디푸스가 끔찍한 대가를 치러야 할 것임을, 돌아갈 곳이 없음을, 운명을 피할 방법이 없음을 이해하게 된다. 이는 줄거리 정보를 초월하는 깨달음이다.

　지휘관들에 관한 토론에서 연설가들은 말을 통해 환상을 창조해야만 했는데, 그 이유는 사건이 다른 곳에서 벌어졌고 피의자를 제외한 모든 증인이 죽었기 때문이다. 하지만 수사적 목소리가 이어져도 의미는 축적되지 않는다. 이 의미의 부재는 지휘관을 심의하는 방법과 관련해 민회가 뒤로 앞으로 요동치면서 드러났다. 지휘관들은 사형에 처해졌고, 이어 사람들은 되돌릴 수 없는 일을 되돌리고자 자신들을 흔든 자들을 비난했다. 여기엔 서사적 축적도, 논리적 흐름도 없다. 각 발언자는 청중으로 하여금 물에 빠진 선원들을 새롭게, 다시 보게 만들었다. 그렇게 해서 청중은 발언자의 말에 따라 버려진 이들에 대한 자신의 이미지를 바꿔나갔다. 연설가가 훌륭할수록 논쟁은 반대파에게 유리한 영역에서 벗어났다. 연설가는 재형상화를 통해 청중이

72

자기와 똑같이 느끼게 만들었다. 정치적 수사에서는 하나의 목소리가 청중을 사로잡는다. 반면에 연극에서는 갈등이 있을 때마저도 극중 인물들이 점점 상호의존적 관계를 맺기 때문에 이야기가 축적된다.

아테네 사람들은 수사의 기술을 갖춘 노출된 단일한 목소리의 위험한 힘을 알고 두려워했다. "의회와 마찬가지로 법정은 세련된 수사를 연료로 삼았고, 아테네 사람들은 수사가 국가 조직을 부식시킬 가능성을 알고 있었다."[61] 시민들은 그들이 수사에, 또 수사적 기술을 가진 정치인들에 휘둘릴 수 있음을 인식했다. 조시아 오버가 지적하듯, 기술 좋은 발언자(대개는 고등교육을 받은 자로 전문 작가가 작성한 원고를 읽었다)는 듣는 이의 두려움을 이용하여 그를 조종하는 방법을 익혔다. 예를 들어 처음에는 말을 더듬거나 당황해하면서 대중 연설에 익숙하지 않은 순진한 사람으로 행세했다.

파르테논의 프리즈에 새겨진 벌거벗은 전사들은 이상적인 평온함을 불러냈다. 연설가의 노출된 목소리는 그러한 결과를 내지 않았다. 유능한 연설가는 말로써 청중을 달궈 혼란을 만들었고, 종종 청중을 움직여 무질서를 조장했다. 지휘관 재판에서 가장 인상적인 사건은 일곱 명의 지휘관을 처형하자고 투표한 뒤 시민들이 느낀 분노일 것이다. 처형은 국가가 집행하는 살인의 관례대로 은밀한 장소에서 이루어졌다. 이 대단원 이후 사람들은 더는 경험할 것이 없었다. 이 일에서 사람들이 가장 분노한 두 시점은 자신들이 논쟁을 듣지 못하게 되었다고 느꼈을 때, 그리고 그다음날 그 이상의 어떤 논쟁도 쓸모없어졌을 때였다. 이 결정적 순간 이후 사람들은 마치 자신들이 속았다는 듯이 누가 기만했는가에 대해 언쟁하며 결정을 되돌리고자 했다. 아테네 민주주의에서 투표하고 그 결정을 번복하는 일, 말을 행동으로 옮기는 데 있어서의 우유부단함과 불안정함은 늘 반복되는 일이었다. 이 사건의 경우 행동을 돌이킬 수는 없었다.

이처럼 프뉙스에서의 정치적 절차는 아테네에서는 말과 행동이 통일된다는 페리클레스의 신념에서 벗어나기도 했다. 육체의 강한 열, 벌거벗음과 노출의 자부심. 육체의 이런 기본 이미지는 육체 정치의 집합적 자기통제로 이어지지 않았다. 사실 아테네 사람들은 휘브리스(오만) 때문에, 사회적 통제의 한계를 넘어서는 육체적 열망 때문에 고통받았다. 투퀴디데스가 말하길 넓게 보면 "아테나이(아테네)의 세력 신장이 라케다이몬(스파르타) 사람들에게 공포감을 불러일으켜 전쟁이 불가피해진 것"이었고 아테네는 인구, 경제, 권리 등등의 여건에서 볼 때 지나치게 비대해지고 있었다.[62] 또 그는 수사의 힘이 어떻게 그런 오만을 만들어내는지 좀더 자세히 살폈다. 기원전 427년, 고대 세계 전체가 말의 힘으로 인해 요동치는 듯하던 그때, 페리클레스의 꿈은 실패가 명백해졌다. 투퀴디데스는 나빠져만 가는 전쟁 상황에 대해 이렇게 말한다. "사람들은 행위를 평가하는 데 통상적으로 쓰던 말의 뜻을 임의로 바꾸었다. ……신중함은 **비겁한 자**의 핑계가 되었다. ……문제를 포괄적으로 이해하는 것은 무엇 하나 실행할 능력이 없음을 뜻하게 되었다." 수사법의 흐름이 너무나도 격렬해져 "과격파는 언제나 신뢰받고, 그들을 반박하는 자는 의심을 받았다."[63] 말의 열은 전사들을 이성적으로 행동할 수 없게 만들었다.

사람들은 돌의 형상화로 그들 살의 열기를 어느 정도라도 통제할 수 있었을까? 이성으로 나아가는 힘을 도시에 세울 수 있었을까? 아테네 사람들은 말의 흐름이 자유로운 장소의 설계를 고심했고, 반은 성공적이었다.

합리적으로 행동하려면 그 행동에 대해 책임을 질 수 있어야 한다. 불레우테리온에 착석한 투표자는 한 사람 한 사람이 누구인지 식별될 수 있었고, 그래서 그들은 자신의 결정에 책임을 졌다. 프뉙스의 기획자들은 불레우테리온보다 큰 정치 극장에서 똑같은 것을 하고자 했다. 명확한 극장식 설계와 더불어 규칙적으로 배치된 계단식 좌석과 통로로 이루어진 경사진 부채꼴은 참석자들로 하여금 다른 이들이 발언에 어떻게 반응하고 어디에 표를 던지는지 알 수 있게 해주었다. 이는 가까이 서 있는 몇 사람만 보이는 아고라의 시각적 불명확함과는 대비를 이루었다.

더욱이 프뉙스에서 사람들은 일종의 지정석에 앉았다. 좌석이 어떤 식으로 배치되었는지는 자세히 밝혀지지 않았지만, 몇몇 역사가는 대체로 소속 부족별로 자리를 배정받았다고 설득력 있게 주장했다. 초기 아테네에는 10개의 부족이 있었고 그뒤엔 12~13개가 있었으며, 프뉙스의 좌석은 초기에나 후기에나 모두 부족 수에 따라 쐐기 모양으로 분할되었다.[64] 각 부족이 하나의 쐐기를 차지했다.[65] 프뉙스에서 돌로 투표가 진행될 때는 부족별로 혹은 데메deme(지방 정부 단위)별로 각 집단이 투표 돌을 돌항아리에 넣은 다음 그 집단이 표를 세고 발표하는 방식으로 진행되었다.

민주주의에서 책임과 자기통제는 집단적 행동이고 이는 인민의 몫이다. 기원전 508년 클레이스테네스가 아테네에 민주주의 개혁을 도입했을 때 그는 인민이 '아고라에서의 평등'으로 번역될 수 있는 이 세고리아isegoria의 권력을 갖는다고 선언했다.[66] 아고라에서의 평등은 발언의 자유를 수반했고, 아테네 사람들은 이를 파레시아parrhesia라 불렀다. 그러나 자유만으로는 민주주의가 실현되지 않을 것이었다. 또한 자유는 수사법이 가지는 유동성의 위험성을 불러들였다. 클레이스테네스는 결정을 함께 책임지는 시민 집단을 만듦으로써 그러한 위험을 극복하고자 했다. 이 집단은 말에 휘둘려 자신의 의견을 바꾸든 어쩌든, 그 결정이 틀렸다고 생각하든 어쩌든, 스스로의 결정에 책임을 졌다. 그들은 결정에 이르는 과정에 참여했기에 그 결정에 책임이 있었다. 실제로 투표가 끝난 후 누가 어떻게 투표했는지를 알기에 이를 가지고 도시의 어떤 부족이나 분파에 대항하는 수단으로 삼을 수 있었다. 그런 집단은 돈이나 서비스를 받지 못하거나 법정에서 비난받기도 했다. 클레이스테네스의 개혁은 개인만이 아니라 시민 전체가 언어로 구현되는 민주주의의 과정을 책임지게 했다.

그러나 프닉스는 그 빈틈없는 설계로 말에 주의를 기울이는 일의 진지함을 강조하면서, 사람들을 말 그대로 [말에] 취약한 상태로 두었다. 그들은 움직이지 않을 때에만 자신의 행동에 책임질 수 있었지만, 이 고정된 위치에서 단일한 목소리의 포로가 되었다. 육체적 권력의 기본 이미지는 시민 통합을 구축하지 않았다. 동등함과 조화와 상호 통합을 긍정하는 섹슈얼리티의 코드가 정치에서는 재구축될 수 없었기 때문이다. 정치적 자세를 취한 시민의 육체는, 우리가 벌거벗은 사람을 무방비 상태라고 말하는 것처럼, 목소리의 권력에 벌거벗은 채 노출되었다. 이 정치적 이중성에서 프로마 자이틀린이 말한 앉아 있는 '파토스', 즉 수동적passive 육체에서 열정passion의 열을 경험하는 파토스가 나왔다.

지금까지 내가 한 이야기는 아테네 민주주의가 하나의 이상으로서 어떻게 실패했는지에 대해서가 아니다. 이것은 차라리 인간 육체를 특별한 방식으로 찬양한 민주주의에서 사람들이 경험했던 모순과 긴장에 관한 이야기이다. 벌거벗은 육체라는 기본 이미지는 돌 속에서 해체되었고, 노출된 목소리는 도시 공간에서 불화의 힘이 되었다.

이 아테네 이야기는 정신과 육체의 분열로 규정되기도 한다. 현대에 와서 우리는 흔히 정신-육체의 분열을 메마른 정신적 구조물이 육체의 감각적 삶을 억누르는 문제로 생각한다. 그러나 이 문제는 우리 문명이 시작됨과 함께 거꾸로 뒤집혔다. 즉 육체가 말을 지배했다. 그리고 육체는 인간이 페리클레스가 추모연설에서 찬양한 언행일치를 통해 합리적으로 살아갈 능력에서 멀어지게 했다. 민주주의적 수사법으로 표현되었듯, 육체의 열은 사람들로 하여금 논쟁에서 합리적 통제를 잃게 했고, 정치에서 말의 열은 극장에서와 같은 서사적 논리도 갖추지 못하게 했다. 아테네 사람들은 돌을 가지고 교정 기능의 설계를 만들어내지 못했다. 프뉙스에서 사람들은 자신의 행동에 책임지게 되었지만 그 행동을 통제할 수는 없었던 것이다.

육체와 정신의 분열이라는 개념은 이후 역사의 진행과 함께 성격이 달라졌지만, 서양 문명 초기에 시작된 이 간극 자체는 지금까지 이어져왔다. 이는 우리 역사에서 '인간'이 불화와 부조화의 힘을 대변한다는 것을 의미한다. 기독교의 출현과 함께 이 갈등은 필연적이고 불가피한 것으로 여겨지게 되고, 인간이라는 동물은 타락과 에덴 추방으로 인해 자기 자신과 싸우는 동물이 된다. 고대 그리스인들은 바로 그 진실을 다른 길을 통해, 즉 도시적 의례의 경험 속에서 대면했던 것이다.

어둠의 망토

고통받는 육체를 위한 의례

파르테논은 도시를 지배하는 여성 신에게 바쳐진 찬가이다. 하지만 페리클레스는 추모연설을 다음과 같이 끝맺었다. "여러분 가운데 이제 미망인이 된 부인들에게 부덕婦德에 관해 한두 마디 해야 한다면, 이 짧막한 조언으로 모든 것을 표현하겠습니다." 그의 조언은 침묵하라는 것이었다. "여성에게 최고의 영예는 칭찬을 받건 비난을 받건 남자들의 입길에 오르내리지 않는 것입니다."[1] 도시로 돌아가면 여자들은 또다시 그늘로 돌아가야 했다. 노예와 거류 외국인도 도시에서 말할 수 있는 권리가 없었다. 그들 모두 차가운 육체이기 때문이었다.

　페리클레스는 살아 있는 자들 앞에게 추모연설을 했지만, 다른 그리스인들과 마찬가지로 그는 죽은 자들의 영혼도 그것을 듣고 있으리라고 생각했다. 죽은 사람은 육체의 열을 모두 잃었지만, 그들의 망령은 행운이나 불운의 힘으로 남아 살아 있는 자를 사로잡았다. 차가움은 어둠, 망령의 집인 지하세계와 연결되었다. 하지만 열과 빛이 없다고 절망적이진 않았다. 살아 있는 차가운 몸을 가진 저주받은 자들은 특정한 의례를 실천함으로써 자신이 처한 상황을 이용했다. 그런 의례를 통해 그들은 어둠의 망토를 걸쳤다. 이 고대 의례는 우리 문명에 지속되는 양상, 즉 고통은 바꿀 수 없는 자연의 실상이지만 억압받는 자들은 수동적으로 시달리길 거부한다는 것을 보여준다. 하지만 고통을 거부하는 데는 한계가 있었다.

— 1 —
차가운 육체의 힘
아테네 여성들의 치유 의례

추모연설에서 페리클레스는 기이할 정도로 대수롭지 않게 도시의 의례들에 대해 이야기했다. "우리는 일이 끝나고 나면 우리 마음을 위해 온갖 종류의 휴식을 취할 수 있습니다. 사시사철 여러 가지 경연대회와 축제가 정기적으로 열립니다."[2] 어느 현대 역사가가 지적했듯, 이는 "공동체 종교의 매우 실용적인 관점"이다. 아마도 페리클레스 시대 아테네 사람들은 축제의 일정을 "일에서 벗어난 휴식"이기보다는 시민 생활의 핵심으로 받아들였을 것이다.[3]

의례란 주기적으로 같은 몸짓과 말을 되풀이함으로써 기억을 보존하는 정적인 힘으로 볼 수 있다. 그러나 고대 세계에서 의례는 오래된 형식들이 새로운 필요에 부응해가면서 변조했다. 그에 앞선 농경사회에서 의례는 여성의 자리를 존중했으나 이후에는 도시에서 여자들이 가진 육체적 오명을 덜어내는 방향으로 변조했다. 농경 신화가 도시 의례로 바뀌는 과정에서 과거의 기억은 침해되지 않았고 여자가 남자에 대항하기 위해 의례를 사용하지도 않았다. 아테네의 모든 의례 중 가장 큰 규모인 파나테나이아Panathenaia에는 남녀가 함께했지만, 여자들만 치르는 의례는 과거를 현재로 변조하는 이 권력을 더욱 날카롭게 드러냈다. 그중 하나인 테스모포리아Thesmophoria의 목적은 차가운 여성의 몸에 위엄을 부여하는 것이었고, 아도니아Adonia는 페리클레스가 추모연설에서 부정했던, 여성의 욕망과 발언권을 여성들에게 돌려주었다.

테스모포리아

테스모포리아는 다산 의례로 출발했다. 호메로스 이전 시기까지 거슬러 올라가는 이 의례는 씨를 뿌리기 전인 늦가을에 여자들이 수행했고, 대지의 여신 데메테르가 신성한 후원자로 주재했다. 이 축제의 이야기는 데메테르가 죽은 딸 페르세포네를 묻고 슬퍼한 데서 유래했고, 축제 이름은 의례의 중심 행사인 땅에 무언가를 놓는 것에서 왔다.(그리스어 테스모이thesmoi는 "법을 내놓다(정하다)lay down the law"라는 식의 넓은 의미에서 '내놓는' 행위를 뜻한다.) 여자들은 그리스신화에서 성스러운 가치를 가졌던 돼지를 사용한 의례 행위로 테스모포리아를 준비했다. 봄이 끝나갈 때마다 땅을 파서 만든 메가라megara라는 구덩이에 죽인 돼지를 묻었고, 동물은 여기서 썩어갔다. 데메테르를 기리는 이 봄 축제(스키로포리아Scirophoria)는 땅에 거름을 주는 행동을 직접적으로 상징했다. 데메테르의 성소는 아테네 밖 엘레우시스에 있었다. 가을에 아테네에서 행하던 테스모포리아는 땅에 거름을 주는 이 단순한 행동을 도시의 경험으로 바꾸어놓았다.

사흘간의 축제 기간 첫날에 여자들은 축축한 돼지 잔여물이 있는 구덩이로 가서 곡식의 씨앗을 그 사체와 섞었다. 이날은 '떠나기(카토노스kathodos)'와 '올라오기(아노도스anodos)'의 날이었다. 사람들은 동굴에서 나와 특별한 오두막으로 들어가 바닥에 앉고 잠을 잤다. 둘째 날에는 페르세포네의 죽음을 기리며 단식을 하고 욕과 저주의 말을 뱉으면서 슬퍼했다. 셋째 날에는 씨앗이 가득한 새끼돼지를 땅에서 꺼냈고, 이 냄새 고약하고 걸쭉한 것을 신성한 퇴비처럼 땅에 뿌렸다.[4]

테스모포리아는 페리클레스 시대 사람들이 알고 있었던 데메테르의 이야기, 즉 새끼돼지를 죽이고 묻는 것과 유사하게 여신이 자신의 딸을 흙에 넘겨주었다는 죽음과 부활의 이야기를 직접적으로 재현하는 듯했다. 그러나 아테네에서 행해진 의례는 원래의 농경 신화를 바꾸었다. 테스모포리아는 풍요(출산)와 불모(불임)를 대립시키는 대신 출산(풍요)과 성적 금욕을 대립시켰다. 여자들은 테스모포리아 사흘 전부터 남편들과 자지 않았고 축제 기간에도 성적으로 금욕했다. 이와 같이 이 의례는 대지를 비옥하게 하는 딸의 죽음을 슬퍼하는 의식에서 벗어나 자기통제를 주제로 하는 드라마로 바뀌었다.

장피에르 베르낭은 아테네에서 행해졌던 의례를 다음과 같이 멋진 문장으로 묘사했다.

씨 뿌리는 때가 되었다 함은 결혼하기 좋은 시기가 시작되었다는 뜻이다. 결혼한 여자들, 가족의 엄마들이 적출의 딸들과 함께 와서 당분간 남편과 떨어져 시민으로서 공식행사를 축하한다. 그들은 침묵하고 단식하고 성적으로 금욕한다. 땅에 몸을 웅크려 부동 자세를 취한다. 땅 속 메가라^{megara}에 들어가서 씨앗과 섞을 풍요의 부적을 모은다. 약간 역겨운 냄새가 풍기고, 향기로운 식물 대신 성욕을 억제하는 식물인 버드나무 가지 한 묶음이 있다.[5]

여자들이 땅에 몸을 웅크리고 있던 오두막의 악취와 어둠이 그랬던 것처럼, 의례가 치러지는 동안 욕망을 잠재우는 버드나무 향이 중요했다. 그들의 육체는 움직임을 멈추고 차가워져서 거의 생기를 잃었다. 이렇게 춥고 수동적인 상황에서 의례가 그들의 육체를 변화시키기 시작했다. 여자들은 데메테르의 애도라는 이야기를 수행하는 존엄한 육체가 되었다.

데메테르 신화가 대지와 여자를 연결시켰다면, 아테네에서 테스모포리아는 여자들 서로서로를 연결시켰다. 이 새로운 연대는 테스모포리아의 형식적 체계에 나타났다. 여자들은 의례의 관리자를 직접 결정했다. 새라 포머로이에 따르면 "남자들은 돈이 많은 경우에는 자기 부인을 위해 제사 비용이나 세금 같은 축제 경비를 내야 하는 정도로만 관여했다."[6] 더욱이 베르낭에 따르면 여자들은 비록 남자들의 세계에서 벗어난 상태로나마 "시민으로서" 의식을 축하했다. 그들은 셋째 날이 지난 뒤에야 오두막에서 나와 죽은 살과 곡식의 탄생 부담을 안고 밖에서 기다리는 남편에게 돌아갔다. 대지 속의 어둠의 망토, 구덩이의 차가움, 죽음과의 인접성은 육체의 지위를 바꾸었다. 테스모포리아 기간 동안 그들은 어둠을 뚫고 밝은 곳에 이르는 여행, 그들의 위엄을 확인받는 여행을 했다.

물론 다른 많은 의례에도 시골에서 도시로의 이동이 흔적을 남겼다. 도시의 연간 축제 일정은 본래 농촌 생활과 계절의 순환, 농경과 밀접한 관련이 있었기 때문이다. 그러나 데메테르 신화가 도시 의례로 바뀐 변화는 아테네에서 그 의례가 치러진 특정한 장소 때문에 여자들에게 특별한 의미가 있었다. 단편적으로 남아 있는 증거들을 보면, 초기에는 자연 동굴에 돼지를 묻었다. 도시 고고학자 호머 톰슨이 이 신석기 시대 의례가 도시에서 재구성된 장소를 확인했다. 아테네 사람들은 프뉙스 언덕, 즉 남자들이 민회에서 앉는 자리 뒤편에 구덩이를 파고 오두막을 지었다. 즉 여자들은 이 의례를 통해 아테네에서 남자들이 장악한 권력의 공간 근처에 자신들을 위한 시민의 공간을 만들었던 것이다.

테스모포리아에 나타난 변화에 전문적인 명칭을 붙인다면, 그것은 수사법의 도구 중 하나인 환유metonymy이다. 환유는 하나의 단어를 다른 단어로 대체한다. 발언자나 작가가 추구하는 효과에 따라 선원을 상어나 갈매기로 부를 수 있다. 이러한 치환은 하나하나가 설명이다. 선원을 상어로 부르는 것은 그의 행동이 사악하다는 설명이고, 그를 갈매기로 부르는 것은 소란스러운 바다를 갈매기처럼 내려다보는 그의 위용에 대한 설명이다.[7] 환유는 원래의 의미에 망토를 씌우듯 연관성을 통해 의미를 변형시킨다. 시인의 창고에 있는 모든 무기 중에서도 환유는 단어의 의미를 그 기원에서 점점 더 멀리멀리 변화시키며 언어를 극히 다양하게 만든다.

테스모포리아의 사흘간 여자들은 돼지의 악취와 버드나무 향을 맡으며 땅에 웅크린 채 환유의 힘에서 나오는 의례적 변화를 경험했다. 둘째 날부터는 '차가운' '수동적인' 몸이 밖에서와 같은 약함과 열등함이 아니라 자기규율과 당당함의 의미를 가지게 되었다. 이 변화는 여자들이 밖으로 나오는 셋째 날 최고조에 달했다. 그들이 남자와 비슷해지진 않았다. (남자들에겐 신비롭고 알 수 없는) 어쨌든 여자의 육체에 위엄을 부여했던 이 의례에서 변형된 망토 걸친 육체를 빛이 비추었다.

의례의 환유는 시의 환유와 달리 공간을 사용하여 그런 변화를 끌어낸다. 이 공간들은 의례의 마법의 원 안으로 들어서는 육체의 상태를 바꾼다. 그런 변화가 테스모포리아의 차갑고 어두운 구덩이에서 일어나, 페리클레스가 입에 오르내리지 않게 살라고 했던 차가운 육체에 새로운 시민적 가치를 부여했다. 오두막의 형태로 인해 버드나무 향이 한곳에 모였고, 이것이 욕망을 죽임으로써 여자들의 변화를 도왔다. 도시 공간에서 오두막의 위치는 위엄을 부여하는 이 장소와 남자들이 시민으로서 지배한 장소의 인접성을 강조했다.

아도니아

아도니아 축제는 죽음과 관련된 농경 의례였다. 그 도시적 변형은 가정 내 공간에서 나타났다. 생리학적으로 결함이 있다고 여겨진 여자들은 집 안에 갇혀 있었다. 그리스 역사가 헤로도토스는 그리스 문명의 합리성을 이집트인의 기묘함과 비교하면서 "이집트인의 풍습을 보면 그들은 인류의 정상적인 관습들을 거꾸로 바꾼 것 같다. 예컨대 여자가 시장에 가서 거래를 하고 남자가 집에서 바느질을 한다."[8] 크세노폰의 『오이코노미코스^{Oikonomikos}』에서는 남편이 아내에게 "당신의 일은 집 안에 머무르는 것"이라고 명한다.[9]

고대 그리스의 주택은 담이 높았고 창문은 거의 없었으며, 부유한 집의 방들은 내부 정원을 중심으로 배치되었다. 많은 집의 내부에는 이슬람교도 가정의 푸르다^{purdah}와 비슷한 체계가 있었다. 결혼한 여자는 손님이 머무는 방인 안드론^{andron}에 절대 나타나지 않았다. 안드론에서 열리던 잔치에는 여자 노예나 창녀, 외국인만이 나타날 수 있었다. 아내와 딸은 구나이케이온^{gunaikeion}이라는 방에서 지냈다. 이 방들은 집안이 아주 부자이면 이층을 차지하여, 길에서 안마당으로의 일상적인 무단 침범에서 한층 더 떨어져 있었다.

아도니아는 여자들이 집 안에만 머물러야 한다는 규칙을 변형시켰다. 의례는 냄새의 경험에 기대 그렇게 할 수 있었다. 그리스인들은 식물과 향료의 냄새가 매우 격앙된 감각을, 말 그대로 성적 자유나 구속의 분위기를 만들 수 있음을 알았다. 동물의 냄새와 관련한 현대의 생물학 용어 '페로몬^{pheromone}'은 '운반하다'를 뜻하는 그리스어 페레인^{pherein}과 '자극시키다'라는 뜻의 호르몬^{hormon}에서 왔다.[10] 테스모포리아에서는 페로몬을 막아 욕망을 잠재운다고 여겨진 버드나무 향이 오두막에 가득했던 반면, 아도니아는 욕망을 일으키는 향료들을 사용했다. 인류학자 마르셀 데티엔에 따르면 "테스모포리아와 아도니아 사이의 대비는 사순절과 참회 화요일 간의 대비와 같다." 아도니아 축제는 여자의 성욕을 찬양했다. 달콤한 향기와 취기와 음탕함을 풍긴 이 축제는 특이한 공간에서 여성이 자신의 욕망을 자유롭게 말할 수 있게 해주었다. 그곳은 보통 집에서 쓰는 일이 없는 공간인 지붕이었다.

아도니아는 아도니스 신을 둘러싼 이야기에서 유래했다. 아도니스는 남성성에 대한 그리스적 상상의 한쪽 끝에 있었고, 다른 쪽 끝에는 훌륭한 전사 헤라클레스가 있었다. 호메로스가 『오뒷세이아』에서 말하길 헤라클레스는 "먹고 마시기를 결코 멈추지 않는 탐욕스러운 식욕"으로 유명했다. 그의 성적 갈망 또한 식욕에 버금갔다. 『뤼시스트라테』에서 호색한 남편은 "내 음경은 저녁식사에 초대받은 헤라클레스이다"라고 소리친다. 헤라클레스는 아들 72명에 딸 하나를 둔 아버지로 알려져 있다.[11] 반면에 우아한 아도니스는 게걸거리지도 탐욕스럽지도 않았다. 헤라클레스와 달리 그는 청소년기가 끝나갈 때 멧돼지에 받혀 아이 없이 죽었다. 헤라클레스와 가장 다른 점은 그가 여자들의 몸으로 성욕을 충족한 것이 아니라 여자들에게 즐거움을 선사했다는 것이다. 아도니스는 그리스어로 감각적 쾌락을 의미하는 '헤도네hedone'를 상징했고, 아프로디테는 여자들의 연인이었던 그의 죽음을 애도했다.

아도니아 의례에서 아테네 여자들은 이 신화를 끌어와 자신들을 즐겁게 할 줄 알았던 젊은이의 죽음을 애도했다. 매년 7월 그를 기리는 축제가 열리기 일주일 전, 여자들은 집 지붕의 작은 화분에 양상추 씨를 심었다. 이 씨앗은 싹이 빨리 난다. 여자들은 화분에 녹색 싹이 나타날 때까지 정성스럽게 물과 양분을 주다가 싹이 나는 순간부터 물을 주지 않았다. 모종이 죽어갈 때, 바로 그때 축제가 시작되었다. 이제 지붕 위 화분은 '아도니스 정원'이라 불렸고 말라가는 식물은 그의 죽음을 상징했다.

이 의례가 신화 속 이야기를 그대로 따랐다고 짐작하는 사람도 있을 것이다. 실제로 한 해 중 이때는 뜨거운 햇볕이 내리쬐는 7월로, 죽어가는 정원이라는 상징성을 높이는 듯했다. 그러나 아테네 여자들은 이름만 장례식인 의례를 고안했다. 그들은 슬퍼하는 대신 밤새 함께 춤추고 마시고 노래했다. 그들은 성적으로 달아오르기 위해 향로에 몰약myrrh 등의 향료 뭉치를 던져넣었다.(아도니스는 몰약의 정령 뮈라 Myrrha의 아들이었다.) 이 축제는 외설적 농담과 금지된 섹스로 명성을 얻었다. 몇백 년 후 고대 로마에서 쓰인 한 허구적인 글에는 고급 매춘부가 친구에게 쓴 편지가 나온다. "우린 테살라의 애인 집에서 {아도니아} 연회를 열려고 준비하고 있어. ……작은 정원과 조각품을 꼭 가져오도록 해. 그리고 네가 키스로 숨막히게 할 너의 아도니스{딜도가 분명하다}도 꼭 가져와야 해. 우리는 애인들과 다 같이 취할 거야."[12]

여자들이 작은 '아도니스 정원'에 심었던 바로 그 식물들을 보면 이 의례는 분명 성적 향연이었다. 시인 사포는 아프로디테가 멧돼지 뿔에 받힌 아도니스를 양상추 밭에 눕혔다고 썼다. 우리에게 낯선 이미지이지만, 디오스코리데스가 "그 즙은 몽정을 하는 사람들에게 효능이 있고, 남자에게 성행위 생각을 떨치게 한다"라고 썼듯, 양상추를 성욕 억제제로 여겼던 그리스인에게는 의미가 전달되는 장면이었다.[13] 고대 문헌에서 양상추는 성불능, 더 넓게는 심각한 "활력 부족"을 상징했다.[14] 나아가 양상추는 음지에서 잘 자라며 죽은 어머니들이 먹는 식물이라고들 했다. 아도니아 기간 동안 여자들은 양상추가 시들어 갈색으로 바뀌고 화분의 메마른 흙에서 쪼그라들 때 축제를 시작했다. 즉 그들은 그 즙이 산 사람의 성욕을 죽인다고 여겨진 식물이 죽어갈 때, 그 죽음을 축하했던 것이다.

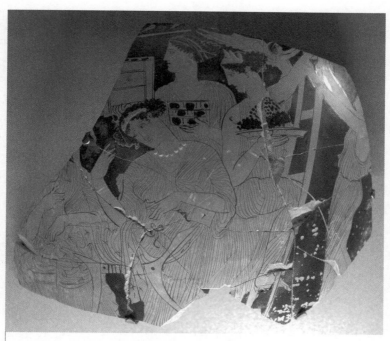

— 아도니아 동안 젊은 여자들은 아도니스에게 애도를 표한다.

아도니아는 여자들이 평소에 충족할 수 없었던 욕망의 향연으로 보인다. 여자들의 성적 결핍은 성인 남자들이 장차 시민이 될 소년들에게 심취했기 때문은 아니었다. 그런 시각은 한 종류의 성욕이 다른 성욕을 배제하는 현대의 동성애 모델을 가정했을 것이다. 법학자 에바 칸타렐라가 지적했듯, "아내의 진짜 라이벌은……… 남편을 이혼의 유혹에 빠뜨릴 수 있는 다른 '훌륭한' 여자들이었다."[15] 아도니아 의례의 식물과 향신료는 여자들에게 그보다 더 근본적인 문제, 즉 여자의 욕망은 여자가 남자의 의지에 복종하는 일과 불가분의 관계에 있다는 문제에 직면하게 했다. 아도니아의 향기는 여자가 그 복종에서 벗어나 숨쉴 수 있는 공간을 제공하고자 했다.

테스모포리아처럼 아도니아도 농경 의례를 도시의 경험으로 변형시켰다. 고대의 신화는 죽어가는 아도니스의 피가 땅으로 스며들었듯 쾌락의 죽음을 대지의 비옥함과 연결시켰다. 이는 땅이 인간의 고통에서 그 양분을 얻어간다는 의미였다. 도시의 의례에서 메말라가는 땅과 시들어가는 식물은 관능적인 육체에 다시 생기를 불어넣는다. 여자들이 집의 공간을 변형시켰던 것은 오래된 의례를 통해 이 목적을 수행하기 위해서였다.

아도니아 의례는 연회실 지붕 아래에서 일 년 내내 열렸던 남자들의 향연인 심포시온symposion과는 상당히 달랐다. 적당히 부유한 집의 대개는 네모난 형태였던 이 방은 측면 벽에 세 개의 침상을 두었고 끝에 하나의 침상을 두었다. 총 열네 명의 손님이 침상에 기대어 먹고 마시고 남녀 매춘부를 애무했다. 남자들에게 심포시온은 "폴리스에서 이루어지는 일체의 활동(점잖은 관례적 활동)과는 근본적으로 다른" 시끌벅적한 놀이에 마음 놓고 몰두할 수 있는 기회였다.[16] L. E. 로시가 쓴 대로 심포시온은 마시고 추근거리고 떠들고 자랑하는 "그 자체로 하나의 볼거리"였지만, 이 볼거리는 외부에서 하던 관례적인 육체적 행동 하나를 그대로 유지했다.[17] 즉 김나시온에서처럼 심포시온의 남성 연대에는 경쟁이 만연했다. 남자들은 사전에 시와 농담과 자랑거리를 준비해서 연회 때 자신의 기술을 자랑했다. 때때로 경쟁과 동료의식 사이의 균형이 통제를 벗어나 심포시온이 격렬한 싸움판으로 전락하기도 했다.

아도니아 축제 기간에는 저 지붕 위도 똑같이 음탕했겠지만, 여자들은 서로 경쟁하지 않았고 재담을 준비하지도 않았다. 또한 아도니아는 심포시온의 특징인 프라이버시와 배타성을 회피했다. 여자들은 이 동네 저 동네를 돌아다녔고 저 위 어둠 속에서 부르는 목소리를 들으면 사다리를 타고 지붕으로 올라가 모르는 사람들을 만났다. 고대 도시에서 옥상은 대체로 빈 공간이었다. 더욱이 이 축제는 밤에 빛이 없는 주거 지역에서 열렸다. 아고라, 김나시온, 아크로폴리스, 프뉙스 같은 지배적인 공간은 낮의 노출된 공간이었다. 아도니아 기간에 옥상에 놓인 몇 개의 촛불로는 길거리는 고사하고 바로 옆에 앉은 이도 보기 힘들었다. 이와 같이 집이라는 공간에서 벌어진 변화 위로 어둠의 망토가 덮였다. 어둠 속에서 웃음이 가득한 지붕은 익명의 친근한 영토가 되었다.

바로 이 공간에서, 어둠의 망토 아래에서 여자들은 말할 권한을 되찾았고 자신의 욕망을 말했다. 테스모포리아가 차가움의 이미지를 변형시켰던 것과 똑같이 아도니아는 열의 이미지를 바꾸었다. 햇빛의 열에 노출된 양상추는 죽어갔지만, 어둠은 여자들을 자유롭게 했다.

최근까지 학자들은 아도니아를 레즈비언 의례라 생각했고, 여자들끼리 쾌락을 즐기려고 모였으니 그들이 서로 성적으로 자극했을 것으로만 짐작했다. 이와 관련하여 사포가 쓴 유명한 연애 서정시가 자주 인용되었다.

너를 잠깐 바라보니, 나의 목소리는
막혀버리고

나의 혀는 굳어버리고, 가벼운
불꽃이 나의 살갗을 덮으며
나의 눈은 앞을 보지 못하고 윙윙 우는
소리가 귓가에 맴돈다.

그리고 땀이 온몸을 적시고, 전율이
온몸을 타고 흐른다. 풀밭의 풀처럼
파랗게 질려 나는 죽은 사람이다.
나에게 그리 보인다.[18]

이제 학자들은 이 의례를 좀더 복잡한 사건으로 본다. 성적 선호
가 얼마나 섞여 있었건 간에, 깊고 지속적인 성애 관계의 자리가 아니
라 어둠 속에서 모르는 사람들이 일시적으로 쾌락을 나누는 시간이
었다는 점에서, 이 의례에는 사포의 시가 전하는 뭉클한 격렬함은 없
었기 때문이다.

도시는 아도니아 의례를 공식적으로 승인하지 않았다. 도시가 일
정을 잡고 관리하면서 재정 후원을 하는 다른 축제들과 달리 아도니
아는 공식 축제 일정에 포함되지 않았다. 이는 감정 면에서 자발적인
축제이듯 조직 면에서는 비공식적인 축제였다. 그리고 아니나 다를까,
남자들은 아도니아를 불편해했다. 『뤼시스트라테』의 아리스토파네스
등 당대 작가들은 평상시의 침묵에서 멀어진 여자들을 경멸적으로
바라보며 축제의 소란과 시끄러움과 술에 취한 상태를 조롱했다. 아도
니아를 가장 심각하게 비난한 사람은 플라톤이었다. 그는 『파이드로

스』에서 소크라테스의 말을 전한다.

> 그럼 내게 이에 대해 말해주게. 지각이 있는 농부가 씨앗을 염려
> 하고 결실을 맺기를 바라는 사람들 중 한 사람으로서, 여름에 아
> 도니스의 정원에 씨앗을 뿌리며 여드레 동안 그 정원이 아름다워
> 지는 것을 즐겁게 바라보는 것이 진지한 마음에서이겠는가, 아니
> 면—그가 하긴 한다면 말이지만—그 일을 놀이와 축제를 위해서
> 하겠는가? 하지만 그는 자신이 진지하게 대했던 것의 경우에는 농
> 사 기술을 사용할 것이며, 제격인 곳에 씨를 뿌려 씨를 뿌린 지 여
> 덟 달 동안에 성숙해지는 것으로 만족하겠지?[19]

플라톤은 대지를 비옥하게 하는 고대 농경 신화와 반대로 아도니
아에서 순간적 쾌락의 불모성이 드러나는 것을 보았다. 욕망은, 그것
만으로는, 아무 결실이 없다.

그러나 플라톤의 생각과 달리 아도니아는 특별한 방식으로 여자
들에게 욕망의 언어를 되돌려주었다. 테스모포리아처럼 이 의례는 언
어적 형태보다는 공간적 형태로 시인의 도구 중 하나를 활용했다. 아
도니아는 은유의 힘을 끌어왔다. 은유는 "장밋빛 손가락의 새벽" 같은
표현에서처럼 별개의 대상을 하나의 이미지로 묶는다. 은유에서는 전
체의 의미가 부분보다 크다. 은유는 환유와 다르게 작동한다. 환유에
서는 '선원'을 상어, 갈매기, 돌고래, 알바트로스 등 다양한 단어로 대
체할 수 있지만, '장밋빛 손가락'과 '새벽'이 하나로 묶이면 새벽과 손가
락이라는 부분들의 유비를 훨씬 넘어서는 성격이 생긴다. 더욱이 강

력한 은유는 문자적 의미에 구애받지 않는다. 만일 새벽하늘에서 원통 모양의 분홍빛 구름을 보고 "장밋빛 손가락의 새벽"이라 한다면, 어떤 이미지를 떠올리게 하는 면이 없는 것이다. 시인은 설명하면 죽어버리는 이미지를 창조한 셈이다.

아도니아 의례에서는 공간이 은유를 작동시켰다. 보통 다산과 육아는 여성의 섹슈얼리티를 정당화했다. 죽은 식물에 둘러싸인 7월의 밤, 지붕 위에서 낯선 이들과 함께 은밀한 욕망을 이야기하며 자유를 느낀다는 것은 분명 좀 이상하다. 이 의외의 요소들을 한데 묶은 것은 은유의 공간적 힘이었다. 의례에서 '은유의 공간'이란 사람들이 서로 다른 요소들을 결합할 수 있는 장소를 말한다. 사람들은 자신을 설명함으로써가 아니라 자신들의 육체를 사용함으로써 그렇게 한다. 아도니아에서 아테네 여자들은 자신들이 처한 상황을 불평하거나 따지는 대신에 춤을 추고 노래를 했다. 아리스토파네스나 플라톤이 아도니아에 대해 곤혹스러워한 것도 바로 무슨 일이 벌어지는지 그들로선 이해할 수 없었다는 데 있다. 여자들의 옥상 의례는 분석적 추론을 용납하지 않는다.

고전학자 존 윙클러는 아도니아를 일컬어 "억압받는 자들의 웃음"이라고 멋지게 표현했다.[20] 그러나 이 의례는 남자들이 긍정한 것을 부정하지는 않았다. 이 축제에서 여자들은 밤 시간 동안 아고라나 프닉스 같은 남자들의 요새를 빼앗겠다고 하지 않았다. 옥상은 반역을 위한 본부가 아니었다. 그보다는 도시의 지배적 질서가 내리누르는 상황에서 여자들이 일시적으로, 육체적으로 이탈하는 공간이었다. 그들의 남편이나 폴리스의 수호자들이 아도니아를 쉽게 금지할 수도 있었겠지만 실제로는 그 어떤 사회권력도 이 축제를 막으려 하지 않았고, 아마도 이는 은유의 선물이었을 것이다. 직접적으로 금지하기엔 너무도 이상한 저항의 축제였으니 말이다. 테스모포리아가 돌로 지은 도시 안에서 차가운 육체를 정당화했다면, 아도니아는 그 차가운 육신의 무게를 며칠 밤 동안만 덜어주었다.

로고스와 뮈토스

고대의 이 두 축제는 '의례는 치유한다'라는 단순한 사회적 진실을 보여준다. 의례는 여자든 남자든 억압받는 자들이 사회에서 겪는 멸시와 모욕에 대응할 수 있는 한 방법이며, 더 넓게는 삶과 죽음의 고통을 견딜 만한 것으로 바꾸어준다. 인간은 의례라는 **사회적 형식**을 통해 수동적인 희생자가 아니라 능동적인 행위자로서 부정否定의 문제를 해결하고자 한다.

　그러나 지금까지 서양 문명은 의례의 이런 힘들과 양가적 관계를 맺었다. 이성과 과학은 단순히 고통에 능동적으로 개입하는 의례와는 다른 방식으로 인간의 고통을 정복하리라고 약속했다. 우리 문명의 특징인 이성은 의례의 토대를, 논리적 증명이나 설명을 거부하는 그 공간적 환유와 은유를, 육체적 관행을 의심해왔다.

　서양에서 이성과 의례가 맺어온 양가적 관계는 고대에 시작되었다. 그리스인들은 로고스logos와 뮈토스mythos를 구분했다. 종교사가 발터 부르케르트는 이 대조를 다음과 같이 요약했다.

　　로고스와 대비되는 뮈토스. '한데 모으다'라는 뜻의 레게인legein에서 온 로고스는 증거와 밝힐 수 있는 사실을 모으는 것으로, 로곤 디도나이$^{logon\ didonai}$는 비판적이고 의심 많은 청중 앞에서 주장하는 것이다. 뮈토스는 책임을 지지 않으며 이야기하는 것, 오크 에모스 호 뮈토스$^{ouk\ emos\ ho\ mythos}$, 즉 내 이야기는 아니지만 어디선가 들은 것이다.[21]

로고스의 언어는 사물과 사물을 연결한다. 로곤 디도나이는 사람을 연결하는 단계를 만든다. 여기엔 주장하는 자를 판단하는 청중이 있고, 청중은 의심한다. 로고스는 불순해지기도 한다. 즉 지휘관 재판에서처럼 발언자는 개별 사실이나 인물, 사건을 묘사하면서 동정이나 동일시를 일으킬 수 있다. 순수한 추론적 분석으로 검토하면 말도 안 되지만, 이미지들이 하나씩 흘러나오다보면 말로 묘사한 것들이 서로 연결되는 듯 느껴진다.

하지만 모든 형태의 로고스에서 발화자는 그 자신의 말과 동일시된다. 말은 화자의 것이며 그는 자신의 말에 책임진다. 애초에 클레이스테네스가 주장했던 것처럼, 표현과 토론의 자유는 오직 사람들이 자신의 말에 책임질 수 있을 때에만 성립하고 그렇지 않으면 논쟁은 무게를 잃고 말은 하찮아진다. 이런 방식으로 프뉙스는 로고스를 공간상에 작동시켰고, 누가 누구의 말에 박수치거나 야유하는지, 누가 어디에 투표하는지를 보고 들을 수 있었다.

뮈토스에서는 발화자가 말에 책임지지 않는다. 그 대신에 이 신화적 언어는 "내 이야기는 아니지만 어디선가 들은 것이다"라는 말에 담긴 믿음을 작동시킨다. 대부분의 신화가 그렇지만 특히 그리스의 신화는 신비한 존재나 신들의 행동을 다루기에, 그 이야기를 다른 사람에게 전달하는 사람이 아니라 바로 그 신들이 이야기를 만든다고 생각하게 된다. 그래서 사람들은 정치 집회에서 자기 말을 믿어 달라고 주장하는 발언자는 의심해도 신화를 전하는 사람의 말은 의심하지 않는다. 인류학자 메이어 포티스는 이런 성격의 신화를 "사회적 연대의 승인"이라고 말한 바 있다.[22] 또 아리스토텔레스는 드라마를 "불신의 자발적 보류"라고 정의한 것으로 유명하다. 드라마의 기원인 신화는 그런 언명의 진정한 배경을 알려준다. 뮈토스는 말의 신뢰, 말 자신의 신뢰에 관한 것이다.

로고스와 뮈토스의 구분에는 가혹한 가르침이 있다. 사람들이 책임을 요구하는 말들은 상호 불신과 의심을 조장하기에, 이런 불신과 의심을 막아내고 능숙하게 다룰 수 있어야 한다. 이 가혹한 진실은 사람들이 자유롭게 말해야 하고 그 말에 책임져야 한다는 클레이스테네스의 믿음을 무섭게 비춘다. 민주주의는 상호 불신의 정치학을 받아들인다. 발언자가 책임지지 않는 듯한 말들이 신뢰의 연대를 만든다. 이때 신뢰는 신화가 지배하는 동안에만, 즉 사람들이 프뉙스의 오두막에서 데메테르를 기리거나 지붕에서 아도니스를 기릴 때 불리는 찬가에서처럼 언어가 지배하는 동안에만 만들어진다. 이 두 장소를 모두 덮는 어둠의 망토는 이 말들의 비개인성과 신뢰성을 강화했고, 말이 어둠에서 나오듯 개별 발화자는 쉽게 보이지 않을 수 있었다. 그런 의례 공간은 마법과도 같은 상호 긍정의 공간을 창조했다. 그리고 뮈토스의 이 모든 힘은 의례를 치르는 육체에 영향을 미치며 새로운 가치를 부여했다. 의례에서 말은 몸짓에 의해 완성된다. 춤추고 웅크리고 함께 술 마시는 행위가 상호 신뢰의 표식이 되고 깊은 연대의 행동이 된다. 의례는 고대 도시에서 서로에게 가졌을 의심 위로 어둠의 망토를 덮었으니, 이는 벌거벗은 드러냄이 유발하는 존경과 의심이 뒤섞인 반응과는 매우 달랐다.

이처럼 아테네 문화는 여러 대비되는 것들이 나란히 존재했다. 뜨거운 육체 vs 옷을 걸친 육체. 옷을 벗은 남자 vs 옷을 입은 여자. 밝은 '옥외' 공간 vs 구덩이의 어두운 공간과 밤의 지붕. 로고스 디도나이의 도전적인 노출 vs 뮈토스의 치유하는 망토. 제 말의 힘 때문에 종종 자기통제를 상실하는 권력의 육체 vs 의례를 통해 하나가 된(비록 그 유대를 분명히 표현하거나 정당화하거나 설명하지는 못하지만) 억압받는 육체.

그러나 투퀴디데스라면, 적어도 그의 시대 아테네 사람들에 대해서 우리가 이런 방식으로 기념하도록 내버려두지는 않을 것이다. 의례는 사람들을 하나로 묶는 데 치명적 결함이 있었기에, 이성은 의례를 의심할 명분이 있었다. 투퀴디데스는 대재난의 순간에 아테네 사람들이 고통받는 이유를 의례만으로는 충분히 이해시킬 수 없으며, 그것을 이해하지 않고서는 모두의 삶이 해결되지 않는다는 것을 보여주었다.

— 2 —
고통받는 육체
전염병과 재난 속 도시

투퀴디데스의 『펠로폰네소스 전쟁사』는 페리클레스의 추모연설로

1막이 끝나고, 그다음은 기원전 430년 겨울과 봄에 아테네를 휩쓸었던 엄청난 전염병에 관한 이야기이다. 전염병의 영향으로 사람들은 추모연설에 표현되었던 화려한 믿음과 모순되게 행동했다. 민주주의 제도는 붕괴했고, 병든 육체들이 도시 의례의 결속을 해체했으며, 페리클레스 자신도 몰락했다.

아테네 의사들은 갑작스럽게 대규모로 발생한 콜레라에 어찌할 바를 몰랐고, 투퀴디데스는 전염병의 육체적 징후를 당혹스러워하며 기술한다.

> 눈이 빨갛게 충혈되었다. 입안에서는 목구멍과 혀에서 피가 나기 시작하고, 내쉬는 숨이 부자연스럽고 악취가 났다. ……이어서 대부분의 경우 헛구역질과 함께 심한 경련이 일어났다. ……묻지 않은 시신이 널려 있어도 인육을 먹는 새나 다른 짐승이 다가가지 않았으며, 인육을 먹은 경우에는 죽었다.[23]

전염병은 무엇보다 먼저 죽음의 신성함을 기리던 도시의 의례들을 파괴함으로써 도시의 사회조직을 치명적으로 흔들어놓았다. 그리스인들은 죽은 사람의 시신을 훼손하기 시작했다. "남이 쌓아놓은 화장용 장작더미에 먼저 도착해서 자신들이 운구해온 시신을 올려놓고 불을 지피거나 아니면 남의 장작더미에 불이 붙은 것을 보고는 운구하던 시신을 다른 시신 위에 던져놓고 가버리곤 했다." 몇몇 사람은 병든 사람을 돌보고 그러다 자신도 감염되는 등 명예롭게 행동했지만 "착한 사람이든 악한 사람이든 무차별적으로 죽는 것을 보고 그들은

제2장. 어둠의 망토

신을 경배하든 않든 마찬가지라고 생각했다."**24**

의례가 시들해지자 이제 전염병은 정치를 공격했다. "재판을 받고 벌을 받을 만큼 오래 살 것이라고 기대하는 사람은 아무도 없었다." 아테네 사람들은 자기규율과 자기통치의 힘을 상실했다. 대신 전염병에 직면해 순간적이거나 금지된 쾌락에 빠졌다. "사람들은 전에는 은폐하곤 하던 쾌락에 공공연하게 탐닉했다. ……가진 돈을 향락에, 당장의 쾌락에…… 재빨리 써버리는 것이 옳다고 여겨졌다."**25** 질병은 정치의 위계를 무의미하게 했다. 전염병은 시민과 비시민을, 아테네 사람과 노예를, 남자와 여자를 가리지 않았기 때문이다. 기원전 430년 봄, 아테네 사람들이 자신의 삶을 더이상 통제할 수 없게 된 그 순간, 적은 승기를 잡고 농촌에서 도시로 진격했다.

추모연설을 한 지 겨우 몇 달 후, 자치도시라는 페리클레스의 꿈은 무너졌고 그 꿈의 설계자였던 자신도 위태로워졌다. 전쟁 전에 페리클레스는 도시에서 항구로의 안전한 통행을 위해 페이라이에우스 성벽을 이중으로 쌓자고 제안했고 그렇게 되었다. 나란히 세워진 두 성벽 사이로 약 140미터의 공간이 있었고, 이 공간은 전쟁 시기 농촌에서 피난온 사람들을 수용하기에 충분했다. 이제 아르키다모스가 지휘하는 스파르타가 기원전 430년 아테네 근처 아티카 평원을 침공했을 때, 농촌에서 온 많은 이들이 페리클레스가 만들었던 성벽 뒤로, 특히 페이라이에우스 항구와 아테네를 연결하는 성벽 사이로 몰려들었다. 이 통로가 피난민들에겐 전염병의 덫이 되었다. 그때 아테네 사람들은 페리클레스를 탓했다. 뒤에 플루타르코스는 이렇게 말했다. "이 모든 것은 페리클레스 책임이다. 전쟁 때문에 그는 농촌 사람들을 성벽 안으로 몰아넣었고, 그들에게 아무 일자리도 주지 않았으며, 가축처럼 가두어놓아 서로를 감염시키게 했다."[26]

그러나 아테네 사람들은 고통이나 죽음을 두려워할 정도로 비겁하진 않았고, 육지의 전장과 바다에서 신체적으로 용감했다. 기원전 411년 키노스세마에서 벌어진 아테네의 마지막 영토 전쟁을 설명하는 대목에 이르러 투퀴디데스는 지치고 약한 병사들이 여전히 희망을 갖고 맹렬히 싸운다고 썼다. "그들은 자기 역할을 확고히 하면 마지막 승리는 여전히 가능하다고 믿었다."[27]

의례가 도시를 결속시켜야만 했다. 의례는 '다른 어딘가에서' 오며, 그 장소는 종종 망자의 장소이다. 테스모포리아와 아도니아는 도시의 다른 의례들과 마찬가지로 죽음, 매장, 애도에서 온 신화적 주제를 그리면서 산 자와 죽은 자를 연결했다. 니콜 로로에 따르면, 추모연설에서 페리클레스는 전사자의 죽음이 이 도시의 규칙을 따르는, 도시 전체를 위한 죽음이기에 '고귀한 죽음'이었다고 설명했다. 그는 "살아남은 우리 한 사람 한 사람은 당연히 그녀(아테네)를 위해 자신을 불사를 것이다"라고 말한다.[28] 같은 방식으로 테스모포리아와 아도니아는 아테네 여자들에게 데메테르의 딸과 아도니스의 죽음이 그들의 필요를 충족하는 '고귀한 죽음'이었다고 확언했다. 소포클레스의 『오이디푸스왕』에도 나오는 전염병 이야기의 대단원에서 왕은 전염병을 물리치고 도시를 구하고자 제 눈을 멀게 한다. 이는 금지된 성욕과 죄책감에 관한 프로이트적인 이야기를 넘어서서 당대 청중에게 시민적 의미를 가졌던 자기희생의 이야기였다.

전염병은 그에 준하는 시민적 기회를 제공하지 않았다. 투퀴디데스가 말하길, 전염병으로 인해 아테네 사람들과 비아테네 사람들 모두가 '신탁'을 구했는데 신탁은 혼란스러운 답만 주었다. 제아무리 명확한 신탁도 위안이 되지 못했다. 왜냐하면 스파르타 사람들이 받은 신탁 또한 "힘껏 싸우면 승리는 그들 것이 될 것이고 신 자신도 그들 편이 되리라"고 했기 때문이다.[29] 확실히 다른 모든 고대인들처럼 아테네 사람들은 원대한 우주 질서 속 인간 행동의 미약함과 한계와 무지에 대해 깊이 인식하고 있었고, 그들의 많은 의례가 그러한 한계를 보여주었다. 그러나 의례는 재난 앞에서 시민의 구원이나 결속이 아니라 인간의 절망을 이야기했다.

의례의 자기충족적인 힘이 '다른 어딘가에서' 왔다는 것은 그 의례가 사람들이 예측 불가능한 미지의 대상을 파고들고 추론하는 데 사용할 수 있는 도구가 아님을 뜻한다. 그리고 이는 의례가 과학 실험에서처럼 상이한 가능성과 결과를 탐색하는 데 쓰는 도구나 기구 같은 것이 아니기 때문이다. 또한 의례는 예술작품처럼 최대의 효과를 위해 의식적으로 추출되는 재료도 아니다. 어떤 의례적 실천이든 그 본질은 사람들이 그 의례를 수행하는 순간에 이미 존재하는 동시에 그들 외부에 있다고 생각되는 무언가로 들어가는 것이다. '다른 어딘가에서' 온 의례의 마법은 **의도됨**의 틀 너머에 있는 것처럼 보여야 한다. 아테네의 다른 모든 도시적 의례처럼 테스모포리아와 아도니아는 여러 세기에 걸쳐 매우 천천히, 옛 의미가 새로운 의미로 녹아들어가며 진화한 것이었다. 어느 해가 되었든 여자들은 전수된 의례가 미묘하게 달라졌는지 여부를 따지는 법 없이 이전에 해오던 것들을 계속하고 있다고 느끼며 의례를 행했다.

전염병이 유행하는 동안 아테네 사람들은 고도화된 의례 문화의 숙명을 겪었다. 즉 과거에 행하던 일련의 마술적 조치가 현재의 위기를 이해하는 데 충분한 설명을 제공하지 못함을 알게 되었던 것이다. 플루타르코스의 설명이 정확하다면, 아테네 사람들은 페리클레스가 도시 건설에 들인 막대한 노력을 오이디푸스의 오만 같은 것으로 해석했고, 전염병을 거의 신화적으로 이해했다. 하지만 이런 해석이 그들에게 무엇을 해야 할지를 알려주지는 않았다. 투퀴디데스는 의례가 인간 자신의 능력에 덧씌운 어둠의 망토를 혼돈의 망토라 표현하면서 그 부적절함을 강조한다.

하지만 아테네 문화는 사람들이 스스로의 상황을 만들어내고 이해할 수 있다고 믿은 데서 그 독창성을 찾을 수 있다. 그리스어로 포이에인poiein은 '만들기'를 뜻하고, 여기서 파생된 포이에시스poiesis는 '창조적 행위'를 뜻한다. 페리클레스 시대의 아테네 문화는 스파르타보다 훨씬 더 포이에시스의 이상을, 예술작품처럼 여긴 도시를 한결같이 찬양했다. 과학적 추론이건 정치적 추론이건, 추론은 창조적 행위의 일부이다. 몇몇 고대 저자들은 민주주의 정치를 아우토-포이에시스auto-poiesis, 즉 끊임없이 변하는 정치적 자기창조라고 불렀다.

투퀴디데스가 추모연설과 아테네의 전염병을 밀접하게 짝지어놓은 것을 두고, 몇몇 현대 해석가들은 그가 당대 지도자들의 미사여구를 믿지 않았다는 증거로 받아들인다. 그러나 이는 너무 단순한 생각이다. 투퀴디데스는 적인 스파르타를 편든 것이 아니라 폴리스 문화를 창조했던 힘, 그 복잡하면서 곧잘 불안정해지는 힘을 이해하고자 했다. 파르테논의 프리즈에 극적으로 표현된 아우토-포이에시스의 힘은 도시에 닥친 위험을 재현해주었다. 하지만 의례의 힘은 시험과 질문, 논쟁의 도움을 받지 않고 단독으로 그렇게 했다.

이러한 힘들은 도시의 가장 위대한 예술작품인 인간의 몸으로 수렴되었다. 장피에르 베르낭은 이렇게 썼다. "고대 그리스의 육체는 해부도에서 보듯 맞물린 신체 기관들의 집단 형태학으로 보이지 않았고, 초상화처럼 우리 각자에게 알맞은 신체적 특수성의 형태를 띠지도 않았다. 오히려 그것은 도시의 문장紋章처럼 보인다."[30] 고대 그리스의 모든 도시 가운데 아테네는 이 문장으로서의 육체를 전시했다. 아테네 사람들은 육체의 벌거벗음을 문명의 산물인 양 전시했고, 김나시온에서 남성의 육체를 하나의 예술작품처럼 단련했고, 남자끼리의 사랑을 시민적 표식으로 삼았으며, 원래 아우토-포이에시스라는 정치적 목적의 드라마를 염두에 두었던 장소를 탈바꿈시켜 그곳에서 말하는 목소리를 훈련하고 드러냈다. 아테네의 복잡한 의례들은 육체와 도시 공간에서 절정을 이루는 은유와 환유라는 시적 힘에 의존했다.

"우리 도시 자체가 그리스의 학교입니다."[31] 페리클레스는 이렇게 자부했다. 페리클레스 시대 아테네의 유산은 일정 부분 이 시민적 육체의 고통을 통해 드러나는 어두운 교훈에서 발견된다. 지금까지 서양 문명을 괴롭혀온 정신적 인식과 육체적 자유의 분열은 아테네의 육체적 기예에서 비롯되었다. 그리고 위기에 처한 사회를 결속하고 치유하는 의례의 한계에 대한 암시도 거기에서 찾을 수 있다.

이미지의 제국

하드리아누스황제의 로마

서기 118년 하드리아누스황제는 로마의 캄푸스 마르티우스 구역에 있던 옛 판테온 자리에 새로운 건물을 짓기 시작했다. 원래의 로마 판테온은 기원전 25년 아그리파가 로마의 모든 신에게 바치는 성소로 설계했다. 하드리아누스는 원통형 기초 위에 거대한 반원형 돔을 얹은 멋진 새 건물에 신들을 모셨다. 지금도 그때도 이 건물의 가장 인상적인 특징이라면 돔 꼭대기에서 비쳐드는 빛일 것이다. 해가 쨍쨍한 여름날이면 태양이 궤도를 따라 움직이는 동안 빛줄기가 돔의 모서리에서 기둥면을 거쳐 바닥에 이르렀다가 다시 기둥면으로 올라가며 내부를 탐색한다. 흐린 날에는 그 빛이 건물의 콘크리트 색조가 섞인 회색 안개를 이룬다. 밤에는 건물의 매스mass가 사라지고 돔 꼭대기의 개구부를 통해 원을 그리는 별들이 어렴풋하게 나타난다.

하드리아누스 시대에 판테온의 빛은 정치적 상징물로 가득한 건

105

물 내부를 비췄다. 판테온의 바닥은 거대한 석조 체커판과 같았는데, 로마는 제국 내에 새 도시를 설계할 때마다 이 패턴을 똑같이 사용했다. 둥근 벽에는 신의 조각상을 두는 벽감들이 있었다. 로마인들은 이곳에 모인 신들이 한뜻으로 로마의 세계 정복을 후원한다고 믿었다. 로마인들은 신들을 거의 생명을 가진 우상으로까지 숭배했다. 현대 역사가 프랭크 브라운의 말대로 판테온은 "제국의 이상과 제국을 돕는 모든 신"을 찬양했다.[1]

하드리아누스가 판테온을 지은 지 500년 후인 서기 609년, 교황 보니파키우스4세는 판테온을 산타마리아아드마르티레스성당으로 축성했다. 이는 로마의 이교도 신전을 기독교 예배에 사용한 최초의 사례 중 하나였고 그 덕분에 지금까지 살아남았다. 고대 로마의 다른 기념물은 중세에 건축용 석재로 쓰이면서 산산조각났지만 교회는 화를 면했다. 특히 산타마리아아드마르티레스는 신앙 때문에 박해받았던 기독교인에게 바치는 순교성당으로 새롭게 태어났다. 로마제국을 향해 미소짓던 한 무리의 신에게 바쳐졌던 신전이 이제 약하고 억압받는 자들의 유일신을 섬겼다. 그러니 이 건물은 서구 문명이 다신교에서 유일신교로 이행한 대전환기의 이정표이다.

로마 시대에도 판테온은 한 편의 드라마였다. 로마제국에서 시각적 질서와 제국 권력은 불가분의 관계였다. 황제는 자신의 권력이 기념물과 공공물에서 **보이게끔** 만들고자 했다. 권력은 돌을 필요로 했다. 그러나 한 역사가가 지적하듯 판테온은 "아주 먼 과거에서 가져온 의례와 관례가 아직 남아 있을 때, 그러나 전과는 완전히 다른 새로운 시대가 시작되었음이 벌써 확연히 느껴질 때" 건설되었다.[2] 하드리아누스 시대 로마제국에는 미트라교, 기독교 등 새로운 종교가 넘쳐났고 이 종교들은 "세상을 지금보다 훨씬 더 보이지 않게 만들었다."[3] 물론 로마인들도 자신들이 섬기는 신들을 직접 볼 수 있다고는 생각하지 않았다. 신들이 지상에 내려와 사람들 사이를 걸어 다닐 때는 아무도 알아보지 못하게 변장한다고 생각했다. 하지만 사람들은 옛 신들이 도처에 존재의 표식을 남겨두었다고 믿었다. 로마의 지배자들은 그 가시적인 흔적을 제국 통치에 동원했고 서양 세계 곳곳에 그 신들의 이름으로 제국 기념물을 지었다. 로마의 판테온도 남자들과 여자들로 하여금 보고 믿고 복종하게 하려는 그러한 노력의 일환이었다.

하드리아누스 시대의 로마에서 눈에 보이는 것과 보이지 않는 것 사이의 불편한 관계는 인간 육체와 관련한 더 뿌리 깊고 더 일반적인 거북함에서 비롯되었다. 아테네 사람들은 인간 삶의 어둠과 허약함을 알면서도 근육과 뼈의 참된 힘을 찬양했다. 하드리아누스가 판테온을 건설할 때까지 강인한 로마인은 빛의 편에 서 있지 않았다. 검투사들의 맹세는 이런 구절로 끝났다. "몇 일이나 몇 년을 더 얻는다고 무엇이 달라질까? 우리는 어떤 자비심도 없는 세상에 태어났다." 로마 작가 세네카는 이런 검투사의 "너무도 끔찍한 서약"이 군인들과 시민들 사이의 더없이 명예로운 결속도 표현한다고 썼다.[4] 라틴어 '그라비타스gravitas'는 위엄을 뜻하는 동시에 단호한 불굴의 결단을 의미한다. 서로를 죽이기로 맹세하는 검투사의 서약은 이 결단의 잔혹한 모순을 역설한다. "너는 선 채로, 무적으로 죽으리라." 신체적 강인함은 어둠과 절망의 색조를 띠었다.

순수한 육체적 욕망이 솟아오를 때 로마인은 이교도건 기독교인이건 똑같이 겁먹었다. 역사가 칼린 바턴에 따르면 "로마인은 이룰 수 없는 희망을 두려워한 것과 똑같이 욕망과 그 끔찍한 결과를 두려워했다." 하지만 이교도와 기독교인은 서로 다른 이유에서 육체의 욕망을 두려워했다. 기독교인에게 욕망은 영혼을 망가뜨리는 것이었다. 이교도에게 욕망은 "사회 관습을 조롱하고, 위계를 깨뜨리고, 범주를 뒤섞고…… 혼돈과 분쟁과 **전면적 파괴를 야기**"했다.[5] 지배자가 시각적 질서를 필요로 했다면, 그의 신민도 그러했다. 어두운 힘과 다루기 힘든 욕망으로 이루어진 이 암울한 세상에서 이교도는 자신이 도시의 거리에서, 목욕탕에서, 극장에서, 포룸에서 눈으로 본 것을 믿음으로써 안심하고자 했다. 나아가 돌로 된 우상을, 그림으로 그려진 이미지를, 연극의 의상을 말 그대로 실재하는 것으로 믿으려 했다. 이교도는 보고 믿는 사람들이었다.

이미지에 대한 로마의 집착은 특정한 종류의 시각적 질서, 즉 기하학적 질서를 이용했다. 로마인들은 불안을 해소하는 기하학 원칙을 이론에서만이 아니라 자기 자신의 육체에서도 감지했다. 하드리아누스 시대로부터 100년도 더 전에 건축가 비트루비우스는 인간 육체가 기하학적 관계들, 특히 골격과 근육, 귀와 눈의 좌우 대칭으로 구조화되어 있음을 입증했다. 비트루비우스는 이 대칭들을 연구한 뒤 육체 구조를 신전 건축에 적용하는 방법도 찾아냈다. 다른 로마인들도 그와 비슷한 기하학적 이미지를 도시계획에 적용하여 좌우 대칭 규칙을 따르고 선형적 시지각을 중시했다. 이와 같이 기하학에 쓰인 자ruler에서 규칙Rule이 나왔다. 그리하여 육체와 신전과 도시의 선들은 질서정연한 사회의 원칙을 드러내는 것으로 여겨졌다.

역사적 장면을 묘사한 그림과 달리 추상적이고 기하학적인 형상은 보는 이에게 시간을 부여하지 않는다. 기하학의 무시간적 특징은 로마인들로 하여금 자신들이 사는 시대에 대해 안심하게 해주었다. 예를 들어 정복지에 새 도시를 건설할 때, 그들은 로마의 도시 설계를 그곳에 그대로 새겨넣어 현지의 특징을 제거하고자 했다. 그래서 종종 옛 성소나 길, 공공건물을 파괴해야 했던 이 기하학적 각인은 로마에 정복당한 사람들의 역사를 부정했다.

미술사가 E. H. 곰브리치가 지적했듯, 그리스와 로마의 예술은 모두 공공예술로 이야기를 전하고자 했고, 그런 점에서 그들이 생각하는 이집트 예술과 대비되었다.[6] 특히 로마인들은 도시의 연속성, 도시 본질의 지속성과 그 불변하는 핵심을 강조하는 이야기식 이미지를 보고 싶어했다. 로마의 시각적 서사는 같은 이야기를 거듭 반복한다. 사회적 재앙이나 위협적 사건이 위대한 원로나 장군이나 황제의 등장으로 해결된다는 이야기이다.

로마인은 보고 믿는 사람들이었다. 그들은 영속적인 체제를 눈으로 보고서 복종했다. 로마의 지속성은 인간 육체의 시간을, 성장하고 쇠퇴하는 시간을 거슬렀다. 계획이 무너지거나 망각되는 시간을, 노화나 절망으로 인해 얼굴의 기억이 희미해지는 시간을 거슬렀다. 한 편의 시에서 하드리아누스 본인이 인정했듯, 로마인이 자신의 육체로 겪는 경험은 '로마'라는 장소의 허구와 충돌했다.

반면에 로마의 기독교인은 저 자신의 육체로, 성인기 동안 변화하는 육체로 겪는 특정한 시간 경험을 긍정하고자 했다. 그들은 개종을 통해서 육체적 욕망의 혼란에서 벗어나기를 바랐다. 기독교인이 되어

109

보다 고귀한 비물질적 권력과 하나될 때 삶의 무게는 가벼워질 것이었다. 성 아우구스티누스 같은 신자들은 그러한 변화가 일어나려면 성 요한이 그랬듯 "눈의 탐욕"을 경계해야 한다고 강조했다.[7] 강렬한 시각적 이미지는 세상에 집착하게 했다.[7] 기독교인의 시각적 상상은 빛의 경험을 중심으로 형성되었다. 신의 빛을 경험한 사람은 눈이 멀게 되어, 세상을 보거나 거울을 들여다보는 능력을 잃는다.

초기 기독교인들은 신앙이 강해질수록 세상에 대해 느끼는 애착이 점점 약해지리라고 믿었다. 이 점에서 그들은 내어줌을 긍정하는 유대교의 유산, 즉 자신이 세상 속에 있을지라도 세상의 것은 아닌 영적 방랑자라는 유대인의 오래된 믿음을 참고했다. 그러나 기독교인들은 마침내 방황하기를 그만두고 하드리아누스의 신전에서 기도하기 시작했다. 로마의 장소라는 시민적 허구가 다시 생겨나, 예술사가 리처드 브릴리언트가 쓴 대로 "옛것이 새것이 되었고, 과거가 현재가 되었다."[8] 장소 감각이 되살아나자 기독교인들은 자신의 육체를 바꿀 필요성을 덜 절실하게 느끼게 되었다.

이처럼 다신교에서 일신교로의 이행은 육체와 장소와 시간에 관한 거대한 드라마를 연출했다. 그리스인들의 강렬했던 폴리스 사랑은 하드리아누스 시대에 벌써 안전을 희구하는 더 불안한 욕망과 이미지에 대한 불편한 집착으로 대체되어 있었다. 로마인들은 전통적인 신들과 그들의 장소를 두고 갈등했다. 이제 일신교로의 이행은 도시의 연속성보다도 내적 변화를 강조했고 전체 시민보다 개인의 역사에 더 많은 가치를 부여했다. 하지만 이교도가 돌의 왕국에 의심 없이 자신을 맡기지 않았다면, 기독교인은 더이상 자신의 육체를 신에게 완전히 바치지 않았다.

— 1 —

보고 믿으라

판테온과 원형극장

황제의 두려움

"M. Agrippa L. f. cos. III fecit." 판테온 입구에 적힌 이 말은 "제3기
집정관 루시우스의 아들, 마르쿠스 아그리파가 이 건물을 지었다"라는
뜻이다. 하드리아누스가 자신의 새 신전에 그보다 150여 년 전에 옛
판테온을 지은 사람의 이름을 새겼다니 현대의 방문객에게는 수수께
끼 같은 일이다. 그러나 이 비명碑銘은 하드리아누스에게도 '로마'라는
시민적 허구가 필요했음을 알려준다.

　하드리아누스는 불확실한 상황에서 황제가 되었다. 전 황제 트라
야누스가 제국의 정상적인 관습에 따라 하드리아누스를 아들이자 계
승자로 낙점했는지가 확실하지 않았다. 젊은 하드리아누스는 사람들
이 '최고 황제'라고 부른 트라야누스의 명성에 위축되었다. 그가 권력
을 잡았을 때, 그의 경쟁자로 여겨지던 인기 있는 원로원 의원 넷이 살
해당했다. 서기 118년에 트라야누스를 계승한 직후, 하드리아누스는
이 어두운 그늘에서 빠져나가고자 했다. 그래서 원로원에는 의원 살
인 사건에 대해 대충 사과했고, 사람들에게 금을 나눠주었으며, 사람
들이 국가에 진 빚 증서를 모닥불에 태워 빚을 면제해주었다. 새 황제
는 사람들이 가진 트라야누스의 기억에 맞서는 대신 그들의 기억을

활용하고자 했다. 그는 '최고 황제'의 업적이 새겨진 트라야누스 원주 밑에 묻히고 싶다던 전 황제의 소원을 들어줌으로써 이를 행했다. 또한 하드리아누스는 로마의 초대 황제인 신성한 아우구스투스와 자신을 연결하고자 했다. 하드리아누스 주화에는 아우구스투스 치하 로마의 질서와 통합을 복원하는 상징으로, 잿더미 속에 서 있는 불사조가 새겨져 있었다. 초기의 실수를 만회하려는 이 모든 행동은 과거가 앞으로 순탄하게 흐르게 하고 변화를 최소화하고 싶은 하드리아누스의 바람을 보여주었다. 바로 그와 같은 의도에서 그는 판테온을 건설하기 시작했다.

판테온은 여러 면에서 연속성을 강조했다. 하드리아누스는 판테온 입구 양쪽에 초대 황제 아우구스투스와 공화주의 건축가 아그리파의 조각상을 놓았다. 아우구스투스처럼 그는 자신의 노력을 공식적으로 후원해줄 것을 로마 원로원에 부탁했다. 이것은 순전히 형식적인 행위, 공화국의 가치가 계속된다는 허구였다. 지난 130년 동안 옛 공화국은 황제의 지배에 시들어가고 있었기 때문이다. 하지만 이 시점에서도 그런 허구는 유용했다. 통치하는 내내 하드리아누스는 이처럼 저항이 가장 적은 길을 선택하고, 건설자로서 다른 이들의 작품을 파괴하지 않으려 노력하고, 대신에 로마의 빈 땅에 최대한 많은 것을 건설하고자 했다.

백성을 안심시키려는 통치자치고는, 황제 안에 깃든 예술가가 실수를 했는지도 모르겠다. 판테온은 엄청나게 눈에 띄는 건물이니 말이다. 로마인들은 그전에도 돔을 보았지만, 이번 돔의 크기와 공학적 완벽함은 남달랐다. 한 비평가는 "하드리아누스의 신축 건물은 그 비전형성을 정면으로 가리고자 했던 노력이 엿보인다"라고 지적한다.[9] 판테온 정면에는 완벽하다시피 평범한 앞마당이 있고, 원통형 몸통 앞쪽에는 현관에 해당하는, 관례적인 형태의 신전 앞면(프로나오스 pronaos)이 덧붙어 있으며, 뒤편인 동쪽 면에도 사각형 건물인 셉타 율리아Saepta Julia가 바싹 붙어 있었다. 판테온은 그 둥근 형태가 눈에 띄기는커녕 마치 바이스에 물려 있는 실린더처럼 서 있었다. 더욱이 로마의 판테온은 아테네의 파르테논과는 확연히 다른 장소를 차지했다. 파르테논은 대담하게 노출된 위치에 서 있었던 반면, 판테온은 주변의 조밀한 건물군에 끼어들어갔다. 사람들은 길을 걷다가 우연히 이곳을 발견했다.

로마의 나이든 사람들은 황제가 건물로 얼마나 도시를 더럽혔는지에 관한 쓰라린 기억을 갖고 있었다. 예를 들어 그들은 네로가 궁으로 사용했던 도무스 아우레아Domus Aurea(황금의 집)를 기억했다. 건축적으로는 도무스 아우레아의 거대한 아치 공간이 하드리아누스 돔의 전조였다. 하드리아누스보다 두 세대 앞서 지어진 이 거대한 건물은 벽과 경비대로 둘러싼 정원으로 인해 일반인이 도심을 걸을 수 없게 하는 등 로마의 도심 구조를 파괴했다. 37미터 높이의 네로 동상, 정원을 둘러싼 1.6킬로미터 길이의 아케이드, 1톤짜리 황금 이파리 등 도무스 아우레아에 드러난 네로의 과대망상 흔적을 로마인은 싫어했다. 한 세대 후 수에토니우스는 이렇게 썼다. "이처럼 궁이 화려한 모습을 갖추고 봉헌식이 거행되자 네로는 거들먹거리며 말했다. '좋구나. 이제 마침내 사람답게 살 수 있겠어!'"[10] 네로는 아직 젊은 나이였던 서기 68년에 황금의 집에서 쫓겨나 로마 교외의 누추한 집에서 스스로 목숨을 끊었다.

하드리아누스는 이 사례에서 권력을 적나라하게 드러내는 통치자의 말로를 보았지만, 역사가 퍼거스 밀러가 말했듯 "황제는 곧 그가 해낸 일이었다."[11] 그 일 중 가장 중요한 것이 황제 자신의 위세와 제국을 위해 위압적이고 인상적인 건물을 짓는 것이었다. 황제는 말 그대로 그러한 건물을 통해서 신민의 눈앞에 본인의 정당성을 구축했다. 로마 건축가 비트루비우스는 아우구스투스에게 "제국의 위엄은 공공건물의 장엄한 위풍을 통해 표현"된다고 말했다.[12]

하드리아누스는 건물을 지어야 했다. 그러나 어디까지나 신중해야 했다. 결국 이 황제는 다른 성공한 황제들이 그랬듯 도시의 기념비적 성장이 '로마'의 본질적이고 불변하는 기개를 보여준다는 시민적 허구를 통해 이 긴장을 해결했다. 신민이 반란을 일으켜도, 원로원이 내란을 벌여도, 황제가 국가 권력을 엉망으로 만들어도 화려한 건물들은 이 도시가 탄생한 순간부터 그 핵심을 이룬 불변의 성격을 분명히 드러냈다. 리비우스는 단언했다. "아무 이유 없이 신들과 인간이 도시의 터를 정했을 리 없다. ……번영을 불러오는 언덕, 항해할 수 있는 강…… 수지맞게 쓰기 충분할 만큼 바다는 가깝고, 그렇다고 외부 함대의 공격에 지나치게 드러나 있지도 않은 위치."[13] 이는 허황된 말이 아니었다. 현대의 도시학자 스피로 코스토프에 따르면 로마를 관통하는 테베레강에는 "항구로 개발하기 좋은 안정된 삼각주가 있"고 "또 상류까지 물길이 훤히 트여 있어 로마의 바다 건너 영향권을 보장했다."[14]

로마의 권력이 세계로 뻗어나가자 로마인에게는 고정된 로마라는 믿음이 그 어느 때보다도 절실해졌다. 오비디우스는 "다른 민족의 땅에는 확실한 경계가 있으나 로마 시의 넓이는 세계의 넓이와 똑같다"라고 썼다.[15] 역사가 리디아 마졸라니의 부연설명에 따르면 『아이네이스』에서 베르길리우스는 "로마 도시가 패권을 가질 권리, 이는 하늘이 수백 년간 준비해온 일"임을 보여주고자 했다.[16] 이 자랑은 500년 전의 "아테네는 그리스의 교육이다"라는 페리클레스의 주장과는 다른 의미를 가졌다. 아테네는 정복한 사람들을 아테네 사람으로 만들 의향이 전혀 없었던 반면 로마는 그러려고 했다.

이 도시는 자신이 정복한 사람들을 자석처럼 끌어당겼다. 부와 권력 중심에 가까워지길 원하는 이민자가 로마로 몰려들었다. 하드리아누스는 유대인만은 잔인하게 박해했으나 그 외에는 한없이 다양한 종교와 부족에게 관대했다. 정복지가 '로마' 자체의 정의에 포함되고 "연방을 이루는 각 속주와 민족이 각자의 자랑스러운 정체성을 가진" 때도 하드리아누스 시대였다.[17] 그가 권력을 잡았을 무렵 로마 인구는 거의 100만 명에 이르렀고 그 대부분이 오늘날 뭄바이의 가장 밀집한 지구 정도로 번잡한 구역에 살았다. 이 거대한 인구는 건물로 길을 끊기도 하고 심지어 길을 메우기도 하면서 거리망을 무너뜨렸다. 인구 압력은 수평으로만이 아니라 수직으로도 가해져, 로마의 빈민은 최초의 아파트 주택인 인술라insula에 거주했다. 이 공동주택은 여러 번에 걸쳐 한 층 한 층 건축된 불규칙한 건물이었고 때로는 그 높이가 30미터에 이르렀다.

페리클레스의 아테네처럼 하드리아누스의 로마에서도 도시의 절대 다수는 빈민이었다. 다른 점이 있다면 로마의 노예들은 주인의 은

제3장. 이미지의 제국

혜로, 혹은 자기가 자신을 구입함으로써 자유를 얻기가 더 쉬웠다는 점이고, 이것이 새로운 다양성의 원천이었다. 도시의 빈곤 구역에는 제국의 병사도 있었다. 그들은 변경에 나가 싸울 때에만 겨우 살 만했다. 로마인들은 불안했다. 불 꺼진 밤의 도시에는 폭력이 횡행했다. 바로 그런 제국주의의 경제학이 불안정한 도시로 이끌었다.

역사가 마이클 그랜트는 "제국 전체에서 상업과 산업의 이익이 총소득의 10퍼센트를 넘지 않았을 것"이라고 추정했다.[18] 제국의 제조업 및 곡물과 식량 거래는 지역적으로 이루어졌다. 연료도 부족했다. 부의 원천은 정복이었다. 대다수 인구는 더 힘있는 개인과의 복잡한 예속 관계의 그물망에 기대어 살아갔다. 이 그물망은 노획물을 분배했지만 제국이 흔들릴 때면 쉽게 찢어졌다. 상급 하인은 하급 하인들을 부하로 두고, 가게 주인은 상급 하인들을 부리고, 하위 지방 관리는 가게 주인들을 부리는 식이었다. 로마인의 하루는 폭동에 참여하고, 호의와 팁과 작은 거래들에 개인적 아첨을 섞어가며, 자신이 의존하는 사람들을 일상적으로 접대하는 모습들이었다.

이 모든 이유에서, 절대적이고 영속하는 로마라는 이상은 그들에게 반드시 필요한 허구였다. 그것은 안정적 가치들이 일상생활의 불안정과 비참과 굴욕을 지탱해준다는 사실을 역설했다. 하지만 단순히 이 도시가 '영원하다'고 주장하는 것으로는 충분하지 않았을 것이다. 로마라는 거대한 도시 집합체는 처음에 테베레강을 따라 들어선 작은 마을과는 전혀 달랐고, 로마의 정치사는 불변하는 영속성과는 전혀 무관한 역사였다. '영원한 도시'라는 허구에 설득력을 불어넣기 위해 황제는 자신의 권력을 특정한 방식으로 각색해야 했고, 사람들은 도시 생활을 일종의 극장 경험으로 대해야 했다.

하드리아누스, 아폴로도로스를 살해하다

로마의 황제는 전쟁 패배와 기근, 심지어 황제 자신의 우둔함에도 불구하고 살아남을 수 있었다. 그러나 그는 인간의 어리석음과 '로마'라는 영광이 상연되는 바로 그 무대의 설계자로서 무쇠처럼 우직하면서도 지능적으로 행동해야 했다. 하드리아누스가 자신의 종복인 건축가를 살해했다는 이야기, 아마도 거짓일 테지만 널리 믿어진 이 이야기는 실기하지 않으려는 바로 그 압박감을 극적으로 표현한 것이었다.

통치 중반기로 접어든 하드리아누스가 포룸 로마눔에 건물을 짓기 시작할 무렵 그곳엔 옛 황제들의 영광을 증언하는 기념물이 가득했다. 이런 왕조의 성지에 대응하기 위해 하드리아누스는 포룸 바로 동쪽에 웨누스(비너스)와 로마의 신전을 만들었다. 네로의 불운한 황금의 집을 일부 덮은 이 신전은 포룸 위로 그 모습을 드러냈다. 하드리아누스는 이 신전을 도시의 시민 예배를 위해 바쳤다. "하드리아누스가 새로 지은 웨누스와 로마 신전(과 숭배)은…… 개별 가정보다 우월한 로마 및 로마인의 힘과 기원을 찬양했다."[19] 황제 즉위 당시 하드리아누스는 "포풀리 렘 에세, 논 프로프리암 populi rem esse, non propriam", 즉 국가는 "인민의 것이지 내 것이 아니다"라고 약속했다. 웨누스와 로마 신전은 그가 이 약속을 지키고 있음을 상징했다.[20]

추측건대 황제는 건축가 아폴로도로스에게 이 신전의 설계안을 보냈을 것이다. 로마제국의 위대한 건축가 중 하나인 아폴로도로스는 이전에 트라야누스를 위해서 일했고, 하드리아누스와도 20년 정도 알고 지냈던 듯하다. 현대 역사가 윌리엄 맥도널드는 그를 "작가이자 세계 시민인 매우 중요한 인물"로 설명한다.[21] 하드리아누스가 새로운 건설 계획안을 건넸을 때, 아폴로도로스는 건축의 기술적인 부분 및 건물과 조각상의 비례를 문제삼았다. 훗날 소문에 따르면 하드리아누스는 아폴로도로스를 죽임으로써 그에 응답했다.

어떤 이는 하드리아누스가 트라야누스와의 관계 때문에 이 건축가를 질투했다고 보았다. 100년 후 『로마사』에서 이 이야기를 쓴 디오 카시우스도 그렇게 생각했다. 하지만 디오 카시우스는 살해자를 다르게 설명하는 세간의 믿음도 전했다. 아폴로도로스에게 비판받았을 때 "황제는 그가 돌이킬 수 없는 실수를 했기에 짜증과 크나큰 슬픔을 동시에 느꼈고, 분노도 슬픔도 참지 못해 그를 죽였다"고 디오는 적었다.[22] '황제는 곧 그가 해낸 일'이라는 금언을 생각하면 이 세간의 믿음에는 일리가 있었다. 황제의 일은 자신의 정당성의 확립이었다. 아폴로도로스는 하드리아누스에게 황제와 로마인의 통합을 뜻하는 웨누스와 로마 신전에 결함이 있다고 말했다. 건물을 서투르게 짓는 황제는 단순히 건축적으로 잘못한 것이 아니라 사람들과의 가장 중요한 결속을 깨뜨린 것이었다. 자신의 설계를 비판한 자를 살해함으로써 그 결속을 지키려 한 황제에겐 모순이 전혀 없었다.

사람들도 통치자의 건축 사업이 절대 권위의 징표라고 믿음으로써 얻는 이익이 있었다. 테아트룸 문디teatrum mundi, 훗날 셰익스피어가 "온 세상이 무대"라고 옮긴 이 문구는 로마에서 기원했다. 로마인들은 극장의 본질인 불신의 자발적 유예에 저 자신을 송두리째 맡기면서, 삶의 스펙터클이 펼쳐지는 그 장소를 권력이 당연하고 확실하게 보장한다고 안심할 수 있었다. 도시에서 공인된 돌의 영역은 말 그대로, 눈으로 본 증거를 믿는 로마인들을 위한 무대가 되었다.

테아트룸 문디

현대인이 보기에, 로마인의 테아트룸 문디 경험은 외형에 대한 터무니없이 무미건조해 보이는 믿음에 의지했다. 예컨대 플리니우스는 유명한 일화에서 화가 제욱시스의 이야기를 전한다.

> 제욱시스가 포도 그림을 너무 잘 그려서 실제로 새들이 포도나무 그림에 앉으려 했다. 여기에다 파라시오스가 너무나 실물 같은 커튼을 그렸을 때, 새들의 판단에 도도해진 제욱시스는 커튼을 걷어 {자기} 그림이 보이게 하라고 요청했다.[23]

현대의 독자는 환영을 창조하는 예술가의 힘에 관한 이야기로 여길 수도 있다. 반면에 어느 로마인은 이 이야기가 예술과 현실의 관계를 보여준다고 생각했다. 파라시오스가 덧붙인 그림은 제욱시스의 그림을 더욱 생생하게 만들었다. 정말 실제의 외양을 만드는 것은, 하두리아누스의 신전과 별 상관없어 보일지 모르는 로마의 기관, 원형극장 내 검투사의 본고장에서 나타났다.

로마의 원형극장은 그리스의 반원형 극장 두 개가 합쳐진 형태로, 그 결과 극장 공간이 완전히 둘러싸였다. 이 거대한 원형 또는 타원형 공간에서 로마인들은 수백 년 동안 서로를 죽이며 싸우는 검투사를 관람했고, 사자와 곰과 코끼리가 서로 물어뜯고 사람을 찢어대는 광경을 즐겼으며, 범죄자와 이단자와 탈영자를 고문하고 십자가에 못박고 산 채로 불태우는 것을 구경했다. 칼린 바턴의 추정에 따르면, 훈련받은 검투사는 10분의 1 확률로 사망한 반면에 노예와 범죄자와 기독교인은 첫 경기에서 살아남는 경우가 거의 없었다. 황제가 원형극장에서 검투사 군대끼리 맞붙는 '모의' 전투를 시킬 때는 살아남을 확률이 떨어졌다. 트라야누스는 넉 달 동안 1만 명을 싸워 죽게 만든 적이 있었다.[24]

이 잔혹극은 가학적 쾌락을 위한 오락 이상이었다. 역사가 키스 홉킨스가 보여줬듯, 원형극장에서의 볼거리는 사람들을 제국의 정복활동에 필요한 대학살에 익숙하게 만들었다.[25] 또한 원형극장의 로마인들은 실제 인간이 신들을 흉내낼 때 신들이 나타나주길 바랐다. 시인 마르티알리스는 이런 종류의 소환을 다음과 같이 묘사했다. "투박하지만 화려한 무대에 '오르페우스'가 나타난다. 그는 허리에 짐승 가죽을 두르고 리라를 든 채 홀로 서 있다. ……뚜껑 문을 통해 경기장 지하에서 '자연스럽게' 나타난 곰이 갑자기 그를 공격해 죽인다."[26] 무대 뒤편에는 철퇴와 채찍으로 무장한 장교가 대기하면서 선고받은 이가 맡은 역할을 끝까지 해내게 했다. 기독교인 테르툴리아누스도 증언했다. "언젠가 우리는 {그리스 신화의} 아티스가 거세당하는 모습을 보았고…… 헤라클레스 역할을 하는 남자가 산 채로 불에 태워지는 것을 보았다."[27] 원형극장에서 검투사와 순교자는 화가 제욱시스가 그랬던 것처럼 외형의 현실성을 있는 그대로 전달했다. 마르티알리스는 "평판이 어떻든 간에 경기장은 당신에게 현실로 다가간다"라고 말했다. 캐서린 웰치는 로마인들이 "신화가 실제로 발생하게 함으로써 신화를

'넘어섰다'"고 말한다.[28]

정규 극장에서처럼 검투사 경기에서 이런 직설적 취향은 말 없이 이미지가 지배하는 무언극 같은 특정한 형태를 취했다. 로마의 무언극이 인기가 많았던 이유는 그것이 끊임없이 실제 생활을 꾸밈없이 암시해주었기 때문이다. 예컨대 수에토니우스의 네로 전기에는 다투스의 무언극이 다음과 같이 묘사되어 있다. 여기서 배우는

> 노래의 첫 소절인 "아버지, 잘 가세요, 어머니, 잘 가세요"를 표현하기 위해 (클라우디우스는 독살당했고 아그리피나는 익사할 뻔했으므로) 뭔가를 들이켜고 헤엄치는 동작을 취했다. 마지막 소절인 "지옥이 여러분의 발길을 인도할 것이오"를 표현할 때는 네로가 학살을 계획하고 있던 원로원 의원들 쪽으로 손을 흔들었다.[29]

이 무언극은 네로의 선조들에게 무슨 일이 있었는지, 그리고 네로의 적들에게 무슨 일이 일어날 것인지를 보여주었다. 무대에서 이를 지켜보던 네로는 원로원 의원들을 살해할 때가 되었다고 판단했을 것이다. 나아가 무언극에서 자신을 연기한 황제는 모든 권력이 마임이자 연기의 문제라고 생각했다. 수에토니우스는 심지어 다음과 같이 주장했다. 네로는 비참하게 죽어가는 와중에 먼저 무언극을 하며 배웠던 다양한 자세를 취했고, 이어 칼 위로 쓰러졌다. "눈물을 흘리며 (탄식했다). '죽는다! 이렇게 위대한 예술가가!'"[30] 살아 있는 유력 정치가의 무언극이 주는 효과가 너무나 막강했기 때문에 초기 황제 도미티아누스는 무언극을 금지한 바 있었다. 하지만 트라야누스는 "서기 100년

경 무언극을 다시 허용했고, 특히 극장과 예술가를 좋아했던 그의 후계자 하드리아누스는 황실과 관계된 모든 무언극을 국가 소유로 만들었다."[31]

무언극은 육체의 몸짓을 통해 실제 정치적 행동의 세계로 들어갔다. 손을 들고, 손가락으로 가리키고, 몸을 돌리는 것은 정확한 육체언어였다. 예컨대 로마의 연설가 퀸틸리아누스는 놀람과 경외를 함께 뜻하는 아드미라티오admiratio를 표현하는 방법을 가르쳤다. "오른 손바닥을 위로 하고 새끼손가락부터 시작해 손가락을 하나씩 손바닥 쪽으로 오므린다. 그후 다시 손을 펴고 이 동작을 거꾸로 하면서 손을 돌린다." 후회를 표현하는 동작은 더 간단하게 주먹을 꽉 쥐고 가슴을 누르는 것이다.[32] 거세당한 아티스를 연기하는 순교자처럼 연설가는 일련의 무언극 연기를 해야 한다. 무언극이 없으면 그의 말은 힘을 잃는다.

하드리아누스 시대에 이런 정치적 몸짓은 더욱 단순해지고 간결해졌는데, 우리는 이를 로마의 주화에서 확인할 수 있다. 양면에 약간의 확실한 정보가 담긴 주화는 드넓은 제국에서 중요한 역할을 했다. 무언극의 기예는 주화로 하여금 말을 내뱉게 했다. 역사가 리처드 브릴리언트는 트라야누스 시대의 주화 제조자들은 "황제의 주인다운 모습이 드러나는 상황에서 가져온 장엄한 이미지를 추상화하여" 주화에 제국의 이미지를 새겼다. 반면 하드리아누스 시대 주화 제조자들은 황제의 몸짓을 "단순화하고…… 축약했고" 칙령을 묘사한 어떤 주화는 주화의 "중간색 배경과 대비되는 두드러지게 빛나는 황제의 이미지를" 대조시킨다.[33] 주화의 무언극은 페리클레스가 찬양했던 민주주의적인 말과 행동의 통일이 아니라 제국의 이미지와 행동의 통일을 창조했다.

권위가 각인된 장면, 환영과 현실의 선을 넘나드는 배우, 무언극의 말 없는 육체 언어에 기초한 연기, 이런 것들이 테아트룸 문디를 구성하는 요소였다. 이런 극장은 직접적이고 즉각적인 의미를 가졌다. 하드리아누스 주화를 하나라도 만져본 사람이라면 양면에 새겨진 몸짓을 보면서 주화의 의미를 바로 알 수 있었다. 원형극장의 로마인들은 특별하게 차려입은 비참한 사람이 오르페우스라는 것을, 그가 곰에게 산 채로 먹히리란 것을 바로 알았다. 정치에서 아드미라티오 같은 몸짓은 하드리아누스 주화에서처럼 단순해질 수 있었지만 그 몸짓 자체는 문제가 될 게 아니었고 그 본질은 확실했다.

이처럼 테아트룸 문디는 환유를 통해 옛 의미에서 새로운 의미를 끌어내고, 몸짓을 통해 공간 안에서 이야기를 변형시켰던 그리스의 테스모포리아 같은 의례에서 멀어졌다. 테아트룸 문디는 직설적인 지시 관계를 만들려고 했고 알려진 의미를 반복하고자 했다. 로마인들은 원형극장에서 100마리의 곰으로 100명의 오르페우스를 학살함으로써, 새롭고 낯선 죽음을 고안하느니 차라리 그런 죽음의 이미지를 증식함으로써, 새로움에 대한 자신들의 취향을 충족시켰다. 바로 이 반복 취향은 관객의 마음에 전례 없이 강렬한 이미지를 남겼다.

성 아우구스티누스는 테아트룸 문디에서 특별한 공포를 느꼈다. 그곳의 시각적 권력은 신에 대한 믿음마저 압도할 수 있었다. 그는 이 악행의 힘을 보여주고자 콜로세움에 가서 자신의 신앙을 시험한 한 교우의 경험을 들려주었다. 그는 처음엔 아래 경기장에서 펼쳐지는 잔인한 공연에 눈길을 주지 않은 채 내적인 힘을 달라고 기도했다. 그러나 천천히, 마치 바이스가 머리를 비트는 것처럼 눈길이 돌아가 그 볼거리에 굴복하게 되었다. 피로 얼룩진 이미지에 현혹된 그는 마침내 주변 군중과 함께 소리치고 환호했다. 이교도 세상에 만들어진 이 시각의 감옥에서 기독교인으로서의 의지가 약해지고 결국 이미지에 굴복했던 것이다.

현대의 몇몇 해석자들은 로마인들이 세상을 지나치게 있는 그대로 본 탓에 시각적 형상화가 부족했다고 본다.[34] 그러나 로마인은 상상력의 부재가 아니라 오히려 그 생생한 [이미지의] 과잉 때문에 고통받았을 것이다. 하드리아누스 시대 로마인들은 검투사의 맹세가 전하는 불길한 예감에 시달렸으며, 권력이 무질서를 낳는 사회에서, 성장으로 인해 질식해가는 도시에서, 눈을 통한 '불신의 자발적 유예' 상태에 들어갔다.

— **2** —

보고 따르라

육체, 집, 포룸, 도시, 제국

대체로 우리는 배우와 기하학자가 같은 종류의 일에 종사한다고 생각하지 않는다. 하지만 육체의 몸짓은 좀더 체계적인 형상, 즉 로마인들이 인간 육체에서 발견했다고 여긴 대칭과 시각적 균형의 체계에 기반하고 있었다. 로마인들은 자신들이 정복한 세계에서 바로 이 육체의 기하학을 이용해 도시를 건설함으로써 질서를 부여하고자 했다. 로마인들은 보고 믿으려는 욕망과 보고 따르라는 명령을 통합했다.

육체의 기하학

판테온은 로마인들이 어떻게 이를 행했는지에 관한 몇 가지 실마리를 제공해준다. 판테온은 대칭이 지배하는 건물이다. 내부는 원형 바닥, 원통형 벽, 돔의 세 부분으로 구성되어 있다. 평면의 지름이 수직의 높이와 거의 같다. 바깥부터 안까지는 신전 정면, 중간 통로, 내부, 이렇게 세 부분으로 나뉜다. 중간 통로의 바닥에 앞으로 나아갈 길을 보여주는 직선이 보인다. 선이 이끄는 대로 시선을 주면 이 건물에서 가장 중요한 신상이 있는, 입구를 정확히 마주보는 벽의 큰 벽감에 닿는다. 기하학은 추상적이지만, 몇몇 건축 비평가는 이 바닥 중심선을 건물의 '척추'로, 큰 벽감을 건물의 '머리'로 불렀다. 다른 비평가들은 바닥에서 천장으로 시선을 옮기면서 이 건물을 로마의 흉상으로 상상하여, 맨 밑의 원통을 장군의 어깨로, 조각상을 전사의 흉갑에 새겨진 조각으로, 돔을 그의 머리로 보았다. 꼭대기의 개구부 오쿨루스^{oculus}는 문자 그대로의 의미가 건물의 눈이므로 이는 다소 이상한 이미지이다.

하지만 기하학은 충분히 이런 유기체적 암시를 불러일으킬 만하다. 판테온은 규모가 거대한데도 이상할 정도로 인간 육체의 연장으로 보인다. 특히 곡선과 사각형의 대칭은 르네상스 시대 다빈치와 세를리오의 유명한 드로잉을 연상시킨다. 이들의 그림은 벌거벗은 남자가 팔과 다리를 뻗은 몸을 보여준다. 다빈치는 1490년경 배꼽을 중심

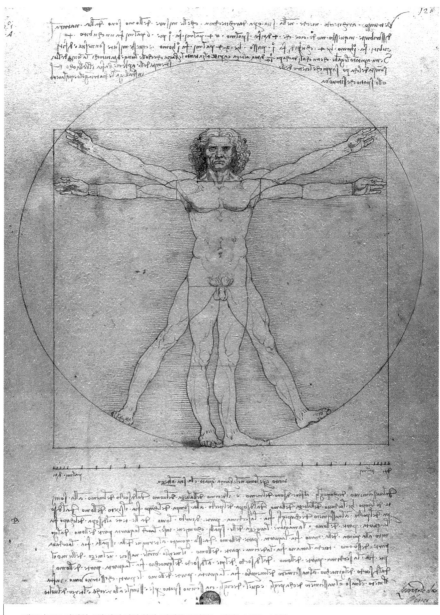

레오나르도 다빈치, 〈원 안의 인간 형상, 비례를 보여주는 삽화〉, 1485~1490.

으로 뻗은 팔다리 둘레에 정확한 원을 그렸다. 남자의 손끝은 정사각형으로 연결된다.

비트루비우스는『건축십서』제3권 '대칭성에 관하여: 신전과 인체'에서 육체의 비율을 신전 건축에 적용할 비율과 바로 연결했다. 그는 "자연은 인체를 설계할 때 부분이 전체 틀과 적절한 비율을 이루게 했다"라고 썼다.[35] 건물을 만드는 이는 원과 사각형의 관계를 통해 바로 이 비율을 모방해야 한다는 것이었다.

> 육체의 개별 부위와 전체 형태 간에 대칭적 상응이 있다면……
> 우리는 불멸의 신들을 위한 신전 건설에 있어 개별 부분과 전체
> 설계를 그 비율에 따라 대칭적으로 조화시킬 만큼 작품의 구성요
> 소들을 잘 배치한 사람들에게 존경을 표할 수밖에 없다.[36]

신전은 몸의 좌우처럼 양쪽이 똑같아야 한다. 이것이 정사각형 건물에서는 명백하지만, 로마인들은 아치와 돔을 제작했다. 판테온의 기발한 점은 구형의 공간에 좌우 대칭 원칙을 적용했다는 것이다. 예컨대 입구 맞은편 주요 벽감의 양옆에 있는 벽감 두 개가 서로 대칭이었다. 나아가 비트루비우스는 건축가가 건물의 스케일과 비율을 신체부분들의 스케일과 비율에서 끌어와야 한다고 생각했다. 비트루비우스는 팔이 배꼽을 통해 다리로 연결되므로 생명의 원천인 탯줄과도 연결된다고 상상했다. 팔과 다리를 연결하여 선을 그으면 두 개의 선이 배꼽에서 교차할 것이다. 이때 손가락과 발가락의 끝이 정사각형의 선을 결정한다. 이것이 후에 다빈치와 세를리오가 그린 비트루비우

127

스적 육체, 즉 원 안에 사각형이 있는 형태이며, 바로 이 비트루비우스 원칙으로 판테온 내부 모양이 정해졌다.

앞으로 살펴보겠지만, 비트루비우스가 많은 다양한 자료와 오래 이어져온 관행들을 성문화했듯, 이것이 육체에 대한 로마인의 기본 이미지였다. 건축가는 이 이상적 질서를 따름으로써 인간 스케일에 맞추어 건물을 지을 수 있었다. 나아가 이 인간 기하학은 도시가 어떻게 보여야 하는지에 대한 중요한 단서를 제공했다.

로마 도시의 탄생

비트루비우스의 저작을 연구한 알브레히트 뒤러 같은 르네상스 화가들은 원에 내접하는 정사각형 안에 더 작은 정사각형으로 이루어진 격자를 그려 육체의 각 부분을 일반 기하학 체계 내에서 규정할 수 있다는 사실에 놀랐다. 판테온의 바닥이 바로 그렇게 구획되어 있다. 이 바닥은 대리석과 반암과 화강암으로 된 정사각형이 건물 전체의 방향인 남북 축에 맞추어 배열된 체커판이다. 사각형에는 하나 걸러 하나씩 돌로 된 원이 박혀 있다. 비트루비우스 시대의 제국 설계자들은 길이 작은 땅을 둘러싸는 이 체커판 체계를 도시 전체에 적용했다.

흔히 이런 도시 설계를 로마식 '격자 설계'라고 하지만 이는 로마의 발명품이 아니다. 가장 오래된 도시로 알려진 수메르의 도시나 로마제국이 등장하기 수천 년 전 이집트와 중국의 도시도 같은 방식으로 설계되었다. 그리스의 히포다모스도, 이탈리아반도의 에트루리아 사람들도 격자형 도시를 설계했다. 모든 기본 이미지가 그렇듯 격자에 있어서도 중요한 것은 각 문화가 그것을 어떤 식으로 사용했느냐이다.

로마인들은 도시를 새로 만들거나 정복 과정에서 파괴된 도시를 재건할 때, 몸의 배꼽에 해당하는 도시 중심(움빌리쿠스umbilicus)을 설정하고자 했고, 설계자들은 이 배꼽에서부터 거리를 측정하여 도시 안에 공간을 배치했다. 판테온 바닥에도 그런 움빌리쿠스가 있다. 체커나 체스 게임에서처럼 중앙의 사각형은 전략적으로 중요하다. 판테온에서도 그렇다. 판테온 바닥의 중앙 사각형은 돔 너머 하늘을 보여주는 둥근 창(오쿨루스) 바로 아래에 놓인다.

설계자들은 천문도 연구하여 도시의 움빌리쿠스를 정확하게 짚어냈다. 태양이 움직이는 길은 하늘을 둘로 나누는 것처럼 보였다. 밤하늘의 별들이 이를 다시 직각으로 잘라 하늘을 네 부분으로 나누었다. 로마인들은 도시를 세울 때 마치 하늘 지도가 땅에 반영된 것처럼 하늘의 네 부분이 만나는 점 바로 아래의 땅에서 이를 반영하는 점을 찾고자 했다. 그 중심을 알면 도시의 경계를 결정할 수 있었다. 그들은 거기에다 신성한 경계인 포메리움pomerium이라는 고랑을 팠다. 리비우스가 말했듯 포메리움을 어기는 것은 인간 육체를 심하게 잡아당겨 기형으로 만드는 것과 같았다. 중심과 경계를 정한 다음에는 움빌리쿠스에서 교차하는 두 개의 직교하는 길을 그렸다. 이 길을 데쿠마누스 막시무스decumanus maximus와 카르도 막시무스cardo maximus라고 했다. 이 길들이 대칭의 네 사분면을 만들었다. 이어 측량가들이 각 사분면을 다시 또 넷으로 나누면 도시에 16개의 구역이 생겼다. 그 뒤로도 땅이 마치 판테온의 바닥처럼 보일 때까지 계속 땅을 나누었다.

움빌리쿠스에는 엄청난 종교적 가치가 있었다. 로마인들은 이 지점 아래로 도시가 땅속 신들과 연결된다고, 그 위로는 인간사를 지배하는 신들, 하늘에 거하는 빛의 신들과 연결된다고 생각했다. 로마인들은 그 가까운 땅에 "지옥의 신들에게 바치는…… 하나의 방, 혹은 위아래로 두 개의 방"인 문두스mundus라는 구덩이를 팠다.[37] 이는 말 그대로 지옥의 구멍이었다. 도시를 만드는 과정에서 정착민들은 지옥의 신들을 달래는 의례로 집에서 가져온 과일 등 제물을 문두스에 바쳤다. 그다음에는 문두스를 덮고 정방형 돌을 얹고 불을 질렀다. 이제 그들은 도시를 "탄생"시켰다. 하드리아누스 시대로부터 300년 전, 폴리비오스는 로마군 진영이 "도시처럼 규칙적으로 계획된 길과 건물이 있는 정사각형"이어야 한다고 주장했다. 정복은 그런 공간의 탄생을 의미했다.[38]

비트루비우스는 인체의 팔다리가 배꼽을 통해 연결된다고 여겼고, 그의 건축적 사고에는 생식기보다 탯줄이 상징적으로 더 중요했다. 도시의 움빌리쿠스 역시 도시의 기하학을 계산하는 기준점이었다. 하지만 배꼽은 탄생을 나타내는, 아주 정서적인 표식이기도 했다. 로마의 도시 건설 의례는 대지에 모습을 감춘 신들의 무시무시한 힘을 인정했고, 도시계획가들은 그 중심 아래에서 신들을 달래려 했다. 하나의 도시를 생성할 때 따라오는 공포는 로마의 건국 이야기에도 분명히 나타났다.

한 전설에 따르면 로물루스는 기원전 753년 4월 21일 팔라티노 언덕에 문두스를 파고 로마를 세웠다. 팔라티노에는 아주 오래전부터 불의 숭배가 있었고, 이로부터 원형 건물인 첫번째 베스타신전이 생겼고, 마치 문두스 속에 식량을 둔 것처럼 그 안에 식량을 비축했다. 훗날 베스타신전은 로마의 포룸으로 자리를 옮겼는데, 그곳에서는 베스타의 시녀들이 일 년에 하루를 제외하고 성화가 꺼지지 않도록 지켰다. 만일 불이 꺼지면, 도시 아래 있는 너무나 강력하고 무서운 신들로 인해 로마는 사라질 것이었다. 하드리아누스 시대에 이르러 더욱 분명해진 이 보이지 않는 힘에 대한 두려움은 로마 문화에 깊이 뿌리내렸고 도시의 중심에서 절실히 느껴졌다.

그러므로 육체와 도시를 통합하는 유리有理 기하학rational geometry이 사실은 그리 합리적으로rationally 작동하지 않았다는 사실이 놀랍지는 않다. 로마의 저술가들은 정복한 장소에 매우 현실적인 규칙을 적용하라고 썼다. 즉 좋은 항구와 활기찬 시장과 자연적 방어 요새 등이 있는 곳에 도시를 세우라는 것이었다. 그러나 도시계획가들은 그런 규칙을 따르지 않는 때가 많았다. 예를 들어 현재의 프랑스 도시 님Nîmes은 로마 시대엔 갈리아의 니메스로, 이곳에서 북쪽으로 약 15킬로미터 떨어진 곳에는 훌륭한 요새를 갖춘 지역이 있었다. 이곳은 바위가 많은 구릉지대로 로마가 지배할 때는 시장이 번성해 있었다. 정복자들은 더 노출돼 있고 경제활동이 활발하지 않던 남쪽을 택했다. 여기서는 지하의 신들을 막기 위해 깊은 문두스를 파고 거기에 많은 식량을 채워넣을 수 있었기 때문이다.

검투사의 맹세가 두려움과 결의를 함께 표현하듯 도시계획가의 지도도 그러했다. 변경의 새로운 도시에 문두스를 판다는 것은 여기서 로마 문명이 새로 태어남을 선언하는 것이었고, 로마 군단의 규율되고 단호한 맹렬함은 지옥의 신들을 달래기 위해 땅에 판 구멍으로 대변되는 두려움을 상쇄했다. 로마인들이 도시를 탄생시킬 때 동일한 기하학을 거듭 사용했기 때문에 도시학자 조이스 레이놀즈는 "도시의 이상이 제국의 새로운 상황에 점점 더 부적절해짐에도 {로마} 특유의 사고방식을 고집했다"라고 비판한다.[39] 그러나 이 반복된 정착 과정은 다름 아니라 로마 문화의 핵심인 테아트룸 문디를 반영하며, 또 거기서 비롯된 것이었다.

로마에서 사람들은 검투사와 순교자가 살육하고 살육당하는 장면을 집요하게 반복되는 무언극으로 지켜봤다. 변경에서는 측량사들이 정교한 의례를 통해 움빌리쿠스를 지정하고 문두스를 파고 새 도시 외곽에 포메리움을 설치하는 것을 군인들이 모여 지켜보았다. 측량사들은 로마 군단이 언제 어디로 나아가든 이런 의례를 되풀이했다. 갈리아(프랑스)에서, 다뉴브강에서, 브리튼(영국)에서 똑같은 말과 몸짓이 똑같은 장소라는 이미지를 마법처럼 끌어냈다.

연극 연출가와 마찬가지로 로마제국의 설계자들은 고정된 이미지를 가지고 작업했다. 로마제국은 하나의 도시를 단칼에 설계하고자 했으며, 군대가 새 영토를 정복하는 순간 로마의 지리地理가 그곳에 적용되었다. 도시의 격자가 이에 도움을 주었다. 그런 기하학적 이미지는 시간이 지나도 변하지 않았기 때문이다. 하지만 이런 방식의 계획은 정복한 영토에 아무것도 없는 상태를 가정한다. 로마의 정복자들은 마치 텅 빈 곳으로 진군하는 듯했지만 실제로는 곳곳에 정착지가 있었다. 시인 오비디우스는 망명중에 다음과 같이 썼다. "나라를 살펴보았더니 전 세계에 이처럼 매력 없고 생기 없는 곳은 없을 것이고, 사람들을 보았더니 이름값 하는 사람도 없다. 늑대보다 더 잔인하고 야만적이다. 사람들은 가죽과 느슨한 바지로 추위라는 악마를 막고, 긴 머리털로 덥수룩한 얼굴을 보호한다."[40] 진군하는 로마인은 예의 반복 충동에 사로잡힌 그 로마인이었지만, 본국과 접경 사이에는 큰 간극도 있었다. 제국의 세계 끝에서 로마를 재건하는 이 무언극은 피정복자들의 삶을 파괴하려고 했다.

피정복자들이 역사와 문화가 없는 짐승 같은 족속이라는 편견은 물론 사실과 거리가 멀었다. 갈리아와 브리튼에는 이미 원주민이 건설한 도시가 많았고, 로마제국이 공들여 지은 도시는 도심은 로마 방식을 따르되 주거지와 외곽의 시장은 현지 전통을 따르는 식으로 계속해서 성장하는 토착민과 공존하기도 했다. 특히 그리스의 도시국가에서는, 로마의 고급문화 중 상당 부분이 그리스에서 비롯되었다는 점에서 피정복자에 대한 편견이 완전히 무너졌다. '로마'의 도입은 지배를 정당화하기 위해 '본국'의 기억으로 덧씌우는 것에 더 가까웠다.

정복자들은 도시의 형태가 야만인들을 빠르게 로마식으로 동화시켜주리라 기대했다. 고대 역사가 타키투스는 아그리콜라가 브리튼을 지배했을 때 이 동화가 어떻게 이루어졌는지를 다음과 같이 묘사했다.

> 그는 신전과 시장과 주택을 세우라고 개인들을 훈계하고 지역공동체를 원조했다. 그는 정력적인 사람을 칭찬하고 나태한 사람을 비난했고, 사람들을 강압하는 대신 그의 칭찬을 받기 위한 경쟁을 일으켰다. 또한 족장의 아들들을 {로마의} 자유주의 교육으로 훈련하기 시작했다. ……그 결과 라틴어를 거부했던 나라가 수사학에 고무되기 시작했고, 나아가 우리의 복장이 우월한 것이 되어 토가가 유행하게 되었다.[41]

새 도시의 기하학은 정복자 자신의 경제에도 영향을 미쳤다. 도시는 구획된 땅이 개인이 가질 만큼 작아질 때까지 계속해서 넷으로 분할되었다. 군인이 받는 구획 수는 군대 내 서열에 따라 결정되었다. 정복한 농촌도 같은 식으로 배분되어, 서열에 따라 정확하게 계산된 넓이의 땅이 각 병사에게 돌아갔다. 로마인에게 수학적 경계가 매우 중요했던 이유는 비단 자신이 그 땅을 소유해서만이 아니라 그 땅이 여러 번의 분할 과정을 통해 **비율에 맞춰진**rationalized 것이었기 때문이다. 소유자는 자신에게 주어진 부분의 소유권이 전체를 생성하는 바로 그 논리에서 비롯되었기에 강자로부터 소유권을 지킬 수 있었다. 포르마이formae라 불리는 동판에는 땅의 위치와 크기와 모양이 적혀 있었다. 병사들은 이 동판을 소중히 다루었고 늘 몸에 소지했다. 조지프 리쿼트에 따르면 "후기 공화정과 제정 시대 로마는 거의 강박에 가까운 집착으로 도시와 시골에, 또 군대에 변치 않는 일률적 패턴을 적용했다."**42**

바로 이 유기체적 기하학 설계가 다른 지역들에 각인된 '로마'의 설계였다. 도시 최초의 전체 계획은 오래전에 사라지고 없던 하드리아누스 시대 로마에서, 이 설계는 무슨 의미를 가졌을까?

로마의 포룸

페리클레스 시대 아테네의 아고라처럼 옛 포룸 로마눔은 정치와 경제와 종교와 친교가 뒤섞인 도시의 중심이었다. 군중이 떼를 지어 서성이는 가운데 특정한 집단들이 각자의 영역을 가졌다. 로마의 극작가 플라우투스는 기원전 2세기 초에 다양한 성적 취향에 따라 갈린 이 영역들을 냉소적으로 묘사했다.

> 부유한 유부남 놈팡이가 바실리카 주위를 서성인다. 최고급은 아
> 니지만 많은 매춘부가 있었고, 일용직 노무자도 많았다. ……아래
> 쪽 포룸에는 점잖고 잘사는 시민들이 산책을 나왔고, 중간 포룸에
> 는 더 화려한 시민들이 있었다. 오래된 상점엔 어음을 협상하고 인
> 수하는 환전상들이 있었다. ……비쿠스투스쿠스 거리엔 못하는
> 게 없는 동성애자들이 날뛰고 있었다.[43]

아고라에 비해 좀더 직사각형에 가까웠으며 네 면 전체에 건물이
늘어서 있던 포룸은 이처럼 다양한 군중을 수용했다는 점에서 아고
라와 달랐다. 종교 건물인 12신의 포르티코portico(주랑현관)가 특히 중
요했고, 이 건물은 캄피돌리오 언덕 기슭에서 옛 포룸과 맞닿았다. 그
리스 신들이 끊임없이 다른 신들과 싸웠던 반면, 여기서는 초기의 판
테온에서처럼 신들이 평화로이 만났다. 12신은 "디 콘센테스 에트 콤
프리케스Di Consentes et Complices", 즉 화합하고 조화한다고 했다. 초기 로
마인들은 천상계와 지하세계에 "초자연적 권력의 합의된 서열이 있다"
고 상상했다.[44] 바로 그렇게 서열에 따라 늘어선 신들의 이미지는 로
마인들이 땅 위 포룸에 만들어내고자 한 형태를 암시했다.

　로마인들은 더더욱 일치되고 조화롭고 선형적인 건축을 추구하
면서 열주랑列柱廊, peristyle과 바실리카basilica라는 두 가지 형태를 발전
시켰다. 오늘날 우리가 이해하건대 열주랑은 중정을 에워싸거나, 혹은
건물들이 만나는 곳의 긴 주랑이고, 바실리카는 사람들이 한쪽 끝으

로 들어와 다른 쪽으로 나가는 직사각형 건물이다. 로마에 처음 등장했을 때 이 두 건축 형태는 그렇게 뚜렷하게 구별되지 않았다. 로마인들은 사람들이 옆으로 흩어지기보다 앞으로 움직이게 하는 공간을 만들고 싶어했다. 또 로마의 공간엔 중심 뼈대(척추)가 있었다. 최초의 현대식 박물관도 바로 이런 방식으로 지어졌다. 기원전 318년, 로마인들은 포룸 한 면에 줄지어 선 상가 위로 긴 이층(마이니아나^{Maeniana})을 건설했고, 그 안에 로마 정복의 기념품을 시간순으로 배치했다. 척추를 따라 움직이면서 방문자들은 로마군의 전승 역사를 따라갈 수 있었다.

"바실리카는 그저 큰 집회장이었다."[45] 그 형태는 재판관이 한쪽 끝에 앉는 그리스 재판정에서 유래했다. 로마 시대의 바실리카는 높고 길쭉한 건물이었고 흔히 양옆에 지붕이 낮은 건물이 붙어 있었다. 중앙 홀은 양끝에서 빛이 들어왔고, 부속 건물의 지붕선 위쪽에 있는 창문으로도 빛이 들어왔다. 바실리카는 수백 명에서 많게는 수천 명을 수용했고, 사람들은 척추를 따라 한쪽에서 다른 쪽 끝으로 이동했다. 포룸 로마눔의 바실리카 가운데 기록이 자세하게 남아 있는 가장 오래된 건물은 기원전 184년에 지어졌다. 이후 로마인들은 방향감이 있는 거대한 상자형 건물이라는 원칙을 유지하면서 건물의 규모를 점점 더 키웠다.

한 현대 역사가는 야외의 포룸 로마눔에 선 로마인들에게 이런 건물이 어떻게 보였을지를 이렇게 묘사한다. "저쪽 끝, 콘코르디아 신전의 파사드를 배경으로, 신전과 바실리카 양측의 열주와 주랑현관이 보였다."[46] 그러나 로마인은 한가롭게 그 옆을 스쳐가지 않았다. 위대한 건물들은 건물 정면에 똑바로 서라고 명령하는 듯했다.

그리스의 파르테논이 도시의 많은 지점에서 볼 수 있게 설계되었고 관찰자의 눈이 건물의 외관을 따라 맴돌았음을 떠올려보자. 이와 대조적으로 초기 로마의 신전은 보는 이를 오직 정면에 놓으려고 했다. 지붕이 양옆의 처마로 뻗어 있었고, 의례용 장식이 모두 전면에 나와 있었으며, 주변의 도로 포장과 식재도 정면을 바라보는 사람에 맞춰져 있었다.[47] 신전 내부 역시 건물이 방향을 제시했다. 앞을 보고 앞으로 움직여라. 바로 이 으스대는 상자형 건물들의 시각적 명령에서 비롯된 것이 척추가 있고 벽과 바닥이 좌우 대칭인 하드리아누스의 판테온이었다.

로마 공간의 기하학은 육체의 움직임을 규율했고, 바로 그 의미에서 '보고 따르라'는 명령을 내보냈다. 이 명령은 로마 역사의 유명한 분기점에서 또다른 로마 격언인 '보고 믿으라'와 교차했다. 율리우스 카이사르는 갈리아에서 싸우는 동안에도 로마인들에게 자신의 존재를 일깨우고자 포룸 로마눔 바로 서편의 캄피돌리오 언덕 아래에 새로운 포룸을 건설했다. 비록 그 공식 목적은 공화국의 사법 업무를 위한 추가 공간이 필요해서였지만, 실제로는 그가 떠나 있어도 로마인들이 말 그대로 카이사르의 권력을 마주보게 만들려는 의도였다. 그는 이곳에 웨누스 게네트릭스 신전을 지었다. 웨누스Venus (비너스)는 카이사르의 가문인 율리아누스를 만든 여신으로 여겨졌고, 카이사르의 건축은 "사실상 율리아누스 가문의 신전"이었다.[48] 이 거대한 기념물은 건물군의 머리에 해당했으며, 그 외의 건물이나 벽은 직사각형의 양옆을 따라 정확한 좌우 대칭을 이루었다. 율리우스 카이사르는 보는 사

제3장. 이미지의 제국

람이 신들의 성소 앞에 설 때처럼 이곳의 중심 신전 앞에 똑바로 서게 함으로써 자기 가문의 성스러운 기원을 강조하고자 했고, 그럼으로써 자신의 위압적 현존을 느끼게 하고자 했다.

지방 도시와 마찬가지로, 수도에서도 권력의 기하학은 인간의 다양성을 질식시켰다. 포룸 로마눔이 점점 정형화되면서 도시의 푸줏간과 식료품상과 생선장수와 상인은 도시 내 별도 구역으로 자리를 옮겼고, 후기 공화정 시기에 포룸에는 법률가와 행정가만 남았다. 그후 황제들이 자기만의 포룸을 건설하면서 이 정치적 심복들도 포룸 로마눔을 떠나 새로운 공간으로 주인을 따라갔다. 건물들은 점차 현대의 계획 용어로 '단일기능'을 지니게 되었고, 하드리아누스 시대에는 많은 건물이 대체로 비어 있었다. 고고학자 맬컴 벨은 "아고라에서 자유로운 공간을 필요로 했던 많은 정치적, 상업적 활동이 변두리로 옮겨 갔고, 이렇게 잘 계획된 세상에서…… 스토아의 모호한 가치들은 거의 필요가 없었다"라고 말한다.[49]

다양성이 쇠퇴해감에 따라 로마의 옛 중심지는 의례 장소가 되었고, 포룸 로마눔은 권력이 위안의 예복을 입고 무언극의 역할을 수행하는 곳이 되었다. 예를 들어 기원전 150년, 포룸 로마눔의 측면에 있는 건물 코미티움Comitium에서 배심원의 심의와 시민들의 선거가 있었다. 스미르나에서 온 귀한 살구를 사라고, 좋은 황소 불알을 싸게 하라고 볶아대던 호소들이 포룸 로마눔에서 사라짐에 따라 투표와 정치적 토론이 밖으로 나왔다. 연설가들은 원래 코미티움에서 돌출된 곡선의 연단이었던 로스트라Rostra에서 군중을 향해 장광설을 늘어놓았고, 연설가의 목소리는 그의 뒤쪽 딱딱한 건물로 인해 더 강해졌다. 율리우스 카이사르가 이 로스트라를 포럼 로마눔 내 새로운 부지로, 즉 측면 안쪽에서 북서쪽 끝으로 옮겼을 때, 그는 이 새 연단이 참여 정치가 아니라 의례적 선언의 장소가 되었으면 했다. 연설가는 더이상 세 면을 둘러싼 사람들에게 말하지 않았고, 대신에 초기 바실리카의 판관처럼 자리잡았다. 이제 바깥에서는 그의 목소리가 잘 안 들렸지만 그건 중요하지 않았다. 연설가는 등장하고 손가락으로 가리키고 그의 가슴을 움켜잡고 팔을 벌리는 사람이었다. 그의 목소리를 들을 수 없고 어떤 사건에 대해서도 그의 말에 반응할 권력을 잃은 방대한 인파에게 그는 정치가처럼 보이면 되었다.

시각적 질서는 로마 원로원의 건물에도 분명한 영향을 끼쳤다. 로마 공화정의 최고 기관이었던 원로원은 황제의 등장과 함께 대체로 의례적 기관으로 축소되었다. 공화정 말기의 원로원은 내부의 테라스석에 원로원 정원 300명을 수용한 쿠리아 호스틸리아에서 포럼 로마눔을 마주보았다. 율리우스 카이사르는 원로원 건물을 포럼 밖으로 밀어냈고, 그 건물은 또다른 큰 건물인 바실리카 아이밀리아 뒤에 가려졌다. 이곳 쿠리아 율리아에서는 통로가 입구에서 원로원 연단까지 이어져 있었다. 좌석은 이 척추와 직각을 이루었고, 서열에 따라 상위 서열이 앞열에, 하위 서열이 뒷열에 앉았다. 투표는 그리스 프뉙스와 다르게 이루어졌다. 의원들은 서열을 지켜가며 주 통로의 이쪽과 저쪽을 왔다 갔다 했고, 의장은 한쪽이 다른 쪽보다 더 많이 모이는 것을 보고 사안을 결정했다. 신들 사이의 빽빽한 서열이 이제 국가 업무를 결정하는 데 갈수록 무력해지고 있던 원로원에서 재현되고 있었다.

정치계의 거머리였던 벨레이우스 파테르쿨루스는 첫 황제 아우구스투스를 찬양하는 말에서 이러한 시각적 변화가 가져온 결과를 환기시켰다.

> 이제 포룸에서 신뢰가 회복되었다. 포룸에서는 갈등이, 캄푸스 마르티우스에서는 관직을 향한 유세가, 원로원에서는 불화가 사라졌다. 오랫동안 망각에 묻혀 있던 정의와 평등과 근면이 국가에 되돌아왔고…… 극장에서의 폭동은 진압되었다. 이 모든 것에는 올바르길 바라는 욕망이 깃들어 있거나 아니면 이미 그 바람이 실현되었다.[50]

장사나 꼴사나운 섹스나 평범한 친교가 없는, 위엄을 갖춘 의식 공간인 포룸 로마눔은 점점 따분해졌다. 하드리아누스 시대에 이르면 벨레이우스의 말대로 "모든 것에는 올바르길 바라는 욕망이 깃들어 있거나 이미 그 바람이 실현되었다."

포룸 로마눔의 역사는 제국 치하에서 연속적으로 건설될 대규모 제국 포룸을 예고했다. 제국 시대 말기에 이러한 포룸은 거대한 의례 공간을 구성했다. 그 안에서 로마인들은 척추를 따라 움직이면서, 그들의 삶을 지배하는 살아 있는 신들의 위엄을 표현하는 거대하고 위협적인 건물들을 보았다. 어떤 계획적인 '최고 수학자'가 있어 포룸 로마눔의 성쇠와 포룸 율리움의 탄생과 제국 포룸의 발전을 주재하면서 이 공간들이 점점 약해져가는 시민의 목소리 위로 점점 더 위력을 떨치게 한 것이 아니었다. 실상은 로마인들이 변경에 도시를 만들 때 적용한 시각적 통제가 본국으로 들어온 것이었다. 세계주의적인 로마인들은 속주를 싫어했지만, 하드리아누스 시대에 이르면 로마인이 피정복자에게 부여하던 시각적 질서가 그들 자신의 삶 또한 지배하게 되었다.

하드리아누스 시대에 권력의 기하학은 공공 영역만큼이나 사적인 공간을 지배했다.

로마의 주택

로마의 주택은 남녀가 훨씬 더 동등했다는 점에서 그리스와는 상당히 다른 가족을 수용했다. 로마 여자들은 시네 마누$^{sine\ manu}$, 즉 남편의 가부장권인 마누스^{manus}가 없는 결혼을 통해 본인의 재산을 유지할 수 있었다. 딸도 아들과 함께 몇몇 유형의 유산을 상속받을 수 있었다. 남자와 여자는 함께 식사했다. 아주 초기의 로마에서 여자는 서 있고 남자는 소파에 앉았지만, 하드리아누스 시절엔 부부가 함께 앉았다. 페리클레스의 그리스에서는 상상도 할 수 없었을 장면이다. 물론 로마의 가족은 매우 위계적이고 가부장적이었으며 최고령자 남자가 지배권을 가졌다. 하지만 로마의 집 도무스^{domus}가 벽 너머 도시를 그대로 되비추게 되면서 남녀 관계는 한층 더 복잡해졌다. 집의 기하학은 그곳에 사는 사람들의 계급, 예속 관계, 연령, 재산을 보여주었다.

빈 벽으로 둘러싸인 페리클레스 시대 그리스의 주택 외관과 마찬가지로 고대 로마에서도 도무스의 외관은 그리 중요하지 않았다. 일부 주택의 내부는 지붕 없는 마당 주변으로 방들이 배치된 모습이 언뜻 그리스 주택과 비슷해 보이기도 한다. 하지만 로마의 주택은 초기부터 선형성이 지배적이었다. 사람들은 현관^{vestibule}을 통해 지붕 없는 안마당^{atrium}(아트리움)에 이르렀다. 옆으로는 잠을 자거나 물건을 두는 방들이 보였고, 앞에는 연못이나 분수 너머로 집의 수호신들이 안치된 벽감이 보였다. 이곳은 아버지의 장소로, 때로 아버지는 양옆에 선조의 초상으로 만든 가면이 달려 있는, 권좌처럼 높은 의자에 앉았다. 방문객은 가면과 조각상과 살아 있는 남자로 이루어진 권위적인 광경을 마주했다.

아주 부유한 집이라면 측면에도 선형성이 지배했는데, 각 방을 누가, 무엇이 차지해야 하는지에 따라 사람들은 방과 방 사이를 드나들었다. 이 가족 공간의 질서에는 "명백한 공간적 우선권이 있고, 앞과 뒤와 옆에 크고 작은 명확한 형태"가 있었으며, 그에 따라 사람들은 누가 먼저 방에 들어가고 나머지는 어느 순서로 뒤따라 들어가야 하는지, 혹은 손님의 위상에 따라 누가 어느 방을 써야 하는지를 정확히 알고 있었다.[51] 물론 이것은 방이 많은 주택을 소유할 수 있었던 가족의 이야기이고 대부분의 로마인은 분명 그렇게 할 수 없었다. 그러나 사회 피라미드의 상층부가 지킨 가내 질서는 나머지 다른 사람들이 어떻게 살아야 하는지를 보여주는 기준이었다.

우리가 하드리아누스 시대의 이상적인 가정, 즉 19세기 의사나 판사의 가정과 비슷한 중상류층에 속하고 하인이 8~10명 정도 있는 집에 초대받았다고 상상해보자. 이때 고대 로마에서 건강한 인간 노예 가격이 말 가격의 3분의 1이나 4분의 1이었다는 점을 염두에 두는 것도 좋겠다. 우리는 주택 입구에 도착하고, 문(흔히 세 개의 문이 연속으로 배치된다)을 통과하면 방문자들이 유심히 관찰당하는 지붕 있는 현관이 나온다. 현관은 그 집안의 부를 보여준다. 비트루비우스는 현

142

관을 최대한 사치스럽게 만들라고 했다. 현관은 기둥들로 둘러싸인 마당으로 통했다. 방들이 안마당에서 물러나 있는 설계는 그와 똑같은 원칙으로 지은 현대의 주택보다도 이 시대에 더 두드러졌을 것이다. 왜냐하면 로마 주택은 대체로 내부에 문이 없고 그 대신에 천으로 된 발을 쳐두었기 때문이다. 방문객은 상급 하인이 발을 걷어둔 곳까지만 들어갈 수 있었다.

이제 우리는 집의 지붕 없는 중정으로 들어가 물웅덩이 옆에 서서 기다린다. 어떤 면에서 중정은 아고라처럼 기능한다. "고독에 빠지는 것부터 주인의 높은 사회적 지위에 걸맞은 환영 연회까지 다양한 활동이 벌어지는 공간이었고, 하인들이 일하는 장소인 것은 말할 필요도 없었다. 하인들에게 이곳의 열주랑은 통로이자 작업 공간이고 물 긷는 곳으로 쓰였다."[52] 어떤 면에서 중정은 포룸과도 같았다. 여기서 사람들은 중요도의 순서에 따라 분류되어 차례차례 안쪽의 주인을 만난다. 도무스의 더 깊숙한 방으로 안내되는 사람은 일반적으로 열주랑의 개방 공간에 있는 사람들보다 가족과 연고가 많은 사람들이다. 집 안의 모든 일에는 순서와 진행 절차가 있다. 어마어마하게 큰 저택에서는 중정이 그보다 작은 열주랑들로 이어지고, 여기서 다시 방들이 방사형으로 배치되었다. 가족의 누가 어디에서 우리를 맞는지는 우리 자신뿐 아니라 도무스의 인물이 가진 지위에 따라 결정된다. 자기 집무실이 있는 집사장과 일반 집사, 집안 관리인의 식당 등을 갖추고 있었던 19세기 영국에서처럼, 이런 위계가 로마의 주택 공간을 관리하던 하인들에게까지 적용되었다.[53]

서열은 식당인 트리클리니움triclinium의 사회생활도 지배한다. 만찬에 초대받았다면, 우리는 그 집의 구성원들이 서열에 따라, 오른쪽 끝 중심 침상인 주인 자리를 정점으로, 벽을 따라 길게 늘어선 침상에 각자 자리잡은 모습을 보게 된다. 결혼한 여자는 남자 옆에서 침상에 앉을 수 있지만 아무도 편히 쉬지는 못한다. 유베날리스는 주인에게서 멀리 앉을수록 더 아첨해대는 손님들, 그런 손님들을 훈계하는 가장들 등 만찬에서 보이는 과장된 태도를 조롱했다. 그러나 완전한 로마인이었던 유베날리스도 집안의 각 구성원이 어디에 몸을 기대고 있는지에 따라 그 사람의 지위를 정확하게 알 수 있었다.

권력의 서열은 우리가 들어갈 수 없는 주인의 침실에서 그 정점에 도달했다. 역사가 피터 브라운은 이렇게 지적했다. "성교의 순간, {로마} 엘리트의 육체는 혼약의 침상을 통해 세대를 이어가는 근엄한 흐름에서 어쩌다 나오는 소용돌이 같은 흥분조차도 만들면 안 되었다."[54] '혈족blood line'이라는 이미지는 지금은 말뿐이지만 고대 로마인들에게는 말 그대로 하나의 척도였다. 플루타르코스는 혼인의 방이 "질서정연한 행동의 학교"가 되어야 한다고 주장했다.[55] 일단 결혼을 하면, 혈족은 그 핵심이 되는 부부를 통제하에 둔다. 페리클레스의 아테네와 달리 로마에서 사생아는 가족의 법적 재산권 주장의 대상이 되었다.

육체, 집, 포룸, 도시, 제국. 이 모두가 선형적 형상을 따른다. 건축 비평에서는 로마가 공간에 있어서 명확하고 정확한 방향성을 중요시했다고 말한다. 격자 구성처럼 아주 분명하게 직교하는 공간, 반원인 아치처럼 엄격한 형태의 구조, 3차원 공간에서 반원을 그리면 나오는 돔처럼 아주 선명한 부피감을 가진 건물이 그런 예이다. 정확한 방향성에 대한 욕망은 그만큼 어떤 절실한 욕구가 있음을 증명한다. 이 욕구는 거듭 되풀이되어 말 그대로 진리로 간주될 수 있는 이미지에 대한 갈망에 가깝다. 이 시각적 언어는 불안하고 불평등하고 불편한 처지의 사람들이 장소의 안정성을 찾으려는 욕구를 표현한 것이다. 이때 그 형태는, 영원한 로마의 본질은 파열하는 역사의 바깥에 존재한다는 점을 전달하고자 했다. 그리고 이 언어를 능수능란하게 구사했던 하드리아누스는 그럼에도 이 모든 것이 허구임을 알고 있었을지도 모른다.

— 3 —
불가능한 집착

하드리아누스는 통치 기간 중 언젠가―내용상으로는 그가 늙었을 때라고 추측된다―〈그의 영혼에게〉라는 짧은 라틴어 시를 지었다.

> 방황하는 어여쁜 영혼이여Animula uagula blandula,
> 육체를 맞아들인 주인이며 반려인 그대여hospes comesque corporis,
> 그대 이제 그곳으로 떠나는구나quae nunc abibis in loca,
> 창백하고 거칠고 황폐한 그곳으로pallidula rigida nudula,
> 늘 하던 농담, 장난은 이제 못 하리니nec ut soles dabis iocos!,

다음은 이를 젊었을 적 바이런이 번역한 것이다.

> 아! 부드럽고, 쏜살같고, 흔들리는 영혼이여,

이 진흙의 친구이자 동료여!
어느 이름 모를 곳을 향해,
그대 이제 먼 여행을 떠나는가?
평소의 명랑한 유머도 더는 없으니,
그저 창백하고, 생기 없고, 쓸쓸할 뿐.[56]

끊임없이 장소를 만들었던 하드리아누스는 여기서 시간의 소멸을 증언한다. 역사가 G. W. 바우어삭이 친근한 어조를 근거로 이 시를 다정하게 읽어야 한다고 생각했듯, 이 시는 절망적이기보다는 달콤하면서도 씁쓸한 서정시로 읽을 수 있다.[57] 이 시는 또한 소설가 마르그리트 유르스나르가 그랬듯, 하드리아누스 시대와 관련해 플로베르의 편지에 등장하는 다음 문장에 근거해 읽을 수도 있다. "키케로에서 마르쿠스 아우렐리우스에 이르는 시기는, 이교의 신들은 더이상 존재하지 않았고 그리스도는 아직 나타나지 않아, 인간 홀로 존재했던 유일한 시대였다."[58] 확실히, 하드리아누스의 시는 자랑과는 거리가 멀다.

바이런의 번역에서 '진흙clay'은 하드리아누스의 라틴어 원문에서는 '육체'에 해당한다. 또한 바이런은 세상에서의 외로움을 암시하느라 솔레스soles를 오역한다. 그러나 아마도 이 근대 시인은 고대 황제 시인의 마음을 이해했을 것이다. 서구 세계 전체에 자기 권세의 증거를 남겼고, 사람은 진정 혼자라는 두려움에 그런 건설 사업을 벌였던 황제의 마음을 말이다. 판테온을 논했던 윌리엄 맥도널드 같은 현대 비평가들에게 하드리아누스의 단어들을 맘대로 손보는 것은 건물에 대해 그러는 것과 다르지 않았을 것이다. 판테온은 비트루비우스적이고 종교적이고 제국적인 상징들로 가득차 있고, 그 시각적 형태는 통제되고 거의 굳건히 결정되어 있기에, 여전히 건물은 심오하고 신비로운 고독감을 불러일으킨다.

내용뿐 아니라 제목에서도 하드리아누스 시와 비슷한 알렉산더 포프의 시에는, 기독교인이라면 시간의 힘에 대한 증언으로 기록했을 법한 아주 다른 정신이 제시된다.[59] 포프의 〈죽어가는 기독교인이 자신의 영혼에게〉는 다음과 같이 끝맺는다.

세상이 물러나고, 사라진다!
천국이 내 눈앞에 열린다! 내 귀에
천사의 종소리가 울린다.
빌려다오, 너의 날개를 빌려다오! 나는 오른다! 나는 난다!
오 무덤, 그대의 승리는 어디에?
오 죽음, 그대의 고통은 어디에?

하드리아누스의 로마에서 기독교인의 작은 독방으로 출발한 우리 선조들은, 하드리아누스의 이교도적 고독보다 더 강력한 이 시간에 대한 긍정을 발견했다.

육체 속의 시간

로마의 초기 기독교인

이교도들에게 육체의 고통은 기회인 적이 별로 없었다. 사람은 고통을 마주하고 그로부터 무언가를 배웠을지도 모르지만, 고통을 추구하진 않았다. 육체적 고통은 기독교가 출현하며 새로운 정신적 가치를 얻었다. 고통에 맞서는 일은 쾌락에 직면하는 일보다 더 중요했을 것이다. 고통은 극복하기 더 힘들다는 것이 그리스도가 자신의 수난을 통해 가르쳐준 교훈이었다. 기독교인에게 삶의 여정은 **모든** 신체적 자극을 초월하는 과정을 통해 구체화되었다. 기독교인은 육체에 무관심해지면서 신에게 더 가까워지길 바랐다.

육체를 떠나 신으로 향하는 시간 여행에 성공한다면, 기독교인은 장소에 대한 집착에서도 벗어날 것이었다. 보고 믿으라, 보고 따르라는 이교도의 명령은 믿음을 불러내지 못할 것이었다. 공간의 어떤 방향성도 신이 어디 있는지 알려주지 않을 것이었다. 신은 어디에나 있고 어디에도 없다. 예수는 그 이전의 유대인 예언자들처럼 방랑자였다. 예언자의 길을 따라가는 신자는 적어도 영적으로는 도시를 떠날 것이었다. 자신이 살던 곳을 떠나며, 고통 속에 있는 다른 사람들을 더 잘 알고 더 연민을 느끼며, 기독교인은 에덴에서의 추방을 재연할 것이었다.

이런 기독교인의 여정은 신자들에게 영웅이 될 것을 요구했다. 가난하고 약한 자를 위한 종교는 그들에게 자기 안에서 초인적인 힘을 찾으라고 요구했다. 로마의 초기 기독교인 이야기는 그와 같은 신앙에 매달렸지만 결국 인간일 뿐이므로 발 딛을 땅이 필요했던 사람들의 이야기였다. 그들에겐 도시가 필요했다.

— 1 —
그리스도의 이질적인 육체
시간의 순례자

안티노우스와 그리스도

초기 교회사에서 가장 극적인 사건 중 하나는 하드리아누스황제가 신하 안티노우스를 개인적으로 기리기 위해 착수한 도시 건설을 기독교인들이 비난했을 때 발생했다. 안티노우스와 하드리아누스의 개인적 관계에 대해 확실히 알려진 바는 거의 없다. 두 사람은 아마도 120년대 초 하드리아누스가 아테네나 다른 그리스 도시를 방문했을 때 만났을 것이고, 안티노우스는 당시 12~14세의 소년이었다. 몇 년 후에 제작된 로마 주화에 안티노우스는 황제의 사냥 행사를 수행하는 최측근 중 하나로 등장했다. 120년대 말 19~20세였던 안티노우스가 갑자기 죽었고, 그의 시신은 나일강변에서 발견되었다. 황제는 안티노우스가 발견된 강변에 그를 위한 도시 안티노폴리스를 세워 청년을 기렸다. 하드리아누스는 티볼리에 있는 자신의 은신처를 청년의 조각상으로 채웠다. 이러한 단편적인 기록들을 가지고 추론해볼 때 하드리아누스와 안티노우스는 연인 사이였다. 하드리아누스는 안티노우스를 사랑했기에 이 청년을 기리는 도시를 건설하고자 했고 그가 죽은 직후 안티노우스는 신이라는 포고령을 내렸던 것이다.

프랑스의 소설가이자 고전학자 마르그리트 유르스나르는 하드리아누스와 안티노우스에 관한 소설 『하드리아누스 황제의 회상록』에서 안티노우스가 물에 빠지게 된 수수께끼를 추적한다. 작가는 이 사건에 대한 빅토리아 시대의 이런저런 설명, 즉 남색은 언급하지 않고 그저 안티노우스가 사고로 강에 빠졌다고 하거나, 아니면 남색을 죽음의 원인으로 보면서 배신당한 하드리아누스가 안티노우스를 익사시켰다는 식의 설명에 반대했다. 유르스나르는 성적으로 더 개방적인 동시에 역사적으로도 더 개연성 있는 다른 설명을 제시했다. 이 소설에서 하드리아누스는 안티노우스가 자살했을 가능성을 생각한다. 당시 동지중해 지역에는 합당한 의례에 따라 자살하면 사랑하는 사람의 생명을 구할 수 있다고, 죽은 사람의 생명력이 산 자에게 넘어간다는 믿음이 널리 퍼져 있었다. 안티노우스가 죽기 직전 하드리아누스는 심각한 병을 앓았고, 작가 유르스나르는 청년이 황제를 구하고자 스스로 목숨을 끊었다고 추측했다. 나아가 130년대에는 죽은 안티노우스가 새로운 오시리스 신, 즉 죽음을 통해 자신의 생명을 다른 이에게 전하는 치유의 청년 신으로 대중적 숭배를 받게 되었다.

안티노우스 숭배가 오시리스를 참고했기 때문에, 몇몇 로마인은 안티노우스를 인간을 위해 자신을 희생한 다른 신들에도 견주었다. 그중 가장 유명한 사례는 하드리아누스 다음 세대 로마인이던 켈수스의 것이었다. 그는 안티노우스를 그리스도와 비교했다. 177~180년경에 쓴 글에서 켈수스는 하드리아누스를 구원한 안티노우스의 자살은 그리스도의 순교와 비슷하므로 "{기독교인들이} 예수에게 바치는 영광은 하드리아누스의 애인이 받은 영광과 다르지 않다"고 주장했다.[1]

이 비교는 한 세대 후에 초대 교회의 석학 중 한 사람인 오리게네스의 비판을 불러일으켰다. 그는 남자 간의 애정 관계는 약하고 불안정하다고 폄하했다. "우리 예수의 고귀한 삶과 하드리아누스의 병적인 여성 편력을 어쩌지도 못했던 그의 애인의 삶에 무슨 공통점이 있는가?"[2] 그러나 오리게네스는 켈수스를 반박하고 안티노우스와 그리스도 간의 비교를 공격하는 것을 넘어서 더 심오한 목표를 염두에 두고 있었다. 그는 그리스도의 육체는 인간 육체와 다르다는 것을 보여주고 싶었다.

오리게네스는 그리스도가 욕망과 육체를 추구한 이교도의 신과는 다르기 때문에 안티노우스와 달리 "최소한 음탕함과는 전혀 관계가 없다"고 주장했다.[3] 하드리아누스 시대 이교도 신들은 초자연적 능력을 지니고 영생을 누리는, 확대된 인간의 모습이었다. 그들은 쾌락과 공포, 질투와 분노를 알았다. 또 그중 상당수가 이기적인 괴물이었다. 오리게네스는 예수는 다르다고 썼다. 성적 욕망이 없는 예수는 지상에서 그를 따르는 이들에 대한 연민만으로 십자가에서 고통을 받았다. 이방인에게 그리스도는 육체적 감각이 없다는 점이 이상해 보이겠지만, 바로 이것이 예수가 신인 이유이다. 그의 육체는 이질적인 육체, 인간으로선 이해할 수 없는 육체이다.

오리게네스는 죽은 안티노우스의 신비한 힘을 단순한 "이집트식 마법과 주문"으로 일축했고 안티노폴리스 건설을 조롱했으며 "예수의 경우는 전혀 다르다"고 단언했다. 여기서 오리게네스는 대단히 도전적인 두번째 걸음을 내디뎠다. 그는 예수에 대한 신앙은 국가가 만들 수 없다고 단언했다. 기독교인들은 "와서 총독의 지시를 따르라고 명령하는 왕을 고맙게 여기지" 않았다.[4] 400년 전 주랑현관에 모여 로마의 행복을 보고 미소지었던 '조화로이 화합하는' 12신처럼, 판테온의 신들은 벽감에 모여 제국의 번성을 약속했다. 정치와 종교는 서로 분리할 수 없었다. 그러나 이제 국가는 신앙을 결정할 수 없으며, 모든 기념물과 신전은 빈껍데기일 뿐이었다.

초기 기독교인들은 국가가 관장하는 여러 숭배 형태를 공공연하게 비난하기보다는 그저 개인적으로 멀리했다. 하지만 이 새로운 종교는 가장 세계주의적이고 융통성 있는 기독교인조차도 건널 수 없는 선을 그어버렸다. 역사가 아서 다비 노크가 기술하듯, 기독교인은 남자든 여자든 신앙의 원칙에 따라 "황제의 공식적 제식을 거부"해야만 했다. 이것이 의미하는 바는 다음과 같았다. 기독교인은 "자기 가족의 생명-정신을 황제의 타고난 능력에 기대 맹세할 수 없었다. 황제의 탄생이나 즉위를 기념하는 예식에 참여해서도 안 되었다. 군인이나 관료인 기독교인은 직무상 담당하는 숭배 의식에도 참여해선 안 되었다."[5] 이러한 정치와 신앙의 구분은 초기 기독교 신앙의 특징인 시간 개념 자체에서 나왔다.

　이 믿음은 사람이 기독교인으로 태어나는 것이 아니라 기독교인이 **된**다는 것, 즉 명령을 따르는 것으로는 일어나지 않는 자기변화를 역설했다. 신앙은 개인의 삶을 통해 발생해야만 하고, 개종은 한순간의 이벤트가 아니다. 개종은 한번 시작하면 결코 멈추지 않는다. 이러한 영적 시간은 '믿음이 되기becoming의 경험'이라는 단언을 통해 신학적 언어로 표현되었다. 개종은 지배 권력의 명령에 대한 의존에서 사람들을 더욱 멀어지게 함으로써 국가와 종교의 사이를 틀어놓는다.

　윌리엄 제임스가 『종교 경험의 다양성』에서 개종이라는 심리 경험을 설명할 때, 그는 개종에는 두 가지 형태가 있을 수 있다고 적었다. 그 첫번째 형태는 정당을 옮기는 행동과 비슷하게 심리적으로 '냉정한' 개종이다. 이때 사람은 개종 전에 믿었던 이런저런 것들을 유지할 수도 있고, 가입은 했어도 새로운 교리에 어느 정도 거리를 둔다. 그런 사람은 세상에서 제자리를 잃지 않는다. 대개 이런 경험은 별개의 일회적인 이벤트이다. 제임스는 삼위일체를 부정하는 뉴잉글랜드의 유니테리언파를 염두에 두고 그렇게 썼다. 개혁파 유대교도 이 그림에 잘 맞는 듯했다.

　두번째 형태의 개종은 훨씬 더 열정적이다. 이 개종은 자기가 지금 살아가는 방식이 전적으로 틀렸으며 근본적 변화가 필요하다는 인식에서 시작된다. 그러나 이런 형태의 개종에서 "현재가 잘못되었다는 감각은 우리가 추구할 수 있는 그 어떤 긍정적 이상에 대한 상상보다도 훨씬 더 뚜렷하게 우리의 의식을 차지한다." 아서 다비 노크는 이런 형태의 개종을 "무언가를 향하는 것이자…… 다른 무언가를 외면하는 것"이라 표현했다.[6] 이 외면은 정당을 바꾸는 일과는 다르기에 평생 결코 끝나지 않는다. 초기 기독교인들은 두번째 방식, 외면의 방식으로 개종했다. 이교도의 세상에서 육체는 도시에 속했다. 그러나 이 속박에서 벗어난 사람은 어디로 갔을까?[7] 어떤 분명한 청사진도 없었고, 세속적 권력의 지도地圖는 쓸모없었다. 무엇보다 초기 기독교인에게 '되기'의 혼란이 특히 강력했던 이유는 기독교의 기원인 유대교 전통에서 독실한 사람은 이곳저곳으로 뿌리 없이 떠돌았기 때문이다.[8]

구약성서에 나오는 사람들은 자신을 방랑자라고 생각했다. 구약의 야훼 자체가 방랑의 신이었고 그의 '계약의 궤'는 운반이 가능했다. 신학자 하비 콕스는 이렇게 말했다. "블레셋 사람들이 마침내 성궤를 차지했을 때, 히브리 사람들은 야훼가 그 속에도 존재하지 않는다는 것을 깨닫기 시작했다. ……야훼는 그의 사람들과 늘 함께 다녔다."[9] 야훼는 장소의 신이라기보다 시간의 신으로, 그 추종자들의 불행한 여행에 신성한 의미를 약속했다.

초기 기독교인들은 이런 구약성서의 가치에 의존했다. 예를 들어 로마제국 전성기 때 '디오그네투스의 편지'의 저자는 다음과 같이 말했다.

기독교인들은 지역이나 말이나 관습으로 다른 인간과 구별되는 것이 아닙니다. 왜냐하면 각자의 도시에서 멀리 떠나 사는 것도 아니며…… 별난 생활양식을 가진 것도 아닙니다. ……기독교인은 각자의 나라에서 살아가지만 오직 일시 체류자일 뿐입니다. ……외국은 어디나 그들의 조국이며, 조국도 어디나 외국입니다.[10]

기독교인은 신체적으로 방황하지 않더라도 자신이 사는 곳에 대한 애착을 버려야 한다. 성 아우구스티누스는 이 명령을 "시간의 순례"를 해야 하는 기독교인의 의무라고 표현했다. 『신국神國』에서 그는 다음과 같이 썼다.

자, 카인은 도시를 건설했다는 기록이 있지만, 지상에서 단지 순례자였던 아벨은 아무것도 건설하지 않았다. 성인聖人들의 진정한 도시는 하늘에 있고, 여기 지상에서 생겨난 시민들은 영원한 왕국을 찾아 시간의 순례를 하듯 유랑하므로.[11]

물리적 장소에 대한 충성이 아닌 이 "시간의 순례"는 예수가 사도들에게 자신를 위한 기념물을 세우지 말라고 한 것과 예루살렘 신전을 무너뜨리겠다는 약속에서 그 권위를 끌어왔다. 자기 주변의 삶에 충실한 열성적인 시민이 된다는 것은 다른 세계에 대한 믿음의 가치와 갈등을 빚었다. 기독교인은 영혼의 안식을 위해 장소와의 정서적 애착을 끊어야만 했다.

그 노력은 자기 자신의 몸에서 시작되었다. 켈수스와 안티노우스와 하드리아누스를 향한 오리게네스의 공격은 기독교가 이교도적 육체 경험에 혁명을 일으켰음을 뜻했다. 오리게네스는 켈수스를 비판하는 글에서, 또 그 자신의 삶에서 이 혁명을 모범적으로 보여주고자 했다. 그는 예수의 육체가 우리의 몸과 얼마나 다른지 고찰하면서, 개종은 지적으로도 시작될 수 있다고 썼다. 개종자는 예수의 고통과 우리의 고통이 동일하다고 생각하지 않고, 신성한 사랑이 인간의 욕망과 닮았다고 상상하지도 않는다. 그러므로 안티노우스를 신격화한 하드리아누스의 죄, 하드리아누스를 위해 죽은 안티노우스의 죄는 신체적 열정을 신성함과 연결했다는 데 있었다. 이러한 주장을 거의 이해하지 못한 켈수스 등 이교도 로마인들은 기독교인의 비밀주의가 그들이 은밀히 행하는 난잡한 잔치 때문이라고 생각했는데, 이는 이교도에게 얼마든지 받아들일 수 있는 행위, 때때로 신들이 여는 광란의 파티와도 다르지 않은 행위였다.

기독교로의 개종에서 다음 단계는 더욱 과격했고 오리게네스는 이 단계를 극단으로 밀고나갔다. 그는 종교적 황홀감에 빠져 칼로 스스로 거세했다. 이에 대해서도 이교도들은 기독교인들이 비밀 의례에서 자신의 육체를 훼손한다고 비난했다. 실제로 그렇게 한 사람이 몇이나 될까 싶지만, 오리게네스는 고통을 마주하고 극복하는 노력이 단순히 쾌락을 피하겠다는 결의보다 훨씬 더 결정적인 단계라는 이유에서, 본인의 열정에 그리스도의 수난을 따른다는 훨씬 더 중요한 의미를 부여했다. 고통은 우리가 피하겠다고 해서 피해지는 것이 아니다. 더욱이 오리게네스의 자기 신체 훼손은 고대의 이교 신앙을 반영한 것이었다. 가령 오이디푸스는 자기 눈을 멀게 함으로써 새로운 도덕적 깨달음에 이르렀다. 초기 조로아스터교 같은 다른 유일신 종교에서도 신자들은 눈이 멀 때까지 태양을 바라봤다. 그들은 자신의 육체가 변형될 때 신을 느끼기 시작한다고 생각했다.

현대인은 이런 행동들을 진정 금욕적인 것으로 존경할지 모르지만, 한편으로 이는 육체적 수치심, 기독교의 경우에는 아담과 이브의 원죄까지 거슬러올라가는 수치심의 발흥으로도 설명할 수 있다. 오리게네스에게 육체의 수치는 그 자체가 목적일 수 없었다. 기독교인의 육체는 그러한 쾌락과 고통의 한계 자체를 넘어 **아무것도** 느끼지 않고, 감각을 버리고, 욕망을 초월해야 했다. 그래서 오리게네스는 켈수스가 씌운 혐의에 강하게 반발했다. 사실 켈수스는 오시리스를 숭배하는 여러 동방 종교의 난잡한 관습을 꿰뚫어보면서 기독교의 신체적 규율은 마조히즘의 일종이라고 보았던 것이다. 그는 기독교인들이 "악의 길로 들어가, 이집트에서 흥청거리는 안티노우스 추종자들보다 더 간악하고 불순한 끝없는 어둠 속에서 헤맨다"라고 썼다.[12]

오리게네스는 이 어렵고 부자연스러운 육체의 여행을 서술함으로써 기독교 신앙의 두 가지 사회적 토대를 단언하게 되었다. 첫째는 인간은 평등하다는 기독교 교리였다. 신이 보기에 모든 육체는 다 같아서 아름답지도 못생기지도 않고 우수하지도 열등하지도 않다. 이미지와 시각적 형태는 더이상 중요하지 않다. 그래서 기독교의 원칙은 그리스의 유명한 벌거벗음에, 로마의 격언인 '보고 믿어라' '보고 따르라'에 도전한다. 또한 기독교가 체열과 생리학에 대한 고대의 관념을 오랫동안 유지하긴 했지만, 원칙적으로 초기 기독교는 그러한 생리학에 기반하여 남자와 여자는 다르다고 하는 추정을 기각했다. 남자와 여자의 육체는 동등하고, 신자들 사이에 더이상 '남자와 여자'는 없을 것이었다. 「고린토인들에게 보낸 첫째 편지」에서 성 바울로는 남자와 여자의 외양을 구분하는 엄격한 복장 규범을 논했지만, 또한 예언자들은 남자든 여자든 "하나의 성령"으로 충만하므로 성별과 무관하다고 주장했다.[13] 그리스도를 따르는 이들이 성별이나 재산에 따른, 혹은 다른 어떤 시각적 척도에 따른 세속적 겉모습의 감옥에서 스스로 해방된 것은 바로 그리스도의 이질적이고 혁명적인 육체 덕분이었다. 이 '타자'의 종교에서 세속의 기준은 강력한 가치를 가지지 못했다.

둘째, 기독교는 빈곤에, 약한 자와 핍박받는 자에게, 즉 모든 상처받기 쉬운 육체에 윤리적으로 결합했다. 요하네스 크리소스토모스는 매춘부에 대해 "옷을 벗었다고 매춘부란 말은 아니다. 매춘부나 자유로운 여인이나 본성도 같고 육체도 비슷하다"라고 말했다.[14] 비천한 자의 평등과 가난함의 힘에 대한 기독교의 강조는 그리스도의 육체에 대한 이해로부터 직접적으로 유래했다. 하층민 출신의 연약한 남자로 여겨진 그의 순교는 부분적으론 세상에서 그와 가장 닮은 이들의 명예를 회복시키는 행위였다. 역사가 피터 브라운은 그리스도의 취약한 육체와 억압받는 자들의 육체의 연관성을 다음과 같이 요약한다. "요하네스를 비롯한 많은 기독교인의 수사에서는 섹슈얼리티와 가난함이라는 두 가지 큰 주제가 서로 끌어당겼다. 둘 다 계급이나 시민적 지위와 무관한, 모든 남자와 여자가 겪을 법한 육체의 보편적 취약성을 말하고 있다."[15]

로고스는 빛이다

"그렇다면 내가 어떻게 하느님을 알 수 있습니까? ……그리고 당신은 어떻게 하느님을 저에게 보여주실 수 있습니까?"라는 이교도 켈수스의 물음에 기독교인 오리게네스는 대답한다. "모든 것의 창조주는…… 빛이십니다."[16] 기독교인은 되기의 과정을 설명하고자 할 때 빛의 경험을 언급했다. 그들은 개종을 '빛을 비춤'의 과정으로 기술했다. 유대-기독교의 용법에서 로고스, 즉 말들 간의 신성한 결합은 빛이 드리운 말들을 뜻한다. 오리게네스는 빛이 "살이 되기 전의 그리스도"와 살을 떠난 뒤의 그리스도를 보여준다고 주장했다.[17]

빛, 순수한 빛, 신성한 빛은 어떤 이미지도 보여주지 않는다. 바로 이런 이유로 성 아우구스티누스는 "하늘에 통달하려 하는 천문학자들의 노력을 비난하고…… 거미줄로 먹이를 얽어매는 거미의 비유를 하면서 {그러한} 호기심을 '눈의 정욕'이라고 불렀다."[18] 천국Heaven은 하늘에서 볼 수 없다.

빛은 어디에나 있다. 이 말의 신학적 의미는 실체가 없는 신은 어디에나 있으며 눈에 보이지는 않아도 결코 부재하지 않는다는 것이다. 성 마태오와 성 아우구스티누스에게 그랬듯 오리게네스에게 되기의 과정은 세상을 채운 이 보이지 않는 힘들을 알 수 있게 하는, 인간의 육체적 욕망을 변환시키는 과정이었다. 이는 사람이 자신의 육체를 벗어나 빛으로 나아간다는 것을 의미했다.

그러나 바로 이 지점에, 새로운 신학이 그 비물질적 결론에 도달한 듯한 때에, 물리적 세계가 침입했다. 빛이 어디에나 있다는 바로 그 이유에서, 그 빛을 경험하려면 건축, 건물, 특별한 장소가 필요하다. 하드리아누스 시대의 기독교인은 나중에 기독교 성소가 될 신전에 들어갈 때 이를 알았다. 판테온의 콘크리트 돔은 빛에 형상을 부여한다. 해가 머리 위에 있을 때, 돔 위로 열린 오쿨루스는 빛을 명확한 한 줄기로 모은다. 흐린 날 직사광선이 없을 때는 빛이 오쿨루스로 들어와 흩어지며 내부를 가득 채운다.

이교도 디오 카시우스는 "둥근 아치를 이루는 지붕 때문에 {판테온은} 하늘을 닮았다"고 생각했다. 시인 셸리는 무신론자였지만 19세기 초에 이 건물에 들어섰을 때 기독교인보다 더 기독교인답게 반응했다. 셸리는 위를 보며 "천상의 헤아릴 수 없는 돔을 생각하면 크기에 대한 관념이 집어삼켜져 사라진다"고 했다.[19] 그러나 그는 바깥을 거닐면서는, 하늘이 똑같이 무한하게 보였을 텐데도 이 같은 경험을 할 수도 없었고, 하지도 않았다.

이것이 초기 기독교인들이 마주쳤던 딜레마이다. 그들은 '시간의 순례'를 할 수 있는 장소를 만들어야 했다. 개종은 촌각을 다투는 문제였다. 기독교인은 신들과의 다소 모순적인 관계에 만족할 수는 없었다. 이 관계에 대해 수에토니우스가 경의를 표하긴 했지만 말이다. 실제로 개종하려는 욕구가 어마어마해서 거의 마비될 지경이었다. 더이상 욕망이 없는, 촉각과 미각, 후각의 욕망이 없는 육체, 자신의 생리적 욕구에 무관심한 육체를 위해 모든 감각적 자극은 포기해야 했다. 오리게네스의 거세처럼 육체를 포기하면서 개종하는 극적인 예도 있었다. 이러한 자기 신체 훼손에는 엄청난 물리적 용기가 필요했다. 그보다 평범한 사람들은 시간의 순례자로서 자신의 육체에서 벗어날 장소가 필요했다. 게다가 그 장소는 허약하고 취약한 사람들이 빛을 볼 수 있게 돕는 곳이므로 예술적으로 잘 만들어져야 했다.

— 2 —
기독교의 장소
살에서 돌로

사실 초기 기독교는 동지중해 지역의 한 숭배 형태로, 그 메시지는 동방을 여행하는 사람들이 교리와 신자들의 소식을 담은 편지를 도시에서 도시로 전달하면서 퍼져나갔다. 기독교가 처음 뿌리내린 도시들은 작았고, 대개 로마제국 내의 교역 중심지였다. 플리니우스 카이킬리우스가 트라야누스에게 보낸 편지는 공직사회가 기독교인을 유대인과는 다른 집단으로 파악하기 시작했음을 보여주는 초기 징후였다. 로마인들이 두 종교의 차이를 처음 인식한 것은 서기 64년에 네로황제가 로마를 크게 파괴한 대화재의 책임을 뒤집어씌울 희생양으로 기독교인을 지목했을 때였다. 하지만 하드리아누스 시대에도 기독교인은 도시에서 거의 눈에 띄지 않았다.

초기에 도시 기독교인들은 어떤 면에서는 20세기 초의 혁명적 공산주의자들과 유사했다. 양쪽 다 믿는 자들이 작은 세포조직을 이루어 집에서 회합을 가졌고, 비밀문서를 소리내어 읽거나 입에서 입으로 전해가며 소식을 퍼뜨렸다. 초기 기독교나 공산주의나 모두 통일된 명령 구조가 없었기에 세포조직들 간에 분파와 대립이 만연했다. 그러나 초기 공산주의자들은 집을 중요한 활동 무대로 생각하지 않았다. 그들의 신념은 도시의 공공 영역, 공장, 신문, 정부기관에 침투하는 데 집중되어 있었다. 반면 초기 기독교인들에게 집은 그들이 '시간의 순례'을 시작하는 장소였다.

기독교인의 집

예수가 죽은 다음 세대부터 시작해 집이 아닌 다른 건물들로 자리를 옮기게 된 2세기 중반 무렵까지 기독교인들의 교제는 집에서 이루어졌다. 하드리아누스 시대에 기독교는 완전히 집 안 공간에 갇혀 있었다. 국가는 이 종교의 공개 활동을 금지했고 신자들도 벽 안에 머물며 탄압을 피했다. 이런 제약 때문에 교회사가들은 오랫동안 초기 기독교인들이 꼭 가난하진 않았어도 힘없는 집단이라고 여겼다. 그러나 오늘날 우리는 그보다 많은 것을 안다. 도시의 기독교는 다양한 경제 계층에서 개종자를 모았다. 사회의 중간계급이나 상류층이 없었던 것처럼 보이는 이유는 기독교인들이 떠들썩한 축제 때면 도망가야 했고, 순교할 용기가 없으면 공적으론 타협해야 했으며, 무엇보다도 비밀을 지켜야만 했기 때문이다.

집이라는 은신처 안에서 신앙의 여정은 식탁에서 시작되었다. 작은 기독교인 세포는 함께 식사를 하면서 이야기하고 기도하고 제국 다른 곳의 기독교인이 보낸 편지를 읽었다. 개종의 경험은 지극히 개인적이었지만 이러한 사회적 환경이 특별한 정서적 버팀목이 되었다. 성 바울로가 설명하듯 한 식탁에 모이는 것은 마지막 만찬의 재현이었다.[20] 또한 현대의 한 교회사가는 "가정 교회에서 식사하는 것이 중요"했던 이유는 먹는 일이 타인과 맺는 사회적 관계의 표식이었기 때문이라고 보았다. "식사를 통해 환대를 확장하는 것은 이 종교 공동체를 정의하는 가장 핵심적인 행위였다."[21] 성 바울로는 기독교인 전체를 그리스의 육체 정치학 용어를 이용해 '에클레시아Ekklesia'라고 일컬었다. 이들은 만찬 회합을 '친교의 축하'를 뜻하는 '아가페agape'라 불렀고, 성서에서 '친교'를 뜻하는 말은 그리스어 '코이노니아koinonia'였다. 그러나 아가페에는 열정적 사랑이라는 뜻도 함축되어 있으며, 이로 인해 이교도들은 이 행사를 난잡한 잔치로 상상했다.

기독교인의 만찬은 페트로니우스의 소설 『사티리콘』에 다소 과장

162

되게 묘사된 것과 같은 이교도적 사교 패턴을 타파하고자 했다. 페트로니우스는 노예 출신의 거부 트리말키오가 개최한 잔치에서 손님들이 산더미처럼 쌓인 비싼 음식에 파묻히고 값비싼 포도주에 익사할 지경이었다고 썼다. 식사가 몇 코스나 차려진 뒤 손님들은 무감각한 몰아 상태에 빠졌지만 트리말키오만은 지칠 줄 모르고 이야기를 계속했다. 손님들이 저녁 내내 방귀를 뀌고 메스꺼워하고 먹은 것을 게우면서 만찬은 일종의 잔혹극이 되었다. 트리말키오의 만찬은 그리스 심포시온의 보편성 대신에 한 개인이 주변 사람을 짓누르는 관계를 극적으로 보여주었다. 상호 경쟁은 없고, 대신에 능동적인 주인과 아첨하는 수동적인 손님이 있었다. 하지만 트리말키오의 손님들이 마지못한 피해자도 아니었다. 그들은 크림 없은 굴 한입이 더 들어갈 공간을 늘 식도에 남겨두었고, 컵을 들어 포도주를 한 잔 더 마실 힘도 있었다. 이 만찬의 모든 것은 트리말키오 자신의 부와 권력에 대한 관심을 끌기 위한 것이었지만, 그의 사치가 말 그대로 손님들의 육체를 점령했지만, 그럼에도 손님들은 더 달라며 돌아왔고, 그에게 자신들의 육체를 채우라며 내주었고, 과식 끝에 복종했다.

아가페는 손님들의 충동을 부수고자 했다. 모든 것을 동등하게 나누는 만찬은 "유대인이나 그리스인이나 종이나 자유인이나 남자나 여자나 아무런 차별이 없"다는 것을 나타내고자 했다.[22] 이교도 연회는 대부분 손님들을 초대하는 방식으로 이루어졌지만, 기독교인의 소식을 가져온 이방인은 얼마든지 식탁에서 환영받았다. 성 바울로가 쓴 「로마인들에게 보낸 편지」의 수신인은 바로 식탁에 모인 로마인들로, 이 문서에는 장차 교회의 구조를 규정하게 될 원칙들이 담겨 있었다.

이 편지는 서기 60년경, 그러니까 베드로가 로마에서 설교한 시기에 쓰였다. 바울로의 사절 페베가 로마의 기독교인 세포 가정들에 편지를 전달하고 매번 신자들 앞에서 바울로의 주장을 낭독했다. 그러면 신자들은 편지에 대해 논의하고 논쟁했고 다른 가정에서도 비슷한 논쟁이 이어졌다. 트리말키오의 만찬과 달리 이 토론에서는 어떤 한 목소리가 주인처럼 당연하게 공간을 지배하지 않았다.

초기의 가정 모임에서 기독교 정신은 사람들이 앉는 위치를 변화시켰다. 일직선으로 앉는 로마식 규범은 더 중요한 사람을 윗자리에 앉혔고, 그 주변으로 지위에 따라 사람들을 배치했다. 기독교 모임은 이 순서를 무시하면서 신앙의 세기에 따라 앉는 자리를 결정했다. 아직 기독교인은 아니지만 기독교 가르침에 관심이 있는 지망자와 개종은 했지만 세례를 받지 않은 입문자는 문 앞이나 식당 옆쪽에 섰고, 완전한 기독교인은 식탁에 함께 앉았다. 증거는 불충분하지만, 적어도 공식 의례가 비공식적인 평범한 식사를 대체하게 된 서기 200년경까지는 식사의 중요한 순간들엔 모든 신자가 식탁에 함께 앉았던 것으로 보인다.

"자연의 충동과 성령의 충동이 서로 싸우고 있습니다."[23] 성 아우구스티누스는 『고백록』에서 음식 냄새와 핏속의 술기운이 흥분을 일으키는 식사에서 자신이 무엇을 느꼈는지 썼다. "몇 번이고 저는 제 몸을 제어하려고 애쓰지만, 이로 인한 고통은 먹고 마시는 즐거움에 의해 사라져버립니다."[24] 아우구스티누스는 「루가의 복음서」 21장 34절에서 위안을 얻으려 했다. "흥청대며 먹고 마시는 일과 쓸데없는 세상 걱정에 마음을 빼앗기지 않도록 조심하여라." 그러나 아가페는 그를 시험했다. 그는 이 시험을 통해 처음으로 "그리스도의 이질적인 육체"라는 문구의 의미를 이해하게 되었다.

친교와 시험은 모두 그리스도의 피와 살을 상징하는 포도주를 마시고 빵을 먹는 성찬식에서 절정에 달했다. 성 바울로가 「고린토인들에게 보낸 첫째 편지」를 쓸 무렵이면 성찬식의 영속적 형식이 결정되어 있었다. "감사의 기도를 드리신 다음 빵을 떼시고 '이것은 너희들을 위하여 주는 내 몸이니 나를 기억하여 이 예를 행하여라' 하고 말씀하셨습니다. 또 식후에 잔을 드시고 감사의 기도를 드리신 다음 '이것은 내 피로 맺는 새로운 계약의 잔이니 마실 때마다 나를 기억하여 이 예를 행하여라' 하고 말씀하셨습니다."[25] 성찬식에 깔려 있는 이 식인食人 요소는 자신들이 모시는 신들의 육체를 먹고자 했던 다른 많은 종교와 초기 기독교를 연결해준다. 하지만 신의 피와 살을 '나눠 먹는' 기독교인은 아스텍의 사제가 제물로 바쳐진 희생자의 진짜 피를 마시며 느꼈던 것과는 달리 자신에게 신의 권능이 차오른다고 느끼지 않았다. 시험은 빵과 포도주가 제공하는 육체 에너지의 파장에 저항하는 데 있었다. 오리게네스가 설교했듯 영혼은 **아무것도** 맛보지 못할 때 승리한다. 교회사가 웨인 미크스는 성찬식이 그와 같은 방식으로 "낡은 인간을 벗어버리고" "새 인간, 그리스도"를 입는다는 성서 구절에 의례의 의미를 부여했다고 썼다.[26]

기독교인들이 집에서 "낡은 인간을 벗어버리고" "새 인간, 그리스도"를 입는 또다른 방법은 세례식이었다. 그들은 만찬에서와 마찬가지로 이 의례를 통해서 이교도적 사교문화에서 과감히 탈피했다. 세례의 중요성은 이교도 로마에서 시민의 가장 중요한 경험 중 하나였던 공동 목욕을 거부했다는 데 있었다.

하드리아누스 시대에 로마에는 공중 혹은 개인 목욕 시설이 많았다. 목욕탕은 욕조와 체육실을 포함하는 거대한 돔 지붕 건물이었다. 로마인이라면 누구나 무리지어 만나는 시설인 목욕탕은 그리스의 김나시온과 달리 남자뿐 아니라 여자도, 젊은이뿐 아니라 노인도 이용할 수 있었다. 하드리아누스 시대까지도 남자와 여자는 동시에 목욕했는데, 하드리아누스가 처음으로 성별을 분리해 여자가 남자보다 먼저 씻게 했다. 사람들은 하루의 일과와 노동이 끝나는 오후와 이른 저녁에 목욕을 했다. 매우 부자인 사람들은 자신만의 개인 욕장이 있었고, 공중목욕탕은 아첨해야 할 일이 있거나 대중에게 할 이야기가 있을 때에만 갔다. 하드리아누스 황제 자신도 종종 공개적으로 일반 신민들과 함께 목욕했는데, 이러한 행동이 그에 대한 엄청난 존경으로 이어졌다. 가난한 사람들은 해질 무렵 목욕탕이 문 닫을 때까지 오래 머물면서 자기 집의 누추함에서 벗어나 안식을 누렸다.

이교도의 목욕에는 규칙적인 순서가 있었다. 목욕하는 사람은 우선 약간의 요금을 내고 아포디테리움^{apodyterium}이라 불리는 공용실에서 옷을 벗은 후, 뜨거운 물이 가득한 욕조인 칼다리움^{caldarium}으로 이동하여 뼈로 만든 솔로 때를 밀었다. 그다음 테피다리움^{tepidarium}이라 불리는 따뜻한 욕조로 가고, 마지막으로 프리기다리움^{frigidarium}의 찬물에 입수했다. 현대의 공공 수영장에서처럼 사람들은 욕조 주변에서 빈둥거리고 잡담하고 시시덕거리고 뽐냈다.

세네카는 목욕탕을 시끄러운 자존심의 무대라고 비난했다. 예를 들어 "가늘고 귀에 거슬리는 목소리로 주의를 끌려고 계속해서 지껄여대는 털 뽑는 사람은 손님의 겨드랑이 털을 당길 때 손님이 고함치는 순간을 제외하고는 결코 조용하지 않았으며, 소시지 장수와 과자 장수, 다양한 음식을 파는 행상인들이 물건 가격을 외치는 소리가 가득했다."[27] 목욕탕에는 소년 소녀 매춘을 알선하는 뚜쟁이들이 돌아다녔다. 그보다 일반적으로는 "목욕과 포도주, 여자는 우리의 몸을 타락시킨다. 그래도 이것이 인생 그 자체다"라는 로마의 속담처럼, 목욕탕은 사람들에게 바깥 생활의 혹독함에서 벗어날 수 있게 했다.[28]

하지만 사람들은 또한 목욕이 자신의 몸을 고귀하게 만든다고도 생각했다. 로마인들은 야만인들에 대해 안 씻는 외국인이라고 판에 박은 듯 묘사했다. 청결함은 시민들이 공유하는 경험이었고 공중목욕탕은 통치자가 세울 수 있는 가장 인기 있는 건물이었다. 목욕탕은 도시의 엄청난 다양성을 공통의 벌거벗음으로 함께 뒤섞었다.

기독교인들도 다른 로마인들처럼 자주 공중목욕탕에 갔다. 그러나 종교적 차원에서 물에 잠기는 일은 시민적 행위가 아니라 개인적이고 종교적인 행위로서 중요했다. 세례는 그 사람이 평생 믿음을 지키기 위해 육체의 욕망과의 싸움에서 충분히 멀리 나아갔음을 의미했다. 초기 기독교인의 집에서 행해진 것처럼, 세례를 받을 준비가 된 사람은 옷을 다 벗고, 의례 만찬의 공간이 아닌 별도의 방이나 공간의 욕조에 들어갔다. 욕조에서 나올 때 세례식 참석자에겐 모두 새옷을 입혔는데, 이는 {세례를 받은} 그 혹은 그녀가 새 사람으로 변했음을 의미했다. "목욕은 '깨끗한' 집단과 '더러운' 세상의 영원한 경계"가 되었다.[29]

이런 물의 의례는 기독교인이 그들의 유대인 선조들과 구별되는 지점이었다. 현대 유대교에서처럼 고대에도 여자들은 자신을 상징적으로 정화하기 위해, 특히 생리혈을 씻기 위해 미크바 욕조에서 몸을 씻었다. 히브리 학자 제이콥 노이스너가 주목하듯, 미크바 욕조는 죄악을 씻는다는 의미를 갖지 않으며, 정화하긴 하지만 자신을 변화시키는 의례는 아니었다.[30] 욕조에서 나간 여자가 다른 사람이 된 것은 아니었다. 그들의 육체는 의례에 참여할 준비가 된 것이다. 반면에 세례는 신자들이 평생 종교에 헌신하려고 할 때 건너가는 영구적 경계였다. 깨끗해지고 달라진 기독교인의 육체는 그리스도 자신의 죽음과 부활의 이야기를 떠올리게 했다. 바울로는 「로마인들에게 보낸 편지」에서 우리는 모두 "세례를 받고…… 예수와 함께 죽었다"고 쓴다.[31]

초기 교회에서 세례는 아이보다는 어른을 위한 것이었고 인생의 가장 진지한 결정이었으므로 아기들에게는 아무런 의미를 가질 수 없었다. 이와 똑같은 이유로 초기 기독교인은 유대의 할례 관습을 거부했다. 신약에서는 세례를 "그리스도의 할례"라고 말하지만, 이 그리스도의 '할례'에서 성기는 변하지 않을 것이었다.[32] 할례에 반대한 성 바울로는 태어날 때부터 자동으로 신앙의 세계에 편입된 사람의 표식인 육체상의 모든 속성predicate을 지우고자 했다. 또한 할례 거부는 사람은 기독교인으로 태어나지 않았다는 초기 기독교 믿음에서 나왔다. 그들은 기독교인이 된 것이었다.

세례는 이교도 로마를 지배했던 '보고 믿으라'는 명령을 단호하게 깨뜨렸다. 세례받은 기독교인은 볼 수 없는 비밀을 간직했다. 남자 유대인은 옷을 벗고 성기를 조사해 정체를 확인하고 박해할 수 있었지만 "그리스도의 할례"는 몸에 아무 흔적도 남기지 않았다. 더 나아가 일반적으로 기독교인을 보는 것으로는 기독교가 무엇인지 이해할 수 없었다. 신자의 외양은 아무 의미가 없었다. 하지만 기독교인들은 가정 예배를 통해 자신들이 신앙생활을 하는 도시에서 뿌리를 내리기 시작했다.

최초의 교회

하드리아누스 시대 로마의 기독교인 수를 추정하기는 어렵다. 기껏해야 몇천 명 정도였을 것이다. 몇 세대 후 기독교인들은 로마 원형극장 등에서 처형당하기 시작했으며, 250년과 260년 사이에 박해가 절정에 달했음에도 교구는 꾸준히 증가했다. 리하르트 크라우트하이머는 서기 250년 로마의 기독교인 수를 3만~5만 명으로 추정했다.[33] 4세기 초 콘스탄티누스황제가 기독교로 개종했을 때, 황제의 새로운 종교를 따르는 사람은 로마 인구의 3분의 1에 달했다.

313년에 공포된 콘스탄티누스의 밀라노칙령은 제국 전체에서 기독교를 합법화했다는 점에서 기독교 발전의 전환점이었다. 로마 주교 디오니시우스(259~268)는 주교가 도시 기독교인을 이끈다는, 향후 널리 보급될 교회 통치 형태를 수립했다. 기독교는 이처럼 뿌리내림에 따라 증여와 유산을 통해 도시 자산을 입수했고, 이 자산은 자발적인 조합들이 통제했다. 그러한 조합은 또 묘지를 위한 땅을 구입하고 공공건물에 공동체 센터를 만들었다.

최초의 기독교인 황제 콘스탄티누스는 312년 로마에 입성했다. 그가 313년에 짓기 시작한 라테란바실리카는 그의 로마 재입성을 과시

제4장. 육체 속의 시간

하는 것이었다. 라테란바실리카는 제국의 소유물이었다. 이 교회의 바실리카와 세례당은 "도시의 한적한 경계에 위치했고, 전부 혹은 대부분이 제국의 자산인 대저택들과 정원들 사이 황제가 자유롭게 쓸 수 있는 땅에 세워졌다."[34] 나무 지붕을 얹은 석조 건물로, 중앙 홀 양옆에는 두 개의 작은 측면 복도가 배치되었다. 끝에는 반원형 공간인 애프스apse(후진後陣)가 있었다. 이 애프스 앞쪽 연단에서 주교나 다른 주재 신부가 서서 열을 이룬 교구민들을 마주보았다. 고대 법정 형태를 재창조한 것이었다. 세례당은 뒤편 한쪽에 붙어 있었다. 그리스도 상은 은빛 막으로 가려두었고, 벽면 가득 그리스도 이야기가 그림으로 묘사되어 있었다. 라테란바실리카의 벽은 좋은 대리석과 반암 등 귀한 재질로 마감되었다. 성모 마리아와 십자가에 못박힌 그 아들의 눈에는 진짜 보석이 반짝였다.

기독교가 공권력을 행사하는 종교로 성장하면서 그리스도의 이미지는 부분적으로 달라졌다. "그리스도는 이제…… 무엇보다도 비천한 자들의 신, 기적을 행하는 자, 구원자가 아니었다. 콘스탄티누스는 자신을 하느님의 지상 대리자로 여겼고, 하느님은 점점 천국의 황제로 여겨졌다."[35] 현대 학자 토머스 매튜스는 그리스도가 단순히 새로운 종류의 황제가 된 것은 아니었다고 주장한다. 그리스도는 여전히 기적을 행하는 이상한 마법사였다. 하지만 이제 이 새로운 신을 공적으로 숭배하는 장소들은 기독교를 오래된 숭배 형식의 궤도 안으로 끌어들였다.[36] 로마식 바실리카의 선형적 축의 질서, 그 감각적이고 화려한 장식은 제국에 어울리는 모습의 그리스도를 제시했다.

예배는 제국의 건물에 걸맞은 형태를 갖추었다. 교회의 지도자와 신자들 사이에 큰 간극이 생겼다. 주교는 예복을 입고 로마 행정장관의 등불을 들었고 그보다 지위가 낮은 교회 관리들에 둘러싸여 라테란바실리카에 입장한 뒤 교구민들이 지켜보는 가운데 중앙 통로를 걸어갔다. 이 의식은 주교가 애프스 앞쪽에 마련된 권좌에 앉을 때 끝났다. 이 자리에서는 회중을 마주보게 되는데, 남자 신도들과 여자 신도들은 양쪽에 따로 자리했다. 신앙의 위계는 예배 순서에도 반영되었으니, 일반 기도문을 읽는 예비신자 미사를 먼저 한 다음 성서를 읽는 신자 미사가 이어졌다. 신자 미사는 세례받은 사람들이 중앙 통로를 행진하여 권좌에 앉은 주교 발밑에 가져온 선물을 놓으면서 시작되었다. 이어 참가자들은 그리스도의 '살'과 '피'인 제병祭餠과 포도주를 맛보고 성체 기도를 읽었다. 그러고 나면 주교가 자리에서 내려와 조용히 자신을 지켜보는 신도들 사이를 지나갔다. 이렇게 해서 교회는 다시 세상으로 들어왔다.

몇몇 학자들은 라테란바실리카의 내부 공간이 오랜 시간에 걸쳐 형성되었다고 추측한다. (로마가 아니라 두라-에우로포스 시나고그에 대한 연구에 기초한) 이 관점에 따르면 공간 분리는 이미 하드리아누스 시대에 시작되었다. 세례식을 위한 별도의 방, 신도들이 열을 지어 제단을 볼 수 있도록 벽을 허물어 넓힌 만찬의 방, 이 둘의 공간적 분리가 이미 진행되고 있었다. 이러한 공간 분리 및 성찬식과 일반 기도문 의례의 분리는 사람이 많아졌기 때문일 수 있다.[37] 라테란세례당에서 일어난 이런 변화는 기독교인 황제의 기념물에서 그에 못지 않은 변형이 이루어졌다. 그것은 '로마'가 각인된 공간이었으며, 이는 기독교도 로마인들이 보고 따르게 하기 위해서였다.

물론 라테란바실리카에서 시선의 지배가 단순히 하드리아누스 시대의 신전을 모방한 것은 아니었다. 우선 기독교 바실리카는 내부에 많은 사람을 수용했다. 판테온은 군중이 모일 수 있었다는 점에서 이교도 신전 중에서도 독특한 건물이었고, 베누스게네트릭스신전 같은 보통의 이교도적 장소에서 군중은 건물 앞에서 건물을 바라보았다. 라테란바실리카에서 모든 권력은 내부에 전시되었다. 건물 밖은 지루하고 장식 없고 흐릿한 벽돌과 콘크리트 덩어리일 뿐이었다.

라테란바실리카의 내부에 감춰졌던 물리적 화려함과 에로틱한 성상이 감각의 영역을 초월하려는 초기 기독교인들의 열망을 위협했다면, 기독교인들은 그와는 다른 종류의 공간, 즉 더 개인적인 종교 경험을 위해 지어진 공간에서 초기의 신앙을 꿋꿋이 유지하고자 했다. 이 공간이 **마르티리움**martyrium이다. 여기 이 특별한 공간에서는 빛이 빚어졌다.

기독교 신학은 그리스도의 십자가형 때문에 죽음을 십분 강조했다. 콘스탄티누스 시대 기독교인들은 순교자의 무덤 가까이에 묻히길 원했다. 그들은 치밀하지만 때로는 수상쩍기도 한 고고학 조사를 통해 순교자들의 무덤과 카타락트cataract라고 하는 갱도를 찾아내서는 마치 이교도 로마인들이 문두스를 통해 대지의 신들에게 대접했던 것처럼 그 안에다 포도주와 향기로운 올리브유를 부었다. 마르티리움은 처음에 순교자의 카타락트 근처에 조성한 기독교인 공동매장지였다. 원래의 형태는 교회의 바실리카에 붙어 있는 넓은 직사각형 창고였다. 로마에서 베드로가 묻혔다고 추정되는 장소에 세워진 성베드로마르티리움도 그렇게 시작되었다. 하지만 시간이 지나며 마르티리움은 중앙에 존경받는 성인이나 존경받을 만한 개인의 무덤을 놓은 원통형이나 팔각면의 공간이 되었다. 제단은 그리스도의 무덤을 상징했다. 돌 제단에 놓인 십자가 다섯 개는 그리스도의 다섯 군데 상처를 의미했다.

산타코스탄차는 350년경 콘스탄티누스의 딸인 콘스탄티나의 무덤으로 만들어진 마르티리움으로, 상태가 달라지긴 했지만 오늘날에도 여전히 건재하다. 산타코스탄차의 형태는 이중의 원통으로, 열두 개의 이중 기둥이 안쪽의 작은 원통을 높이 받치고 있다. 호화로운 돌과 조각상이 가득한 내부가 라테란세례당처럼 화려하지만, 주안점은 승리의 과시가 아니라 장례였다. 이보다 덜 화려한 다른 마르티리움들에서는 돔 아래 바닥에 성수반을 두었고 빛이 성소를 밝혔으며 사람들이 그 주변을 돌면 비교적 어두운 그늘이 생겼다. 장식이 아무리 화려했다 해도 마르티리움은 신앙으로 고통받았던 기독교인의 삶을 개인적으로 반추하도록 지어진 묵상의 건물이었다.

산타코스탄차는 판테온이 마르티리움(산타마리아아드마르티레스)으로 바뀌게 될 것을 예고했다. 판테온에서는 바닥의 중심점인 문두스에 성소가 놓였다. 둥근 벽은 참배자의 시선을 바로 그 중심점으로 모았고, 눈은 고통받는 인간 평면(세상)에서 빛을 향해 위로 움직였다. 판테온이라는 이름 자체가 새로운 의미를 얻었다. 4세기까지도 로마인들은 그들의 도시를 제국의 신들이 모이는 장소라고 생각했다. 기독교인들은 "이 신화와 결탁했다. 로마가 모든 민족의 신을 모아 부적 역할을 하게 했던 것처럼, 로마의 기독교인들은 베드로와 바울로가 동방에서 로마까지 찾아와 그 신성한 육체가 이 도시에 묻히게 되었다고 믿었다."[38] 판테온의 기독교 이름 산타마리아아드마르티레스는 모든 순교자가 마리아와 함께 모인 장소를 뜻한다는 점에서 로마 판테온의 전통을 잇고 있었다.

마르티리움의 빛은 기독교인의 여정에 상징적 의미를 부여했다. 산타코스탄차의 안쪽 높은 원통은 열두 개의 창에서 빛을 받아 중앙은 빛으로 가득차고 통로는 어두웠다. 내면을 바라보고 묵상하는 장소를 결정하는 것이 그림자라고 여겨졌다. 그늘에서 빛을 바라보는 것은 개종의 서사를 상징했다. 이 교회의 빛은 어떤 사람의 얼굴을 비추거나 세세한 풍경이 더 드러나게끔 해주지 않기 때문이다. 바깥 햇빛이 매우 강한 날이면 산타마리아아드마르티레스는 탐조등처럼, 즉 결코 한곳에 머무르지 않고 아무 목적지도 없는 빛줄기처럼 햇빛이 건물 안으로 들어와 빛과 그림자의 드라마를 연출하게 만들었다. 여기서는 누구나 기독교인으로서 보고 믿을 수 있었다.

바실리카와 마르티리움은 기독교 신앙의 두 가지 측면, 즉 왕 그리스도와 순교자이자 약자의 구원자인 그리스도를 대표하게 되었다. 그러나 마르티리움과 바실리카는 기독교 신앙이 기독교인이 살던 장소, 특히 로마라는 도시와 불편하게 공존했다는 사실도 나타낸다. 로마의 기독교화는 제국의 도시가 쇠퇴할 때 일어났다. 이교도들은 이를 인과관계로 해석했다. 야만인 알라리크[서고트족]가 410년 로마를 약탈했을 때, 이교도들은 도시를 약하게 만들었던 원인으로 세상사에 대한 기독교인의 무관심을 지목했다. 성 아우구스티누스는 『신국』 전반에 걸쳐 기독교가 제국을 병들게 했다는 이런 비난을 반박하고자 했다. 아우구스티누스는 기독교인 또한 로마인이고, 신앙의 규칙과 충돌하지 않는 한 도시의 규율을 따른다고, 로마의 기독교인들은 알라리크에 대항해 도시를 지켰다고, 내부의 적은 없었다고 주장했다. 피터 브라운의 말을 빌리면, 아우구스티누스가 파악한 인간의 도시(국가)와 신의 도시(신국)의 차이는 "어느 시대에나 있는 인간의 기본적 동기", 즉 시간의 순례와 장소에 대한 충성 사이의 "변치 않는 근본적 긴장을 보편적으로 설명하는 것"이었지 특별히 그들이 사는 그 도시에 대한 거부가 아니었다.[39]

어느 면에서 아우구스티누스의 반론은 초기 기독교의 교리와 일치했는데, 신의 도시는 장소가 아니었기 때문이다. 아우구스티누스는 두 도시의 차이점을 다음과 같이 구별했다.

> 온 세상에 많고 강한 나라들이 도덕, 언어, 무기, 의복은 모두 다를지언정 두 종류의 사회만 있을 뿐이고, 이를 성서에 적힌 것처럼 우리는 두 개의 도시로 정확히 불러왔다.[40]

라테란세례당으로는 더이상 이런 차이를 설명할 수 없었다. 종교가 권력이 되고 제도가 될 때, 그 최초의 엄숙함은 그 지배와 쉽사리 맞물리지 않았다. 권력은 장소가 필요했다. 그러나 마르티리움은 또다른 기독교인의 믿음, 즉 장소의 구원을 상징했다. 조심스럽게 예술적으로 만든 몇몇 장소에서만은 개종의 의미가 **보일** 수 있었다. 기독교인은 살을 포기했지만 돌의 가치를 복원했다.

— 3 —
니체의 매와 양

살과 돌 모두를 초월하고자 한 초기 기독교인의 욕망을 사유한 현대 작가 중 젊은 시절의 프리드리히 니체만큼 이를 혐오한 사람도 없었다. 그는 이를 계략, 단순한 권력의 전술로 치부했다. 1887년 출간된 『도덕의 계보학』의 한 구절은 기독교의 사기라는 그의 믿음을 가장 잘 보여준다. 이 책은 양과 그 양을 먹는 '맹금'에 관한 우화이다.[41] 니체는 신중히 이 동물들을 선택했다. 양은 물론 기독교의 상징이고, 니체 저작에서 맹금은 특히 로마의 동물, 제국의 새이다. 니체는 로마인들이 먹잇감을 발견한 곳이면 어디서나 사냥하고 지배하며 세상을 품었다고 생각했다.

이 우화에서 니체는 먼저 왜 맹금이 양보다 강한지 설명한다. 맹금의 힘은 그 발톱과 부리보다 훨씬 강력하다. 이 새들은 자신의 힘을 의식하지 않기에 강하다. 이 새들은 양을 죽이겠다고 **결심하지** 않으며, 그저 배고플 때 고기를 쫓을 뿐이다. 이와 비슷하게, 강한 욕구를 가진 사람은 마시고 죽이고 사랑하기를 선택하지 않고 그냥 그렇게 한다. 쇼펜하우어처럼 니체는 자의식과 마음의 굴레를 벗어던진, 스스로에게 무지한 강한 육체를 생각했다. 철학적으로 이는 감각적으로 강한 사람에게 "행동, 작용, {또는} 생성의 배후에는 어떤 '존재'도 없다"는 것을 의미한다.[42] 그런 사람은 자신의 행동을 판단하지 않는다. 또한 타인을 생각하여, 어떤 양(동물이나 사람)이 자신의 욕망으로 인해 고통받을지를 고려하여 자신을 억제하지도 않는다.

176

약자의 유일한 방어책은 "맹금에게 자신이 맹금인 것에 대한 **책임을 지우는**" 것이다.[43] 인간 양―약자―은 회의와 반성으로 강한 육체를 구속하면서, 강한 육체를 둘러싼 사회적 관계망과 도덕적 판단을 직조한다. 니체가 약자를 경멸하는 이유는 그들이 약해서가 아니라 자신이 하는 일에 대해 거짓말을 하기 때문이다. 양은 "나는 두렵다"고 인정하지 않고 "나에겐 영혼이 있다"고 우는소리를 한다. 기독교인들이 나누는 영혼의 이야기란 죄다 자유롭게 먹고 사랑하고 싶다는 것이 얼마나 끔찍한 일인지, 육체의 욕망에 대해 회의를 품고 반성하는 것이 얼마나 좋은 일인지에 대한 것이다. 그래서 니체는 "어쩌면 그 주체(또는 더 통속적으로 말하면 **영혼**)란 것이 이 지상에서 지금까지 최상의 교리였을지도 모른다. 왜냐하면 바로 그 교리 때문에 대다수의 인간, 온갖 종류의 약자와 억압받는 자가 약함 자체를 자유라 해석하는…… 숭고한 자기기만이 가능해졌기 때문이다"라고 결론을 내린다.[44] 약한 자들이 진정 땅을 물려받으려면 기독교인들은 이 필연적인 거짓말을 해야만 했다.

기독교인 양과 이교도 맹금의 우화에서 니체는 공정하거나 역사적으로 엄밀하고자 하지 않았다. 저 우화는 과단성과 비관주의가 뒤섞인 검투사의 의식도, 스스로 거세하는 기독교인의 물리적 용기도 설명하지 않았다. 정신과 육체의 단절이 기독교의 산물도 아니다. 이미 살펴보았듯, 이 간극의 기원은 니체가 자유로운 인간이라고 찬양한 벌거벗은 그리스인에까지 거슬러올라갈 수 있다. 이 우화에는 곳곳에 오류가 있으며 이는 권력에 대한 니체의 오해에서 기인한다. 그는 야수 같은 힘만으로는 충분히 지배할 수 없음을 인식하지 못했다. 만약 야수 같은 힘으로 충분하다면, 강자는 그 힘을 정당화하려고 하지도 않을 것이다. 왜냐하면 정당화란 강자에 의해 말해지는 자기증명의 언어이지 강자를 向해 하는 것이 아니기 때문이다. 더욱이 니체의 우화는 양처럼 행동하진 않은 약자의 행위를 빼놓는다. 약한 인간은 강한 인간에 저항하기 위해 자신의 육체를 통제하고자 한다.

아테네와 로마라는 이교도 도시 공간에서의 육체의 역사는 '이교도'의 이름으로 쓰인 이 우화를 반박한다. 이상화된 페리클레스의 육체는 제 목소리의 힘에 취약한 것으로 드러났다. 페리클레스의 아테네에서 여자들의 의례는 성적 금욕과 성적 욕망이라는 두 가지 권력을 극적으로 드러내어 지배적 질서에 저항했다. 비트루비우스의 육체에 함축되어 있고 하드리아누스의 로마에서 실현된 시각적 질서는 로마인을 겉모습이라는 감옥에 가두었다. 기독교인은 바로 이 시각적 질서에 저항함으로써 자신의 터전을 떠나고, 시간의 순례를 할 힘을 얻었다. 그것은 자신의 살을 경멸함으로써 끌어낸 힘이었다. 고대 세계에서 양은 인간 매의 분신이었지 그 희생물이 아니었다.

기독교는 '자연적인' 인간을 파괴한 것이 아니라 사람들이 삶의 모순 때문에 찾게 된 위안을 변화시켰다. 인류학자 루이 뒤몽은 종교의 기원에 관해 쓰면서, 종교가 세상의 안이나 밖에서 성취감을 느끼는 개인을 만들 수 있다고 썼다.[45] 하드리아누스의 판테온은 그 첫번째 성취를, 산타마리아아드마르티레스의 교회는 그 두번째 성취를 약속했다. 유일신교가 서양 문명을 지배하기 시작했을 때 그 유일신교는 과거 이교도나 다신교 사회의 육체 관념과 단절했지만 적어도 로마에서는 범신론의 공간과 완전히 단절하지는 않았다. 양도 또한 매에 대한 욕구에서 헤어날 수 없었다. 영혼은 지상의 장소에 대한 욕구를 끊어 자유로워질 수 없었던 것이다.

제4장. 육체 속의 시간

제2부

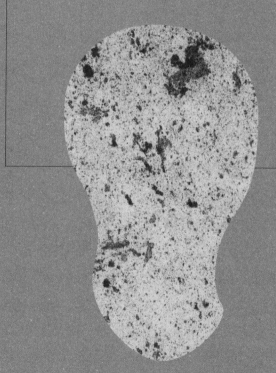

심장의 운동

제5장

공동체

제앙 드 셸의 파리

— 1 —
"도시의 공기는 사람을 자유롭게 한다"

서기 500년에서 1000년까지 대략 500년간 로마의 대도시들은 쇠퇴
했다. 유럽 대부분은 원시 농업경제로 돌아갔다. 보통 사람의 삶은 금
방이라도 굶어죽을 것 같았고 땅에서 일하는 사람들로서는 전혀 막
아낼 수 없었던 호전적인 유목민의 잔인한 공격에 시달렸다. 시골 여
기저기에 있는 고립되고 담을 친 수도원과 사원만이 도망칠 수 있었
던 소수의 난민에게 피난처를 제공했다. 공포와 빈곤에 휩싸였던 유럽
은 900년대 말에 이르러 활기를 되찾기 시작했다. 인구 대다수가 살
던 농촌은 성채와 봉건제가 구축되어 전보다 안전해졌고, 이곳에서
지역 영주는 영원히 종이 되는 대가로 신민에게 어느 정도의 군사적

보호책을 제공했다. 중세에는 도시도 발달하기 시작했다. 인구는 전체의 일부에 지나지 않았지만 이 성벽 안 도시들은 교역을 통해 식량과 옷, 사치재를 비축했다.

1250년의 중세 파리에는 도시 부활을 알리는 두 개의 이정표가 나타났다. 이해에 제앙 드 셸은 노트르담대성당 건축의 마무리 단계에 들어갔다. 센강의 지류들이 휘돌아나가는 섬의 동쪽 끝 도시 중심에 아름답게 위치한, 정교하게 돌로 조각한 높은 산과 같은 노트르담대성당은 서양 문명의 새로운 중심에서 기독교의 힘을 증명했다. 그러나 파리 사람들은 수백 년 전 로마인들이 콘스탄티누스의 라테란바실리카의 완공을 축하했던 방식으로 노트르담대성당 건립을 기념하지는 않았다. 프랑스 국왕과 파리 주교가 국가와 교회를 대표하여 완공의 영광을 누리긴 했지만, 파리 사람들은 이 사건을 건축업계의 승리로도 축하하면서 현장 작업을 담당했던 조각가, 유리 세공업자, 직조공, 목수, 그리고 사업에 자금을 댄 은행가를 칭송했다. 제3의 세력, 즉 경제가 문명의 무대에 등장한 것이다.

또 1250년 파리에서는 중세 최고의 삽화 성경이 이후 성聖 루도비코[루이9세]로 알려지게 된 당시 국왕의 후원으로 제작되었다. 이 책의 채색과 정교한 글씨체는 라테란바실리카만큼 심미적이었다. 여기서도 제3의 세력이 축전에 등장했다. 파리는 주로 교역 발전 덕분에 전 유럽에서 학생을 끌어들였다. 역사가 조르주 뒤비는 "학문 활동이 {지방} 수도원에서 성당으로 이동했기 때문에, 예술 창작의 중심지가 도시의 심장부로 이동했다"고 쓴다.[1] 성 루이 성경의 전문적인 편집과 제작은 번창하는 큰 대학이 있었기에 가능했다. 하나의 완벽한 예술

성 루이 성경, 1250년경.

작품인 성 루이 성경은 센강변의 생선·곡물 시장에서부터 시작된 일
련의 사건이 빚어낸 최종 결과였다.

　고대 사회에서 문명의 경제적 토대가 되는 일은 제대로 인정받지
못했다. 상업과 육체노동 모두 짐승이나 하는 비참한 일로 취급당했
다. 중세 도시는 이 짐승들을 인간으로 만들었다. 사회학자 막스 베버
의 말을 빌리면, "중세 시민은 경제적 인간이 되어갔던" 반면 "고대 시
민은 정치적 인간이었다."[2] 경제의 힘은 도시 안에 사는 소수의 사람
들에게 물질적 풍요만이 아니라 두 가지의 뚜렷한 자유를 약속했다.
오늘날 한자동맹이라는 중세 교역망에 속했던 도시를 방문하면 성문
위로 "Stadt Luft macht frei(도시의 공기는 사람을 자유롭게 한다)"라는
문구를 볼 수 있다. 한자동맹의 도시들과 마찬가지로 파리에서도 경
제는 봉건적 노동 계약 형태의 세습된 종속으로부터 사람들을 자유

롭게 하리라고 약속했다. 또한 도시는 사람들에게 새로운 사유재산권을 약속했다. 13세기 중반에 장 드 파리는 개인이 "더 높은 권위의 간섭을 거부해도 처벌받지 않는 소유권을 가졌고, 이는 {개인} 자신의 노력으로 얻은 것이기 때문이다"라고 단언했다.[3]

중세에는 경제와 국가와 종교가 행복한 삼위일체를 이루지는 못했다. 노트르담대성당과 성 루이 성경도 세 거대한 힘 사이의 긴장을 가리지 못했다. 국왕이 가진 권력은 대부분 그 자신의 봉신인 군소 영주들에게 받아내는 봉건적 의무에 기초했다. 교회는 개인이 사상과 권리를 가지는 것을 흔히 이단으로 취급했다. 경제적 권력을 가진 자들, 특히 도시 상인과 은행가는 빈번히 그들 파트너의 신경을 건드렸다.

1250년은 역사가 R. W. 서던이 '과학적 인본주의'라고 부르는 시대의 정점이었다. 중세의 사상가들은 인간의 지식을 인간 사회의 문제에 체계적으로 적용하고자 100년 넘게 노력하고 있었다. 토마스 아퀴나스는 세계를 하나의 논리적 체계로 정리할 수 있다고 보았다. '육체정치'라는 형상화는 그러한 일관성을 표현하면서 생물학과 정치학을 통합했다. 그러나 경제학은 당시의 과학적 인본주의에 쉽게 동화되지 않았다.

솔즈베리의 존이 『폴리크라티쿠스Policraticus』에서 상상한 육체 정치학에서 상인은 사회의 위胃에 해당했다. 위는 우리 몸에서 그렇듯 육체 정치학에서도 탐욕스러운 기관이다. 그는 "만약 {사유재산을 소유한 이 사람들이} 넘치는 탐욕으로 배를 채운 것이라면, 또 그들이 그것을 너무도 완강하게 붙든다면 {그들은} 수많은 불치병을 앓을 것이고 그 병으로 온몸이 망가질 것이다"라고 말했다.[4] 그러나 이러한 모욕은 단순한 탐욕에서만 비롯되지 않았다. 그들이 권리를 획득했다는 사실은 왕과 주교를 육체 정치의 머리로 삼는 위계 개념 자체를 위협했다. 역사가 발터 울만의 말을 빌리면, 솔즈베리의 존은 "사회 내 개인의 지위"가 개인의 역량이 아니라 "그 사람의 관직 또는 공적 기능에 따라 결정되기를" 원했기 때문이었다. 솔즈베리의 존이 보기에 사람은 공식 지위가 높을수록 "더 많은 것을 보고, 더 중요한 비중을 차지하고, 더 많은 개인적 권리를" 가졌다.[5]

탐욕스러운 장사꾼은 솔즈베리의 존이 언급하기 이전부터, 아주 옛날부터 존재했다. 그러나 『폴리크라티쿠스』에는 보다 특수한 문제가 도드라진다. 중세의 저자 가운데 지리에 가장 집착했던 저자는 그 '사회의 위'를 설명하는 데 어려움을 겪었다. 물론 상인은 장터와 시장에서 거래하지만, 매달 어떤 특정한 시장에 가봐야 사고파는 사람도 같지 않고 물건도 다를 것이다. 센강 부두에 가보면 매년 상인과 물건이 사라지고 나타나는 것을 볼 것이다. 육체 정치학의 위는 끊임없이 식단을 바꾸는 듯했다. 계량경제학에 서툴렀던 솔즈베리의 존은 경제적 자유가 지속 가능한 반복적 패턴을 훼손하는 이유를 설명하고자 했으나 방법을 찾지 못했다.

막스 베버는 중세 도시에 대해 "중세의 도시 공동체가 정치적 자율을 누린 것은" 시장 때문이었고, 도시는 교역을 바탕으로 자치에 필요한 경제적 권력을 획득할 수 있었다고 주장했다.[6] 반면 솔즈베리의 존은 '커먼웰스commonwealth'[원래 '공통선共通善'이나 '공공의 복지'를 의미하는 말이나 16세기 이후 '국가' 또는 '영국연방'을 가리키는 말]는 재산wealth을 가진 자들 손에 맡겨서는 안전한 통치가 이루어질 수 없다고 생각했다. 베버 다음 세대인 프랑스 도시역사가 앙리 피렌에게는 솔즈베리의 존의 말이 더 타당했다. 피렌은 도시 간 교역이 어떻게 각 도시를 다시 활기차게 만들었는가를 공들여 설명했다. 중세 도시들은 자율적이기보다는 상호의존적이었고, 중세 상인들은 융통성 있게 처신해야 했다.

> 상업의 영향으로 옛 로마의 키비타스civitas들은 활기를 되찾았고, 다시 말해 인구가 충원되었다. 상인들의 집락들이 부르구스burgus 밑에 형성되거나, 혹은 해안가, 강가, 강의 합류점 등 교류의 천연적 중심지에 형성되었다. 그런 곳에는 시장이 있었다. 이러한 시장은 각각의 시장의 중요성에 비례해서 인접한 농촌지역에 구심력을 발휘하였고, 경우에 따라서는 멀리 떨어져 있는 지역까지 영향을 끼쳤다.[7]

한자동맹은 이런 식으로 북유럽 전역에 상품을 유통하는 교역망을 형성했다. 이 동맹은 1161년에 해상 교역을 바탕으로 시작되었다. 이탈리아의 제노바와 베네치아, 런던, 저지대 국가의 항구에서 출발한 상품이 북독일의 항구에 도착했고 거기서 다시 내륙으로 퍼졌다. 파리는 12세기에 이미 독자적 교역망을 보유했으며, 이 길은 센강을 따라 동서로, 플랑드르부터 마르세유까지 남북으로 뻗어 있었다. 현대 역사가는 중세 신학자보다 견해가 더 온건했다. 피렌에 따르면, 중세 도시 거주자들은 자기 도시에 강한 애착을 갖고 있었지만 이는 종종 경제적 이익과 충돌했다. 사람들은 경제적 이익을 좇아 더 자유롭게 움직였고 더 넓은 지리에 관심을 가졌다. 이익은 가능성의 지평에, 우연의 땅에 있었기에 사람들은 그쪽을 향해 최대한 자주 여행했으며 갔다가 돌아오지 못하는 경우도 많았다. 위험과 기회는 경제학을 과학적 인본주의라는 단단하고 논리적인 영역 밖으로 내보냈다.

기독교는 그 신학 차원에서는 세계적이었음에도 매우 지역적인 애착을 유발했다. 신자들이 파리에 가진 유대감은 로마의 초기 기독교인들이 로마와 화해했을 때 시작된 대전환을 완성하는 것이었다. 중세에 기독교의 후원 아래 마을과 도시가 부활하면서 기독교인은 자기가 사는 장소를 평생 열정적으로 아낀다는 사실을 성당과 대성당의 돌로써 표현하게 되었다. 작은 마을에도 높고 거대한 성당이 지어져 그 장소에 대한 헌신을 표현했듯, 공동체에 대한 기독교인의 욕구도 그런 헌신의 표현이었다. 공동체에 대한 욕구는 그리스도의 육체를 새롭게 이해하면서 나타났다. '그리스도의 이질적인 육체'는 중세 전성기에 보통 사람도 그 고통을 이해할 수 있고 동일시할 수 있는 육체로 변조되었다. 인간과 신성한 고통의 통합은 '그리스도의 모방'에 기초한 중세 특유의 운동으로도 나타났다. 이 운동들은 타인의 고통을 제 것처럼 생각함으로써 이웃에게 연민을 느끼는 기독교 경험을 쇄신했다. 중세의 의사들은 외과수술 과정에서 몸속의 많은 기관 중 하나가 잘려지고 제거될 때 다른 기관들이 나타내는 반응, 이른바 '졸도'라는 반응을 관찰함으로써 연민을 의학적으로 설명할 수 있게 되었다고 생각했다. 어떤 면에서 육체에 대한 이 새로운 이해는 당시의 더 확장된 과학에 부합했다. 졸도 같은 현상은 인간의 몸이 하나로 연결되어 있고 서로 반응하는 기관들의 체계임을 구체적으로 보여주는 듯했기 때문이다. 그러나 '그리스도의 모방'은 지적 운동을 훨씬 넘어서는 운동이었다.

평범한 남녀가 그리스도의 육체적 고통을 더 잘 이해할 수 있게 되자 대중의 종교적 열정이 구체적인 형태로 터져나왔다. 조르주 뒤비가 제앙 드 셸 시대에 이르기까지 "유럽은 기독교 세계의 외형만을 전시했다. 기독교 신앙을 **진정으로** 경험한 사람은 소수의 엘리트뿐이었다. ……그제서야 민중의 종교로써 가져야 할 모든 면모를 갖추게 되었다"라고 과도하게 주장할 정도이다.[8] 그러나 '그리스도의 모방'이라는 형태의 거대한 종교부흥은 교회 안에서 남녀 관계를 바꾸었고, 고해 경험과 자선의 실천에서도 변화를 가져왔다. 이러한 변화는 수녀원과 수도원, 병원과 구빈원, 교구성당과 대성당을 변형시켰다. 이러한 변화는 도시의 기독교인들에게 특별한 의미를 가졌다.

일반적으로 '공동체community'라는 말은 사람들이 자신이 잘 아는 사람이나 가장 가까운 이웃을 돌보는 장소를 나타낸다. '암흑시대' 중에서도 가장 암울한 시기에 처음 형성된 종교 공동체도 바로 그러한 성격의 장소였다. 하지만 강렬한 종교적 충동과 도시 발전이 결합하면서 중세 파리에서 '공동체'는 약간 다른 의미를 갖게 되었다. 도시의 구빈원과 병원과 수도원은 여행자, 집 없는 자, 유기된 아기, 이름 모를 환자, 광인을 받아들이며 농촌에서보다 이방인에게 더 자유롭게 문을 열었다. 종교 공동체는 도시 전체를 포괄하지는 않았지만 도덕적 준거의 장소로 기능했다. 구빈원, 교구성당, 병원, 주교좌성당 정원은 도시 다른 구역에서의 행동을 판단할 규범, 특히 시장과 센강 하적장을 지배했던 공격적인 경제 경쟁에 대항할 규범을 만들었다.

그리하여 파리에 이방인이 넘쳐나고 길거리엔 까닭 없는 난동이 만연하고 경제는 물건만이 아니라 사람까지 이 도시 저 도시로 이동 시켰음에도 도시는 도덕의 지리地理를 형성할 수 있었다. 새로운 종교 적 가치에 영향을 받은 자들에게 성소는 공동체의 장소, 이방인들이 연민을 통해 연결되는 장소였다. 제앙 드 셸의 파리에서 기독교적 공 동체 의식은 지역 교구 사회도 활성화했다. 교구성당, 그리고 노트르 담 주변에 밀집한 대주교성당 공동체는 모두 도시의 성소였다.

중세의 경제적 발전과 종교적 발전은 사람들의 장소 감각을 정반 대의 두 방향으로 밀어붙이면서, 오늘날까지 이어지는 불협화음을 만 들어냈다. 도시의 경제는 사람들에게 다른 장소에선 가질 수 없는 개 인 행동의 자유를 주었고, 도시의 종교는 사람들이 서로 돌보는 장소 를 만들었다. "도시의 공기는 사람을 자유롭게 한다"가 '그리스도의 모 방'과 대립했다. 경제와 종교 간의 이 엄청난 긴장은 현대 도시의 특징 인 이중성의 첫 징후를 낳았다. 다시 말해 개인의 자유라는 이름으로 공동체 유대를 끊어내고 싶어하는 욕망과 사람들이 서로 돌볼 수 있 는 장소를 찾고 싶어하는 욕망이 공존하기 시작했다.

『신학 대전』에서 아퀴나스는 세상에 있는 모든 것을 포함하는 존 재라는 그리스도의 기본 이미지 안에서 이 대립을 해결하고자 했다. 그러나 그 시대 다른 사람들에게 그러한 일치는 사실과 거리가 멀었 으며, 지금까지도 사람들은 경제적 개인주의와 공동체 유대를 결합할 방법을 찾지 못했다.

이 장에서는 중세 파리의 기독교 공동체 형성을 뒷받침한 신념, 그 리고 이 공동체의 작동 방식을 살펴본다. 다음 장에서는 기독교적 장소감을 위반하는 도시의 경제적 공간을 분석할 것이다. 이 갈등이 낳은 한 결과는 르네상스 시대의 가장 큰 국제 교역도시였던 베네치아의 역사에 우울한 에피소드로 등장했다. 기독교 문화는 기독교인의 기본 이미지에 들어맞지 않는 사람들을 억압함으로써 개인의 돈과 공동체의 도덕을 화해시키고자 했다. 베네치아 문화는 유대인을 게토에 감금하는 식의 억압의 도구를 동원하여 내적 갈등을 달래려 했다.

— 2 —
연민하는 육체
살의 복원

노트르담대성당의 정문에는 인물들이 보통의 인간 크기보다 조금 크게 조각되어 있다. 성당의 거대한 크기 때문에 작아 보이긴 하지만 이 크기는 신앙에서 나온 것이다. 현대 예술사가들에 따르면, 11세기 초 성당 건설자들은 "인간 가치와 세상에 담긴 가치 사이의 관계"를 보여주기 위해서 인간의 척도로 형상을 조각하고자 했다.[9] 조각된 형상은 자신을 이 성당의 일부로 보라고 보는 이에게 직접적으로 호소했다. 이렇게 성당의 일부가 되게 하는 행위는 그에 앞선 시기에 일반 기독교인에게 쉬운 말로 직접 말을 건넨 아시시의 프란체스코의 설교를 통해 시작되었다. 제앙 드 셸이 노트르담을 완성한 시대에 이르면, 기독교인이 자신의 육체적 고통을 예수의 고통과 연결시키기 시작하면서 그러한 살과 돌의 통합이 점점 더 강해지고 있었다.

장 바르텔레미는 『사랑의 고통에 관한 책』에서 그리스도가 "말하자면 볶아졌고 우리를 구하기 위해 서서히 구워졌다"라고 썼다.[10] 이 세속적이고 편안한 이미지는 십자가형을 일상적으로 이해할 수 있는 경험으로 바꾸었다. 사람들은 그리스도 왕이 아니라, "고통받는 그리스도, 수난의 그리스도를 받아들였다. 십자가형은 점점 더 많이 묘사되고 점점 더 사실성이 강해졌다."[11] 그리스도의 육체적 고통에 열정적으로 동일시하는 이 움직임은 인간 육체의 고통이 그리스도의 슬픔을 모방하는 것처럼 보인다는 바로 그 이유로 '그리스도의 모방'으로 불렸다. 이는 가벼운 비유가 아니었다. 모방의 이미지는 그리스도의 육체가 우리의 몸과는 다르다는 오리게네스의 주장에 정면으로 배치되었다. 아시시의 성 프란체스코는 교구민에게 매일의 경험과 그들 자신의 감각과 주변 세상에 대해 생각한다면 신이 무엇인지 깨닫게 되리라고 설교했다. 신학적으로 성 프란체스코는 기독교에 '자연'을 복원했다. 신은 이 세상에 있고, 신은 '빛'일 뿐만 아니라 '살'이다.

사람은 타인의 고통을 돌봄으로써 십자가에 못박힌 예수에 대한 우리의 종교적 감정을 모방한다. 성 프란체스코는 초기 기독교의 특징이었던 가난한 자와 버려진 자와의 동일시를 재확인했다. 그는 사회학적으로 폭탄을 터뜨렸다. 그는 우리 몸에 사회의 규칙과 권리와 특권을 판단할 윤리적 잣대가 들어 있다고 가르쳤다. 그런 것들이 고통을 줄수록 우리 육체는 부당함을 안다. 그리스도의 모방은 종교에서 살을 복원했고 그로써 살을 사회적 위계의 판관으로 만들었다. 또한 이 종교적 관점은 서로 돌보는 사람들 사이의 유대와 타인을 향한 사랑이 전혀 존재하지 않을 수도 있는 상업 거래 등의 사회 구조를 대비시켰다.

물론 중세는 콜로세움에서 기독교인을 학살했던 로마인들이 차라리 더 명예롭게 보일 만큼 거리낌 없이 고문 등 육체적 잔혹 행위를 자행한 시대였다. 그러나 이 새로운 연민의 에토스는 고문받고 있는 타인의 고통을 존중한다는 기초적인 생각을 끌어냈다. 예컨대 파리에서는 악마에게 시달리는 사람을 공개적으로 고문하는 일이 1250년부터는 전처럼 흔하게 일어나지 않았다. 고문 집행인은 자신이 내부의 악마에게 고통을 주는 것이지 악마가 몸에 들어간 그 사람에게 고통을 주는 것이 아님을 교회로부터 보장받기를 원했다.

'그리스도의 모방'은 그 본성상 엘리트의 특권과 대립하는 대중의 삶을 긍정했다. 그러나 이 운동이 중세 학문의 특정 구성원으로부터 지지를 얻고 목소리까지 얻게 된 것은 그것이 교육받은 사람들이 저 자신의 육체에 대해 생각했던 바와 일맥상통했기 때문이었다.

갈레노스의 『의술』

의학사가 번 벌로는 "고대 세계의 의학적, 과학적 가설은 별 저항 없이 중세인의 사고로 편입되었다"고 말한다.[12] 실제로 체열, 정액, 생리혈, 육체 구조에 관한 옛 생각들은 통설의 권위를 가지고 중세 세계에 들어왔다. 하지만 1000년 전의 생각들은 그것을 받아들이는 기독교 사회의 필요에 따라, 흔히 부지불식간에 수정되었다.

고대 의학이 중세에 계승된 주요한 경로 중 하나는 로마의 내과의사였던 갈레노스의 『의술』이었다. 이 책은 1200년 이전에 살레르노에서 다시 간행되었고, 이후 크레모나에서 재번역되었으며, 1280년이면 파리를 비롯한 유럽의 여러 학문 중심지에서 교재로 쓰였다. 갈레노스는 아마도 서기 130년, 하드리아누스 시대에 태어났고 200년경에 죽었다. 그의 의학 교육은 아리스토텔레스와 히포크라테스의 방법을 토대로 삼았다. 그의 의학 서적이 기독교인의 주목을 끈 이유는 그가 신자는 아니었어도 기독교인에게 호의를 보였기 때문이고, 또 중세 전성기에는 그가 치료한 환자들에게 결코 돈을 받지 않았다는 명성이 확산되었기 때문이다.

갈레노스는 원래 그리스어로 글을 썼다. 중세 사람들이 읽은 『의술』은 아랍어에서 라틴어로 번역된 판본으로, 이는 초기 이슬람 세계가 많은 고전 문헌을 보존했고 이슬람 의학이 유럽에서 전수받은 지식을 발전시켰기 때문이었다. 이슬람의 위대한 의사 알리 이븐 리드완이 『의술』에 주석을 달았고 유럽에서 이 책을 번역한 사람들 역시 각자 주석을 달았다. 그래서 이 책은 한 사람의 작품이라기보다는 그 시대에 통용되던 생각들의 목록으로 읽힌다.

갈레노스는 의학을 "건강과 병과 그 중간"의 지식으로 정의한다. 여기서는 체열과 체액의 흐름이 뇌와 심장과 간과 고환(앞서 고대인들이 여성의 생식기를 뒤집힌 고환으로 여겼음을 떠올려보자)으로 구성된 몸의 주요 기관에서 어떻게 상호작용하는지를 이해하는 것이 중요하다.[13] 갈레노스가 생각하기에 체열은 차등 체계에 따라 점진적으로 높아졌다. 그런데 '체액'에는 네 가지 유형, 즉 피, 점액, 노란 담즙, 검은 담즙이 있었다. 이 체열과 체액의 조합이 네 개의 상이한 심리적 상태를 만들게 된다. 히포크라테스를 따라 갈레노스는 그것들을 네 가지 '기질'이라 불렀다. 쾌활, 냉담, 성마름, 우울이다. 현대 심리학자와 달리 갈레노스는 사람의 기질은 특정 순간에 그 사람의 몸이 얼마나 뜨거운지, 차가운지, 건조한지, 촉촉한지, 어떤 즙이 뜨겁고 충만하게 흐르는지, 어떤 것이 약하고 차갑게 흐르는지에 달려 있다고 주장했다.

갈레노스가 보기에 공격성이나 연민 같은 윤리적 행위는 몸의 열과 체액이 만드는 기질에서 나왔다. 예컨대 심장이 따뜻하고 건조한 사람은 기질이 다음과 같이 성마르다고 했다.

맥박이 강하고 크고 급하고 빠르다. 그리고 숨이 깊고 급하고 빠르다. ……누구보다 이들은 가슴에 털이 많다. ……행동할 준비가 되어 있는 그들은 용감하고 날쌔고 거칠고 야만적이고 무모하고 무례하다. 그들은 포악한 성격을 가진다. 성미가 급하고 달래기도 힘들기 때문이다.[14]

우리는 털 난 가슴과 포악한 성품을 연결하기를 망설일지 모르겠지만, 이런 총체화가 갈레노스 이론의 핵심이었고 과학적 인본주의가 지배한 중세의 독자들이 갈레노스에게 끌렸던 이유 중 하나이다. 그의 이론은 육체를 영혼에 묶었다.

갈레노스 이론을 보존하고 해석한 이슬람 의사 알리 이븐 리드완은 네 가지 기질에 따라 사회적 유형을 네 가지로 나누었다. 앞에서 본 성마른 기질은 군인의 특성이고, 쾌활한 기질은 정치가를 대표하고, 냉담한 기질은 과학자의 전형이고, 우울한 기질은 종교적 감정이 충만한 사람에게 흔히 나타난다.[15] 상인은 이 유형에 없고 나아가 서양의 『의술』 해석 전체에 나타나지 않는데, 이는 중요한 결여이다. 경제적 성공에 필요한 공격적 행동은 군인의 영웅적 위업에 포함되지 않았고 정치인의 침착한 추진력에도 들어가지 않았다. 다른 사람을 위해 슬퍼하는 사람은 우울한 상태이고, 연민은 특히 심장에 뜨겁게 흐르는 검은 담즙을 만들었다. 바로 이것이 그리스도의 모방을 경험하는 육체의 생리학이었다.

갈레노스에게 건강은 기질을 잘 조절한 몸, 즉 열과 체액이 네 개의 주요 기관에서 균형을 이루는 몸으로 나타났다. 그렇다면 종교적 연민은 나쁜 건강 상태, 나아가 육체의 질병이었을까? 우리는 그렇게 생각할 수도 있지만, 중세의 독자들은 이 질문에 다른 식으로 접근했다. 그들은 사람 몸이 외과의사의 칼 밑에 놓일 때 연민하는 우울감의 수술이 진행되는 것을 보았다.

앙리 드 몽드빌의 졸도 발견

14세기 파리에서 일하던 외과의사 앙리 드 몽드빌은 자신이 외과 실험을 통해 인체 안에 있는 연민의 작동 방식, 즉 위기에 처했을 때 몸이 열과 체액을 배분하는 방식을 발견했다고 생각했다. 그는 1314년부터 의학서를 출간했다.[16] 그 안에는 갈레노스의 흔적이 남아 있으나, 드 몽드빌은 육체 구조를 독자적인 방식으로 구조화했다.[17] 드 몽드빌은 육체를 크게 두 부분, 즉 머리와 심장의 고귀한 부분과 위장의 생산적인 부분으로 나누었다. 각 부분은 각각의 생리학적 '화덕'을 가지고 있다. 질병은 이 두 부분이 다른 온도를 띠면서 체액의 균형을 깨뜨릴 때 발생한다.

드 몽드빌은 수술하는 동안이나 수술 후에 몸의 한 기관이 다른 기관의 약함을 보충하는 경향이 있다고 보았다. 그는 수술의 결과로

"다른 인체 부위가 {다친 부위의} 고통을 연민하고, 이를 구하기 위해 모든 원기와 따뜻함을 보낸다"고 썼다. 또다른 의사인 바르텔레미 랑글레 또한 따뜻한 피가 상처난 기관 쪽으로 흐른다는 관점으로 연민의 메커니즘을 설명했다. "{몸의 팔다리} 사이에는 거대한 사랑이 있어 서로가 연민을 느낀다. 즉 덜 아픈 팔다리가 더 아픈 쪽을 불쌍히 여긴다. 따라서 어느 한쪽이 상처를 입으면 다른 {팔다리}의 피가 즉각 구하러 온다."[18] 드 몽드빌은 이 연민의 반응을 '졸도Syncope'라고 불렀다.(근대 의학에서와는 전혀 다른 의미이다.)

나아가 드 몽드빌은 (오늘날 빵 자르는 칼만큼 무딘 칼로 마취도 없이 수술하던 당시에) 외과 수술을 지켜보는 사람들이 졸도하는 현상을 통해 고통에 대한 반응이 육체 내부뿐만 아니라 육체와 육체 사이에서도 나타남을 알 수 있다고 썼다.

> 졸도는 끔찍한 외과 수술을 목격하는 건강한 사람들에게 다음과 같은 방식으로 발생한다. 그들이 느끼는 두려움이 그들의 심장을 고통스럽게 한다. 영혼들의 전체 '총회'라는 일종의 모임이 있고, 그래서 영혼들이 함께 모이고 자극받으며 심장의 생명력이 도움을 받는다.[19]

드 몽드빌은 수술을 보려고 모인 사람들을 서술하며 '총회chapter'라는 단어를 조심스럽게 사용하고 강조를 해두었는데, 총회는 종교의 몸체religious body[종교 기구]였고, 길드의 구성원을 일컫기도 했다. 이와 같이 드 몽드빌은 사람들이 외과 수술 중에 다른 이의 고통에 대해 보이는 물리적 반응으로 공동체의 기원을 설명할 수 있었다. 13세기 『메나지에 드 파리』의 저자도 그와 비슷하게 사람은 "당신 이웃의 구성원 member(프랑스어에서는 육체의 '부분'이라는 뜻도 된다)에게도 똑같은 우정을 느끼며, 이는 우리가 모두 신의 구성원, 신의 육체이기 때문이다"라고 썼다.[20] 외과 수술은 그리스도의 수난과 십자가형의 물리적 현실을 드러내면서 고통을 통한 도덕적 각성이라는 가르침을 주었다.

"중세의 독실함은 영혼을 육체에 밀착시켜 영혼의 성향을 강화하려 했지만" 졸도의 발견은 사회적 관계, 즉 우울의 사회적 장면도 보여주었다.[21] 『폴리크라티쿠스』에서 솔즈베리의 존은 "군주는 그 자비로운 손으로 자신의 신민들을 구할 수 없을 때에는…… 도덕적 잔인함을 통해 선의 안전성이 보장될 때까지 악을 공격한다"고 주장했다.[22] 사람들이 위계 속 자기 자리에 저항할 때 지배자는 무엇을 해야 할지 알고 있다. 외과의사가 병든 기관을 잘라내는 것과 똑같이 쫓아내거나 잔인하게 죽이는 것이다. 『폴리크라티쿠스』에서 기독교의 연민은 거의 아무 역할을 하지 못했다. 드 몽드빌은 솔즈베리의 존의 충고를 따르는 것이 지나치다고 생각했다. 수술에서 기관들은 육체의 아픈 부위를 도우러 와서 회복을 돕는다. 그러므로 사회에서 위기는 긍정적인 면을 가진다. 사람들이 더없이 활기차게 서로 반응하는 것은 바로 사회가 위기에 처했을 때이다.

솔즈베리의 존과 앙리 드 몽드빌 사이의 100년이란 시간이 그들의 시각차를 만들었을지도 모른다. 솔즈베리의 존은 이제 막 안전해진 유럽에 살았고, 그의 조부모들은 작은 마을이 쉽게 약탈당하고 내부적으로 혼란에 빠졌던 시절을 알고 있었다. 그는 성벽이 있는 도시가 물리적 안정을 보장한다고 여겼다. 성벽 안에서는 육체의 위계적 이미지 안에 성문화된 의학 지식이 사회질서라는 원칙을 드러냈다. 드 몽드빌은 좀더 안전한 시대를 살았고, 예컨대 성벽의 의미도 다르게 상상했다. 졸도 중에는 기관들이 체액과 체열을 다른 부위로 보내고 자 하며 육체의 조직 벽을 가로지른다. 사회적 위기 중에는 사람들 사이의 벽에 틈이 생겨 평상시에 볼 수 없는 관대한 행동을 끌어낸다.

솔즈베리의 존처럼 앙리 드 몽드빌도 육체 구조와 도시 구조 사이에 직접적인 유사성이 있다고 생각했지만, 드 몽드빌은 육체 이미지에서 다른 도시를, 끊임없이 불균등한 열과 스트레스로 이루어진 도시를 보았다.[23] 예를 들면 드 몽드빌의 동료들은 고향에서 쫓겨난 외국인 망명자들로 이루어진 도시의 모습을 칼에 찔린 상처로 비유했다. 이들은 육체 정치에서 움츠러든 다른 기관들보다 더 인간적인 결과를 상상했다. 자연스러운 충동은 망명자에게 베푸는 자비로도 확장될 것이었다. 그들은 요즘 말로 '이타주의의 생물학적 근거'라 할 수 있는, 위기 때 다른 사람을 도우려는 충동의 의학적 근거가 있다고 보았다.

솔즈베리의 존과 앙리 드 몽드빌 사이에는 육체 정치의 형상화 측면에서 큰 차이가 있었다. 한 사람은 묻는다. "너는 어디에 속하는가?" 또 한 사람은 묻는다. "너는 다른 사람들에게 어떻게 반응하는가?" 솔즈베리의 존은 도시를 함께 살아가는 육체를 분류하는 곳으로 생각했고, 앙리 드 몽드빌은 함께 사는 육체를 서로 연결하는 공간으로 상상했다.

그리스도의 모방과 연합한 의학은 도시의 기독교인이 수행하는 일상

행위 속의 특정한 사회적 장벽, 특히 고대 의학에서 고안되어 중세에 이른 거대한 인간의 경계인 젠더의 경계에 도전하게 된다.

중세의 여자들은 심지어 강력했던 파라클레트수녀원 원장이었던 파리의 엘로이즈 같은 유력인사조차도, 의심의 여지 없이 여자가 남자보다 육체적으로 약하다고 받아들였던 것 같다. 솔즈베리의 존의 육체 정치 개념에서 그 심장은 국가 지도자인 남자들로 채워진 육체 정치의 장소였다. 하지만 역사가 캐롤라인 바이넘이 보여주었듯, 그리스도의 모방에 영감을 받은 사람들은 심장과 그 피, 가슴 아래의 그 위치를 동정녀 마리아의 권력과 연결된 중성적 영역으로, 심지어 여성적 영역으로까지 생각하기 시작했다.[24] 예수 또한 성의 구분을 넘어서는 존재로 여겨져, 중세의 많은 종교 지도자와 사상가가 그를 어머니라고 생각했다.[25] 성 안셀모는 물었다. "그렇지만 선한 주님인 예수, 당신은 어머니이기도 하지 않나요? 당신은 날개로 병아리를 품는 암탉 같은 어머니가 아닌가요? 진실로 주님, 당신은 어머니입니다."[26]

육체 속 마리아의 권능을 찬양하고 마리아 숭배를 발전시키는 것과 더불어 그리스도의 젠더를 모호하게 하는 것은 모두 **양육**을, 즉 어머니의 이미지로 표현되는 연민을 강조하는 것이었다. 베르나르 드 클레르보는 특히 그리스도의 연민하는 모성적 이미지를 강조했다. "베르나르에게 모성 이미지는······ 아이를 낳는 것이 아니고, 심지어 아이를 임신하거나 자궁에서 보호하는 것도 아니고 양육하는 것으로, 특히 젖을 물리는 것으로 {나타난다}."[27] 교육받은 지도자를 갖추고 진지한 영적 목적을 가졌던 파라클레트 등 많은 수녀원의 번창이 보여주듯, 이제 여자들은 육체에 부여된 위엄을 바탕으로 12세기의 종교적 사무에서 더 큰 목소리를 낼 수 있었다.

하지만 양육의 충동이 몸의 우울한 기질과 완벽하게 일치하는 것은 아니었다. 역사가 레이몽 클리반스키가 관찰하기를 우울함은 네 가지 기질 중 가장 내향적인 것이었다. 더 과학적이고 냉담한 기질의 사람은 세상사를 궁리하지만 우울에 사로잡힌 사람은 세상사에 담겼을 법한 영혼의 비밀을 알고 싶어했다.[28] 우울함은 사람들에게 고통을 주는 악마를, 신의 은총이라는 비밀을 명상하게 만들었다. 그래서 우울함의 전통적 공간은 닫힌 곳, 독방, 담으로 둘러싸인 정원이었다.

현대 의학은 우울함melancholy과 임상적 우울증depression을 혼동하곤 한다. 중세의 우울한 행동은 임상적 우울증을 앓는 사람들의 무거운 움직임, 타인에 대한 느려터진 반응, 뼛속 깊은 둔감함과는 거리가 멀었다. 죽음의 중세적 연출에서는 우울한 사람이 연민과 양육을 더 적극적으로 보여줄 수 있는 방식이 등장했다. 배우가 종종 피가 흐를 때까지 채찍질을 당하며 예수 역할을 했던 노트르담대성당 앞의 수난극 공연에서 파리 사람들은 예수의 죽음이 냉엄한 현실주의로 묘사되는 것을 보았다. 이 극도로 물리적인 장면은 파리 사람들로 하여금 인간 동료로서의 예수의 고통에 바짝 다가가게 했다. 새로 지어진 대성당 안에서 부활절의 대중 신심은 "모든 종류의 닫힘…… 모든 칸막이를" 제거하고자 했다. "모든 사람이 어디서나 강론을 듣고 승천하는 그리스도의 육체를 볼 수 있어야만 했다."[29] 이처럼 다른 사람의 고통을 열린 공간에서 목도하는 생생한 경험은 평범한 사람이 죽기 전 마지막 순간에도 똑같이 연출되었다. 우리가 페리클레스의 아테네에서 보았듯, "고대인들은 죽음 앞에서 두려워하고 죽음을 멀리하고자 했다."[30] 중세에는 죽음의 방이 "공적 의식"의 공간이었다. "부모, 친구들, 이웃들이 옆에 있는 것"이 중요했다고 역사가 필리프 아리에스는 쓴다.[31] 임종 장면은 많은 사람이 모여 기도할 뿐 아니라 떠들고 마시고 먹는 모습을 보여준다. 그들은 죽어가는 사람 곁에 계속 있어주었다.

이처럼 위로받는 이는 어떻게 반응해야 했을까? 아리에스에 따르면 죽어가는 사람은 "의례적인 방법으로······ 연극적으로 행동하거나 감정을 극적으로 드러내는 법 없이" 세상을 떠나야 했다.[32] 시각예술에 나타난 절망의 몸짓을 연구한 모셰 바라쉬는 "중세 말기의 예술가들은 죽은 그리스도를 무릎에 안은 성모 마리아의 슬픔을 다양한 방식으로 표현했지만, 그 슬픔을 전달하는 방식으로 오열하는 몸짓을 쓰는 경우는 거의 없었다"고 말한다.[33] 육체는 이런 몸짓의 절제를 통해 위엄 있는 우울함을 표현했다. 적절한 죽음의 방법은 기껏해야 방에 있는 한 사람 한 사람에게 한 마디씩 하는 것, 또는 눈짓이나 손짓으로 그들을 인정하는 것이었고 그 이상을 해서는 안 되었다. 예술에서나 삶에서나 죽음의 순간은 우울증이 아니라 명상의 순간이어야 했다.

도시에서, 살아 있는 사람 사이에서 연민과 내향성이라는 그리스도의 이중성을 따르는 데는 육체적 행동 이상이 필요했다. 양육하는 공간이라는 이상은 12세기 파리의 철학자 피에르 아벨라르의 저작에 처음 등장했다. "도시는 결혼한 사람들의 '수도원'이다. ······도시들은 자비로 서로 묶여 있다. 모든 도시가 한 형제다."[34] 그러려면 전통적인 우울의 공간인 수녀원과 수도원과 성스러운 정원을 새롭게 생각하고 새롭게 사용해야 했다.

─ 3 ─
기독교 공동체
성당, 수도원, 정원

이 지점에서 우리는 중세의 파리가 교회와 국가 사이에서 어떻게 나뉘었는지 살필 필요가 있다. 국가와 종교는 깊이 뒤얽혀 있었기 때문에 명확한 지리적 구분은 결코 존재하지 않았다. 오토 폰 심슨에 따르면, 왕이 대성당에서 즉위할 때 "대관식은 왕을 크리스투스 도미니 Christus Domini[주 그리스도], 즉 주교 지위를 갖는 사람일 뿐 아니라 그리스도 자신의 이미지로 신성하게 변형시켰다."[35] 주 그리스도인 중세왕은 살아 있는 신이라는 로마 황제의 이미지를 반복하는 것이었다. 또다른 역사가에 따르면, 파리의 주교 또한 "백작, 공작, 왕"과 똑같은 지위를 가졌고 "그 역시 집사나 청지기, 술 따르는 사람, 의전관, 시종이나 회계관, 마필 관리인, 식량창고 주임, 서기관, 사제를 거느렸다."[36] 11세기에는 주교와 왕 사이의 봉건적 유대가 느슨해졌다. 주교는 충성의 서약을 하긴 했지만 더이상, 특권의 시대가 엄청난 격차를 만들었던 것과 같은, 구별짓기의 일종인 존경의 서약은 아니었다.

왕궁, 대성당, 대수도원

파리는 그전 수백 년간 국왕의 도시였으나, 제앙 드 셸의 시대에는 왕좌의 의미가 변해 있었다. 12세기 들어 도시가 급성장하기 이전, 왕과 그의 가신들은 빈번히 왕국의 길에서 시간을 보내고 주요 귀족의 성에 머물렀다. 그러한 '순행'을 통해 왕은 자신의 영토에 본인의 지배권을 각인했다. 왕의 물리적 현존이 왕국이란 실체를 결정했다. 프랑스에서 왕의 도시들이 부활함에 따라 왕의 여행은 다소 줄어들었다. 시테섬에 있는 왕궁은 그의 지위의 상징으로 가득찼고, 또다시 로마 황제 때처럼 왕권은 일단의 지리적 소유뿐 아니라 돌로 지은 건축으로 표현되었다.

필리프 아우구스투스[존엄왕]로도 불렸던 필리프2세(1165~1223)는 노트르담대성당을 중심으로 한 종교 건물 단지에서 매우 가까운, 시테섬 동편의 왕궁에 살았다. 궁정의 대귀족들은 섬의 남쪽, 파리 '좌안'의 대수도원 소유지에 자신들의 대저택palais을 지었다. 훗날 샤를5세는 왕권의 공간을 이 섬 지역에서 끄집어냈다. 그는 필리프2세의 성벽 바로 밖에 루브르의 첫번째 궁을 건설했다. 이 첫번째 루브르는 중심에 거대한 개방형 의식 홀인 내성donjon이 있고, 그 바닥 밑에 무기와 감옥이 있으며, 측면을 따라서는 궁정의 사무실들이 있는, 거대한 정사각형 탑이었다. 샤를5세의 루브르는 궁이라는 군사적 방어물이 실질적 방책이 아니라 건축적 상징이 된 가장 이른 사례에 속한다. 루브르의 내성에 있는 네 개의 거대한 망대는 파리 주민들을 향한 왕권의 선언이었다. 왕궁을 물리적으로 보호한 장치는 왕궁 부지 밖에 있는 새로운 도시 성곽이었다.

필리프 아우구스투스 시대까지 도시 내 귀족의 사유지는 농촌과 비슷했다. 가령 정원에다 포도 같은 과일과 채소를 기르곤 했다. 이제 이 정원들은 경작지가 아니라 장식으로 변하기 시작했다. 또한 필리프 아우구스투스가 고아와 학생, 종교 지도자가 사는 지역 한복판 궁전에서 살았던 반면, 새 루브르궁 자리는 지금의 리볼리 거리 주변으로 저마다 의식 홀과 망대와 정원을 갖춘 조정 주요 귀족들의 대저택들이 가득 들어섰다. 이 도시의 망대에서 귀족들은 적의 군대가 다가오는지를 보는 것이 아니라 그의 이웃이 저녁에 누구를 초대했는지 보기 위해 밖을 바라보았을 것이다. 조정은 그렇게 도시 안의 공동체가 되었지만, 아벨라르가 원했을 법한 공동체는 아니었다. 대귀족의 건물들은 전에 없이 루브르와 가깝고 서로서로 가깝게 바짝 붙으면서 음모의 거대한 벌집을 형성했다.

파리는 도시 내의 종교적 부와 권력과 문화가 궁의 왕권에 필적했던 주교의 도시이기도 했다. 파리의 주교는 도시의 자산을 두고 왕과 경쟁했다. 그는 자신의 노트르담대성당이 있는 생루이섬 전체와 도시 다른 곳의 땅을 소유했다. 모리스 드 쉴리가 1160년 노트르담대성당을 짓기 시작했을 때의 '대성당'은 단지 거대한 성당 건물만이 아니라 수도사가 사는 종교적 부속건물과 병원, 창고, 방대한 정원을 포함했다. 대성당 부지의 전용 하역장에는 수도원 총회와 대성당 사람들의 생필품을 공급하는 배들이 도착했고, 이 배들은 역시 정원과 창고를 갖춘 생제르맹 등의 대수도원에도 갔다. 1200년에도 파리 좌안은 생제르맹 주변으로 넓은 포도밭이 있는, 우안에 비하면 농촌에 더 가까운 곳이었다.

1250년경 제앙 드 셸이 노트르담 건설에 마지막 박차를 가하던 무렵, 이 종교 부지는 상충하는 이해관계를 내포하고 있었다. 역사가 앨런 템코는 매우 조심스럽게 말한다. "주교의 공동체는 좀처럼 합리적으로 나뉘는 곳이 아니었다. ……성당 안이든 성당 밖이든 교회의 영토는 알 수 없는 봉건적 경계를 가졌다."[37] 주교는 성체조배실과 성당 내 몇몇 측랑을 지배했고, 명목적으로는 주교의 신하였던 성직자 총회(의전사제단)가 건물의 나머지 부분을 지배했다. "총회의 관할 구역은 성당 남쪽부터 주교의 문을 지나 주교궁 입구까지 걸쳐 있었고 주교의 관할 구역은 북쪽으로 올라가 몇 개의 길을 지나 수도원 안에서 권위를 지닌 작은 섬들까지 걸쳐 있었다."[38] 노트르담에 있는 이러한 공간에 대한 지배력은 각 집단이 교회의 위계 안에서 가지는 권력을 결정했다. 또한 노트르담을 둘러싼 총회 주택 40채에는 도시 생활의 유혹이 밀려들었다. 왕과 교황과 주교는 많은 총회 사제의 난동과 매춘을 통제하려고 노력했으나 대체로 실패했다. 이 역시 아벨라르가 떠올렸던 상과는 한참 달랐다.

대수도원은 좁은 의미에서 보았을 때 수도원장과 수녀원장이라는 교회 인사들이 통제하는 장소였고, 넓게 본다면 '교회의 집'을 이루는 건물들의 단지를 뜻했다. 대수도원은 수도원이나 수녀원, 병원, 구빈원, 정원에 성당까지 포함할 수 있었다. 오늘날 알려진 가장 오래된 대수도원은 세세한 설계도가 아직도 남아 있는 스위스의 생갈대수도원이다. 카롤링거왕조 시대에는 군주의 거대한 성이 거의 없었고, 그래서 전쟁이나 기근이 발생하면 대수도원은 소속 성직자뿐 아니라 많은 일반 대중을 먹여 살려야 했다. 하지만 이 초기의 종교적 정착지들 또한 자유롭고 관대한 박애의 장소가 아니었다는 점에서 아벨라르가 생각한 이상적인 도시 공동체의 이미지에 부합하지 않았을 것이다. 성문의 문지기는 사람들을 엄격하게 골라 입장시켰고, 구빈원은 교구 내 빈민 중에서도 마트리쿨라^{matricula}라 불리는 공식 빈민 목록에 오를 수 있는 사람들만을 구제했다.

13세기 초, 파리에서는 좌안의 성벽 근처에 도미니코수도회와 프란체스코수도회가 들어섰다. 이 성벽 뒤편 공간은 좌안에서 인구가 가장 적었던 지역이었기에 수도회는 도시의 문제들과 최소한으로만 접촉했다. 성모의종수도회는 중앙시장 근처 우안에 교회의 집을 세웠기에 접촉이 더 많았다. 이 탁발수도회들은 모든 수도회 가운데 가장 도시적인 성격을 띠었고, 비교적 늦게 결성되었음에도 적극적으로 거리의 병자를 돕고 이단을 근절하려고 노력했다. 베네딕토수도회는 거대한 종교적 '집'이자 포도밭이었던 생제르맹데프레대수도원을 운영했다. 성전기사단 등 새로운 수도회는 십자군에 참가하면서 유럽 전역에서 지역 원조가 필요한 곳들에 순례자 부대를 파견했다. 파리의 교역이 부흥하자 이 지역 저 지역을 떠도는 여행자들이 교회의 집에서 잠깐 쉴 곳과 음식을 구했다. 처음에는 노트르담대성당 단지와 생제르맹데프레수도원에서, 다음에는 성모의종수도회 구역에서, 이후엔 탁발수도회의 집들에서.

가장 중요한 종교적 장소는 교구였다. 도시학자 하워드 살만은 "대성당이 부르주아(도시 거주민)의 자부심이었다면, 그들의 출생과 삶과 죽음, 즉 그 정체성은 철저히 교구에 묶여 있었다"고 썼다.[39] 모든 법 문서는 교구의 기록에 의존했고, 시장은 교구성당 주변에 생겼다. 궁핍한 사람들을 돕는 첫번째 원천도 교구였다. 그러나 파리 인구가 증가하면서 교구는 더이상 이 지역의 필요에 대처할 수 없었고, 더 큰 종교 기구의 사제단이 원래 교구성당 책임자가 맡았던 자선 기능 중 많은 부분을 담당하게 되었다. 빈민을 위한 병원과 구빈소가 늘어났다.

상위 교회 기구들이 "주교의 성화로" 도시에 많은 병원을 세웠는데, "주교관이나 사제관 근처에 지어진 이 시설들의 후예가 지금도 옛 대성당들 근처에 남아 있으니 오늘날 파리의 종교 병원이 그 예이다."[40] 1328년경이 되면 파리에는 시테섬 중앙이나 우안에 60여 개의 병원이 몰려 있었고, 그중 가장 큰 것은 노트르담 근처에 있던 오텔디유병원이었다. 기독교의 중심 기관들은 구호품을 나눠주는 집들인 구빈원도 많이 세워 도시 전체에 넓게 퍼뜨렸다.

하지만 이런 활동이 지역에 국한되지 않고 도시 전체로 규모를 키우면서, 교회가 하는 일의 의미는 종교의 부흥 덕택에 냉정한 관료적 업무라기보다는 좀더 개인적인 성격을 띠었다. 이런 일이 어떻게 일어났는지 보기 위해 제앙 드 셀의 파리에서 고해신부, 구호품 관리자, 정원사가 했던 일을 살펴보자.

고해신부, 구호품 관리자, 정원사

중세 초기에 고해는 비교적 건성으로 행해졌다. 고해자가 자신의 행동에 관한 정황을 설명하면 고해신부가 속죄 혹은 행실을 바꾸기 위한 벌을 부과했다. 12세기에는 고해가 두 사람 사이에 벌어지는 훨씬 더 개인적이고 감정적인 대화가 되었는데, 이는 종교 쇄신 운동의 결과였다. 고해의 공간은 물리적으로는 예전과 똑같이 성직자와 교구민이 서로 볼 수 없는, 막으로 나뉜 채 닫힌 상자 형태였다. 이제 이 공간에서 "수사들은 고해와 속죄를 새로운 방식으로 진행했다." 사제들은 추상적인 죄악의 편람에 따라 단순히 명령을 내리던 옛 관습 대신 "질문과 답을 이어가며, 잘못의 상대적 심각성과 그에 따르는 속죄의 적절한 강도를 결정하기 위해, 고해자와의 협상에 기꺼이 임했다."[41] 질문과 속내를 교환하는 고해는 성직자와 교구민을 보다 개인적인 관계로 이끌었다.

성직자는 성직자대로 더이상 형식적 언어로 의무와 복종을 말할 수 없었다. 그는 들은 내용을 이해하기 위해 교구민의 말을 열심히 경청해야만 했다. 고해는 말하는 사람이나 듣는 사람이나 한 번에 이해하기 힘든 이야기, 하나의 서사가 되었다. 성직자는 이야기를 이해하는 순간 교구민의 죄를 향해 연민의 감정을 표현해야 했다. 고해는 중세적 의미로 '우울한' 의식이었다. 고해는 고해자와 고해신부 간에 솔직함을 요구했고, 고해를 듣는 자가 그 혹은 그녀의 죄를 이해하고자 할 때 자기성찰을 요구했다. 교구민은 자신의 죄를 말하는 데 있어 추상적 공식을 따르려 하지 않았을 뿐 아니라 성직자의 도움을 받아 자신의 사건을 해석하고자 했기 때문에, 이 우울한 대화가 교구민에게 힘을 주었다. 그들은 자신을 신앙에 능동적으로 참여할 수 있는 사람으로 여겼다.

그리스도의 모방 운동은 도시의 대성당만이 아니라 시골의 수도원에서도 가톨릭교의 관행을 크게 바꾸었다. 북부 유럽의 도시적 중세라는 개념은 오해의 소지가 있는 것이, 당시 그 지역에서 도시민의 비율은 매우 적었기 때문이다. 오늘날의 프랑스에 해당하는 지역에서 파리 인구는 전체의 1퍼센트였다. 그러나 새로운 방식의 고해라는 실천에는 도시적 차원이 있었다. 고해의 조건은 엄격한 익명성이다. 하지만 작은 마을의 신부는 목소리를 듣고 고해자가 누군지 알고, 고해자가 말하는 상황도 알고, 자신이 아는 추가 정보로 어떤 판단을 하고 제안을 할지 정할 수도 있었다. 도시에서는 고해라는 허구가 사회적 사실이 될 수 있었다. 도시의 고해실에서 어떤 말이 오갔느냐는 작은 마을이나 교구에서보다 더 중요했다. 고해신부는 공식으로 쉽게 다룰 수 없는 이방인의 이야기를 중요하게 여기고 귀를 기울여야만 했다. 제앙 드 셸 시대의 노트르담과 생제르맹데프레의 고해실에서는 더더욱 그러했다. 두 성당은 해당 교구 밖에서 신자가 찾아오는 곳이었기 때문이다. 다른 데서 돌봄을 받지 못하는 빈자와 병자를 보살핀 탁발 수도회로서는 이들 '교구민'에겐 교구가 없었기 때문에 낯선 사람의 말에 진지하게 귀기울이는 일이 더더욱 중요했다. 종교의 부흥은 성직자를 귀기울이게 만들었다. 도시는 모르는 사람과 마주했을 때에도 귀기울이지 않을 수 없게 만들었다.

구호품 관리자의 이야기 또한 고해신부의 이야기와 비슷하다. 기독교는 가난한 자와의 동일시를 강조하긴 했지만, 중세 초기의 자선은 그들에 대한 연민에 기초하지 않았다. 구호품 관리자는 상위 권력에의 복종으로써 자선을 행했다. 그의 자선은 그 개인의 의지와는 무관했다. 12세기 파리의 학자 엉베르 드 로망은 빈민 자선병원을 운영하는 이들에게 행한 설교에서 자선에 관한 이 전통적 관점을 환기시켰다. 자선은 "창조주에 봉사"하는 행동이고, 여기서 기독교인 자신의 감정은 그의 의무를 이행하는 데 개입하지 않는다.[42] 마찬가지로, 빈자와 병자를 돌보는 초기 수도원들에 재산을 기부했던 사람들의 동기는 연민이 아니기도 했다. 그런 증여는 기부자를 명예롭게 했을 뿐 아니라 수도사의 선의를 얻는 방법이었다. "영원의 구원을 보장하는 최선의 방법은 수도사로 하여금 산 자들을 위해 탄원하게 하고 죽은 자를 (묻고 기념하게 하는 것"이었기 때문이다.[43]

종교부흥은 도시에서 행해지던 자선의 정신과 관행 모두를 변화시켰다. 프란체스코수도회와 도미니코수도회는 사람들에게 영적으로 고립되라고 하지 않고 세상사에 참여하라고 촉구했다. 기독교인은 다른 이에게 봉사함으로써 제 영혼을 깨끗하게 했다. 한 역사가가 주장하기를, 중세 파리에서 고통받는 이들을 위한 연민의 정신에서 행해진 자선은 "도시 유력 계층의 특징적 활동뿐 아니라 도시 사회 자체를 윤리적으로 정당화했다"고 주장한다.[44] 확실히 도시에는 궁핍한 사람들이 몰려 있었지만, 더 구체적인 변화는 이런 윤리적 정당화이다. 우안의 중앙시장 근처에 있던 성모의종수도회는 1200년대 중반부터 평신도들을 구호품 관리자로 광범위하게 활용하기 시작했다. 평신도가 과거에는 성직자의 특권이었던 구호품 전달에 빈번하게 참여하게 되었다는 사실은 도시의 시민이 교회의 권력 구조에서 중요한 역할을 담당하게 되었음을 뜻한다.

중세 도시의 구호품 관리자는 인간의 여러 요구를 다루면서 그만큼 많은 문서를 작성해야 하는 오늘날의 복지 공무원과는 아주 다른 방식으로 일했다. 자선 기관이 도시 전체로 확산되고 또 성모의종수도회의 모범을 따르게 되면서, 구호품 관리자는 자주 거리로 나가서 성직자의 보고나 떠도는 소문에 따라 문제를 해결했다. 평신도인 구호품 관리자는 마치 탁발수도사처럼 나환자를 찾아내고, 버려져 죽어가는 사람을 발견하고, 병자를 병원에 데려갔다. 거리의 자선은 교구 경계 밖 사람들의 삶에 적극적으로 개입해야 하는 활동이었다. 또한 그전 시대처럼 지역 교구성당에서 수동적으로 행하는 자선, 교회 입구에서 입장을 허락하거나 거부하는 방식으로 규제했던 자선과는 달랐다. 이처럼 평신도 구호품 관리자가 거리에 나타나고 이어 탁발수 도사가 거리에 나타나자 그다음에는 궁핍한 일반인이 성당으로, 공식 업무 범위를 넘어 자신들에게 응답해주는 것 같은 성당으로 찾아오기 시작했다.

이 자선의 연대는 노트르담 지척의 물리적 형태를 어느 정도 바꾸어놓았다. 제앙 드 셸은 부지 남쪽의 대성당 정원을 1미터 정도의 낮은 담으로 둘러쌌다. 담이 낮고 문도 따로 없었기 때문에 누구나 쉽게 안으로 들어올 수 있었다. 기독교가 사람들에게 전보다 더 적극적으로 반응하자 이 정원은 버려진 아기, 집 없는 사람, 나환자, 죽어가는 사람으로 가득차게 되었다. 이들은 낮에는 수도사들이 나오기를 기다리며 시간을 보냈고 밤에는 바닥에 짚을 깔고 잤다. 하지만 수도 원의 정원은 사람들이 영혼의 상태를 생각하는 공간으로 지어진 곳이기도 했다. 노트르담의 정원들은 열려 있고 고통으로 가득하고 또 묵상하기에 좋은 공간에서 우울의 사례를 전형적으로 보여주었다.

1250년이면 정원 가꾸기를 통해 우울한 명상의 충동을 자극하는 오래된 전통이 이미 확립되어 있었다. 안타깝게도 중세 노트르담의 정원이 구체적으로 어떤 식으로 가꾸어졌는지에 대한 정보는 거의 사라졌지만, 제앙 드 셸의 정원사들이 이 장소를 조성하면서 지켰던 원칙들만은 우리에게도 알려져 있다.

화려한 정원이 딸린 도시적인 프랑스 성은 9세기 후반에 나타나기 시작했다. 파리에서는 10세기에 시테섬 남부에 수도원 외부의 크

도시 정원.(Pierre de Crescens, *Le Livre des prouffitz champestres*, 15세기)

고 화려한 정원의 흔적이 나타났고, 이런 정원은 일반 집들과 붙어 있기도 하고 동떨어져 있기도 했다. 도시의 정원에서는 도시 사람들이 먹을 약초와 과일과 채소를 경작했다. 그러다 1250년대에 이르면 도시에서는 농사를 짓는 것보다 건물을 짓는 것이 더 이익이었고, 그에 따라 파리로 운송된 식품을 사는 편이 더 쌌다. 1160년에 노트르담 주변을 둘러쌌던 재배 정원이 1250년이면 줄어들어 있었다.

이제 파리 사람들은 노트르담의 정원을 도시의 주택과 거리의 높은 인구 압력을 완화하는 공간으로 사용했다. 집 안에서나 거리에서나 사람들로 매우 빽빽했다. 도시 주택의 방들은 거리의 사람들처럼 마음대로 아무 때나 오고 가는 곳, "함께 바싹 붙어 몰려 있고 뒤범벅으로 살며 때로 무리에 둘러싸여 있는 곳이었다. 봉건시대 주거에서 개인의 고독을 위한 방은 없었다."[45] 중세 파리 사람들은 개인에게 보장된 사적인 방이란 개념을 알지 못했다. 노트르담의 정원도 사람들로 붐비기는 마찬가지였으나, 정원을 가꾸는 관행은 사람들이 이곳에서 평온과 고요, 나아가 고독까지 찾을 수 있게 해주었다.

중세에 내적 성찰을 장려하는 장소로서 정원을 설계할 때의 세 가지 요소는 나무 그늘과 미로와 정원 연못이었다. 나무 그늘은 햇빛을 피해 앉을 수 있는 장소였다. 고대 정원사들은 긴 의자 위에 나무 지붕이나 나무 격자 틀만 씌워 그늘을 만들었다. 중세 정원사들은 격자를 덮는 나무, 가장 흔하게는 장미와 인동덩굴을 심어 다른 사람들의 시야에서 벗어나 앉아 있을 공간을 조성하기 시작했다.

중세 정원사들은 고대의 형태인 미로를 차용해 휴식 공간을 만들었다. 그리스인들은 낮은 수풀을 사용해 미로를 만들었다. 그들은 중심이 명확하고 혼란스럽다 해도 원주까지 뻗어가는 여러 갈래를 가진 원 안에 라벤더와 은매화와 산톨리나를 심었다. 산책자는 길을 잃어도 손쉽게 넝쿨을 넘어갈 수 있었다. 반면 중세의 미로에선 "사람보다 높은 울타리 사이로 길이 있어, 헤매거나 잘못 돌면 밖을 볼 수도 길을 바로잡을 수도 없었다."[46] 이런 미로에 쓰인 식물은 파리의 오텔

데투르넬정원에 심어진 회양목 미로처럼 대개 회양목이거나 아니면 회양목에 주목을 섞었다. 단편적인 증거들을 볼 때, 지금은 그 이유를 알 수 없지만, 제앙 드 셀은 노트르담의 수도원 정원에 유대인의 다윗별 모양의 높다란 미로를 설치했다. 중세 초기에 미로는 영혼 자신의 중심에서 신을 찾는 영혼의 분투를 상징했고, 도시에서 미로는 좀더 세속적인 목적을 가졌다. 한번 미로의 패턴을 알아낸 사람들은 다른 사람들이 쉽사리 발견할 수 있다는 두려움 없이 중앙으로 숨을 수 있었다.

정원 연못은 반사하는 표면, 들여다보는 사람의 거울 역할을 했다. 파리의 거리마다 우물을 찾을 수 있었다. 거리로 흐르는 오줌과 똥과 쓰레기로부터 우물을 보호하기 위해 건설자들은 우물의 담을 2~3미터 정도 높였다. 제앙 드 셀 시대에는 장식 분수가 몇몇 거리의 우물을 빛나게 해주었지만 그 수가 많지는 않았다. 수도원 정원은 상대적으로 보호되어 있었기 때문에 건설자들은 우물의 벽을 더 낮출 수 있었다. 더 나아가 수도원의 연못 제작자는 물결이 연못의 표면을 흩트릴 수 있었으므로 그 안에 분수를 놓을지 망설였다. 수도원의 연못은 사람들이 지켜볼 수 있는 액체의 거울, 자신을 명상하는 거울을 의미했다.

정원에 있는 식물 또한 고요함의 감각을 창출하는 데 이용되었다. 교회지기는 성당에서 사람들이 침묵해야 하는 성소를 장미 다발을 놓아 표시했고, 전염병이 돌 때면 향이 안정제 역할을 한다고 여겨진 라일락 묶음을 성모상 아래 두었다. 파리의 거리에서 사람들은 악취를 막기 위해 자주 코를 덮는 작은 약초 묶음을 갖고 다녔고, 수도원에서 이 약초들은 자기성찰과 의약이란 두 가지 가치를 지녔다. 크리스마스에 말린 몰약을 맡으면 그리스도의 탄생뿐 아니라 자기 자신의 기억이 환기된다고 생각했다. 사순절 기간, 교회지기는 말린 수레박하로 향을 만들었고, 그 냄새는 일 년 중 이 시기에 나오는 분노를 진정시킨다고 여겨졌다.

우리는 노트르담 밖 장미 그늘에 앉아 있던 사람이 갑자기 고름으로 뒤덮인 나환자를 발견한 순간 무슨 생각을 했을지 그저 추측할 수밖에 없다. 전통적으로 우울을 상징하는 공간이 이제는 도시에 개방되어 있었으므로 깜짝 놀라지만은 않았을 것이다. 앙리 드 몽드빌의 바람이 실현되었다면 가슴 철렁한 마음에서 이타적 반응을 끌어냈을지도 모르겠다. 우리는 정원사가 이 장소를 조성하는 노동을 어찌 생각했는지는 더 확신할 수 있다. 이는 상업 종사자들에게 필요한 수고에서 벗어나는, 그 자체로 품위 있는 노동이었다.

기독교의 노동

아주 옛날부터 안식처를 찾고자 하는 꿈이 있었다. 로마 시인 베르길리우스는 『전원시』에서 다음과 같이 썼다,

> 그들을 위해, 무기의 다툼에서 멀리, 대지는 그저, 자진해 땅 위의 편안한 삶을 제공한다. ……나무와 들은 스스로의 의지에 따라 작물을 맺고, 그가 이를 취한다. 그의 평화는 확실하고 그의 삶은 나빠질 수 없다.[47]

초기 기독교 금욕주의자들은, 특히 동방에서는 은둔자로 살면서 영혼의 안식처를 찾았다. 후대 서유럽인의 안식처 개념은 그와 달리 '수도사적'이었고, 수도원에서 함께 모여 살라고 명했다. 안식처를 공동의 정해진 장소로 만든 성 베네딕토는 수도사들이 함께 사는 방식도 정했다. "라보라레 에트 오라레laborare et orare(일하고 기도하라)." 여기서 노동은 정원에 주목했다.[48]

기독교의 노동은 언제나 죄 많은 세상으로부터 안식처를 제공하는 기능과 연결되어 있었다. 9세기 말~10세기 프랑스 농촌에 번성하기 시작한 수도원은 두 곳의 안식처를 제공했다. 하나는 성당 옆의 작은 예배당chapel이고, 다른 하나는 성당 건물군에 딸린 수도원 회랑cloister이었다. 예배당 안식처는 성인을 숭배하는 곳이었다. 수도원 회랑 안식처는 자연 숭배와 상징적이고 실질적으로 연결되어 있었고, 구체적으로는 담장 안쪽의 정원을 만들고 가꾸는 일과 연결되어 있었다. 수도원 회랑 정원에서 이루어지는 기독교적 명상은 에덴 정원의 이미지를 이용함으로써 아담과 이브를 정원에서 추방당하게 한 인간의 자기파괴성을 돌아보게 했다. 맨 처음 농촌의 안식처에서 살았던 수도사들에게 정원을 가꾸는 일은 아담과 이브의 쫓겨남을 기독교인들이 보상하는, 복원의 행동을 의미했다. 니콜라 드 클레르보는 "모든 창조를 이승, 연옥, 지옥, 천국, 수도원 회랑 낙원paradisus claustralis, 이렇게 다섯 영역으로 나누었다."[49] 마지막으로 창조된 수도원 회랑 정원은 땅에서 되찾은 천국을 지향했다. 여기서 노동한다는 것은 인간의 존엄을 되찾는 일이었다.

이 점에서 수도원 회랑 낙원은, 코란에서 묘사되었고 코르도바 같은 도시에 적용된 이슬람식 '낙원 정원'과 대비된다. 이슬람 정원은 사람이 노동에서 벗어나 휴식하는 공간이고자 했다. 이와 대조적으로 맘스베리의 윌리엄은 소니대수도원 정원에 대해 "묵히고 있는 땅이 하나도 없다. ……이곳에서 경작은 자연과 경쟁한다. 자연이 망각한 것을 경작으로 생산해낸다"고 단언했다.[50]

기독교 수도원의 개혁가들은 정원에서의 작업이 노동자를 최초의 정원[에덴]으로 돌려보낼 뿐 아니라 정신적 규율을 창조한다고 생각했다. 일이 고될수록 그 도덕적 가치도 커진다. 이를 특히 강조한 시토 수도회는 많은 수도회가 노동을 통해 나태와 부패로부터 빠져나오길 기대했다. 그러한 이유로, 수도사의 정원 노동은 침묵의 노동이 되었다. 이 침묵의 규칙은 프란체스코와 시토 수도회의 정원은 물론 여러 베네딕토수도회에서도 지켜졌다. '일하고 기도하라'는 규칙은 장소를 일구는 노동이 육체에 존엄을 부여한다는 초기 중세 기독교인의 생각을 나타냈다.

중세 전성기에 인간의 고통과 신의 고통의 연결은 노동의 위엄을 드높였다. 몸을 써서 일하는 사람은 살과 영혼의 관계를 새로운 관점에서 생각했다. 그렇지만 캐롤라인 바이넘이 지적하듯, 개인이 노동으로 획득한 자각은 "우리가 말하는 '개인적인 것'과는 그 의미가 달랐다." 수도사는 공동체를 위해 노동했다.[51]

생갈수도원의 수도사들이나 드 클레르보는 보호된 공간에서 일했다. 도시에서는 노동의 위엄이 덜 통제된 세상에서 이루어졌으며, 위엄과 모독이 도시 공간의 구조 안에 뒤섞였다. 노트르담의 돌은 센강의 돌 부두와 아주 가까운 곳에 있었다. 노트르담의 첨탑은 도움이 필요한 사람들에게 이곳에 와서 도움을 구하면 된다고 알려주었다. 천국에 닿아 있는 이 첨탑들은 부두와 거리, 도시의 누추한 집에서 벗어난 안식처를 제공했다. 그러나 1250년 노트르담을 만든 노동자의 기념 행사는 '일하고 기도하라'가 대성당의 정원을 넘어 도시로 확산되었음을 입증했다. 이제 정원사는 석공과 유리공과 목수의 대열에 합류했다.

1250년에는 이 안식처를 재정적으로 도운 상인들도 축하받았지만, 그들의 명예는 덜 확실했고 그들의 위엄은 더 의심받았다. 상업은 중세적 의미에서 우울한 노동도, 자기성찰적 노력도 아니었다. 사실 상거래는 수도사 베르나르 드 클레르보나 학자 솔즈베리의 존을 당황하게 한 만큼이나 상거래 당사자들도 당황하게 했다. "도시의 공기는 사람을 자유롭게 한다"는 격언은 상인들이 기독교인으로서 추구했던 정서적 애착으로부터 그들 자신을 단절시키는 듯했다. 중세 파리의 기독교식 도시 정원이 타락 이전 은총의 상태로 인간성을 쇄신하고자 했다면, 이 새로운 정원의 노동자들이 아담과 이브가 미처 몰랐던 고통을 깨우쳤다면, 성소 밖에서 일하는 사람들은 도시의 황무지에서 헤매고 있었던 셈이다.

"모든 사람은 자신의 악마이다"

엉베르 드 로망의 파리

아테네 폴리스의 구성원은 시민이었다. 중세 도시의 구성원은 스스로를 프랑스어로 부르주아bourgeois, 독일어로 부르거Burgher라 불렀다. 두 단어는 중간계급보다 더 많은 것을 의미했다. 노트르담에서 일했던 조각가는 부르주아였지만, 중세 파리에 그리스 시민처럼 투표권을 가진 부르주아는 거의 없었다. 역사가 모리스 롱바르는 도시의 상업과 교역 덕분에 부르주아는 세계주의적이었다고 기술한다. "(중세 부르주아는) 여러 개의 도심이 중첩되는 교차로에 있는 사람이다. 그는 외부에 개방적이고, 다른 도시에서 발생하여 자신의 도시에 미치는 영향을 잘 받아들인다."[1] 이 세계주의적 관점은 시민이 자기 도시를 지각하는 방식에 영향을 주었다. 중세 파리에서 자선이 아닌 종류의 노동은 장소가 아니라 공간에서 발생했다. 이 공간은 사고팔 수 있었고, 사고팔기를 통해 형태가 달라졌으며, 사람이 노동을 바치는 대상이 아니라 노동이 이루어지는 영토가 되어갔다. 부르주아는 도시의 공간을 이용했다.

도시 형태는 기본적으로 공간과 장소로 구분된다. 이 구분은 사람이 사는 곳에 대한 감정적 애착 이상의 것에 달려 있는데, 거기엔 시간의 경험도 포함하기 때문이다. 중세 파리에서 공간의 유연한 사용은 조합의 출현과 함께 나타났다. 조합은 시간이 지남에 따라 자신의 활동을 바꿀 권한이 있는 기관이다. 경제적 시간은 기회를 따라가면서, 예측 밖의 사건들을 활용하면서 전개되었다. 경제학은 공간의 기능적 사용과 시간의 기회적 사용의 결합을 촉발했다. 반면에 기독교의 시간은 예수 본인의 생애에, 사람들이 완벽하게 외우고 있던 그 역사에 기초했다. 종교는 장소에 대한 감정적 애착과 함께, 고정된 확실한 이야기의 서사적 시간 감각을 고취했다.

세상으로부터 '등돌린' 초기 기독교인은 깊은 변화를 느꼈지만 장소의 결핍도 느꼈다. 개종은 초기 기독교인의 목적지를 보여주는 어떤 로드맵도 주지 않았다. 이제 기독교인은 세상에서 장소와 따라야 할 경로도 가졌으나, 경제 활동이 그를 장소에서도 경로에서도 밀어내는 듯했다. 사람들은 이 경제와 종교 간 갈등에 빠진 자신의 육체를 느끼기 시작했다. 기독교의 시간과 장소가 육체가 가진 연민의 힘에 의지했다면, 경제적 시간과 장소는 공격성이라는 육체의 힘에 기댔다. 장소와 공간, 기회와 고정성, 연민과 공격의 차이는 도시에서 믿음과 이익을 동시에 보고자 하는 모든 부르주아에게 나타났다.

— 1 —
경제적 공간
성장하는 도시

시테, 부르, 코뮌

중세 파리의 지리는 당시의 다른 도시들과 마찬가지로 세 종류의 토
지 자산으로 이루어졌다. 첫번째는 견고한 성벽으로 둘러싸인 땅으
로 소수의 권력자가 소유했다. 예를 들어 파리에서는 시테섬이 석벽에
둘러싸여 있었고 자연적 해자 역할을 한 센강도 섬을 보호했다. 이 섬
대부분은 왕과 교회의 소유였다. 이런 땅을 프랑스어로 시테^{cité}라고
불렀다.

두번째 종류의 땅은 성벽은 없었으나 여전히 특정한 다수의 권력
자들이 소유했다. 이런 영토는 프랑스어로 부르^{bourg}라고 불렀다. 파리
의 가장 오래된 부르는 좌안에 있는 생제르맹 부르였다. 생제르맹 교
구를 구성하는 네 개의 성당이 모든 토지를 소유했다는 점을 제외하
면 이 부르는 사람이 밀집한 마을과도 비슷했다. 그중 가장 큰 성당은
오늘날 생쉴피스성당이 있는 자리에 있었다. 하나의 부르를 단일한 권
력이 통제할 필요는 없었다. 1250년경에는 노트르담 너머 우안에도
항구이자 시장으로 기능하는 새로운 구역이 강을 따라 성장하고 있
었고, 소귀족 둘이 항구와 시장을 각각 지배했다.

많은 인구가 거주한 세번째 유형의 땅은 성벽으로 보호받지도 못
했고 특정 권력이 통제하지도 않았다. 이곳은 프랑스어로 코뮌^{commune}
이라 불렸다. 코뮌은 파리 외곽에 점처럼 분포했고 주로 작은 땅을 소

223

중세 파리, 시테 외곽에서의 경작. 랭부르 형제의 달력 『베리 공작의 매우 풍요로웠던 시간』 중 6월 삽화의 일부, 1416년경.

유한 사람들로 이루어져 따로 지배자가 없는 마을이었다.

중세에 파리가 부흥하자, 점점 더 많은 땅이 성벽 안으로 들어가면서 부르와 코뮌의 지위가 달라졌다. 성벽은 두 단계로 확장되었다. 먼저 13세기 초에 필리프 아우구스투스[필리프2세]가 이전 세기부터 꾸준히 성장해온 지역을 보호하고자 파리의 북쪽과 남쪽 제방 모두에 성벽을 쌓았고, 1350년대에 샤를5세는 또다시 우안 전체로 파리의 성벽을 확장했다. 이 변화들로 인해 기존의 작고 고립된 시테, 부르, 코뮌에서 벗어나 우리가 도시라 부를 만한 것이 만들어졌다. 왕은 성벽 안쪽의 부르와 코뮌에 경제적 특권을 부여하고 보장했다.

파리 사람들은 도시 안에 얼마나 많은 돌이 있는가로 도시의 성장을 판단했다. 자크 르 고프가 지적하듯, "11세기부터의 대규모 건축 붐은 중세 경제 발전의 핵심적 현상으로, 성당이나 다리나 집을 목조에서 석조로 바꾸는 일이 아주 많았다." 돌에 투자하려는 이 욕망은 민간투자만이 아니라 공공사업에도 분명히 나타났다.[2] 돌의 사용은 다시 다른 수공업의 발전을 북돋았다. 예컨대 제앙 드 셀의 노트르담 대성당 건설 마지막 단계에 도시의 유리, 보석, 태피스트리 교역은 급팽창했다.

하지만 옛 부르와 시테, 코뮌이 하나로 결합하는 과정이 파리의 지도를 더 명확하게 만들지는 않았다.

가로街路

우리는 중세 파리와 같은 큰 무역도시라면 도시를 관통하여 물건을 옮길 수 있는 좋은 도로가 있었다고 예상함직하다. 물론 센강의 제방을 따라 도로가 있었다. 서기 1000년에서 1200년까지 이 제방에는 강에서의 교역을 보다 효율적으로 해주는 돌벽이 줄지어 있었다. 그러나 그 안쪽으로는 도시의 성장에 걸맞은 수송용 도로 체계가 없었다. 르 고프가 지적하듯, "도로는 열악했고, 수레와 마차는 몇 개 되지 않는데다 비쌌고, 쓸 만한 운반수단은 거의 없었다." 심지어 초라한 외바퀴 손수레조차 중세 말이나 되어야 파리의 가로에 등장했다.³ 멋진 공학으로 땅속 깊이 도로를 설치했던 로마는 과거의 건축적 경이일 뿐이었다.

중세 가로의 산만한 형태와 형편없는 물리적 상태는 도시의 성장 과정 자체에서 비롯했다. 코뮌의 길은 좀처럼 인접한 코뮌과 만나질 못했는데, 이는 코뮌의 경계가 원래 안쪽을 바라보는 작은 마을 같은 정착촌의 끝자락이었기 때문이다. 부르 또한 다른 부르와 연결되지 않았다. 가로의 혼란스러운 모양새는 소유주가 자신이 통제하는 땅을 쓰는 용도에 따라 발생하기도 했다.

시테나 부르에서 대부분의 획지는 개인에게 임대되거나 지상권만 팔렸다. 이 다양한 건설자들은 왕궁이나 교회 같은 대형 기관이 소유한 땅에다 자기가 보기에 어울리는 대로 건물을 지을 권리를 가졌다. 더구나 다른 층이든 같은 층이든 한 건물의 다양한 부분을 각자 다른 사람이 소유하고 개발할 수 있었다. 도시학자 자크 에르스는 "도시 내부나 그 인근 건축용지의 진정한 식민화가 있었다"고 말한다.⁴ 지주가 도시설계의 관점으로 건설자에게 영향을 주려는 시도는 거의 없었다. 실제로 순수하게 경제적인 차원에서는 왕이나 주교가 건물을 몰수하거나 다른 사람에게 매각하라고 강요할 수 있었던 예외적 상황만 있었을 뿐이다. 파리에서 왕이나 주교는 대부분 궁이나 성당에 부속시킬 때 '수용권'을 발동했다.

오직 로마 시대에 세워졌던 중세 도시에만 가로 계획이나 전체적인 설계가 있었던 것 같고, 트리어나 밀라노 같은 몇몇 도시를 제외하면 이 로마 격자는 도시가 성장하면서 서로 따로 노는 자질구레한 길들로 깨져나갔다. 왕도 주교도 부르주아도 도시가 전체적으로 어떤 모양이어야 할지에 대한 상이 없었다. 한 역사가는 "공공 영역의 갑갑하고 조각난 본성은 바로 이러한 도시의 지형을 통해 국가의 허약함과 부족한 자원과 작은 야망을 드러내고 있었다"고 주장한다.[5] 건설자들은 세울 수 있는 것이라면 뭐든 세웠다. 이웃끼리 상대의 건축에 대해 소송을 제기했고, 더 폭력적인 방법으로는 폭력배를 고용하여 이웃 건물을 파괴하기도 했다. 이러한 공격성으로부터 파리의 도시 구조인 "뒤엉킨 미로, 작은 길, 막다른 골목, 중정"이 나왔다. "광장은 작았으며 탁 트인 조망이나 거리에서 뒤로 물러난 건물은 거의 없었으며, 교통은 언제나 꽉 막혀 있었다."[6]

중세의 카이로와 파리는, 비록 현대인은 둘 다 똑같이 뒤죽박죽이라 여기겠지만, 확실히 대조적이었다. 코란은 문의 위치나 문과 창문 간의 공간적 관계를 구체적으로 규정한다. 중세 카이로에서 이슬람교도가 소유한 땅은 이 규정에 따라 건설해야 했고, 도시 내 자선단체들이 이를 강제했다. 더욱이 이런 건물은 다른 건물들의 형태와 서로 부합해야 했고 서로를 고려해야 했다. 예컨대 이웃집의 문을 가로막아선 안 되었다. 종교는 맥락에 따른 건축을 명령했는데, 그 맥락이 선형의 길은 아니었다. 중세 파리의 건물들에는 이런 종교의 명령이 없었

제6장. "모든 사람은 자신의 악마이다"

고 왕이나 귀족의 명령도 없었다. 각 건물의 소유주는 본인의 뜻대로 창을 내고 층을 올렸다. 건설자가 다른 건물로의 접근을 막는 일도 흔했으며 처벌도 받지 않았다.

중세 파리의 가로 공간은 건물이 지어지고 남은 공간 그 이상도 그 이하도 아니었다. 예를 들어 마레 지구에 르네상스식 대저택이 세워지기 전, 우안의 질퍽한 정착촌에는 길이 갑자기 좁아져서 한 사람이 건물 사이를 간신히 지나갈 수 있는 곳들이 있었다. 각 건물의 소유주가 자기 필지의 경계 끝까지 건물을 지었기 때문이었다. 대수도원과 왕의 구역은 소유주가 건설자이기도 하기 때문에 더 쓸모 있는 길들이 있었지만, 노트르담 근처 주교좌 구역에서조차 자신들의 욕망에 따라, 자신들의 특권의 한계를 시험하듯 서로 다른 명령들이 길을 놓고 충돌했다.

이처럼 가로는 공격적인 권리 행사의 흔적을 품고 있었다. 가로는 사람들이 저마다 자신의 권리와 권력을 과시하고 나서 남은 공간이었다. 가로는 공동의 노동으로 만들어지는 정원도, 수도사의 장소도 아니었다. 가로는 그러한 장소의 특질을 결여하기는 했으나 경제적 공간으로 잘 기능하게 하는 특정한 시각적 특징들을 갖고 있었다. 이 특징은 가로의 벽에 드러났다.

고대 그리스와 로마의 경우, 의식 공간이 아닌 가난한 구역에서 가로와 연결된 벽은 견고한 장벽과도 같았다. 중세의 도시경제는 가로의 벽을 관통 가능한 것으로 만들었다. 예를 들어 파리 우안의 가죽 직공 구역에서는 창문 건축의 혁신을 통해 길을 걷는 사람들이 상품을 볼 수 있도록 각 매장의 창문에 상품을 전시했다. 창문에는 접어서 계

도시 장인의 공방. 장 부르디숑이 그린 15세기 세밀화.

산대로 쓸 수 있는 나무 셔터가 달려 있었다. 이런 방식으로 창문을 설계했다고 알려진 첫번째 건물은 1100년대 초까지 거슬러올라간다. 상인들은 벽을 이와 같이 사용하여 상품 전시에 힘을 쏟아, 길에 있는 사람들에게 안쪽 상점에 살펴볼 만한 물건이 있다는 것을 알렸다. 구매자는 길을 걸으며 벽을 들여다보았다. 이제 건물 표면이 활발한 경제적 영역이 된 것이다.

중세의 안마당 또한 동일한 방식으로 가로의 경제활동과 연결되었다. 안마당은 작업실이자 전시실이었고, 지나가는 사람들이 안에 무슨 일이 있는지 볼 수 있도록 그 입구가 확장되었다. 마레 지구의 매우 큰 대저택조차도 16세기에 이르도록 1층 중정은 상층의 귀족들만

제6장. "모든 사람은 자신의 악마이다"

이 아니라 일반 대중을 대상으로 물건을 생산하고 판매하는, 붐비는 상점가로 계획되었다.

이렇게 구멍 뚫린 경제적 가로 공간이 발전하면서 가로의 시간도 변했다. 고대 도시는 낮의 햇빛에 의존했다. 중세 파리의 상거래는 가로의 시간을 연장했다. 사람들은 본인의 노동을 끝내기 전이나 후에 물건을 사러 거리로 나갔다. 새벽과 저녁 이후도 소비의 시간이 되었다. 사람들은 새벽에는 빵집에 갔고, 밤에는 주인이 낮 동안 고기를 사고 준비하고 구워놓은 정육점 등에 갔다. 거리에 사람이 있는 한 계산대는 닫히지 않았고 중정은 잠기지 않았다.

공격적인 권리 행사로 생겨난 건물들이 있고, 구멍 뚫린 표면과 부피가 경제적 경쟁을 촉발시켰던 이 길들은 폭력적인 면에서도 유명했다. 도시 노상 범죄에 대한 현대의 경험으로는 중세 가로를 지배했던 그 악랄함을 상상할 수조차 없다. 그러나 중세 거리의 폭력은 우리가 논리적으로 추론하여 단순히 경제적 산물이라고 부를 만한 것과도 달랐다.

거리의 폭력은 재산보다도 사람을 겨냥할 때가 훨씬 더 많았다. (파리에서 처음 신뢰할 만한 범죄 통계가 나온) 1405~1406년, 파리 형사 법원에 온 사건의 54퍼센트가 살인죄 관련이었고, 강도는 6퍼센트였다. 1411~1420년에는 76퍼센트가 충동적인 대인 폭력이었고 7퍼센트가 절도였다.[7] 이에 대한 설명 중 하나는 상인들 사이에서 경호원을 고용하는 것이 아주 일반적이었다는 점이다. 실제로 거부들은 자신의 집을 보호하기 위해 아주 소규모의 사병대를 두었다. 파리에는 1160년 이후 시 경찰이 있었지만, 그 수는 매우 적었고 경찰의 임무는 주로 도시를 돌아다니는 공직자들을 보호하는 것이었다.

중세 전성기와 말기의 범죄 통계는 너무 개략적이어서 누가 공격 당했는지, 그 사람이 가족인지 친구인지 거리의 낯선 사람인지 알 수가 없다. 부유층이 경호원이나 사병을 고용했다는 점에서 대부분의 폭력은 가난한 사람이 다른 가난한 사람에게 행사했다고 추정할 수는 있다. 그럼에도 우리는 이런 공격의 주된 원인 중 하나를 확실히 안다. 술이다.

농가가 대부분이었던 프랑스 투렌 지방에서는 살인이나 잔인한 폭력의 35퍼센트가 음주와 관련 있었다. 파리에서는 그 상관관계가 더욱 높았다. 사람들은 마시고 바로 잠들 수 있는 집에서뿐 아니라 도시 가로에 줄지어 있던 공공 포도주 저장고나 포도주 가게에서 술을 마셨기 때문이다.[8] 사람들은 떼지어 함께 취했고, 그래서 늦은 밤이면 길거리에서 시비와 싸움이 빗발쳤다.

술을 찾는 욕구에는 강력한 기원이 있었다. 바로 몸에 온기가 필요해서다. 이 북쪽 도시에서, 효과적인 난방이 없던 건물에서 포도주는 사람의 몸을 덥혀주었다. 반사 벽 앞에 벽난로를 설치하고 연통이 외부의 굴뚝으로 이어지는 난방 시설은 15세기에 가서야 등장했다. 그때까지는 바닥에 바로 놓는 뚜껑 없는 화로나 난로로 건물에 열을 공급했고, 사람들은 연기 때문에 난로 가까이에 앉지 못했다. 더욱이 도시에는 창문에 유리를 끼운 건물이 거의 없었기 때문에 열은 금방 사라졌다. 또한 포도주는 고통을 완화하는 진통제로도 쓰였다. 현대 도시의 헤로인이나 코카인처럼, 알코올 도수를 높인 포도주는 공공 포도주 저장고와 포도주 가게를 중심으로 중세판 마약 문화를 형성했다.

제6장. "모든 사람은 자신의 악마이다"

파리를 비롯한 중세 도시에서 길거리 폭력은 정치적 성격을 띠기도 했다. "도시의 폭동은 길에서 태어나 길에서 퍼지고 길에서 악화되었다."[9] 이런 폭동은 사사로운 이유에서 일어난 것이 아니었다. 곡물 분배 담당 공무원의 부패 같은 것이 원인이 되었다. 하지만 파리에서는 왕과 주교 양쪽의 경찰들이 봉기를 빠르게 진압해 대부분은 몇 시간 만에, 길어야 하루 안에 끝났다. 사람들이 일상적으로 길에서 겪는 물리적 폭력은 이유 없이 칼에 찔린다거나, 만취해서 비틀거리는 사람들에게 배를 얻어맞는 등의 예측 불가능한 폭력이었다. 그러므로 우리는 목적이 있는 경제적 경쟁과 충동적인 비경제적 폭력이라는, 다양하지만 불연속적인 종류의 공격이 길에서 횡행하는 모습을 상상할 필요가 있다.

언어폭력은 실제 폭행으로 번진 경우가 드물었으나 경제적 경쟁에서 중요한 역할을 했다. 사람들은 빚쟁이나 그 가족을 위협하려고 그들의 집을 찾아가 거침없이, 잔인하게 굴었다. 몇몇 역사가는 바로 이런 언어폭력이 일종의 감정 분출의 기능을 했다고 믿는다. 실제로 주먹을 휘두르지 않고도 공격적으로 행동할 수 있었기 때문이다. 어쨌든 도시를 지배하는 정치와 교구의 권력은 거래를 체결하지 않으려 하는 손님을 주먹이나 칼로 위협하거나 거리의 다른 판매자를 괴롭히는 상인들을 처벌하려 애쓰지 않았다.

재산 관련 범죄의 비율이 낮았다는 사실은 효과적이면서도 독특한 질서가 도시 공간을 지배했음을 뜻했다. 종교의 명시적 규칙에 따라 교역했던 같은 시대 카이로 주민에게는 보이지 않았을 질서이다. 구약이든 신약이든 고리대금업과 절도를 금지하는 명령 외에는 경제적 처신에 대한 지침을 찾아보기 어려웠다. 어쩌면 이것이 솔즈베리의 존이 경제적 행동을 이해하지 못했던 이유일 것이다. 『의술』(갈레노스)이 말하는 성마름, 즉 전투 병사의 폭력적 기질을 기준으로 보면 경쟁은 성마르지 않았다. 나아가 지배자의 낙관적인 시민적 명령과도 거의 닮지 않았고, 학자의 냉담한 사고와도 거리가 멀었다. 경쟁은 확실히 우울하지도 않았고, 성장을 돕는 것도 아니었다. 다만 이 경제적 창조물은, 거리보다도 더 공공연히 시민적 통제를 받기 쉬운 공간이었던 장시fair와 시장market의 조직에서 좀더 분명해졌다.

장시와 시장

중세 도시의 경제는 오늘날로 치면 일본에서 채택한 정부와 시장의 혼합경제 사례에 속한다. 중세 파리에서 센강을 어떻게 활용했는지를 보면 이 둘이 어떻게 섞였는지를 알 수 있다.[10]

　강의 다른 곳에서 화물을 싣고 이동하는 배에 탔다고 상상해보자. 파리에 도착한 배는 그랑퐁에서 통행료를 내야 했고, 배의 화물은 '물의 상인marchands de l'eau'이라 불리는 지역 조합에 등록해야 했다. 화물이 도시의 주요 수입품 중 하나인 포도주라면, 오직 파리 사람만이 부두에서 하역할 수 있었고, 배는 포도주를 실은 상태로는 사흘 동안만 정박할 수 있었다. 이 규제는 많은 교역량을 확보하는 방법이었지만, 상선 입장에서는 화물을 다 판매해야 한다는 압박을 받았다. 따라서 부두는 정신없는 활동 무대였고, 여기선 일 분 일 초가 중요했다.

　1200년 센강에는 오직 두 개의 주요 다리, 그랑퐁과 프티퐁이 있었다. 다리에는 집과 상점이 줄지어 있었다. 각 다리마다 특정한 상거래 장소가 있었는데, 예를 들어 프티퐁에는 밑의 부두에서 향료를 받아 약으로 조제하는 약제상이 있었다. 도시는 재료의 순도와 약의 강도를 규제했다. 심지어 강에서 하는 낚시도 "왕과 노트르담의 성직자 총회와 생제르맹데프레대수도원이 규제했다. 특정 크기보다 작은 잉어, 창꼬치, 뱀장어를 잡지 않겠다고 성서에 맹세한 낚시꾼만이 3년 계약으로 낚시를 할 수 있었다."[11]

상인들은 다리와 부두에서 물건을 산 뒤, 길에서보다 더 많은 거래가 일어나는 공간인 도시의 장터로 이를 운반했다. 어떤 상품은 팔린 다음 장터에서 부두로 돌아와, 교역로를 통해 다른 도시들에 재분배되었다. 또 일부는 더 지역적인 거리 경제로 스며들었다. 중세 파리에서 가장 중요했던 장시는 일 년에 한 번 도시 근처의 장터에서 열린 랑디 장시Foire du Lendit로, 중세의 가장 어두웠던 시기인 7세기부터 시작되었다. 유럽의 도시가 붕괴되던 시기에 장시에서의 이런 상거래는 작고 지역적이었고 화폐 거래가 아닌 물물 교환을 했다. 전문 중개상은 아주 드물었다. 하지만 장시는 도시와 도시를 잇는 최초의 조직을 발전시키며 시장과 시장을 연결했다.

중세 전성기에 이르면, 이런 상품들의 파노라마는 거대하고 정교한 행렬이 되어 있었다. 이제 큰 장시들은 노천 가판이나 텐트에서 열리지 않았다. 경제사가 로버트 로페즈에 따르면, 장시는 "부문별 또는 업종별 거래를 위한 장중한 홀에서, 지붕이 있는 광장에서, 아케이드 회랑에서" 열렸다.[12] 부스에는 깃발과 걸개가 달렸고, 먹고 마시고 거래하는 통로에는 긴 테이블이 펼쳐져 있었다. 종교 축일이나 축제와 겹쳐 장시가 열릴 때는 성인의 동상과 그림이 전시되어 볼거리가 배가 되었다. 이것이 상인들에겐 잠재적 고객과 느긋하게 거래할 기회가 되었다. 장시가 종교 의례와 서로 연결된 상황이었기 때문에 거래를 늘리려는 욕망은 점점 더 많은 성인 숭배를 부추기곤 했다. 종교 축제가 거래를 축복하는 듯했지만, 성인들이 향수와 향료와 포도주 거래를 축복하는 데 동원되는 것 같은 이 결합을 못마땅해하는 성직자도 많았다.

이와 같은 중세 장시의 장관은 현대인의 시각을 오도할 수 있는데, 그 화려함이 치명적인 아이러니를 숨기고 있기 때문이다. 장시로 촉발된 도시경제가 성장함에 따라, 장시 그 자체는 약해졌다. 예를 들어 12세기경 랑디 장시는 파리의 금속공과 직물공이 자기 물건을 판매할 수 있는 기회였다. 이들은 그런 상품을 원하는 손님이 많고 또 점점 많아지고 있으며 점점 더 먼 곳에서 도시로 찾아온다는 사실을 깨달았다. 그러니 당연히 한철이 아니라 한 해 내내 그 손님들과 거래를 이어가고 싶어했다. 그리하여 "거래의 절대량은…… 상업혁명이 진행됨에 따라 증가했지만, 전체 거래에서 {장시의} 비중은 감소할 수밖에 없었다."[13] 즉 경제적 성장은 통제 가능한 단일한 거래 장소의 중요성을 약화시켰다. 금속공과 직물공은 계절 장시에서 찾아낸 고객들과 그들이 일하던 거리에서 일 년 내내 거래하기 시작했다.

13세기 중엽, 성직자 엉베르 드 로망은 "시장과 장시가 구별 없이 쓰이고 있긴 하지만 그 둘 사이에는 약간의 차이가 있다"고 주장했다. 그는 특히 도시 거리에 주마다 서는 시장, 구멍 뚫린 공간에서 안마당으로, 심지어 도시 여기저기에 산재한 수많은 작은 묘지로까지 침투하는 시장을 언급했다. 12세기 동안 거리 시장은 연례 장터에서 개시

한 거래를 주 단위로 이어나갔다. 이곳에서는 가죽과 금속품이 전시되었고, 천으로 벽을 친 개방된 사무소에서는 회사의 금을 거리에서 먼 곳에 숨겨둔 채 금융서비스와 자본을 팔았다.

이 시장 공간은 상거래를 규제하려 하는 국가 권력을 아주 효과적으로 좌절시켰다. 규제에 발목이 잡힌 상인은 쉽게 다른 곳으로 움직였다. 또 이 시장들은 장시에 있던 종교적 제약을 깨뜨렸다. 거래는 성축일에도 이루어졌고 고리대금업이 번창했다. 아마도 시장이 억제되지 않았기 때문에, 당대 및 후대의 저자들은 장시나 쉬는 날의 거리보다 시장을 훨씬 더 공격적인 경제 공간으로 보았다. 엉베르 드 로망은 장시와 시장을 다음과 같이 대비시키며 "시장은 대개 장시보다 도덕적으로 나쁘다"라고 썼다.

> 시장은 축제일에 열리고, 사람들은 성무일도를 건너뛴다. ……때로 시장은 묘역과 다른 성스러운 장소에서 열린다. 당신은 거기서 사람들이 맹세하는 걸 자주 듣게 된다. "신에게 맹세코, 이 이상을 팔 순 없소" "신에게 맹세코, 그만한 값이 아니오"…… 때론 영주는 시장세를 사취하는데, 이는 배신이자 불충이다. ……싸움이 일어나고…… 음주가 벌어진다.[14]

시장이 장시보다 도덕적으로 더 나쁜 이유를 설명하고자 엉베르 드 로망은 한 남자의 이야기를 전했다.

> 어느 대수도원에 들어가면 안뜰에서 많은 악마를 발견하지만, 시

장에서는 하나, 높은 기둥 위에 혼자 있는 악마 하나를 발견했다. 그는 이 점이 몹시 궁금했다. 수도원 안뜰에는 영혼이 신에게 닿도록 돕기 위해 모든 것이 마련되어 있기에 수도사를 타락시키려면 많은 악마가 필요하다. 하지만 시장에선 모든 사람이 자신의 악마이기 때문에 오직 하나의 다른 악마로도 충분하다는 것이다.[15]

시장에서는 "모든 사람이 자신의 악마"라는 문구가 이 이야기를 알쏭달쏭하게 만든다. 우리는 경제로 인해 사람들이 타인에게 악마가 된다는 것은 이해할 수 있지만, 왜 자신의 악마인가? 일단은 종교적 해석이 가능하다. 폭력적 경쟁이라는 악마는 사람을 자기가 가진 최상의 것, 즉 자신의 연민에 무감각하게 만든다. 그러나 더 세속적인 설명도 널리 퍼져 있다. 제한되지 않는 경제적 경쟁은 자기파괴적 결과를 초래할 수 있다는 것이다. 경제적 동물은 장시와 같은 기존 제도를 폐기함으로써 이득을 얻기를 바랐지만 실제로는 손해를 볼 수 있었다. 이 모든 것은 시간의 문제였다.

— 2 —
경제적 시간
호모 에코노미쿠스라는 악마

길드와 조합

중세의 길드는 경제적 자기파괴에 대항하기 위한 제도로 출발했다. 동업자 길드는 같은 산업에 종사하는 모든 노동자를 한 몸으로 통합했다. 길드에서는 노동자의 경력 전체를 좌우하는 계약에 따라 마스터가 도제나 수련생의 직무와 승진과 이익을 결정했다. 또 각 길드는 노동자의 건강을 책임졌으며 그들이 사망한 뒤에는 부인과 자식에게 그렇게 하는 공동체였다. 로페즈는 도시의 길드를 다음과 같이 기술한다. "독립 공방의 연합. 일반적으로 그 소유주(마스터)가 모든 것을 결정하고 낮은 위계들(도제나 고용된 조수, 수련생)의 승진 요건을 정했다. 내부 갈등은 대개 동업의 복지라는 공통의 이익으로 최소화되었다."[16] 프랑스에서 수공업 길드는 직업단체corps de métiers라 불렸다. 1268년에 편찬된 『직업 총서Livre des métiers』는 "파리에서 조직된 100여 종류의 수공업을 열거하고, 이를 식품, 보석과 예술품, 금속, 직물과 의류, 모피, 건축 등 일곱 개의 무리로 나눈다."[17] 길드는 원칙상 독립된 단체였지만, 실제로는 왕의 관료들이 왕실 헌장으로 그 기능을 결정했다. 최선의 경우 관료들은 길드 마스터의 의견을 듣고 헌장을 수정했다.

파리의 많은 직업 헌장에는 같은 품목을 취급하는 경쟁자들이 어떻게 행동해야 하는지에 대한 자세한 수칙이 들어 있었다. 이 엄격한 지침은 예를 들어 푸주한이 다른 푸주한을 모욕하는 것을 금했고, 두 명의 의류 행상이 거리의 잠재적 고객에게 동시에 외칠 때 어떻게 해야 하는지 지정했다. 그 결과 초기의 길드 헌장은 동업조합을 집합적으로 통제하는 한 방법으로 상품의 표준화를 추구했다. 또한 특정 상품에 사용되는 재료의 양, 무게, 특히 중요하게는 가격을 규정했다. 예를 들어 1300년경에 파리의 길드는 빵의 '표준 덩어리'를 정했고, 이는 빵의 가격이 시장의 힘이 아니라 제빵에 사용된 곡물의 무게와 종류에 따라 결정됨을 의미했다.

길드는 고삐 풀린 경쟁이 가져올 파괴적인 경제 효과를 잘 알고 있었다. 그들은 물건의 가격만이 아니라 한 공방이 생산하는 상품 수도 통제하고자 했다. 그러면 경쟁의 초점이 기술 수준에 맞춰질 것이었다. 이에 따라 "길드는 보통 해가 진 후의 시간 외 노동을 금지하게 되었고 때론 한 명의 마스터가 고용할 수 있는 조수의 수까지 제한했다."[18] 경쟁을 규제하고자 하는 길드의 노력은 장시 거래에서도 상품의 판매 가격 및 공급 물량을 통제하는 방식으로 나타났다. 하지만 경쟁의 통제가 길드를 강화시키지는 못했다.

우선, 여러 길드가 이익을 놓고 경쟁했다. 경제사가 제럴드 호제트에 따르면, 식품 길드가 힘이 센 도시에서는 "상인 길드가 식품 가격을 최소화하길 원하는 마을에 비해, 식품 가격을 내리려는 시도가 잘 통하지 않았다." 상인들은 식품 가격이 낮을수록 더 많은 이익을 보았다. 그것은 임금을 낮추는 효과가 있었고 그러면 물건을 더 싼값에 거래할 수 있었기 때문이다.[19] 길드는 점점 더 엄격한 형식적 규칙을 만들었으나, 시간이 흐르면서 경제 성장에 수반되는 변화와 변동에 현실적으로 대응하지는 못했다.

장거리 수송 물품을 취급하는 길드는 늘 외국인과 거래해야 했으며, 길드 내 개인은 종종 지역 구조에 속하지 않는 이 이방인들과의 독자적인 거래를 시도했다. 그렇게 몇몇이 규칙을 위반하면 길드 내 대오가 흐트러졌다. 12세기에는 개인들이 힘든 경쟁 앞에서 시장의 틈새를 찾으면서 상품 표준화도 무너지기 시작했다. 예를 들어 파리에서는 고기를 자르는 방식이 푸주한마다 달라지기 시작했다. 일부 사업 거래에서는 시장의 자기파괴적 압력을 피하는 것이 아직 가능했다. 특히 보석 같은 사치재에는 비경쟁적 거래가 발생했고, 여기서는 구매자와 판매자의 신용 관계가 상품 자체만큼 중요했다. 그러나 중세 도시 길드의 더 일반적인 추세는 노동자가 정해진 규칙을 평생 따라야 한다는 원칙이 있었음에도 이런 규칙 준수가 강제적인 관행보다는 점점 더 의식적인 허식이 되고 있었다는 것이다.

구성원의 결속력이 약해짐에 따라 길드는 의례를 강화하고 지난 날의 영광을 보여주는 상품을 전시하는 등의 방법으로 신망 있는 기관으로서의 지위를 강조하고자 했다. 예를 들어 1250년대 중반의 장시에서 금속공은 당시 전 유럽에서 일상적으로 판매되던 것과는 아주 다른, 고대의 무겁고 어설픈 갑옷을 세워두었다. 이윽고 나중에는 길드 회원이라는 의미가 자신의 생존을 위협하는 사람들이 태반인 길드 홀의 만찬에 휘황찬란하게 차려입고 나타나 길드의 목걸이와 직인을 과시하는 것에 불과하게 되었다.

길드는 조합이었다. 길드라는 형식이 약화되기 시작하자, 변화에 대처하는 데 더 적합한 다른 종류의 조합이 번성하기 시작했다. 중세의 조합은 일종의 대학과 다를 바 없었다. 중세에는 '대학university'이라는 말이 교육에만 한정되지 않았고, "독립된 법적 위상을 갖는 어떤 공동 단체 또는 집단을 뜻했다."[20] 대학은 헌장을 갖고 있었기 때문에 일종의 조합이 되었다. 헌장은 특정 집단의 실행 특권을 규정했다. 그것은 현대적 의미의 헌법이 아니었고, 영국의 마그나카르타(대헌장) 같은 일반 사회헌장은 더더욱 아니었다. 한 법률 역사가의 말을 빌리면, 중세는 "자유liberty의 헌장이라기보다는 특권liberties의 헌장"을 구상했다.[21] 집단은 기록될 수 있는, 더 중요하게는 다시 기록될 수 있는 집합적 권리를 가졌다. 이 점에서 대학은, 서면 계약이긴 해도 항구적이었던 중세 농촌의 봉토feudum와 달랐고 길드가 발행한 평생 계약과도 달랐다. 대학들은 쉽게 그리고 종종, 변하는 환경이 요구하는 대로 그들이 무엇을 할지, 그것을 어디서 할지 재조정할 수 있었다. 그들은 시간에 따라 조정되는 경제 기구였다.

봉건제는 "대중에게 어느 정도의 안전을 제공했고, 그로부터 상대적 복지가 탄생했다."[22] 대학은 불안정해 보일지도 모르나, 헌장을 개정하고 조직을 능동적으로 재구성할 권한 때문에 더 안정적일 수 있었다. 역사가 에른스트 칸토로비치는 국가에서 특정한 왕은 죽지만 왕의 지위는 그와 함께 죽지 않음을 설명하면서 중세의 독트린인 "rex aui nunquam moritur(왕은 결코 죽지 않는다)"를 언급한다. "왕의 두 육체"라는 독트린은 오래 지속하는 왕이 존재함을, 즉 살과 피로 이루어진 왕의 육체에 들어가고 나오는 왕권이 존재함을 전제했다.[23] 헌장의 권리는 "왕의 두 육체"라는 이 중세 독트린과 유사한 면이 있었다. 대학은 이를 시작한 개인들이 죽든 말든, 혹은 사업의 성격이 바뀌든 사업이 지역을 바꾸든, 계속 사업을 이어갔다.

실제로 중세의 조합들은 건물이 아니라 교사로 이루어진 교육에 힘썼다. 대학은 임대한 방이나 성당에서 마스터가 학생들을 가르치는 방식으로 시작되었다. 교육 목적의 대학은 처음엔 자산을 소유하지 않았다. 이탈리아에서는 볼로냐를 떠난 학자들이 1222년 파도바에 대학을 세웠고, 영국에서는 옥스퍼드를 떠난 학자들이 1209년에 케임브리지를 세웠다. "이러한 자산 부족이 역설적으로 대학에 최대의 권력을 부여했다. 그것은 완벽한 이동의 자유를 뜻했기 때문이다."[24]

자율성은 장소와 과거의 속박으로부터 조합을 해방했다.

교육 분야와 상업 분야를 연결한 것은 헌장의 힘이었다. 헌장을 바꾸려면 언어를 다룰 줄 아는 전문인이 필요했기 때문이다. 이 언어의 기술이 교육 조합에서 발전했다. 12세기 초, 피에르 아벨라르는 파리대학에서 학생들과 논쟁하며 신학을 가르쳤다. 이 지적 경쟁(디스푸타티오^{disputatio})의 과정은 선생이 성서를 한 문장씩 소리내어 읽고 설명하고, 학생은 그것을 받아 적던 옛 방식의 강독(렉티오^{lectio})과 대비되었다. 디스푸타티오에서는 첫 명제를 취한 다음 그것을 변화시켰다. 음악을 이루는 주제와 변주처럼 선생과 학생이 명제를 바꾸어나갔다. 대다수의 교회 지도층이 말씀의 영원성 자체를 위협하는 것으로 여겨 디스푸타티오를 금지했지만, 어렵지 않게 탐구할 수 있는 실질적 추론이란 점에서 학생들에게 인기가 많았다. 디스푸타티오는 성인이 되어 경쟁할 때 도움이 되는 기술을 가르쳤던 것이다.

중세에 조합이 자신의 헌장을 다시 쓸 수 있는지를, 그리고 언제 어떻게 개정할 수 있는지를 결정한 것은 국가였다. 예를 들어 1220년대의 어느 시점에 파리의 귀족 네 사람은 [국가로부터] 생루이섬 맞은편의 센강 북쪽 부두를 보강하는 데 투자하라는 제안을 받았다. 왕은 그들이 투자한다면, 도시 어딘가에 있는 귀족들의 소작인들 문제는 자신이 책임지겠다고 했다. 이 소작인들은 오래된 계약 의무가 이미 끝났기에, 좀더 발전된 구역으로 옮겨갈 수 있었다. 이 사건은 우리에겐 별것 아닌 일 같지만, 당시에는 획기적이었다. 경제 변화는 하나의 **권리**, 그것도 국가가 보장하는 권리가 되었던 것이다.

이와 같이 시간이 지나 헌장을 수정할 수 있는 힘이 처음으로 현대적 의미의 조합을 규정했다. 헌장이 수정될 수 있다면, 그 헌장이 규정하는 조합은 언제라도 그 **기능**을 초월하는 **구조**를 가진다. 예컨대 파리대학에서 교과 과정 중 한 과목이 빠진다거나 교사가 다른 곳으로 옮겨갔다고 해서 그 존재가 달라지지는 않았다. 마찬가지로 '유니버설 글래스 코퍼레이션'이라는 조합은 더이상 유리를 만들지 않을 수도 있다. 고정된 기능을 초월하는 조합의 구조는 변하는 시장 조건, 새로운 상품, 우연한 기회에 더 유리하다. 회사는 달라지면서 영원할 수 있다.

조합의 기원이 우리에게 제시하는 또하나의 의미는 막스 베버의 개념인 '자율'이다. 자율은 변화하는 능력을 의미한다. 그리고 자율에는 변화할 권리가 필요하다. 지금 보면 너무도 자명한 이 공식이 시간이 지나며 엄청난 혁명을 불러왔다.

경제적 시간과 기독교적 시간

1284년 필리프4세는 왕국 내 금리가 때론 연 266퍼센트까지 올라갔지만 대체로 12~33퍼센트 수준임을 알게 되었다. 이런 청구액은 시간을 조롱하는 것으로 보였다. 기욤 도세르는 1210~1220년에 쓴 『숨마 아우레아』에서 고리대금업자는 "시간을 판다"고 주장했다.[25] 도미니크 회 수도사 에티엔 드 부르봉도 "고리대금업자는 오직 돈의 희망, 즉 시간을 판다. 그들은 낮과 밤을 판다"고 했다.[26] 기욤 도세르는 그리스도의 모방에 담긴 연민과 공동체 의식의 힘을 환기시키며 자신의 주장을 설명했다. "모든 피조물은 자신을 바칠 의무가 있다. 태양은 자신을 바쳐 빛을 주어야 하고, 땅은 자신을 바쳐 온갖 것을 생산해야 한다."

하지만 고리대금업자는 사람들이 자신을 바치는 힘을 방해하고 공동체에 기여할 수단을 뺏는다. 채무자는 기독교의 역사에 참여할 수 없다.[27] 중세의 많은 사람이 그리스도가 곧 재림하리라고 믿었다는 사실을 생각하면 이 말을 더 쉽게 이해할 수 있다. 기독교인으로 공동체에 참여하지 않은 사람들은 겨우 몇 년 혹은 몇 달 후일지 모를 심판의 날에 사라질 것이었다.[28] 그러나 우리가 천년왕국을 기다리고 있을 필요는 없고, 또 고리대금업자만이 기독교적 시간 감각과 경제적 시간 사이의 엄청난 간극을 알았다고 생각할 필요도 없다.

조합은 펜 놀림으로 과거를 지워버릴 수 있었다. 그것은 임의적인 시간이었고, 자크 르 고프가 지적하듯 매우 도시적인 시간이었다. "농부는 날씨에 따른 시간에, 계절의 순환에…… 굴복하는" 반면 시장이나 파리의 부두에서는 "분과 초가 부를 만들고 파괴한다."[29] 이 도시적이고 경제적인 시간에는 또다른 측면도 있었다. 시간은 고정 임금이 정해진 노동 시간을 기준으로 측정되는 상품이 된다. 이렇게 측정되는 시간은 엉베르 드 로망 시대 파리의 길드에 막 나타나기 시작했다. 길드 계약, 특히 제조업 분야의 계약은 도급제가 아니라 노동 시간에 기초하여 산정한 임금을 명시했고, 노동자는 상품 제작을 마치면 임금을 받았다.[30] 가변 시간과 시계의 시간은 경제가 가진 야누스의 두 얼굴이었다. 이 경제적 시간은 파열의 힘과 규정의 힘을 가졌지만 서사는 없었다. 그것은 아무 이야기도 들려주지 않았다.

신학자 생빅토르의 위그[후고]는 반대로 기독교의 "역사는 서사체 narrative body"라고 주장했다.[31] 이는 기독교인의 인생사에서 모든 중요한 이정표는 그리스도의 생애에 비추어 정해진다는 의미였다. 그리스도에 가까이 갈수록 예전 같으면 의미 없고 어쩌다 생겼다 할 사건의 의미들이 더 명확해진다. 기독교의 역사가 서사체라는 믿음은 그리스도의 모방에 담긴 충동에서 유래했다. 그의 육체는 이질적인 이야기, 혹은 언젠가 한 번 일어났던 이야기가 아니라 언제나 현재의 이야기를 들려준다. 그에게 가까워질수록 시간의 화살이 가리키는 방향은 명확해질 것이다.

이 기독교의 시간에는 조합이 규정한 것과 같은 개인 자율이란 개념이 없다. 자율보다는 그리스도의 모방이 사람의 행동을 지배해야 했다. 그리스도의 삶에서 우연히 발생한 것은 아무것도 없었기에 모방은 엄격해야 했다. 게다가 기독교의 시간은 시계의 시간과 별로 관련이 없었다. 예를 들어 고해성사가 길다고 좋은 것은 아니었다. 중세 전성기가 되어 죄를 판단하는 옛 방법은 철학자 앙리 베르그송이 말한 '지속^{durée}', 즉 고해신부와 죄지은 이가 정서적으로 연결되는 시간으로 대체되었다. 1초가 되었든 한 시간이 되었든 상관없었다. 오로지 중요한 것은 그것이 일어난다는 사실이다.

호모 에코노미쿠스

이제 우리는 엉베르 드 로망이 왜 시장 사람들을 "자신의 악마"라고 했는지 더 잘 이해할 수 있다. 경제적 인간 호모 에코노미쿠스^{Homo economicus}는 장소가 아닌 공간에 살았다. 상업혁명으로 번창하기 시작한 조합은 시간을 공간처럼 다루었다. 조합은 유연한 형태의 조직이었고, 변할 수 있었기에 지속했다. 조합의 고정성은 조합이 다루는 시간의 양 안에 있었고, 노동은 일당 또는 시간당 임금으로 조직되었다.

그 자율성도, 노동 시간도 기독교 신앙의 서사적 시간과는 맞지 않았다. 장사꾼이 고리대금업자로서, 사장으로서, 다른 사람의 목숨을 담보로 건 도박꾼으로서 경쟁자들을 파멸로 몰아넣을 때, 호모 에코노미쿠스는 그들의 악마였을 것이다. 하지만 자기 자신을 파괴할 수 있기에 호모 에코노미쿠스는 스스로에게도 악마였다. 자신이 번영의 수단으로 삼고자 했던 그 제도가 심판의 날 그 자신을 버릴 수 있기 때문이었다. 약속은 이 경제적 시간과 공간에는 없었다.

호모 에코노미쿠스의 기원을 밝힌 경제사가 앨버트 허쉬만의 설명에도 초기 자본주의의 파괴적인 힘은 나타나지 않는다. 허쉬만에게 경제는 사람을 진정시키는 활동이었고, 이는 "중세 기사도적 에토스로 고양된…… 명예와 영광을 찾고자 하는 노력"과 대비되었다.[32] 허쉬만은 『열정과 이해관계』에서 좀더 이후의 시기를 다루고 있지만, 중세 작가 기욤 드 콩슈를 생각했을지도 모른다. 콩슈는 기사나 십자군, 나아가 천년왕국 신봉자가 보이는 성마른 기질이 없는 품성을 칭찬했다. 그는 이런 품성을 모데스티아modestia라 부르고 "몸가짐과 행동을 비롯한 모든 활동에서 모자르지도 넘치지도 않는 미덕"이라 정의했다.[33] 성 루이도 "의복, 음식, 신앙, 종교 등 모든 것에서 중용을 지키고 찬양했다. 그에게 이상적인 사람은 **신중한 사람**이었다. 그런 사람은 그가 지혜와 **척도**를 역량과 결부시킨다는 점에서 용감한 기사와 구별될 수 있었다."[34] 하지만 호모 에코노미쿠스는 본질적으로 신중하지 않았다.

현대 사회는 이타주의나 연민이 삶을 살아가는 데 필수적이라고 상상할 수 없을 만큼 경제적 개인주의가 너무도 무겁게 드리워져 있다. 중세인들은 믿음 때문에 그런 상상을 할 수 있었다. 제 영혼의 상태를 무시하는 것은 신중하지 못한, 더없이 어리석은 짓이었다. 기독교 공동체에서 자신의 장소를 상실한다는 것은 타락한 짐승의 삶을 산다는 뜻이었다. 당연히 사람들은 경제적 개인주의를 정신적 유혹의 한 형태로 보았다. 그렇다면 공동체는 무엇으로 유지될 수 있었을까? 중세 전성기 동안 파리에서 처음 확연하게 등장한, 공간과 장소의 긴장을 해결해야 한다는 딜레마는 중세가 끝나가는 시기에 다른 어딘가에서 그려진 세 장의 그림에서 확인할 수 있다.

— 3 —
이카로스의 죽음

첫번째 그림은 옛이야기를 다시 전한다. 1564년 피터르 브뤼헐은 자신의 가장 큰 그림을 제작했다. 이 그림은 잘 보이지 않을 만큼 세세한 묘사로 어두운 이야기를 전한다. 〈골고타로 가는 행렬〉은, 구름이 내려앉은 검푸른 하늘과 맞닿은 굴곡 있는 풍경에, 인물군이 화면을 메운다. 이 그림은 근경부터 원경까지 세 부분으로 나뉜다. 가까운 곳에는 언덕배기에 앉아 슬퍼하는 사람들이 있고, 중간에는 언덕으로 향하는 수백 명의 군중이 보이며, 저 뒤에서는 구름 낀 하늘과 언덕의 지평선이 만난다.

가까이 당겨 그려진 슬퍼하는 사람들은 예수의 제자들과 가족이다. 눈을 감고 고개를 숙인 채 몸을 축 늘어뜨린 마리아가 이 무리의 중심점을 이룬다. 브뤼헐은 이 인물들을 아주 명확하고 자세하게 그

── 피터르 브뤼헐, 〈골고타로 가는 행렬〉, 1564.

려, 중경에서 일어나는 불분명한 움직임과 강하게 대비시킨다. 중경에
서는 짙고 얼룩덜룩하게 그려진 사람들의 행렬이 보이고, 이 행렬에서
는 말에 올라타 줄지어 가고 있는 사람들의 제복 색깔로 만들어진 붉
은색 선이 유일한 시각적 질서를 이룬다. 행렬의 중앙이자 캔버스의
정중앙에는 회색 옷을 입은 남자가 흐름을 거스르며 쓰러져 있다. 그
는 무언가를 떨어뜨렸다. 이 물체는 대지의 색과 거의 비슷한 옅은 노
란색으로 칠해져서 보는 이가 겨우 무엇인지 알아볼 수 있다. 바로 십
자가다.

　브뤼헐은 그리스도를 군중 속에 묻어버렸고, 군중은 붉은 선을
따라 맹목적인 움직임으로 회색과 노란색의 이 얼룩을 짓밟는 것처

럼 보인다. 그리스도의 드라마를 압축하면서 그 비극은 작은 시각적 디테일로 축소되었다. 이를 통해 브뤼헐은 성스러운 것과 세속적인 것 사이의 간극을 가장 전통적인 방식으로 전한다. 브뤼헐의 현대 전기 작가는 "그리스도가 덜 보일수록…… 일반인의 무관심을 보여줄 여지가 더 많아진다"고 말한다.[35] 이 그림에서 인간의 풍경은 메마르고 쌀쌀한 불모지이다. 그러나 이 장면을 묘사하며 브뤼헐은 고통에 반응하고 함께 협력해야 한다는 기독교의 전통적 테마를 환기시켰다. 전경에 선명하게 묘사한 광경은 그리스도의 고통 앞에 하나되어 고통에 반응하고 함께 협력하는 사람들을 보여준다. 그러나 그들은 황야에 있다.

1458년과 1466년 사이 피에로 델라 프란체스카는 우르비노에 있는 팔라초 두칼레의 소성당을 위해 〈채찍질〉을 그렸다. 이 그림은 선명한 도시적 표현으로 기독교적 장소 감각을 연출한다. 이 작은 그림 (가로 81센티미터, 세로 58센티미터)에서 피에로는 하나의 장면을 두 개의 복잡한 부분으로 나눈다. 그림 한쪽은 기둥에 묶인 그리스도가 있는 개방된 방을 들여다본다. 한 고문관이 그리스도를 채찍질하고 다른 두 명은 옆에 서 있으며 떨어져 앉아 있는 사람도 이 채찍질을 보고 있다. 그림의 다른 반쪽은 도시의 야외 광장에서 벌어지는 관련 없는 장면으로 보인다. 여기서 두 어른과 한 소년, 이렇게 세 인물이 건물군 앞에 서 있다. 그림의 두 부분을 직접 연결하는 것은 바닥에 그려진 흰 선들뿐이다. 이것은 방의 바닥에 깔린 무늬 타일로 보이는데 밖으로까지 이어져 거리의 포장재가 된다.

현대 예술사가들의 연구 덕분에 우리는 피에로 시대에는 두 부분이 하나로 보였으리란 것을 안다. 다만 학자에 따라 그 관계는 달라진다. 매릴린 라빈의 관점에서 설명하면, 도시에 있는 나이든 두 사람은 각자 아들을 잃었는데, 한 명은 전염병, 다른 한 명은 결핵 때문이었다. 사건 이후 "두 아버지가 함께 피에로에게 그림을 부탁했고" 가운데 젊은이는 "'사랑하는 아들'의 화신이다."[36] 따라서 당대의 관람자는 건물 안에 있는 '사람의 아들'[그리스도]의 고통과 건물 밖에 있는 아들을 잃은 고통을 연결해서 보았다.

　두 부분은 순전히 시각적인 측면에서도 연결되었다. 피에로는 원근법 이론가였고, 건물 안쪽 깊숙한 곳의 채찍질과 전면의 세 사람은 정확히 하나의 원근법으로 그려졌다. 〈채찍질〉의 두 부분은 마치 피에로가 하나의 건축물을 만든 것처럼, 그가 그 건축물 정면에 서서 그린

피에로 델라 프란체스카, 〈채찍질〉, 1444.

것처럼 서로 만난다. 현대 화가 필립 거스턴은 이 불가사의한 장면에 대해 이렇게 쓴다. "그림은 거의 반으로 잘려 있지만 두 부분이 서로에게 영향을 주고, 서로를 밀어내고 끌고, 흡수하고 확장한다."[37] 피에로처럼 정면에 서서 보는 이는 거스턴의 말이 환기하는 장소의 복잡한 일체성을 느끼지만, 이 시각적 가치는 그림에서 전하는 종교적 이야기와 밀접하게 관련된다. 비통한 아버지들—그들의 고통은 그리스도 자신의 고통으로 투영되고, 변모되며, 상쇄된다—에 대한 위로라는 주제를 전달하면서 피에로는 일관성 있는 도시적 장소를 만들었다. 이 장면은 도시 풍경 속에서 '그리스도의 모방'을 표현한다.

브뤼헐이 〈골고타로 가는 행렬〉보다 6년 앞서 그린 〈이카로스의 추락이 있는 풍경〉은 세번째 가능성을 제시하는 이교도의 이야기를 묘사한다. 다시 한번 그림의 관심사는 상세하게 재현된 고통이다. 브뤼헐은 밀랍 날개를 달고 태양을 향해 날아오르는 젊은이를 보여주지 않으며, 날개가 녹고 하늘에서 떨어지는 순간도 보여주지 않는다. 화가는 오직 고요한 바다 속 첨벙거리는 두 작은 다리만을, 풍경 속 작은 세부일 뿐인 죽음을 보여준다. 심지어 색채도 사건을 감춘다. 브뤼헐은 소년의 다리 색을 바다의 청록색이 섞인 푸르스름한 흰색으로 그렸다. 이와 대조적으로 밭을 가는 농부, 양을 돌보는 목동, 낚싯줄을 던지는 어부는 생생한 색으로 대담하게 구도를 잡아 그렸다. 화가는 보는 이로 하여금 저 멀리 해안가를 따라 네덜란드 도시로 항해하는 배를 바라보도록 이끌었다.

"쟁기는 죽어가는 자를 위해 멈추지 않는다"라는 당대 속담이 있었다.[38] 브뤼헐의 풍경에서 사람들은 바다에서 벌어지는 낯설고 끔찍

251

└─ 피터르 브뤼헐, 〈이카로스의 추락이 있는 풍경〉, 1558년경.

한 죽음에 관심을 갖지 않는다. 시인 W. H. 오든이 말했듯, 여기서 브뤼헐은 또다시 사람에게 갖는 연민의 결핍을 그렸다. 다음은 오든이 이 그림에 대해 쓴 시 「뮈제 데 보자르Musée des Beaux Arts」의 일부다.

　브뤼헐의 〈이카로스〉에서는 모두가
　한가로이 재난에서 고개 돌리고 있으니
　물에 추락하는 소리, 버림받은 그 외마디소리를 들었겠지만
　농부에게 그것이 큰 낭패는 아니었고……[39]

　그러나 이 그림은 브뤼헐이 만든 가장 온화한 풍경 중 하나이다. 평화로운 분위기가 감돈다. 농촌 장면이 너무 아름다워서 우리의 눈

은 이야기에서 다른 곳으로 간다. 우리는 죽음보다도 색채에 더 관심을 가진다. 그림의 아름다움이 [보는 이를] 억누른다. 브뤼헐의 〈골고타로 가는 행렬〉에 있던 메마른 불모지는 사라지고, 피에로의 〈채찍질〉에 그려진 장소와 고통의 일체성도 부재한다. 장소의 감각은 그 자체로 목적이 되었다. 아름다운 정원[에덴동산]이 복원된다.

이 세번째 그림은 중세에 발생한 장소에 대한 집착에서 유발된 긴장의 해소를 암시한다. 물론 의도한 바는 아니다. 〈이카로스의 추락이 있는 풍경〉에서 우리는 시간을 모르는 아름다움과 공포라는 상반성에 빠진다. 낯선 사건과 이질적 존재를 부정해왔던 장소, 그런 장소의 이미지 그 이상도 그 이하도 아니다. 기독교 공동체가 점점 더 이질적인 세상에서 살아남고자 할 때, 이 부정은 유례없이 유혹적인 것이 되었다.

제7장

접촉의 두려움

베네치아의 유대인 게토

셰익스피어 『베니스의 상인』의 줄거리는 우리 생각에 기이해 보이는 상황을 다룬다. 베네치아(베니스)의 부유한 유대인 대부업자 샤일록은 바사니오에게 석 달간 3천 두카트를 빌려줬고, 바사니오의 친구 안토니오가 샤일록에게 그 빚을 갚기로 약속했다. 귀족 기독교인 안토니오와 그가 지지하는 모든 것을 증오하는 샤일록은, 만일 안토니오가 못 갚으면 몰수품으로 그의 살 1파운드를 원한다. 희곡들에서 으레 그렇듯, 안토니오는 운이 따르지 않았다. 그의 전 재산을 싣고 오는 배가 폭풍으로 난파한다. 이상한 점은 희곡에서 안토니오와 기독교 당국이 유대인에게 그들의 약속을 지켜야 한다고 생각했다는 점이다.

극장 밖에서, 셰익스피어의 관객들은 유대인을 법적 보호를 받을 가치도 없는 반인반수로 취급했다. 셰익스피어가 『베니스의 상인』을 쓰기 불과 몇 년 전, 영국에서 가장 유명했던 유대인도 법적 보호를

254

제2부. 심장의 운동

받지 못했다. 엘리자베스1세의 주치의 로페즈는 여왕 독살 음모에 가담했다는 이유로 고발을 당했다. 심지어 여왕도 로페즈를 심리해야 한다고 주장했으나, 대중은 그가 유대인이라는 것 이외의 다른 증거는 필요치 않았고, 그는 린치를 당했다. 셰익스피어는 자신의 희곡에서 유대인 고리대금업자를 식인종으로 설정하면서 이런 편견을 가중시켰다.

그러므로 관객은 [갑자기 나타나 사태를 해결하는 초자연적인 힘인] 강력한 데우스엑스마키나deus ex machina로서 베네치아 총독이 나타나 그 식인종을 감옥에 가두거나 최소한 계약이 부도덕하기에 무효라고 선언하길 기대했을지도 모른다. 하지만『베니스의 상인』의 조연 중 하나가 총독이 바로 그런 식으로 문제를 해결하리라 확신할 때, 안토니오는 "대공께서는 법도를 거부할 수 없다네"라고 답한다.[1] 안토니오에 대한 샤일록의 힘의 우위는 계약의 권리이다. 일단 양측이 "자유의사로 계약을 맺었으니" 다른 어떤 것도 문제가 될 수 없다. 총독은 샤일록을 만났을 때 이 점을 인정한다. 총독이 할 수 있는 일은 단지 샤일록에게 간청하는 일이고, 안전한 권리를 확보한 샤일록은 도시의 최고 권력자의 말을 듣지 않는다. 결국 이 문제를 풀어낼 여인 포셔는 "베네치아의 어떤 권력도 기정의 조항을 하나라도 변경할 수는 없습니다"라고 선언한다.[2]

『베니스의 상인』의 줄거리는 중세 대학과 여타 조합들에서 처음으로 형성된 경제 권력을 보여주는 듯하다. 샤일록의 금전적 권리가 지배하고, 국가는 이 권리에 대항할 수 없다. 희곡은 안토니오와 샤일록처럼 쌍방이 일단 합의했을 때 계약의 구속력을 통해 경제적 우위가 새롭게 확장됨을 보여준다.

더욱이 유대인의 경제력은 셰익스피어의 희곡에서 사면초가에 몰린 베네치아인들 중 기독교 공동체를 공격하고 있다. 안토니오는 아낌없이 친구 바사니오를 돕고자 했다. 샤일록과 다르게 안토니오는 아무런 대가도 바라지 않으며, 곤경에 처한 바사니오에게 연민을 느낀다. 셰익스피어의 베네치아인들은 사업 면에서 영국 신사들이다. 이 멋진 베네치아 사람들은 셰익스피어의 다른 희곡에서 다양한 모습으로 나타난다. 예를 들어 『한여름 밤의 꿈』에서는 결국 기독교의 연민이 모든 일을 정리한다. 그러나 베네치아는 셰익스피어와 그 당대 사람들에게 특별한 의미가 있었다.

의심할 바 없이 베네치아는 무역 덕분에 르네상스 시기 가장 국제적인 도시가 되었다. 이곳은 유럽과 아시아, 유럽과 아프리카를 잇는 관문이었다. 영국인과 대륙의 유럽인은 베네치아 함대와 같은 막강한 해군을 구축해 국제무역에서 이득을 볼 수 있기를 희망했다. 셰익스피어가 『베니스의 상인』을 썼던 1590년대 무렵 베네치아의 부는 사실상 줄어들기 시작했지만, 그래도 유럽에서 이곳의 이미지는 황금빛의 화려한 항구였다. 셰익스피어는 이탈리아인 망명자 존 플로리오의 『말들의 세상A World of Words』 같은 책에서, 혹은 또다른 망명자 알폰소 페라보스코의 음악을 통해 베네치아의 이미지를 얻었을 것이다. 얼마 뒤 셰익스피어의 관객은 이니고 존스의 건축에서 위대한 베네치아인 건축가 팔라디오의 영향을 알아보았을지 모른다.

베네치아 사회는 수많은 외국인이 오가는 그야말로 이방인의 도시처럼 보였다. 엘리자베스 시대 영국인이 상상하는 베네치아는 이교도들과 신앙 없는 자들과 교류하며 엄청나게 부유해진 장소였고, 부는 타자와의 거래를 통해 흘러들어왔다. 그러나 고대 로마와는 달리 베네치아는 영토 권력이 아니었다. 베네치아를 오가는 외국인들은 같은 제국이나 같은 민족국가에 속한 사람들이 아니었다. 유대인을 비롯해 독일인, 그리스인, 투르크인, 달마티아인 등 베네치아의 체류 외국인은 공식 시민권이 막혀 있었고 영구 이주자로 살았다. 이 이방인의 도시에서 부의 문을 열 수 있는 열쇠는 계약이었다. 안토니오는 다음과 같이 말했다.

> 왜냐하면 베니스에서 외국인들이 우리와 더불어 향유하고 있는 교역상의 특권이 혹여 거부된다면 우리 공국의 공정성이 크게 손상될 것이기 때문이지. 우리 베니스의 통상과 사업은 모든 나라와 밀접하게 연결되어 있거든.[3]

실제의 베네치아였다면 셰익스피어의 이야기 속 많은 사건은 일어날 수 없었을 것이다. 한 예로 안토니오가 샤일록을 저녁식사에 초대하는 장면이 그렇다. 희곡에서는 유대인이 이를 거절하는데, 실제 베네치아였다면 샤일록에게 선택권은 없었다. 현실의 유대인 대부업자는 16세기 동안 베네치아인들이 유대인을 염두에 두고 건설한 게토에서 살았다. 실제의 대부업자는 동틀 무렵 도시 경계에 위치한 게토에서 내보내졌고, 도시 중앙 근처의 나무 도개교跳開橋였던 리알토다리 주변의 금융지구로 향했다. 땅거미가 지면 유대인들은 비좁은 게토로 돌아와야 했다. 해가 지면 문은 잠겼고, 집의 덧문도 닫아 밖을

제7장. 접촉의 두려움

볼 수 없었다. 경찰은 외부를 순찰했다. "도시의 공기는 사람을 자유롭게 한다"라는 중세 속담은 유대인에겐 씁쓸한 뒷맛만 남겼다. 도시에서 사업을 할 수 있는 권리가 더 폭넓은 자유를 가져다주지는 않았기 때문이다. 유대인은 평등한 자로 계약을 했지만 격리된 자로 살아갔다.

실제의 베네치아에서 기독교 공동체의 욕망은 꿈과 근심 사이 어딘가에 있었다. 차이라는 불순함이 베네치아인들의 뇌리에서 떠나지 않았다. 알바니아인, 투르크인, 그리스인, 독일인 같은 서구 기독교인, 이들 모두 보초가 있는 건물이나 건물군에 격리되어 있었다. 차이는 베네치아인들을 계속해서 괴롭히면서도 매력적인 힘을 행사했다.

베네치아인들이 유대인을 게토에 가둘 때, 그들은 기독교 공동체를 감염시키는 질병을 격리하는 것이라고 주장했고 그렇게 믿었다. 베네치아인들에게 특히 유대인은 육체를 타락시키는 악이었기 때문이다. 기독교인은 유대인과의 접촉을 두려워했다. 유대인의 육체는 알 수 없는 불결한 힘을 가지고 있으며 성병을 옮긴다고 생각했다. 유대인의 몸은 깨끗하지 않았다. 사업상 하는 사소한 의례적인 행동들도 이 접촉의 불편함을 보여주었다. 기독교인들 간의 계약은 입맞춤이나 악수로 마무리되었지만, 유대인들과의 계약은 양측의 육체가 닿지 않도록 목례로 끝냈다. 안토니오의 살로 대가를 치르라고 한 샤일록의 계약은 바로 유대인이 돈의 힘을 사용해 기독교인의 육체를 더럽힐지 모른다는 두려움을 시사했다.

중세에는 그리스도의 모방을 통해 사람들이 육체, 특히 고통받는 육체를 보다 더 교감하며 인식했다. 유대인과 접촉하는 것에 대한 두려움은 그 공통의 육체라는 생각의 한계를 보여준다. 한계 너머엔 위협이 있었다. 이질적인 육체의 불순함은 관능성, 동방의 매력과 결합되었고, 그런 육체는 기독교의 속박에서 벗어나기 때문에 위협은 배가되었다. 유대인과의 접촉은 자신을 더럽히지만 또한 유혹한다. 게토라는 격리된 공간은 유대인의 경제적 필요와 그들에 대한 혐오, 실질적 필요성과 신체적 두려움 사이의 타협이었다.

게토는 베네치아가 위급하던 때에 건설되었다. 도시의 지도자들은 무역에서 확실한 우위를 상실했으며, 몇 해 전에는 참담한 군사적 패배도 겪었다. 그들은 이 손실을 주로 도시의 도덕 상태 탓으로 돌렸다. 손에 쥐어봐야 미끄러져 사라지는 그 부로 인해 생겨난 육체의 악 때문이라는 것이었다. 도시를 개혁하자는 이 도덕 캠페인에서 게토 계획이 나왔다. 자신과 다른 이들을 격리함으로써, 더이상 그들과 접촉하지 않아도 되고 그들을 보지 않아도 되게 함으로써, 도시의 장로들은 평화와 품위가 자신들의 도시로 돌아오길 희망했다. 이는 브뤼헐이 〈이카로스의 추락이 있는 풍경〉에서 보여준, 고요한 꿈같은 풍경의 베네치아 버전이었다.

오늘날 우리는 유럽에서 유대인들이 늘 게토 공간에 고립되어 살아왔다는 것을 잘 안다. 실제로 1179년의 라테라노공의회 이후 기독교 유럽은 유대인이 기독교인 사이에서 살지 못하게 하려고 애썼다. 런던, 프랑크푸르트, 로마처럼 유대인들이 대규모로 정착한 모든 유럽 도시는 유대인을 따로 떨어져 살게 했다. 로마는 라테라노공의회의 칙령을 강화하면서 생긴 문제점을 전형적으로 보여주었다. 로마에는 중세 초기부터 지금의 게토 같은 것이 있었다. 중세 로마의 유대인 구역은 일부 도로에 문을 설치했지만, 도시 조직이 너무도 무질서해서 유

제7장. 접촉의 두려움

대인들을 완벽히 가두지는 못했다. 베네치아는 도시의 물리적 특성 덕분에 마침내 라테라노공의회가 규정한 규칙을 실행하는 것이 가능했다. 베네치아는 물 위에 건설된 도시였고, 도시의 도로라 할 물이 건물군들을 떨어뜨려놓아 거대한 군도를 이루었다. 유대인 게토를 만드는 과정에서 도시의 장로들은 물을 이용해 공간을 분리할 수 있었다. 게토는 운하가 성의 해자처럼 경계를 이루는 섬들의 집합이었다.

경제라는 모자이크에 기독교 공동체를 강요하려는 이런 몸부림으로 인해 고통을 받았지만, 베네치아 유대인은 수동적인 희생자가 아니었다. 유대인 게토의 형성은 격리된 자들이 바로 그 격리를 통해 새로운 형태의 공동체 생활을 만들어낸 이야기를 들려준다. 실제로 르네상스 시기 베네치아의 유대인은 게토에서 어느 정도 자기결정권을 가졌다. 게다가 사순절 등 종교적 감정이 고조되는 시기에, 비기독교인이 자신들 같은 외부인에게 할당된 공간 안에 머무르기만 한다면, 도시는 기독교 군중으로부터 유대인이나 투르크인을 보호해주었다.

격리로 인해 유대인의 일상적 타자성은 강화되었으며, 게토 장벽 너머의 지배권력에게 비기독교인의 삶은 더욱더 수수께끼였다. 유대인 자신들에게 게토는 외부세계와 접촉할 때의 위험성을 증가시켰다. 게토 밖으로 조심스럽게 나갈 때면 그들 자신의 유대인성이 위험에 처하는 것 같았다. 자신들을 억압하는 자들 사이에 섞여 작은 세포 단위로 살아남았던 3000년 동안, 유대인들은 어디에 살든 자신들의 믿음을 유지했다. 이제 이 '말씀을 따르는 사람들' 간의 신앙의 유대는 그들 자신의 장소를 획득하는 것에 더욱 의존하기 시작했고, 거기서 그들은 유대인일 수 있었다.

공동체와 억압. 베네치아 기독교인들은 매혹하는 이질적인 육체와 접촉하기를 두려워한 나머지, 자신들과 다르다는 이유로 그들을 격리함으로써 기독교 공동체를 만들고자 했다. 유대인의 정체성은 그 같은 억압의 지리地理에 얽혀들고 말았다.

— 1 —

자석 같은 도시

향신료와 유대인

앙리 피렌은 중세 도시를 무역으로 인한 다공성의 장소로 치부하는 막스 베버를 비판했는데, 베버는 원거리 무역이 도시 생활에 온갖 모호함과 혼잡함을 가져왔다고 보았다. 피렌이 말한 자석 같은 도시의 가장 좋은 예는 베네치아일 수 있다. 유대인과 다른 외국인들을 도시로 끌어당긴 대가로 베네치아를 부유하게 만든 상업 중에는 향신료 무역이 있었다.

베네치아가 가장 먼저 취급한 향신료는 음식을 보존하는 데 가장 기본적인 재료인 소금이었다. 중세 초기에 베네치아인들은 해변 습지에서 소금을 건조해 다른 지역에 팔았고, 이를 위해서는 땅을 통제해야 했다. 베네치아인들은 의류와 금 무역에서처럼, 먼 곳에서 들여온 사프란 같은 향신료 교역으로 부유해졌다. 사프란 시장은 바로 인접한 곳에서는 작았지만 유럽 전체로 보면 거대한 시장이었다. 이런 종류의 무역은 땅의 점유보다 바다의 통제에 더 많이 의존했다. 사프란, 쿠민, 주니퍼(향나무)는 인도를 비롯한 동방의 여러 나라에서 재배되

었고, 베네치아는 윌리엄 맥닐의 표현대로 이를 서구로 들여오는 "유럽의 경첩" 역할을 했다.[4]

서기 1000년경부터 이미 베네치아는 아드리아해 주변에서 가장 우세한 세력으로 자리를 잡았는데, 이곳은 예루살렘으로 가는 길목 중 하나였다. 그렇기에 베네치아는 유럽 십자군이 '거룩한 땅'(팔레스타인)으로 향하면서 경유하는 도시가 되었다. 제3차 십자군원정 이후 이 도시는 동방과 무역할 수 있는 권리와 동방의 향신료를 수입할 수 있는 권한을 얻었다. 후추는 일부는 인도에서, 일부는 아프리카 동해안에서 출발해 이집트의 알렉산드리아 항구를 거쳐 왔고, 사프란과 육두구는 인도에서, 계피는 실론(스리랑카)에서 왔다. 십자군은 동방에서 돌아오며 이 향신료들의 맛을 잊지 못했고, 향신료의 등장은 유럽의 식생활을 바꾸었다. 향신료 무역이 베네치아 경제의 큰 부분을 차지하면서 사프란 사무소 같은 특화된 관료체계가 만들어져 이를 규제했다. 1277년 베네치아의 경쟁 도시 제노바는 북유럽의 브뤼헤와 여러 영국해협 쪽 항구들에 매년 화물 호송대를 보내기 시작했다. 베네치아는 유럽 초입의 항구들에서 이 상품들 중 상당 부분을 통제했다. 곧 베네치아는 영국을 경유해 자체적으로 북유럽과의 교역을 시작했다.

베네치아는 개별 상인 가문들과 베네치아 정부 간의 합작 투자 제휴 형식으로 무역을 관리했다. 역사가 프레더릭 레인에 따르면, "합작 투자는 근대적 조합의 영속성을 결여했고 아주 제한된 목표를 갖고 있었다. 그 제휴는 한 번의 항해 기간 또는 한 화물이 다 팔릴 때까지만 지속되었다."[5] 오직 소수의 거대 가문만이 이런 합작 투자를 했

다. 예를 들어 그리마니 가문은 한 해의 이익 중 20퍼센트인 4만 두카
트를 가져갔다.[6] 베네치아의 주요 제조업은 이런 항해를 위한 선박 제
조였다.

향신료와 기타 상품은 특별한 종류의 상업용 갤리선으로 운송했
는데, 연안에서는 200명이 노를 젓고 먼 바다에서는 돛을 달아 이 배
를 움직였다. 군용 갤리선보다 더 길고 더 넓은 이 배들은 무다^{muda}라
는 호송선의 호위를 받으며 항해했다. 도시는 선박을 소유하고 이를
그리마니 같은 상인들에게 임대했으며, 이 상인들은 더 영세한 향료
품 상인에게 거대한 배의 일부 공간을 빌려줬다. 때로는 갤리선 호송
대가 지중해 남부 해안 근처로 화물을 수령하기 위해 베네치아에서
출발하기도 했지만, 거대 갤리선의 비용과 구조 때문에 보스포루스해
협을 거쳐 흑해에 이르는 긴 항해가 더 이득이었다. 흑해의 동쪽 끝에
서 선단은 인도와 실론에서 육로로 온 향신료들을 받았다. 그때 배들
이 작은 무리를 지어 돌아왔고, 이는 탐나는 공격 대상이었다. 투르크
의 힘이 커지기 전인 14세기에 이렇게 돌아오는 배들은 주로 해적의
위협을 받았고, 이후 귀중한 화물을 가득 채운 배들은 투르크인의 공
격도 뚫고 나가야만 했다. 따라서 셰익스피어의 극은 실제의 위협을
바탕으로 한 것이었다.

간신히 살아남은 배는 아드리아해를 거쳐 베네치아의 석호와 모
래톱을 지나 도시 안으로 들어왔다. 석호와 모래톱의 물이 배의 접근
을 강력하게 통제했기 때문에 무엇보다 효과적인 성벽 역할을 했고,
베네치아는 외부 침략에 대항할 수 있었다. 귀항하는 선박은 산마르
코광장의 대성당을 방향의 기준으로 삼았다. 선단이 접근하면 세관에

서 나온 선박이 접선해 세관원이 배에 올랐다. 이 상업 갤리선의 크기 때문에 베네치아의 주요 수로인 대운하까지 깊이 들어가기는 힘들었다. 화물은 작은 배로 옮겨졌고 대운하와 그 지류를 따라가며 하적 작업을 진행했다.

배가 안전하게 항구로 들어오면 관리들이 몰려와 상품을 낱낱이 세고 세금을 부과했다. 이런 감시는 베네치아 항구의 생명선이었고, 도시의 물리적 형태 덕분에 다양한 방식의 감시가 가능했다. 석호의 좁은 출입 해협, 세관이 있던 곳, 대운하의 큰 입구로 인해 정부는 법으로만이 아니라 눈으로도 감시할 수 있었다. 베네치아 정부는 지중해를 항해하는 배들의 향료 선적을 감독하고 세금을 새로 매겼으며, 지브롤터해협을 지나온 이 큰 배들은 다시 포르투갈, 프랑스, 영국, 북유럽 국가들을 향해 항해했다.

이 시스템의 중개인은 상인, 금융인, 은행가였다. 이들은 드넓은 산마르코광장에서 약 1.5킬로미터 위쪽에 자리한, 대운하를 가로지르는 리알토 다리 주변에 몰려 있었다. 셰익스피어도 바로 이곳에서 샤일록이 일하는 것으로 설정했다. "은행가는…… 리알토성당의 기둥 현관 아래에서, 큰 거래 장부를 앞에 펼쳐놓고 앉아 있다. 전주錢主는 은행가에게 돈을 빌리는 자의 계좌로 돈을 보내라고 구두로 지시했다."[7] 은행가의 자금은 금화나 은화 자루였고, 증권이나 지폐는 거의 사용되지 않았다. 무역상들은 외국어로 적힌 종이 조각의 가치가 매우 의심스러웠을 곳들 출신이었기 때문이다. 리알토 주변의 건물은 은행가들이 금이나 보석을 보관하는 금고실로 가득찼다. 이 중개인들은 먼바다에서 벌어지는 일들을 잘 모르는 채 사업을 했기 때문에, 불가

피하게 리알토는 매일 뜬소문과 풍문이 가득했다.

"그 사람 말이 곧 보증수표이다." 훗날 런던시티에서 사업이 번창했던 방식처럼, 리알토 주변의 중개인들은 비공식적인 구두계약에 의존했다. 말로 성립한 신용은 세금을 안 내고 장부에도 적지 않는 자본, 중개인들이 국가의 눈을 피하고자 하는 자본의 사용과 결부되었다. 그들은 가능한 한 장부에 적지 않으려 했고, 그렇게 해서 도시로 들어오고 나가는 배를 통제하는 엄격한 규제를 갖고 놀 수 있었다. 불법적 사업이지만 불명예스러운 사업은 아니었다. "그 사람 말이 곧 보증수표이다"는 리알토다리 주변에서 생긴 작은 의례, 커피 의례에서 발전했고, 정직과 침묵이 장사 밑천인 전문적인 보증 집단이 다리 주변에 상주했다. 총독은 안토니오를 기꺼이 돕고 싶었지만, 샤일록과의 관계에서 안토니오의 문제는 "내가 그 사람에게 말로 약속했다"는 데 있었다.

향신료 무역의 성쇠는 베네치아가 게토를 만들기 시작했을 무렵 작동하기 시작한 역학관계를 압축적으로 보여주었다. 1501년 베네치아는 포르투갈인들이 아프리카 남단으로 항해해 인도로 가는 바닷길을 개척했음을 알았고, 이 길로 인해 베네치아는 북유럽과 서유럽으로 향신료를 전달하는 거점으로서의 지위를 잃게 될 것이었다. 당시 사람인 지롤라모 프리울리에 따르면, "자유의 박탈을 제외하고, 베네치아 공화국에 그보다 더 나쁜 소식은 없었다."[8] 투크르인들에 의해 아드리아해가 봉쇄당할 수 있다는 사실을 베네치아인들이 깨닫게 된 시점에, 동방과 서방을 잇는 더 길지만 안전한 새 항로가 출현했던 것이다.

이제 재앙의 10년이 시작되었다.

15세기 내내, 베네치아인들은 이탈리아 북부에 지상 제국을 세워 국제무역의 불안정성에 대비하고자 했다. 베네치아 석호에 인접한 도시 메스트레는 전통적으로 '단단한 땅terra firma'과의 주요 연결고리였다. 베네치아인들은 베로나, 비첸차, 파도바 같은 도시를 장악하고 있었다. 하지만 이제 1509년 봄, 단 몇 주 만에 이 도시들을 모두 잃었다. 프랑스와 다른 열강들이 진격해왔고, 베네치아는 1509년 5월 14일 로디 근처 아냐델로에서 패배했다. 3주 뒤에 베네치아인들은 석호의 단단한 땅에서 약 5킬로미터 떨어진 채 외국군의 소리를 들을 수 있었다. 바다에서 빛을 잃고, 불경한 이들에 위협당해 자신들의 섬에 갇혀버린 이 충격적 결과로 인해 이 도시는, 역사가 알베르토 테넌티의 말을 빌리면, "자신의 능력을 평가함에 있어 갑자기 평정심을 잃었고, 그에 따라 시간과 공간에 대한 주체적 감각이 불안정해졌음을" 자각했다.[9]

유대인들이 베네치아로 피난을 오기 시작한 것이 바로 이때였다. 1509년, 캉브레 동맹 전쟁의 여파로 약 500명의 유대인이 파도바와 메스트레에서 도망쳐왔다. 자석 같은 도시가 그들에겐 더 안전해 보였다. 독일에서 참혹한 학살이 있었던 1300년 이후 유대인들은 독일에서 북부 이탈리아로 넘어왔고, 그때 피난민의 물결은 파도바와 베로나로, 소수는 베네치아로 향했다. 1090년부터 아시케나지Ashkenazi 유대인[10세기 이후 프랑스와 독일 등 유럽 중부와 동부에 퍼져 살던 유대인]은 베네치아에 살고 있었고, 1492년 스페인에서 세파르디Sephardi 유대인[10세기 이후 북아프리카 및 이베리아반도의 스페인과 포르투갈에 살던 유대인]이 추방된 이후 그 수가 늘어났다. 이 중세 유대인들은 대부분 가난했고, 중고품을 팔며 살았다. 그들에게 개방된 유일한 전문직업은 의학이었다. 패전이라는 참사 이전의 유대인들 중 대부업자는 소수였으며, 도시의 은행업은 대부분 베네치아인들과 외국 출신 기독교인이 담당했다. 그러나 아냐델로 참패 이후 베네치아로 넘어온 유대인 중 상당수는 대부업으로 부를 쌓은 자들이었고, 다이아몬드와 금, 은도 이들과 함께 들어왔다. 게다가 소수이기는 해도 유명한 유대인 의사들도 피난을 왔다. 이 지위 높은 유대인 대부업자들과 의사들은 생활하면서 베네치아 공동체 내 기독교인들과 만나는 일이 많았기에 매우 눈에 잘 띄는 난민들이 되었다.

— 2 —
게토의 벽
분열의 욕망

타락한 육체

아냐델로의 패배에서 베네치아 유대인 게토가 만들어지기까지의 7년 동안, 불어나는 유대인에 대한 증오는 베네치아 자체의 도덕개혁 운동과 결합했다. 마치 도덕적 부패 때문에 도시가 패배했다고 여기는 듯했다. 유대인에 대한 공격은 단연 파도바의 수도사 로바토가 이끌었다. 1511년, 로바토의 웅변에 자극받은 베네치아인들이 산파올로광장 옆에 살던 유대인들의 집을 파괴했다. 그 2년 전 로바토는 대부업자의 전 재산을 몰수해 "그들을 무일푼으로 만들자"고 주장했었다.[10] 같은 시기에 역사가 펠릭스 길버트는 이렇게 썼다. "도덕적 타락 때문에 베네치아의 세력이 결정적으로 약해졌다는 견해는 시민들 개개인만이 아니라 공식적으로도 인정받는 주장이었다."[11]

관능성은 유럽에서 보는 베네치아의 이미지에서 핵심 요소였고, 베네치아인들 스스로 느끼기에도 그랬다. 대운하를 따라 지어진 대저택들의 파사드는 호화롭게 장식되었고 그 색깔들이 잔잔한 물결에 비치며 반짝였다. 모양은 다양하지만 높이는 대략 일정한 건물 파사드가 거리를 따라 끊이지 않고 이어지면서 화려한 색깔의 벽이 되었다. 운하 자체는 곤돌라로 넘쳐났는데, 르네상스 시기 이 곤돌라들은 (나중에 의무화된 검은색이 아닌) 빨강, 노랑, 파랑으로 밝게 칠해졌고, 금실과 은실로 짠 태피스트리와 깃발이 걸렸다.

베네치아가 번영을 누리던 시절에는 육체적 쾌락을 나무라는 기독교의 비난이 강하지 않았다. 이성의 옷에 탐닉하는 동성애 하위문화가 넘쳐나, 젊은 남자들이 여성 장신구만을 걸친 채 운하의 곤돌라에 누워 있곤 했다. 향신료 무역 또한 베네치아가 관능적인 도시라는 이미지에 기여했다. 사프란과 울금 같은 향신료는 시들하거나 퀴퀴하거나 썩은 음식을 되살려주는 양념일 뿐 아니라 인체에는 최음제로 작용한다고 여겨졌기 때문이다. 그리고 무엇보다도 매춘이 항구에서 성행했다.

매춘업은 매독이라는 새롭고 무서운 병을 퍼뜨렸다. 이 병은 1494년 이탈리아에서 출현했다. 처음 발병되자마자 매독은 남녀 할 것 없이 수많은 사람을 죽였다. 병명도, 진단도, 처방도 없었고, 매독이 성관계로 전염되는 것은 알았지만 그 전이의 생리는 수수께끼였다. 역사가 안나 포아가 지적하듯, 1530년대 유럽인들은 구세계에 매독이 출현한 것은 신세계의 정복과 관련 있다고 확신했고, 콜럼버스의 항해를 역사적 기준으로 삼으며 아메리카 원주민을 질병의 근원이라고 비난했다.[12] 그러나 한 세대 이전에는, 결정적인 해인 1494년에 스페인에서 유대인들이 쫓겨나면서 유럽 전역에 매독을 퍼트렸다는 설명이 널리 받아들여졌다.

종교적 관습으로 인해 유대인들의 몸에는 무수한 질병이 있을 것이라 여겨졌다. 시지스몬도 데콘티 다 폴리뇨는 유대인이 나병에 잘 걸린다는 것에서 출발해 매독과 유대교를 결부시켰다. 그는 1512년 이전 언젠가 다음과 같이 두 가지를 연결지었다. 첫째, "유대인은 돼지고기를 먹지 않기 때문에 다른 사람들보다 나병에 걸리기 쉽다." 둘째, "성서는…… 나병이 아주 사악한 음란함을 드러내는 표식임을 분명히 밝혔다. 사실 나병은 성기에서 나타나기 시작한다." 따라서 "이 질병(매독)의 원인은…… 마라노marrano[중세에 기독교로 강제 개종당한 이베리아반도의 유대인]", 즉 스페인에서 쫓겨난 유대인이라는 것이다.[13] 매독과 나병을 이런 식으로 합쳐버리는 것은 우리에겐 불분명한 사실이지만, 첫번째 희생자들의 세대에게는 중요한 이야기였다. 나병은 나병환자의 상처를 만질 때 옮는다고 생각했기 때문에, 창녀와 동침하지 않아도 매독에 걸릴 수 있는 것이었고, 유대인의 몸을 만져도 걸릴지 모를 일이었다.

1512년 3월 13일, "무절제하고 과도한 지출"을 방지함으로써 "신의 노여움을 달래기" 위한 칙령이 지오바니 사누토의 요청으로 베네치아

제7장. 접촉의 두려움

의회에서 가결되었다. 칙령은 새로운 육체적 규율을 통한 도덕 개혁을 결정했다. 1512년의 칙령은 관능성의 공공연한 노출을 금지하고자 했다. 보석류도 남녀 모두에게 규제 대상이었다. "속이 비치는 재질도 금지되었고 (여자들은) 레이스를 사용할 수 없었다. 남자는 신체적 매력을 도드라지게 하는 옷도 입을 수 없었다. 상의는 상체를 전부 덮고 목둘레를 단정하게 감싸야 했다."[14]

베네치아가 관능성을 규제하는 법을 시행하기 15년 전, 피렌체에서는 수도사 지롤라모 사보나롤라가 "허영"에 반대하는 비슷한 운동을 벌였다. 당시 피렌체도 1494년 외국 세력에 패대한 뒤였다. 피렌체에서는, 훗날 베네치아와 마찬가지로, "수치스러운 패배와 설명할 길 없는 전세의 반전은 필연적으로 신의 불쾌감의 징표로 여겨졌다."[15] 사누토처럼 사보나롤라도 도시의 번영을 되찾기 위해 성적 행동에 대한 더 엄격한 규정과 보석, 향수, 비단옷의 금지를 요구했다. 하지만 관능적 육체에 대한 사보나롤라의 공격은 초기 피렌체공화국의 (추정컨대) 엄격한 미덕의 복원으로 이해되었다. 관능적 육체에 대한 베네치아의 혐오는 이와 같은 방식으로 해석될 수는 없다. 베네치아의 번영은 너무도 쾌락과 밀접했다. 더욱이 베네치아에 있는 병든 육체의 다수는 기독교 공동체 안에 결코 자리잡을 수 없었던 이교도들과 신앙이 없는 자들이었다.

유대인에 대한 베네치아인의 공격은 육체적 관능성에 맞선 혐오감과 얽혀 있었다. 매독은 하나의 공격 목표였고, 유대인이 돈을 버는 방식도 논란과 판단의 쟁점이었다. 유대인은 고리대금업으로 돈을 벌었고, 고리대금업은 육체의 타락과 직결되었다.

베네치아에서 12세기부터 행해진 고리대금업은 15~20퍼센트의 이자로 돈을 빌려주곤 했는데, 이는 대체로 중세 말기의 파리보다는 낮은 편이었다. 고리대금업은 더 낮고 금리도 다양했던 정직한 융자와는 대조적이었다. 더욱이 정직한 융자는 차용인의 삶을 파괴할 수도 있는 담보 설정을 하지 않았다. 대신 현대의 파산처럼, 부실한 대출이 쌓이면 앞으로의 거래에서 채권자와 채무자 간의 관계가 재조정되었다.

중세 기독교인은 고리대금업을 '시간 도둑'이라 생각했다. 고대에 고리대금업은 성교와 연관지어 더욱 심한 비난을 받았다. 『정치학』에서 아리스토텔레스는 돈이 동물처럼 새끼를 칠 수 있다는 듯, "돈 그 자체에서 이득을 취하는" 고리대금업을 비난했다.[16] 사회학자 벤저민 넬슨은 고리대금업의 정의가 "13~14세기에 매음굴의 창녀에 비유되며 만들어졌다"라고 쓴다.[17] 셰익스피어의 동시대인은 『런던의 7대 죄악』이란 책에서 "고리대금업자는 돈에 대한 색욕으로 살아가는, 자기 가방의 포주"라고 말했다.[18] 돈을 빌려주는 유대인은 모두 고리대금업과 관련이 있고, 따라서 매춘부와 같다고 여겨졌다. 유대인을 비판한 또다른 기독교인 비평가는 고리대금업자가 "자연에 반하는 생산행위에 돈을 투자한다"라고 썼다.[19] 더욱이 유대인들 사이에서 고리대금업으로 죄를 지을 경우 고해로도 씻을 수 없었다. 베네치아에서 이런 경제적 편견은 이제 베네치아인의 육체를 정화하여 도시-국가의 번영을 회복하고자 하는 공식적인 노력과 공존하게 되었다.

베네치아의 피난민 의사들은 더욱 노골적으로 도시의 기독교인들을 자극했다. 접촉은 기독교 문화에 뿌리 깊게 새겨진 육체적 경험이다. 역사가 샌더 길먼은 다음과 같이 주장한다. "접촉의 이미지는,

제7장. 접촉의 두려움

이브가 아담을 만질 때부터…… 밧세바의 유혹에서도, 막달라 마리아를 정화하는 그리스도의 치유하는 접촉에서도, 성서에 나오는 섹슈얼리티 이미지의 모든 재현을 떠오르게 한다."[20] 성 토마스 아퀴나스에게 촉각은 모든 육체적 감각 중에서도 가장 기본적인 것이었다.[21] 유대인이 매독을 확산시켰다는 민심에 따라, 만일 유대인과의 접촉으로 신체적, 성적 감염이 일어난다고 본다면, 유대인 의사들도 이 질병을 치료해야 했다. 대중의 마음에서는 이제 의사의 인종이 그 질병의 오명과 분리될 수 없게 되었다. 1520년에 파라켈수스는 "(매독환자를) 정화하고, 문지르고, 씻기고, 온갖 불경한 사술을 행하는" 이 유대인들에게 욕을 퍼부었다. 또다시 불결하다는 이유로 유대인은 나병환자의 접촉과 연결되었다. "유대인은 다른 누구보다도 (나병)에 걸리기 쉬웠다. ……그들은 옷감도 없고 집에 씻을 곳도 없었기 때문이다. 이 사람들은 생활하면서 청결이나 단정함에 너무도 소홀하기 때문에 그들의 입법관이 손 씻는 것조차 강제하는 법을 만들 지경이었다."[22] 이런 것들이 성병에 지속적으로 노출되고 명령이 없으면 손을 씻지도 않는 유대인 의사에게 치료받을 경우 찾아올 위험이었다.

종교적 편견에 대한 연구는 합리성을 따지는 과제가 아니다. 인류학자 메리 더글라스는 순수함의 욕망은 사회의 공포를 표현한다고 썼다. 특히 집단이 느끼는 자기혐오는 불순해 보이는 집단을 공격함으로써 "이동할migrate" 수 있다고 주장했다.[23] 아냐델로 패배 이후 베네치아에서 이런 이동이 발생했다. 베네치아인들은 감각의 쇠락이 자신들을 위협한다고 믿었으며, 그들의 자기혐오를 유대인에 대한 혐오로 옮겨놓았다.

이런 전치displacement는 계급적 성격—르네상스 시기 베네치아의
계급 구분을 따르는—도 지녔다. 이 도시는 세 집단으로 나뉘었다. 바
로 귀족nobili, 부르주아cittadini, 평민populani이다. 관능성과의 전쟁은 전
체 인구 12만 명 중 5퍼센트였던 귀족을 겨냥했고, 또한 1500년에 역
시 5퍼센트 정도였던 부르주아의 자식들을 겨냥했다. 사치에 대한 분
노와 귀족에 대한 분노는 떼려야 뗄 수 없었다. 게으른 부자들의 부도
덕성이 근면한 도시에 신의 저주를 가져왔다는 식이었다. 당시 유대
인은 기껏해야 1500~2000명이었다. 따라서 정화의 대상은 상층부의
작은 집단과 하층부의 애매한 몇몇이었다. 유대인 고리대금업자와 의
사는 경제적으로나 현실적으로나 중요했지만, 문화적으로는 기독교
일반 평민 대중보다 낮은 위치였다. 정화 과정에서 흔히 나타나는 현
상이지만, 소수자들은 실제 그 수보다 상징적으로 더 많아 보이고 더
눈에 띄었다.

1515년 4월 6일 성 금요일, 이 상징적인 가시성이 한 사건을 폭발
시켰다. 통상적으로 사순절은 유대인들이 시야에서 사라지는 시기였
다. 베네치아의 패배로 더없이 우울할 때의 성 금요일에 도시의 소수
집단 중 몇몇 유대인이 감히 돌아다녔다. 이것이 한 베네치아 사람에
겐 이렇게 비쳤다. "어제부터 그들이 사방에 있고 끔찍한 일이다. 전쟁
때문에 {유대인이} 필요해지고 그래서 그들이 하고 싶은 대로 해도, 아
무도 뭐라 말하지 않는다."24 곧 새로운 군대 활동에 돈을 대기 위해
혹은 도시에서 유대인을 추방하기 위해, 유대인의 재산을 몰수하자
는 요구가 나왔다. 하지만 유대인은 쫓겨날 수 없었다. 사리사욕의 경
제가 이를 허용할 수 없었다. 저명한 시민이 한마디 한다. "도시에서 유

대인은 심지어 은행가들보다 더 필요하고, 특히 은행가들에게 필요합니다."[25] 심지어 중고물품을 거래하는 가난한 유대인조차 도시에는 필요했다.(1515년에 정부는 공식적으로 그런 유대인 중고물품 가게를 아홉 곳 허가했다.) 모든 유대인은 높은 세금을 내고 있었다.

실질적 필요성에 따라, 베네치아는 불결하지만 필요했던 유대인의 육체를 처리할 공간적 해법을 모색했다. 역사가 브라이언 풀란의 표현대로, "추방하진 않지만 유대인 공동체의 격리"를 선택했다.[26] 소수의 고립으로 다수 대중의 순수함이 보장될 것이었다. 현대 도시 사회의 가장 중요한 주제 하나가 처음으로 등장했다. '도시'는 사람들을 하나로 묶기에는 너무나 방대하고 다양한, 법적이고 경제적이고 사회적인 실체들을 감내할 것이었다. 정서적으로 강한 '공동체'는 도시가 나누어지길 바랐을지도 모르겠다. 베네치아인들은 베네치아 자체의 물의 지리를 활용하면서 공동체를 향한 이 분열의 욕망에 따라 행동했다.

도시의 콘돔

베네치아인들이 예방의 공간에 격리시킨 최초의 이방인 집단이 유대인은 아니었다. 그리스인과 투르크인과 여타 이민족들도 격리된 바 있었다. 아마도 이전에 격리된 이방인들 중 독일인이 가장 논란이 적었을 텐데, 결국 그들은 기독교를 따랐다. 독일과 베네치아의 관계는 샤일록이 등장하는 셰익스피어의 『베니스의 상인』에도 나타난다. "다이아몬드 하나가 없어졌어. 프랑크푸르트에서 2천 두카트나 주고 산 것이야."[27]

셰익스피어의 시대, 독일과의 무역은 베네치아에게 상당히 중요했다. 독일인은 물건을 사려고 또 팔려고 베네치아에 왔다. 1314년 베네치아인들은 독일인을 한 건물로 모아서 그들이 내는 세금을 확실히 할 것을 결정했다. 독일인은 자신과 화물을 장부에 등록했고, 그곳에서 살고 일하게 되었다. 이 건물이 '독일인의 공장', 폰다코데이테데스키Fondaco dei Tedeschi였다. 원래 폰다코데이테데스키는 모든 주민이 독일인이어야만 한다는 추가 조건을 가진 엄연한 중세 주택이었다. 건물로보면 이는 더욱 억압적인 격리 공간 형태의 모델을 제공했다.

초기 형태의 폰다코는 독일인 거주자와 기타 외국인을 위한 수용시설로 이용되었다. 그러나 원칙상 어두워지면 아무도 이곳을 벗어날수 없었다. 실제로 밤 시간은 독일인에게 하루 중 가장 바쁠 때였는데, 그들은 탈세를 위해 어둠속에서 물건을 밀수했다. 따라서 정부는 1479년 이 격리 장소를 고립된 건물로 전환하는 조치를 취했다. 이에 따라 해질 무렵 창문은 닫아야 했고, 폰다코로 가는 문은 밖에서 닫아걸었다.

건물의 내부 또한 억압적인 공간으로, 그 안에서 독일인은 항상 베네치아인들에게 감시당했다. 역사가 휴 아너는 "모든 것이 그들을 위해 배치되었다"고 말한다. "모든 하인과 고위직을 국가가 임명했다. 상인들은 오직 베네치아 태생인 사람들과만, 그리고 모든 거래시 수익의 일부를 가져가는, 그들에게 배정된 중개인을 통해서만 거래할 수 있었다."[28] 오늘날 베네치아에 있는 독일인 폰다코는 1505년 건설되었다. 엄청나게 큰 건물이고 독일인들의 부를 증명해주지만, 바로 그 형태로보면 옛 폰다코의 쓰임새를 결정했던 집중과 고립의 원칙을 더 발전시킨 것이었다. 오늘날 베네치아에서 우체국으로 사용되는 새 폰다코데이테데스키는 중정을 둘러싼 땅딸막하고 획일적인 건물이다. 개방된 회랑이 각 층마다 이 중정을 돌고 있으며, 그 덕분에 치안을 담당하는 베네치아인들이 북쪽에서 온 '손님들'의 낮과 밤을 감시할 수 있었다.

이 독일인들은 물론 기독교인이었다. 그들에 대한 감시는 순전히 경제적인 문제에서 출발했다. 그러나 캉브레 동맹 전쟁의 패배 이후 몇십 년이 지나자 훌륭한 가톨릭 신자였던 베네치아인들은 독일과 북쪽의 다른 나라에서 발생한 종교개혁의 거대한 물결을 처음으로 알게 되었다. 그리하여 도시의 독일 상인 통제는 순수하게 상업적이었던 것에서 문화적인 것으로 바뀌기 시작했다. 이 지점에서 육체의 이미지가 들어왔다. 당국은 종교개혁, 즉 사제도 없고 나태와 사치 같은 죄로 이끄는 제멋대로의 형태로 보이는 이 이단의 '전염'을 막고자 했다. 가톨릭 신자들의 상상 속에서 개신교 독일인은 유대인에 더 가까워졌다.[29] 1531년까지는 대부분 갑부였던 몇몇 독일인이 폰다코데이테데스키에서 나올 수 있었다. 1531년에 베네치아는 모든 독일인이 폰다코에서 함께 거주하라고 확정적으로 명령했고, 종교적 이단의 징후를 감시하기 위해 그들 내부의 경비단에 첩자를 심었다.

격리가 되고 나니, 군집되고 고립된 이 외국인들은 연대감을 느끼기 시작했다. 사실 건물 내에서 개신교와 가톨릭 간의 첨예한 분열이 있었음에도 불구하고, 그들은 이탈리아인들과의 거래에서 응집력 있게 행동했다. 억압의 공간은 그들 자신의 공동체 감각에 흡수되었다. 이것이 유대인들에게 찾아올 미래이기도 했다.

1515년, 베네치아인들은 유대인 격리 장소로 게토 누오보^{Ghetto Nuovo}

를 사용할 수 있는지 살펴보기 시작했다. 게토는 원래 이탈리아어로 '주물공장'('붓다'라는 의미의 제타레^{gettare}에서 유래)을 뜻했다. 게토 베키오^{Ghetto Vecchio}와 게토 누오보는 도시의 의례 중심지에서 멀리 떨어진 베네치아의 옛 주물공장 구역이었다. 1500년경 그 제조업 기능은 무기 공장으로 옮겨갔다. 게토 누오보는 기울어진 긴 마름모꼴 대지로 사방이 물로 둘러싸여 있었고, 건물은 중심을 비운 채 경계를 따라 벽을 세운 것이었다. 도시의 다른 지역과는 오직 두 개의 다리로만 연결되었다. 이 다리를 닫으면 게토 누오보를 봉쇄할 수 있었다.

게토 누오보가 변형되었을 당시, 도시의 "거리와 광장과 뜰은 지금처럼 직사각형의 화산 조면암 벽돌로 포장되어 있지 않았다. 많은 거리와 뜰은 딱딱한 바닥이 아니었다. ……간혹 특별한 건물에 인접한 광장 일부만 포장되었을 뿐이다."[30] 게토 누오보가 유대인을 수용하기 이전 세기에, 도시는 운하 옆쪽으로 가파른 제방을 건설하기 시작했다. 이 제방이 물살을 빠르게 했고 운하에 토사가 퇴적되는 것을 막았다. 제방이 건설되자 운하를 따라 작은 길을 놓을 수 있었고, 이 물-땅 형태의 길을 폰다멘타^{fondamenta}라 불렀다. 베네치아의 카나레조 지역이 이렇게 조성되었고 바로 근처에 게토 누오보와 게토 베키오가 자리잡았다. 산업이 빠져나가고 사람이 거의 없던 두 게토는 이런 재생사업에 속하지 않았고, 둘 모두 물리적으로나 경제적으로나 도시 안의 섬이었다. 이 도시 안의 섬들과 다른 땅을 연결하는 몇 개의 다리는 옛 베네치아 도시 길 형태인 소토포르테고^{sottoportegho}로 이어졌다. 소토포르테고는 건물 아래 만들어진 좁고 축축한 통로였는데, 위의 건물을 받치는 기둥 및 주춧돌과 같은 층위에 있었기 때문이다.

소토포르티sottoporti의 끝에는 잠겨진 문이 있었다. 보석만 걸친 채 대운하에 있는 카도로Ca D'Oro[황금의 집]를 미끄러지듯 지나다니는 부잣집 도련님들과는 아득히 먼 풍경이었다.

1515년 자카리아 델피노가 게토 누오보의 활용을 제안했다. 유대인을 격리하자는 그의 계획은 다음과 같았다.

> 그들 모두를 성과 같은 게토 누오보에 살도록 내보내고, 도개교를 만들고 벽에 가두라. 문은 하나만 있어야 하고, 그러면 그들은 거기에 갇힐 것이고 거기에 머물 것이다. 밤에는 '10인 위원회'의 배 두 척이 그들 돈으로 그들의 안전을 위해 가서 머물 것이다.**31**

이 제안은 폰다코데이테데스키에서 만들어진 격리 개념과는 중요한 차이가 있었다. 유대인 게토에서는 내부의 감시가 없었다. 밤새도록 게토를 도는 배에서 외부 감시가 이루어질 것이었다. 내부에 갇힌 유대인은 자기들만이 남은, 방치된 사람들이 되어야 했다.

1516년 델피노의 제안이 실행에 옮겨졌다. 유대인들은 도시의 각지역, 특히 1090년부터 유대인이 몰려 있었던 주데카에서 에서 게토 누오보로 옮겨졌다. 하지만 모든 유대인은 아니었다. 1492년 세파르디 유대인이 스페인에서 추방당했을 때. 그중 한 한 무리가 베네치아의 사형수 매장터 근처로 와서 작은 집단거주지를 이루었다. 아드리아 해안과 중동에서 베네치아로 들락날락했던 레반트 유대인이 도시의 다른 지역에 남아 있었듯, 그들도 거기에 남았다. 게다가 게토 이야기에서 중요한 부분은 앞으로 게토 안에서 살아야 한다는 것을 알게 된 많은 베네치아 유대인이 게토에 들어가느니 도시를 떠났다는 점이다.

대부분 아시케나지였던 700여 명의 유대인이 1516년 최초로 게토로 보내졌다. 처음 게토에 딸린 건물은 집 스무 채가 다였다. 유대인은 땅이나 건물을 소유할 수 없었고 매년 임대계약을 갱신해야 했기 때문에, 이 집들은 베네치아의 다른 곳처럼 기독교인이 소유했다. 많은 집들이 개축되면서 임대료는 천정부지로 뛰었다. 브라이언 풀란은 "게토의 좁은 집은 기독교인 도시의 비슷한 좁은 숙소 가격보다 세 배나 비쌌다"고 말한다.[32] 건물은 점차 6~7층까지 높아졌고, 지층의 기둥이 그 하중을 잘 버티지 못해 옆으로 기울어질 만큼 증축되었다.

아침에 다리가 열리면 유대인은 도시로 흩어졌고, 대부분은 일반 군중이 돌아다니는 리알토다리 주변으로 나갔다. 기독교인들은 돈을 빌리고 음식을 팔고 사업을 하기 위해 게토로 왔다. 날이 어두워지면 모든 유대인이 게토로 돌아가야만 했고, 기독교인들은 게토에서 나와야 했으며, 도개교의 다리가 올라갔다. 게다가 매일 저녁 외부로 향한 창문은 닫혔고 창에 달린 모든 발코니는 제거되었으며, 운하를 마주 보는 건물들은 그저 성벽처럼 보였다.

이것이 유대인 격리의 첫번째 단계였다. 두번째 단계에서는 유대인 구역을 옛 주물공장 지역인 게토 베키오까지 확장했다. 1541년의 일이었다. 이때 베네치아인들은 재정적으로 더 힘들었고, 관세는 다른 도시보다 더 높아졌으며 무역은 쇠퇴했다. 극동으로 가는 다른 경로가 발견되었다는 우려 속에 베네치아공화국의 길고 긴 쇠퇴기가 시작되었다. 1520년대 베네치아 당국은 관세 장벽을 낮추기로 결정했다. 그 결과의 하나로, 루마니아와 시리아에서 온 레반트 유대인들이 도시에 더 오래 머물렀다. 그들은 행상인보다는 살짝 위에 있었고, 부르주아 사업가들보다는 살짝 아래에 있었다. 그들은 손에 닿는 것이라면 무엇이든 취급했다. 사누토는 그런 유대인 상인들에 대한 동료 베네치아인들의 입장을 다음과 같이 분명히 밝혔다. "우리나라 사람들은 유대인이 상점을 갖고 도시에서 거래하길 결코 원하지 않았다. 그저 사고, 팔고, 바로 떠나기를 원했다."³³ 그러나 이 유대인들은 떠나지 않았다. 그들은 머무르기를 원했고 그 대가를 기꺼이 치르고자 했다.

유대인을 수용하기 위해 게토 베키오는 유대인의 공간으로 변형되어, 외벽은 봉쇄되고 발코니는 제거되었다. 첫번째 게토와 달리 두번째 게토는 조그마한 광장, 많은 좁은 길, 비포장의 지저분한 풀밭이 있었고, 건설할 때부터 가라앉기 시작한 게토 베키오의 건물들 기저에 말뚝들이 아무렇게나 박혀 있었다. 그로부터 한 세기가 지난 1633년, 상태가 다소 좋지만 면적이 더 작은 땅 위에 있던 세번째 게토, 게토 노비시모Ghetto Novissimo가 개방되었고, 여기 또한 벽으로 둘러싼 성-해자 방식으로 처리되었다. 세번째 게토가 가득 채워지자, 인구 밀도는 전체 베네치아의 세 배에 달했다. 전염병이 발생하기 최적의 물리적 조건이었다. 유대인은 자신들의 의사에게 보호를 요청했지만, 의학적 지식으로는 끝없이 불어나는 인구 밀도뿐 아니라 땅과 건물의 상태를 어찌할 수 없었다. 게토에 전염병이 돌자, 게토의 문은 밤과 마찬가지로 낮에도 거의 닫혀버렸다.

베네치아인들은 유대인을 게토에 몰아넣은 후, 유대인의 행동을 변화시키려는 어떠한 시도도 하지 않았다. 유대인을 도시로 돌려보내고 싶은 마음이 전혀 없었기 때문이다. 이 점에서 베네치아의 게토는 르네상스 시기 로마에서, 즉 교황 바오로4세가 1555년에 짓기 시작했던 로마 게토에서 잠시 실천되었던 것과는 다른 고립의 에토스를 구현했다. 로마의 게토는 실제로 유대인을 변화시키려 한 공간이었다. 바오로4세는 기독교 성직자가 한 집 한 집 돌며 유대인들에게 그리스도의 말씀을 들려주고, 그들을 체계적으로 개종시키기 위해 모든 유대인을 한곳에 모으자고 제안했다. 이런 면에서 보면 로마의 게토는 참담한 실패였다. 개종에 순응한 유대인은 4천 명 중 한 해 20명에 불과했다.

더욱이 로마의 게토는 도시 중심부에서 아주 잘 보이는 공간을 차지했다는 점에서 베네치아의 게토와 달랐다. 게토의 벽은 예전 유력한 로마 상인가문들이 통제했던 상업지역을 둘로 나누었고, 이 가문들은 결과적으로 유대인 주거 공동체와 교역했다. 유대인 개종을 위해 그 공간을 넘겨받은 교황은 로마의 사업에서 옛 기독교 상인 계급의 공간적 장악력을 약화시키려 했다. 확실히 당시의 로마는 교황권이 있는데도 불구하고 베네치아보다 더 배타적이었다. 훨씬 적은 외국인이 있었고, 교황청을 방문하는 이방인들은 성직자나 대사 같은 외교관 등이었다. 베네치아는 수상한 외국인이 온통 퍼져 있는 다른 종류의 국제도시였다.

로마의 교황권이 그랬듯, 확신에 찬 교화의 힘은 도덕적 '오염'에 맞서 이를 변화시키려 한다. 당시 베네치아가 그랬듯, 지극히 자기확신이 없는 사회는 저항할 힘이 부족하다는 두려움에 빠진다. 사회가 타자와 물리적으로 뒤섞일 때 무너질지 모른다고 두려워한다. 감염과 유혹은 분리할 수 없는 것이다. 아냐델로 패전 이후 베네치아의 도덕주의자들은 수천수만의 도시가 고작 몇백 명과 접촉해 굴복할까 두려워했다. 도덕주의자들은 돈 가방을 든 유대인과 운하에서 벌거벗고 활보하는 소년들을 동급으로 거론했고, 고리대금업에 대해서는 매춘의 유혹과 뒤섞어 말했다. 접촉이 치명적이라 말하는 베네치아식 언어는 AIDS에 대한 현대의 수사학과 똑같은 도덕적 역류를 떠올리게 한다. 결과적으로 게토는 무언가 도시의 콘돔 같은 것이었다.

고리대금에 대한 담론은 매춘부와 유대인을 연결시켰다. 하지만 유대인과의 접촉에 대한 두려움이 유대인 자신에게 의미했던 바는, 베네치아에서 멸시당하는 육체를 가진 두 집단 간의 차이로 나타났다.

유대인과 고급매춘부

1501년 10월 31일, 발렌티노 공작은 바티칸에서 악명 높은 섹스 파티를 열었고, 교황 알렉산데르6세도 여기에 참석했다.

> 저녁에 팔라초 아포스톨리코에 있는 발렌티노 공작의 넓은 방에서 고급매춘부라 불리는 50명의 훌륭한 창녀가 참석한 만찬이 있었다. 저녁식사 후 그들은 신하들과 다른 참석자들과 춤을 추었는데 처음엔 옷을 입었다가 나중에는 다 벗었다. 이후 식탁 위에 있던 불 켜진 나뭇가지 촛대가 바닥으로 내려오고 그 주변에 밤을 뿌려놓았다. 창녀들이 벌거벗은 채 촛대 사이를 손과 무릎으로 기어다니며 밤을 주었다. 교황과 공작과 그의 여동생 도나 루크레치아 모두 이를 보기 위해 왔다. 마지막에 창녀들과 가장 많이 성교한 남자들에게 비단 상의, 구두, 모자를 비롯해 여러 옷을 상으로

주었다. 참석자들에 따르면 이런 행사가 공식 홀(즉 공적인 추기경 회의장으로 쓰였던 살라 레지아)에서 이루어지는 절차에 따라 진행되었다.[34]

현대 독자들은 이런 저속한 행사에 교황이 참석한 사실에 놀랄지 모르나, 교황권은 거룩한 서약을 하지 않은 많은 고위 공직자의 호위를 받는 세속적 사회에 속했다. 이 세계에서 "훌륭한 창녀"인 고급매춘부courtesan는 무슨 의미였을까?

원래 'courtesan'이란 단어는 1400년대 후반 '쿠르티에courtier(궁정인)'의 여성형으로 쓰이기 시작했다. 이탈리아어에서 이 말은 귀족, 군인, 관리, 그리고 르네상스 궁정에서 기거하는 식객 등 남자들을 지칭하는 코르티자니cortigiani에게 쾌락을 제공하는 여자들인 코르티자네cortigiane에 해당한다. 궁정은 정치적인 무대, 만찬, 대사 접견의 장소이자 중대사를 논하는 곳이었다. 고급매춘부는 이 공식적인 세계로부터의 위안을 남자들에게 제공했다.

어떤 유형의 창녀이든 여기에 입문하는 소녀의 나이는 대략 14세였다. 아레티노는 다음과 같이 말하는 소녀를 기록했다. "나는 한 달 동안 매춘과 관련해 알아야 할 모든 것을 배웠다. 어떻게 열정을 북돋고 남자들을 매혹하며, 어떻게 그들을 주도적으로 이끌고 애인을 만드는지를. 웃고 싶을 때 울고, 울고 싶을 때 웃는 법을. 그리고 어떻게 나의 처녀성을 계속 반복해서 팔 수 있는지를."[35] 고급매춘부가 되는 데는 오랜 시간이 걸렸다. 이는 상류층 고객과의 네트워크를 만들고, 그들을 즐겁게 할 도시와 궁정의 소문을 배우고, 그들을 만족스럽게

제7장. 접촉의 두려움

할 집과 옷차림을 갖추어야 함을 의미했다.

일본의 게이샤 제도가 대를 이어 가르치고 전수하는 엄격한 의례에 따라 사교의 기술을 체계화하는 것과 달리, 르네상스 시기 고급매춘부가 되고자 하는 이들은 마치 변호사가 훈련을 받듯 자기 자신을 새롭게 창조해야만 했다. 이 점에서 고급매춘부의 문제는 남자 궁정인의 문제와 어느 정도 비슷했다. 궁정인은 세계무대를 헤쳐나가는 길을 보여주는 카스틸리오네의『궁정인』같은 행동 지침서들을 필요로 했다. 많은 천박한 책들이 고급매춘부에게도 비슷한 가르침을 준다고 내세웠지만, 고급매춘부의 실제 교육은 상위계급 여자들을 모방하기 위해 그들이 옷 입고 대화하고 글 쓰는 것을 관찰하고 배우면서 완성되었다.

'통과하는' 법을 배움으로써, 고급매춘부는 기이한 문제를 제기하게 되었다. 만일 통과에 성공하면 그녀는 변신을 하는 셈이었고 어디든지 갈 수 있었다. 이는 고급매춘부가 고결한 여자들 사이로 들어갈 수 있을 뿐 아니라, 그런 여자들처럼 보고 들으면서, 또한 그런 여자들의 남자들과 성적으로 교감하면서 그 고결한 여자들을 대체할 수 있다는 의미였다. 바로 이런 이유에서 고급매춘부는 특별한 위협으로, 다른 이들과 똑같아 보이는 음란한 여자들의 위협으로 여겨졌다. 1543년에 나온 포고령에서 베네치아 정부는 다음과 같이 밝혔다. 창녀가 "길거리, 교회, 다른 여기저기서 보인다. 그들은 보석을 걸치고 옷을 잘 차려입는다. 외국인뿐 아니라 베네치아 주민들도 귀족 부인과 여자 시민을 그들과 혼동하는 일이 아주 빈번하다. 복장에선 아무런 차이가 없기 때문이다. 그들은 선과 악을 구별할 수 없다……."[36]

셰익스피어의 시대, 수세기 동안 베네치아에는 선원과 무역상과 거래하며 살아가는 거대한 창녀 조직이 있었다. 사실 르네상스 시기 베네치아의 '성 산업'에서 거래되는 막대한 돈은 점차 "좋은 가문의 귀족 기업들에게 합법적인 이익의 원천"이 되고 있었다.[37] 베네치아는 항구도시여서 권력과 성性은 로마에서와는 다르게 연결되었다. 도덕적인 교황일 경우 고급매춘부는 즉각 그리고 사실상 궁정에서 추방될 수 있었다. 베네치아 인구의 상당수가 끊임없이 오가는 사람들, 합법 체류와는 거리가 먼 외국인들이었기 때문에, 돈을 빌려주는 유대인들을 감내했듯, 항구는 창녀를 경제의 일부로 받아들였다. 교역 덕분에 고객은 꾸준히 넘쳐났고, 어린 창녀들 앞에는 고급매춘부가 될 가능성이 반짝거렸다.

이런 가능성에 직면한 도시는 다른 이방인의 육체를 다루던 방식 그대로 매춘부를 다루고자 했는데, 바로 격리였다. 더욱이 도시는 둘 다 노란 옷을 입히거나 노란 증표를 달게 하여, 창녀와 유대인을 특별한 관계로 엮고자 했다. 도시의 모든 사람이 일종의 유니폼처럼 자신의 지위나 직업을 나타내는 옷을 입었기 때문에, 그런 특별한 차림새가 두 집단만 따로 구분한 것은 아니었다. 그러나 오직 창녀와 유대인만이 특별한 색깔을 썼다. 베네치아의 유대인은 1397년 처음으로 노란 증표를 달아야 했고, 1416년에는 창녀와 포주가 노란색 스카프를 두르라는 명령을 받았다. 유대인 여자는 장식이나 보석으로 꾸민 채로는 좀처럼 게토를 나가지 않았고, 도시에서는 노란색의 무언가를 걸친 것 외에도 수수하게 입은 것으로도 눈에 띄었다. 당국은 창녀들도 같은 방식으로 표시하고 싶었다. 1543년의 칙령은 정숙한 여인의 외양 가운데 창녀가 따라해서는 안 되는 것들을 규정했다. "따라서 창녀는 자신의 어느 부위이든 금과 은, 비단을 걸칠 수 없고, 목걸이, 진주나 보석, 평범한 귀걸이나 반지도 착용해서는 안 된다. 귀든 손이든 마찬가지다."[38]

이 칙령 중 일부인 귀걸이 금지는 처음 생각했던 것보다 훨씬 더 중요해졌다. 다이앤 오언 휴즈는 "이탈리아 북부 도시 길거리에서 자주 마주치는 여성들 가운데 귀걸이를 한 집단은 하나밖에 없었다. 바로 유대인이었다"고 쓴다.[39] 유대인이 게토에 격리되기 이전, 귀걸이는 거리에서 유대인 여자를 확인하는 방법이었다. 뚫린 귀는 마치 할례의 표식과 같았다. 몇몇 장소는 법적으로 유대인 여자를 매춘부처럼 취급했지만 다른 도시들은 단순히 귀걸이 착용만을 요구했다. "그것이…… 명백히 모멸적인 표식은 아니었지만, 귀걸이는 성적 불결함이란 의미를 전달할 수 있었고, 귀걸이는 유혹"이었기 때문이다.[40] 귀걸이는 음탕한 육체의 표식이었다. 귀걸이를 금지하면서 베네치아는 성적인 육체를 억압하고자 했지만, 거리에서 누가 불결한 여자인지 모르게 되는 대가를 치러야 했다.

매춘부에게 장소 제한을 두기 위해 베네치아인들은 우선 공창과 같은 것을 생각했고, 이를 위해 두 채의 집을 마련했다. 그러나 창녀들은 도시 전체에서 고객을 끌어오고, 방을 제공해주거나 국가 감시를 벗어난 사창가를 만들어주는 포주들과 일하는 것이 벌이에 더 좋다는 것을 알았다. 이 부도덕한 성관계를 위한 불법적인 장소는, 모든 성매매에 국가가 신중히 부과하던 세금을 피할 수 있었다. 공창 계획은 없던 일이 되었지만, 창녀를 가두려는 욕망은 계속되었다. 도시에서 수입이 좋았던 위치인 대운하 주변에 창녀들이 자리잡지 못하게 하는 법이 통과되었다. 하지만 창녀들은 돈만 지불하면 벌이가 괜찮은 다른 지역에 스며들 수 있었다. 마찬가지로, 복장 규제도 실패했다. 칙령에 따라 창녀들은 하얀색 비단옷을 입는 것이 금지되었다. 이런 재질은 오직 미혼의 젊은 숙녀와 특정 부류의 간호사들을 위한 것이었다. 또한 칙령은 결혼한 여자들의 반지 착용도 다시 금지시켰다. 하지만 고급매춘부들은 자신의 지리적, 법적 경계를 뛰어넘은 듯했다. 그들의 육체는 계속 '통과'했다.

이 모든 이유로, 고급매춘부들은 고립되거나 남들과 구분됨으로써 얻을 것이 아무것도 없었으며, 그래서 자신들이 할 수 있는 모든 수단을 동원해 격리에 저항했다. 한편 유대인들은 이보다 더 복잡한 현실에 직면했다.

— 3 —

칼이 아니라 방패

격리된 공동체

카도쉬

델피노가 처음으로 게토를 유대인의 공간으로 만들자고 주장했을 때, 그는 마지막에 "밤에는 '10인 위원회'의 배 두 척이 그들 돈으로 그들의 안전을 위해 가서 머물 것이다"라고 말했다.[41] 이 마지막 구절은 유대인이 이 고립된 형태를 받아들이며 얻을 수 있었던 한 가지 이익을 보여준다. 격리된 고립의 대가로 유대인은 게토의 벽 안에서 육체적 안전을 얻었다. 해마다 유대인이 그리스도를 죽였다는 오래된 신화를 기독교인들이 떠올리는 사순절이면 벌어지는 일, 성난 군중이 게토에 고함을 칠 때는 치안대의 배가 유대인들을 보호했다. 모든 외국인 공동체와의 거래에 따라 도시국가는 외국인들이 자기 구역에 머무는 한 폭력적인 베네치아인들을 처벌하고자 했다. 지리적 위치 또한 유대인의 안전을 보장해주었다. 예를 들어 1534년 사순절 때 유대인들이 그런 공격을 받을 위험에 처했을 때, 고립된 공간이 유대인을 보호했다. 다리가 들어올려지고 창문이 닫히자, 기독교 열성분자 무리는 유대인을 잡을 수 없었다.

국가는 노란색 스카프를 두르도록 한 대가로 고급매춘부들에게 아무것도 주지 않았던 반면, 게토로 들어가는 유대인들에게는 안전보다 더 소중한 것을 제공했다. 게토에서 유대교 회당Synagogue을 지을 수 있도록 허락했던 것이다. 초기 기독교인들이 그랬듯, 유대인의 역사 대부분에서 믿음을 따르는 자들은 집 안에서 만났다. 유대인은 자기 땅을 가질 수 없었기에 결코 회당을 소유하지 않았다. 도시 내 지역 지배자의 호의에 따라 그들에게 안전이 보장된 장소를 점유하고 이를 성소로 만들 뿐이었다. 베네치아 게토는 기독교 도시국가의 보호하에서, 폐쇄적 공동체 내의 여러 단체가 결속해 회당을 만들 수 있는 기회를 제공했다. 형제회들은 폐쇄된 공동체 내부 사람들의 일상생활을 지도하기 위해 회당을 활용했다. 게토는 얼마 지나지 않아 세파르디와 아시케나지의 서로 다른 종파를 대표하는 회당들의 장소가 되었다. 중세 시대에 회당은 두 가지 면에서 기독교 성당보다는 이슬람 모스크에 더 가까웠다. 첫번째로, "8세기 말 대부분의 회당과 모든 모스크는…… 인간 이미지를 금지했다."[42] 두번째로, 모스크처럼 회당도 남성과 여성의 육체를 분리했다. 예를 들어 스쿠올라 그란데 테데스카의 회당에서 여자들은 2층 전체를 도는 타원형 회랑에 앉았고, 이 배치는 바닥에서 벌어지는 모든 남성의 행동을 자세히 볼 수 있게 해주었다. 이 종교적 공간도 여성 육체를 위해 허락된 관능성의 공간이 되었다. 셰익스피어 시대의 영국인 방문객 토머스 코리앳은 이 회랑에서의 장면을 다음과 같이 적었다.

　　나는 많은 유대인 여자를 보았는데 그중 몇몇은 지금껏 내가 본 사람들 중에 가장 아름다웠고, 그들의 옷과 금목걸이, 보석으로 장식된 반지도 너무나 화려했으며, 공주처럼 길고 멋드러진 드레스를 입고 있어서 시녀들이 받치고 있어야 했다. 우리 영국의 백작 부인들이라도 그들을 능가하기란 힘들 것이다.[43]

　　게토 밖에서 이렇게 부를 과시했다면, 탐욕스러운 유대인이라는 기독교인의 고정관념을 건드리는 엄청난 도발이었을 것이다. 르네상스 시기, 민족 집단이든 고급매춘부든 이방인이 관능성인 육체를 과시하는 것을 공식적으로 억누르고자 했던 베네치아에서, 특히 이는 모욕이었을 것이다. 그러나 여기 게토라는 보호받는 공간에서는, 한 부류의 멸시받는 여자들이 자신들의 외모를 뽐낼 수 있었다.

　　카도쉬Qadosh는 히브리어에서 아주 중요한 단어이다. 케네스 스토가 지적했듯, 카도쉬는 "문자 그대로 분리하기 혹은 분리되기를 뜻한다. 이는 원래 성서적 의미이다." 어떤 면에서 이 말은 유대인 전통이

제7장. 접촉의 두려움

좀처럼 다른 사람들을 유대교로 개종시키려 하지 않았음을 시사했다. 이 단어의 파생 의미는 거룩함을 포함한다. "독실함과의 연관성은 「레위기」에 나온다. '나 야훼가 너희 하느님이다. 내가 거룩하니^{Qadosh} 너희도…… 거룩한 사람^{Qedoshim}이 되어야 한다.'"[44] 카도쉬의 뜻은 교회 라틴어 상투스^{santus}와 사케르^{sacer}의 의미('거룩한'과 '저주받은')가 합쳐진 것일 수 있다. 베네치아 게토에서 회당의 존재가 유대인들에게 갖는 의미는 저주받은 공간이 거룩한 장소가 되었다는 것으로 이해할 수 있다.[45]

베네치아 유대인들에게 이는 그들이 알고 있던 도시에 흩어진 유대인 세포조직보다 훨씬 더 복잡한 종교적 환경을 의미했다. 르네상스 시기 유대교의 갈래는 매우 다양한 사회적 재료들로 직조되었다. 아시케나지 유대인과 세파르디 유대인은 상이한 문화적 배경을 지녔다. 히브리어는 서로가 공유하는 공식 언어였지만 세파르디 유대인은 일상 생활에서 히브리어에 스페인어와 몇몇 아랍어가 섞인 라디노^{Ladino} 언어를 사용했다. 게토에서는 다양한 유대인이 조밀하고 한정된 공간에 제한되어 있었다. 이는 폰다코데이테네스키에서 종교적 차이가 모두 '독일인'으로 대체되었던 것처럼, 그들이 공유하는 '유대인 되기'라는 단일한 특징을 강화했다.

이런 정체성의 공간적 융해가 크건 작건 아주 구체적인 방식으로 나타났다. 서로 다른 부류의 유대인들이 자신들의 이익을 지키기 위해 협력했고, 외부 세계에 '유대인'으로서 말할 수 있을 정도로 집합적 표상의 형태를 진화시켰다. 로마 게토 직후에 만들어진 베네치아 게토에서 유대인들은 형제회들을 만들었고, 그들은 회당에서 만났지만 순전히 게토와 관련된 세속적인 일들을 다루었다. 베네치아에서 전반적으로 변해가는 도시의 향신료 경제는 게토의 독특한 문화를 도출해 냈다. 전통적으로 중세 후기 일반적인 유대인의 기도와 학습은 오전에 이루어졌다. 도시에서 쉽게 구할 수 있는 커피의 출현으로 유대인들은 공간적 격리를 특별한 방식으로 이용하게 되었다. 그들은 게토에 갇혀 있던 동안, 밤에 깨어 있기 위한 자극제로 커피를 마셨고, 이제 밤은 기도하고 학습하는 평상적인 시간이 되었다.[46]

격리는 억압당하는 공동체를 함께 보호하고 함께 뭉치게 하는 계기가 되었다. 또한 격리는 억압당하는 자들을 새로운 방식으로 안으로 향하게 만들었다. 한 역사가의 말을 빌리면, "게토 밖에 일이 있어서 하루나 일주일 동안 비유대인들 사이에서 지내게 된 유대인들은 마치 자신의 자연환경을 떠나 낯선 세상으로 들어간다고 느꼈다."[47] 16세기 말에는 유대인들의 랍비 법원이 유대인 여자와 기독교인 남자가 춤추는 것을 금지하기 시작했다. 50년 전 로마에서 처음 보여주었듯 개종 건수는 매우 낮았지만, 이 법원은 자발적 개종을 거의 강박적으로 두려워했다. 이런 점에서 게토 공동체의 성장은 일상에서 유대인들이 종교와 그 주변 세상의 관계에 대해 더이상 숙고하지 못하게 만들었다. 르네상스 초기에는 유대교와 기독교의 교의적 차이를 탐구하기도 했지만, 게토의 시대에는 유대교를 다른 모든 '민족'으로부터 철저히 분리하고자 했던 옛 중세의 구분이 부활했다. 기독교인은 단순히 이질적인 타자가 되었다. 오늘날의 학자 야코브 카츠는 이렇게 주장한다. "기독교에 대한 유대교의 {이 일상적} 무관심은 무척 놀라울 뿐이다. 종교개혁으로 서구 기독교 세계는 완전히 바뀌고 있었고, 그렇게 변화된 기독교와 마주한 유대교에게 입장을 재정립할 기회가 주어졌는데도 말이다."[48]

하지만 이는 매우 거친 판단이고 정확한 이야기도 아니다. 이제 공간상의 고립이 어느 정도는 '유대인임'을 정의하는 문제가 되었다고 말하는 것이 더 타당하다. 정체성의 지리地理는 르네상스 시기 가장 유명했던 유대인 중 한 사람을 혼란스럽게 했다. 1571년에서 1648년까지 살았던 레온 (유다 아리에) 모데나는 서기, 시인, 랍비, 음악가, 정치지도자, 라틴어·그리스어·불어·영어 학자, 그리고 놀랍게도 도박중독자였다. 그의 자서전 제목 『유다의 삶』은 언어유희였는데, 도박이 유다의 죄로 추정되었기 때문이다. 도시 밖에서 태어난 모데나는 1590년 19세 때 베네치아에 왔다. 3년 뒤 결혼한 그는 랍비가 되기로 결심했다. 이 목표를 이루기까지 거의 20년이 걸렸다. 이 20년 동안 그의 삶은 불안정했다. 여러 장소를 여행하면서 많은 글을 썼지만 불편함을 느꼈다. 전형적인 '방황하는 유대인'이었다. 그는 베네치아 게토라는 폐쇄된 세계에 들어오고 나서야 스스로 평안하다고 느끼기 시작했다. 여기서 온갖 종류의 유대인에 둘러싸인 채 적극적으로 공적 활동에 나섰다. 마침내 1609년 베네치아에서 랍비로 임명되었을 때, 그의 생활은 매우 지역적인 특색을 띠었다. 랍비로서 그는 하루에 세 번 회당에 가서, "전례를 집행하고, 병자와 죽은 자를 위한 기도를 암송하고, 안식일마다 아침에 율법Torah을 궤에서 꺼내 읽기 전 설교를 하고, 월요일과 목요일에 율법을 읽고 궤에 넣은 후 두세 가지 법을 가르쳤다."[49]

17세기 초, 일부 기독교인 식자층의 견해는 이탈리아뿐 아니라 북유럽의 유대인에게까지 영향을 미쳤다. 마르틴 루터의 반유대주의는 훨씬 더 개방적인 칼뱅 또는 영국 처베리의 허버트경 같은 편견 없는 학자와 비교되었다. 결국, 레온 모데나는 유대인의 종교적 믿음과 실천은 견지하면서 유대 공동체 경계 너머의 문화적 생활에 참여하고픈 유대인 식자층의 성향을 대변했다.[50]

지적 재능과 끊임없는 저술 덕분에 모데나의 설교는 국제적으로 유명해졌고, 기독교인들이 그의 말을 듣기 위해 게토로 오기 시작했다. 모데나의 개인적 재능은, 뛰어난 인물이 어디까지 게토의 고립을 깰 수 있는지 보여주는 일종의 시범 사례였다. 1620년대 내내 그의 평판은 올라갔고, 1628년 세파르디계의 회당에서 유대음악아카데미 L'Accademia degli Impediti를 통솔하고 유대교 합창음악과 찬송가를 연주했을 때 절정에 달했다. 그의 가장 최근 전기작가에 따르면, "베네치아의 기독교인 귀족들도 이 멋진 볼거리에 몰려들었고, 군중을 통제하기 위해 당국도 개입해야 했다."[51] 하지만 베네치아 기독교인들의 게토 방문은 마치 뉴욕의 할렘을 찾아가는 현대 유럽의 관광객들처럼 관음증적 방문, 금지된 문화로의 여행이었다. 그리고 레온 모데나 같은 유대인의 이야기를 진지하게 들었던 파울로 스카르피 같은 기독교인들은 처벌을 받았다. 스카르피의 경우 "유대인들과 어울렸다"는 이유로 고발당했는데, 그것이 주교권을 부정했다는 것이었다.

모데나가 한창 명성을 얻을 때, 그는 게토의 보호에 감사했고 게토의 벽 안에서 유대인 활동이 집중되는 것을 긍정했으며, 자신과 같은 노력을 통해 유대인에 대한 억압을 완화할 수 있다고 생각했다. 이런 마지막 희망을 품었던 이가 모데나만은 아니었다. 경제 분야에서는 금융 지도자 다니엘 로데리가가 베네치아 게토에 유대인을 가두는 억압에 대항해 싸웠다. 로데리가는 베네치아의 쇠락은 유대인 상인들에게 지리적 자유를 주어야만 해결할 수 있다고 주장했다. 1589년에 그는 유대인 권리 헌장을 만들고자 했다. 그 첫번째 조항은 유대인 상인들과 그 가족이 베네치아 국가 어디에나 살 수 있게 하는 것이었고, 두 번째 조항은 베네치아 어디든 회당을 세울 수 있게 하는 것이었다. 당국은 첫번째 조항을 바로 거부했고, 두번째 조항은 행정권을 침해한다고 보았다.

로데리가의 1589년 경제적 권리 헌장은 다른 조항들에서 성공을 거두었고, 샤일록의 자기권리 주장 같은 것이 부분적으로 받아들여졌다. 이 헌장의 가장 중요한 부분은 투르크계를 제외한 모든 베네치아인과 자유롭게 거래할 권리 보장, 그리고 거의 모든 베네치아인들과 맺는 계약의 신성함 보장이었다. 현대 역사가 벤저민 라비드는 "토종 베네치아인과 같은 조건에서 레반트인들과 해양무역을 할 수 있는 권리는 베네치아의 상업 역사에서 전례 없던 특권이었다"고 말한다.[52] 바로 이것이 샤일록의 주장이었다. 이방인이지만, 한 사람의 베네치아인으로서 자신의 조건은 동등하다는 것이다. 그러나 이는 경제적 권리였지 문화적 권리는 아니었다.

모데나 혹은 로데리가 같은 유명한 사람의 이력은 게토와 외부 세계 간의 일반적인 문화적 관계를 오해하게 만들기도 한다. 역사가 나탈리 데이비스가 지적하듯, "거의 모든 면에서 샤일록과는 차이가 나는" 모데나, "무절제한 생활을 하다가 운 좋게 돈을 벌고, 자기 아들을 살해한 유대인에 대한 복수를 간청하고, 기독교인의 존경을 받았던 유대인"인 모데나조차도 자기 생이 끝나갈 때쯤엔 게토가 언제나 자

기를 무겁게 짓누르고 있음을 깨달았다.[53]

장소의 무게

1637년, 유대교 의례에 관한 대작을 출판한 후, 모데나는 기독교인이
보는 자신의 가치에 한계가 있음을 깨달았다. 그는 1637년 베네치아
종교재판소에 끌려갔고 오직 재판관과의 개인적 친분으로 그와 그의
책은 살아남을 수 있었지만, 교회의 재판관보다 낮은 고위관리들은
계속해서 이를 비난했다. 유대교 의례에 관한 모데나의 책은 이전까지
기독교적 환상의 그늘에 갇혀 있던 유대교와 그 공동체 문화를 인류
학이라는 개방된 공적 영역에 등장시켰기 때문에 위협적이었다. 그의
대작에 대한 공격은 그의 생이 끝나갈 무렵, 브뤼헐의 〈이카로스의 추
락이 있는 장면〉에서 드러나는 끔찍한 진실을 그에게 명확하게 보여
준 일련의 사건들로 절정에 이르렀다. 기독교 공동체의 문화, 셰익스피
어의 희곡에서 안토니오와 바사니오가 예시적으로 보여준 연민과 세
련된 감정은 이질적인 사람들에 대한 무관심과 분리할 수 없는 것이
었다.

1629년에서 1631년까지 베네치아에 엄청난 전염병이 휩쓸 때, 모
데나는 암울한 사실을 깨달았다. 도시에 거주하는 모든 사람에게 닥
친 위기 속에서 유대인의 호소에도 불구하고 게토의 법은 여전히 완
고했다. 유대인은 한시적이라도 더 위생적인 장소로 옮겨갈 수 없었고,
모데나가 사목하는 사람들이 전염병의 창궐로 특히 고통을 받았다.
5년이 지나고 모데나는 유대인의 고통을 대하는 기독교인들의 무관
심뿐 아니라, 유대인을 확고하게 해치려고 하는 성향에 대해 숙고해야

만 했다. 유대인을 해치려는 성향은 유대인 격리의 효과로 더욱 심해진 것이었다.

1630년대 중반 무렵, 이따금씩 있었던 엘리트 간의 접촉을 제외하고, 게토의 유대인은 당시 기독교인들에게 수수께끼 같은 존재가 되었으며, 기독교인들은 더이상 일상적으로 유대인을 보지 못했다. 게토는 유대인이 무엇을 하는지, 어떻게 사는지에 대한 환상을 부추겼고, 근거 없는 뜬소문이 난무했다. 유대인의 육체 그 자체는 일찍부터 감춰진 육체로 여겨졌다. 4장에서 보았듯, 초기 기독교인들은 모든 육체가 동등하게 개종할 수 있도록 처음부터 할례를 거부했었다. 르네상스 시대에 할례는 유대인이 외부인에게 감추는 다른 사디스트적 성관습과 연결된, 자기절단의 은밀한 관행으로 여겨졌다. 할례는 "남성성을 제거하고 남성을 여성화시켜 유대인으로 만드는 거세를 연상시켰다."[54] 그래서 토마스 칸팀프라텐시스 같은 중세 후기 작가는 유대인 남자가 월경을 한다고 주장했고, 1630년에 나온 프란코 다 피아첸차의 "유대인 질병" 목록에서는 이를 "과학적 사실"이라 확언했다. 게토라는 공간은 유대인의 육체에 대한 이런 믿음을 강화했다. 게토의 들어올린 다리와 닫힌 창문 뒤편으로, 게토의 삶은 햇빛과 물이 차단되고 범죄와 우상숭배로 곪아 있다 여겨졌다.

1636년 3월, 베네치아에서 도난당한 물건이 게토의 어느 유대인 집단에서 숨겨진 채 발견되었을 때, 은폐를 둘러싼 환상은 극에 달했다. 모든 유대인이 도난품 반지와 관련되었다는 환상은 2~3일이 지나며 베네치아 대중에게 깨질 수 없는 확신이 되었다. 도둑질뿐 아니라, 기독교인 아이들이 게토에 갇혀 있다는 둥, 할례 때 난잡한 파티를 벌

296

인다는 둥, 게토 밖 사람들 머릿속에 다른 범죄들이 만들어졌다. 모데나는 경찰이 숨겨진 비단, 비단 옷, 금을 찾고 있다고 썼다. "매우 서둘러 집집마다 물건을 찾느라 푸림 축일(부림절)에도 게토 구내는 닫혀 있었다." 이는 그저 몇 개의 다리를 들어올리고 문 몇 개만 잠그면 그만이었다.⁵⁵ 모데나는 그 일을 비난했다. "한 개인이 범죄를 저질렀을 때, 그들(기독교인들)은 전체 공동체에 분노했을 것이다." 기독교인들이 모든 유대인을 비난했던 이유는 "게토에는 모든 종류의 범죄가 숨어 있다"고 생각했기 때문이다.⁵⁶ 이후 며칠 동안 소문은 부풀려지고, 유대인들은 유럽에서 일어났던 최악의 집단학살 중 하나를 겪었다. 기독교 군중이 게토에 들어왔고, 회당에 있던 성서와 성물을 태우거나 훔치고, 건물에 불을 질렀다. 유대인들은 한덩어리로 밀집해 있었기 때문에, 도살장에 갇힌 동물처럼 공격당할 수 있었다.

누구보다도 뛰어난 세계주의자였던 '방황하는 유대인' 모데나는 1636년 집단학살이 있고 나서 자신이 선택했던 삶을 후회하기 시작했다. 그와 매우 가까웠던 사위 야코브는 페라라로 추방되었다. 이는 1636년 박해 때 유대인이 받았던 일반적인 처벌 중 하나였다. 1643년 늙고 병든 레온 모데나는 당국에 야코브를 돌아오게 해달라고 부탁했다. 여전히 거대한 박해를 유발했던 증오에서 헤어나지 못한 당국은 이를 거절했다. 죽기 직전 모데나의 회고는 끔찍한 무기력을 고백하며 절규한다. "누구보다도 운이 없었던 나의 불행을 말하고 쓸 수 있는, 한탄과 슬픔과 고통의 단어가 과연 있을까? 태어날 때부터 나를 황량하게 만들기 시작했고 내 인생 76년 동안 쉴새 없이 계속되었던 것, 그것을 참고 견뎌야 할 운명이다."⁵⁷

이 한탄에서 우리는 한 사람의 비극보다 더 큰 메아리를 듣는다. 억압에 의해 부여된 집단 정체성은 억압자의 손에 달려 있다. 정체성의 지리地理는 그 죽음을 누구도 알아차리지 못하고 슬퍼하지도 않았던 이카로스처럼, 이방인이란 언제나 풍경 속의 비현실적인 인간임을 의미한다. 그렇지만 유대인은 이 억압적인 풍경에 뿌리를 내렸고, 그 일부가 되었다. 그들이 억압의 공간에서 공동체를 만들며 억압자들에게 동화되었다고 말하는 것이 그들에 대한 비난이 될 수는 없다. 하지만 이 공동체의 삶은 기껏해야 칼이 아니라 방패였을 뿐이다.

— **4** —
자유의 가벼움

『베니스의 상인』은 크리스토퍼 말로의 희곡 『몰타의 유대인』과 극히 대조적이다. 말로는 몰타의 유대인 바라바스를 단지 그의 탐욕 때문에 경멸받고 조롱받는 인물로 그렸다. 샤일록은 더 복잡한 인간이었다. 그의 탐욕은 정당한 분노와 섞여 있었기 때문이다. 아마도 『베니스의 상인』에서 가장 위대한 대사는 샤일록이 인간 육체의 보편적 존엄을 말하는 대사이다.

유대인은 눈도 없소? 유대인은 손도 없고, 오장육부도, 사지도, 감각도, 감정도, 격정도 없소? 기독교인과 같은 음식을 먹고, 같은 무기에 다치고, 같은 병에 걸리고, 같은 방법으로 치료하고, 같은 여름과 겨울에 더워하고 추워하는 거란 말이오. 우리의 살은 찔러도

피가 나지 않소? 간질여도 우리는 웃지 않소? 독을 먹어도 우리는 죽지 않소? 부당한 일을 당하고도 우리는 복수하지 말란 말이오? 다른 모든 일에서도 당신들과 같은데 그 점에서도 같을 것은 뻔하지 않소.[58]

샤일록의 돈을 가져가려고 자신을 낮추었던 기독교인들은 이 존엄성을 부정했다. 그러나 이 대사는 단순히 작가가 자기 등장인물(심지어 악당이라도)의 성격을 완성하기 위해 하는 그런 작업이 아니다. 그것은 지나치게 결과론이다.

기독교인에 대한 샤일록의 비난은 『베니스의 상인』의 줄거리에서, 예상치 못한 방식으로 울려 퍼진다. 4막까지 셰익스피어는 안토니오와 바사니오 같은 기독교 신사의 명예와 샤일록의 계약상 권리 사이에 대단히 극적인 긴장을 만들었다. 기독교인들은 샤일록에게 애원하고 공작은 감동적인 연설을 하지만 샤일록은 완강하다. 모든 것이 헛되어 보인다. 셰익스피어는 4막에서 갑자기 모든 것을 던져버린다.

법관이자 중재자로 변장한 포셔가 등장해서, 샤일록의 주장이 정당하다고 말하며 그를 안심시킨다. 하지만 샤일록이 계약 조항을 철저히 지켜야 한다는 점도 확실히 해둔다. 1파운드의 살을 가져가되, 계약 내용에 없는 피는 한 방울도 흘려서는 안 된다는 것이다. 그리고 더도 덜도 아닌 정확히 살 1파운드여야 한다. 샤일록이 정말 과학적인 식인종일 리는 없기에 게임은 끝났다. 바늘에 찔린 풍선처럼 샤일록은 기가 죽는다. 포셔가 계약의 고르디우스 매듭을 해결한 방식이 사건의 도덕적 해법은 절대 아니다. 그녀는 법을 이용한 잔꾀로 더 큰 문제를 회피했고, 많은 비평가가 이런 대단원을 변변치 않다 생각했다. 악마를 상대하는 유일한 방법은 악마가 고른 게임에서 악마를 이겨버리는 것처럼 보인다.

이 대단원은 희곡 전반에 걸쳐 나타난 모호함을 부각시킨다. 『베니스의 상인』은 희극인가, 비극인가? 기독교인 등장인물들은 나름대로 존경스럽게 나오지만 샤일록보다 비중이 작다. 그들은 희극의 구도에 알맞고, 그래서 『베니스의 상인』은 종종 그렇게 희극으로 연출된다. 하찮아 보이는 결말은 5막에 녹아 있는 다양한 희극적 설정을 예비하는 것이기도 하다. 기독교인은 승리하고, 포셔는 안토니오를 풀어주고, 『베니스의 상인』은 풍속 희극이 된다.

그럼에도 무언가 이상한 일이 일어났다. 대단원의 막이 내려지기도 전에, 우리는 샤일록의 딸 제시카가 이끄는 부차적인 이야기에서 이를 경험한다. 한 기독교인과 사랑에 빠지는 순간, 제시카는 자신의 아버지에게서, 자신의 집에서, 자신의 신앙에서 도망친다. 그녀는 아버지의 세상을 떠나는 것에 놀랄 만큼 슬퍼하지 않는다. 신혼여행을 즐기기 위해 프랑크푸르트에서 들여온 아버지의 보석을 도둑질하면서도 슬퍼하지 않는 건 마찬가지다. 이렇게 보면 그녀는 비열한 사람이지만, 희곡에서는 완전히 매력적으로 그려진다. 게토에서 사는 이 딸에게 '유대인 되기'는 한 벌의 옷을 입는 것 같은, 예컨대 사랑에 빠지게 되면 벗어버릴 수 있는 작은 일이다. 사랑 게임에 휘말리는 또다른 부차적인 이야기에서도 경험의 모순이 나타난다. 마지막 막에서 여자들이 자신들이 사랑하는 남자 연인들을 일종의 사랑의 거래를 통해 마음대로 조종하는 장면에서 그렇다. 결국 육체적 고통도 육체적 욕망도 중요하지 않다. 거래가 중요하다. 누가 이겼을까?

　『베니스의 상인』은 불길한 예감 같은 긴장감 없이도 읽을 수 있다. 셰익스피어는 명문가로 이루어진 기독교인 공동체가 무력해지거나 하찮아지는 세상을 보여준다. 게토에서 문화의 무게에 눌린 육체들과는 다르게, 그들의 자유는 문화의 부담을 덜어준다. 삶의 고된 무게와 구속을 초월한 자유. 극의 마지막에서 우리는 현대 세계로 들어왔다.

동맥과 정맥

움직이는 육체

하비의 혁명

─ 1 ─
순환과 호흡
18세기의 도시계획

의학은 페리클레스의 아테네를 지배했던 체열의 원리를 2천 년 이상 받아들였다. 오랜 전통의 무게로 정당화되면서, 타고난 체열은 인류와 동물의 차이뿐 아니라 남자와 여자의 차이도 확실히 설명해주는 듯했다. 1628년 윌리엄 하비의 『동물의 심장과 혈액의 운동에 관한 해부학적 연구』가 출간되면서 이 확신은 바뀌기 시작했다. 혈액 순환에 관한 그의 발견은 육체의 구조, 건강 상태, 육체와 영혼의 관계 등 육체 이해에 있어 과학적 혁명을 일으켰다. 육체에 대한 새로운 기본 이미지가 형성되었다.

육체에 대한 새로운 이해는 자본주의 태동과 동시에 일어났고, 이른바 개인주의라는 거대한 사회변화를 가져왔다. 근대적 개인은 무엇보다도 움직이는 인간이다. 애덤 스미스의 『국부론』은 이런 시각에서 하비의 발견이 무엇을 가져올지 처음으로 예측했다. 애덤 스미스는 피가 몸 안에서 자유롭게 순환하듯, 생명을 불어넣어 작동하는 노동과 상품의 자유 시장을 상상했기 때문이다. 스미스는 당시의 광적인 사업 행위를 관찰하면서 어떤 설계도가 있음을 인식했다. 상품과 돈의 순환은 고정되고 안정된 자산보다 더 수지타산에 맞았다. 적어도 인생에서 자수성가한 이들에게는 교환 이전에 소유권이 먼저였다. 그러나 순환하는 경제의 미덕으로부터 이익을 얻고자 하는 사람들의 경우 과거의 애착에서 벗어나 자유로워질 수밖에 없음을 스미스는 알았다. 게다가 이 움직이는 경제 주체는 무언가 차별화된 것을 제공하기 위해 전문화되고 개별화된 일들을 배워야만 했다. 관계를 끊고 특화된 호모 에코노미쿠스는 사회에서 여기저기 옮겨다닐 수가 있었고, 시장이 제공하는 자산과 기술을 활용할 수가 있었다. 다만 모든 것에는 대가가 따랐다.

자유롭게 돌아다니면, 장소와 그 장소에 있는 사람들에게서 비롯되는 감각적 자극과 인식이 줄어든다. 환경과 본능적으로 강하게 연결되면 언제나 개인은 거기에 얽매일 위험이 있다. 이는 『베니스의 상인』 마지막 부분에서 드러난 불길한 예감이었다. 자유롭게 움직이면, 당신은 아주 많은 것을 느끼지는 못한다. 오늘날, 자유롭게 움직이려는 욕망이 육체가 통과하는 공간에 대한 감각의 요구를 이겨감에 따라, 현대의 움직이는 개인은 일종의 촉각의 위기를 겪어왔다. 움직임은 몸의 감각을 무디게 했다. 이런 일반 원칙이 이제 교통과 개인들의 빠른 이동에 대한 요구를 수용한 도시, 무미건조한 공간으로 가득찬 도시, 순환이라는 지배적 가치에 굴복한 도시에서 실현되었다.

하비의 혁명은 도시환경을 위한 사람들의 전망과 계획을 바꾸는 데 일조했다. 혈액과 호흡의 순환에 대한 하비의 발견은 공공 위생에 대한 새로운 아이디어를 끌어냈고, 18세기 계몽주의 계획가들은 이 아이디어를 도시에 적용했다. 계획가들은 도시를 사람들이 자유롭게 움직이고 숨쉴 수 있는 장소로, 건강한 혈구처럼 사람들이 흘러가는 동맥과 정맥의 도시로 만들고 싶어했다. 의학의 혁명은, 사회공학자들 사이에서 인간 행복의 기준이었던 도덕적 건강을, 움직임과 순환으로 정의되는 건강으로 바꾸었다.

육체 내부의 건강한 순환에 관한 하비의 발견에서 출발하고, 사회 내부 개인의 움직임과 관련한 새로운 자본주의적 신념과 결합된 여정은, 서양 문명의 고질적인 문제를 다시 한번 새로 제기할 뿐이었다. 사회, 특히 도시에서 반응성이 좋은 육체, 즉 이제 혼자이지만 가만히 있지 못하는 육체를 위한 감각의 집은 어떻게 찾을 수 있을까? 의학적, 경제학적 가치로서의 순환은 무관심의 윤리를 창조했다. 에덴에서 추방된 '방랑하는 기독교인'의 육체는 적어도 자신의 환경과 [자신처럼] 장소가 바뀐 사람들에 대해 더 많이 알게 되리라고 신은 약속했다. 예를 들어 하비와 동시대를 산 존 밀턴은 『실낙원』에서 이런 추락의 이야기를 들려주었다. 끊임없이 움직이는 세속의 육체는 이 이야기를 알지 못한 채, 다른 사람들 및 자신이 통과한 장소들과의 연결을 잃어버릴 위험이 있다.

이번 제8장에서는 체내 순환에 관한 하비의 발견에서 18세기 도시계획으로 이어지는 경로를, 그리고 계몽의 시대 개인과 집단에게 순환이 의미하는 바가 무엇이었는지를 추적한다. 이어 제9장에서는 혁명기의 파리에서 장소의 감각에 대한 순환의 도전을 중점적으로 살펴본다. 19세기에 일어난 이 갈등을 거치면서 움직이는 군중이 아니라 움직이는 개인을 위한 도시 공간이 만들어졌다. 제9장에서 이 진화와 그 심리적 결과를 추적하는데, 이는 E. M. 포스터가 소설 『하워즈 엔드』에서 에드워드 시대 런던을 배경으로 잘 표현한 바 있다. 마지막 제10장에서는 오늘날 지구 전역에서 뿌리 뽑힌 사람들로 가득한 다문화 도시 뉴욕에 주목한다. '뿌리 뽑힌uprooted'이란 말은 불행한 상황을 암시하지만, 나는 이 역사를 부정적으로 결론짓고 싶지 않다. 『살과 돌』은 다문화 도시에서 인종, 민족, 성의 차이가 사람들이 뒤로 물러나는 근거가 아니라 접촉의 지점이 될 수 있는 기회가, 역사의 온갖 역경에 맞서는 어떤 기회가 있을지를 물으며 끝난다. 우리는 베네치아의 기독교인과 유대인의 운명을 피할 수 있는가? 도시의 다양성은 개인주의의 힘을 억제할 수 있는가?

이 질문은 살flesh에서 시작한다.

피의 박동

하비의 발견은 지금 돌아보면 간단한 것이다. 즉 심장이 육체의 동맥을 통해 피를 공급하고 정맥을 통해 피를 받아들인다는 발견이다. 이 발견은 고대의 관념에 도전했는데, 고대에는 피가 그 열 때문에 몸에서 흐르고, 서로 다른 육체는 '선천적인 열calor innatus'로 인해 서로 다

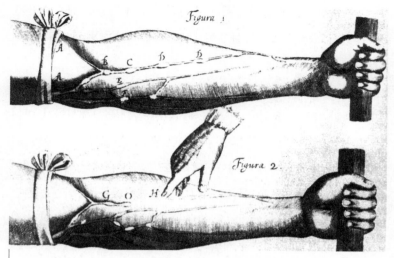

팔의 혈액순환에 관한 하비의 이미지.(윌리엄 하비, 『동물의 심장과 혈액의 운동에 관한 해부학적 연구』, 1628)

른 온도를 가진다고, 예컨대 남자의 육체가 여자보다 더 따뜻하다고 보았다. 옛 이론은 피의 열이 피를 순환시킨다고 믿었던 반면, 하비는 순환이 피를 덥힌다고 믿었다. 하비는 그 순환이 기계적으로 발생함을 밝혀냈다. 그는 "바로 심장의 활발한 박동이 피를 움직이고 완성하고 활동하게 하고 상처와 부패로부터 보호한다"고 주장했다.[1] 그는 육체를, 생명을 불어넣는 거대한 기계로 그렸다.

1614~1615년에 하비는 먼저 심장의 정맥 판막을, 이후 동맥과 정맥 간의 기능 차이를 연구했다. 1620년대에 그의 학생들은, 심장이 공급할 피가 없는데도 불구하고, 심장 근육이 어떻게 수축 팽창을 계속하는지 관찰하기 위해 방금 죽은 시체에서 심장을 떼어냈다. 그의 학생 중 하나가 새의 심장 박동이 더 빠르기 때문에 새의 피가 인간보

다 더 따뜻하다는 것을 발견했다. 순환의 기계적 작동을 관찰하며 점차 이 과학도들은 모든 동물에서 같은 기제가 작동한다고 확신하게 되었다.

18세기까지 기독교 의사들은 육체의 어느 곳에 영혼이 숨어 있는지, 영혼과 육체의 교신이 뇌를 통해서인지 심장을 통해서인지, 아니면 뇌와 심장이 육체적 물질과 정신적 본질을 모두 포함하는 '이중 기관'인지를 놓고 치열하게 논쟁했다. 하비도 그의 저술에서 심장을 연민의 기관으로 보는 중세 기독교 견해를 고수했지만, 그의 발견을 출간할 무렵에는 심장이 기계이기도 하다는 것을 알았다. 그는 추상적 원리로부터 추론하는 것보다 직접적 관찰과 실험을 통해 얻은 과학 지식을 고집했다. 데카르트를 비롯해 하비에게 반대하는 몇몇은 신의 뜻도 일종의 천문역학에 의해 작동하는 것처럼, 육체가 기계라고 믿을 준비가 되어 있었다. "합리적인{비물질적인} 영혼이 생리적 기능을 가지는가?"라는 질문에 데카르트는 그렇다고 대답했다.[2] 하비의 과학은 아니라는 쪽이었다. 하비 자신의 견해로 보면, 인간 동물은 비물질적 영혼을 가지고 있지만, 세상에서 신의 존재가 왜 심장이 피를 돌게 하는지 설명해주는 것은 아니었다.

피에 대한 하비의 연구에 자극을 받은 다른 연구자들은 비슷한 방식으로 육체의 다른 시스템을 관찰했다. 1621년에서 1675년까지 살았던 영국 의사 토머스 윌리스는 어떻게 육체의 신경 시스템이 기계적 순환과 같은 방식으로 작동하는지를 탐구했다. 하비가 피의 맥박을 관찰했던 것처럼, 윌리스가 신경섬유를 따르는 '신경 에너지'의 가시적인 움직임을 볼 수는 없었지만, 대신 뇌 조직을 연구할 수 있었다.

하비의 제자처럼 그는 인간과 동물의 뇌를 비교함으로써 다음과 같은 사실을 발견할 수 있었다. "오직 크기를 제외하면, 각 부위의 모습과 외부 구조에 있어…… 거의 차이가 없었고…… 이로부터 우리는, 인간과 동물의 공통 영혼이란 오직 물질적 실체이며, 직접 이 기관[뇌]을 사용한다고 결론내렸다."[3] 17세기 말과 18세기 신경학 분야에서 윌리스의 계승자들은 살아 있는 개구리 실험을 통해, 살아 있는 육체 전체에서, 신경섬유의 신경절이 감각적 자극에 동일하게 반응한다는 사실을 발견했다. 갓 죽은 인간 시체 실험에서 의사들은, 영혼이 이미 창조주를 만나러 육체를 떠났다고 여겨졌음에도, 개구리의 신경 조직처럼 인간의 신경절이 계속 반응함을 발견했다. 신경 시스템과 관련하여 육체가 감각을 느끼는 데 '영혼'은 필요 없었다. 모든 신경절이 같은 방식으로 작동했던 것 같았기에, 영혼은 어디든 떠돌 수 있지만 특정한 어느 곳에도 존재하지 않았다. 경험적 관찰은 육체 안에서 영혼의 위치를 잡을 수 없었다.[4]

그렇게 영혼(아니마anima)이 삶의 에너지의 원천이라는 고전적 견해에 이의를 제기하면서, 육체의 기계적 움직임, 피의 움직임뿐 아니라 신경의 움직임을 통해 육체에 대한 보다 세속적인 인식이 생겨났다.

이 변화로 인해 연구자들은 솔즈베리의 존과 같은 중세 사상가들을 지배했던 육체의 위계적 이미지에 도전하게 되었다. 예를 들어 신경섬유 간 움직임의 전기적 특성을 발견하기 훨씬 이전에, 18세기 의사들은 신경 시스템이 뇌의 단순한 연장이 아님을 확신하기 시작했다. 생리학자 알프레히트 폰 할러는 1757년 『생리학 논증』에서, 부분적으로 뇌를 그리고 확실히 의식의 통제를 우회하는 비자발적 감각에

인체에서 가지처럼 자라나는 혈관.(존 케이스, 『해부학 개요』, 1696)

의해 신경 시스템이 작동한다고 주장했다. 사람이 발끝을 채였을 때, 신경은 어떻게든 그 고통의 감각을 발에서 손목으로 전달하고, 그 결과 두 부위가 함께 경련을 일으킨다는 것이었다. 혈액처럼 고통도 온몸을 통해 순환하는 것으로 보였다. 역사가 바버라 스태퍼드가 말했듯, 의사들은 신경 조직이 "의식을 가진 정신이나 더 높은 영혼과 구별되는" 생명을 지니고 있음을 보여주기 위해 정말 잔인한 동물 실험에 빠져들었다. "여전히 뛰고 있는 심장을 뜯어냈고, 내장을 제거했으며, 동물들이 경련을 일으키거나 온몸을 비틀 때 놀라고 고통스러워 울부짖는 것을 막기 위해 기도를 잘라내 열었다."[5]

이와 유사하게 심장도 앙리 드 몽드빌이 부여했던 지위에서 쫓겨났다. 하비는 심장이 "생명의 출발점"이라고 주장했지만, 그가 믿기에 "피는 생명 그 자체"였다.[6] 심장은 순환을 위한 기계일 뿐이다. 순환의 과학은 육체 각 부분들의 개별적 독립성을 강조했다.

육체와 영혼의 수수께끼 대신에, 이 새로운 과학은 그 기계적 원리에 따라 결정되는 육체의 건강에 초점을 두었다. 갈레노스는 체열과 체액의 흐름 간의 균형으로 건강을 정의했고, 새로운 의학은 혈액과 신경 에너지의 자유로운 흐름과 움직임으로 이를 정의했다. 혈액의 자유로운 흐름은 개별 조직과 기관의 건강한 성장을 촉진하는 것처럼 보였다. 유사하게 신경학 실험자들은 자유롭게 흐르는 신경 에너지가 개별 조직과 기관의 성장을 촉진한다고 생각했다. 육체 내부의 흐름, 건강, 개별성이라는 이 패러다임이 종국에는 육체와 사회의 관계를 변화시켰다. 한 의학사가가 지적하듯, "더욱 세속화된 사회에서…… 건강은 점점 더 신의 은총이기보다는 개인에게 부과된 책임 중 하나로 인식되었다."**7** 18세기에 형성된 도시는 그런 내부의 패러다임을 건강한 사회에서의 건강한 도시라는 그림으로 바꾸는 데 일조했다.

도시는 숨쉰다

육체에 대한 새로운 과학과 도시를 연관짓기 시작한 것은 하비와 윌리스의 후계자들이 자신들의 발견을 피부에 적용하면서였다. 18세기 의사 에른스트 플라트너가 처음으로 육체의 환경 경험에 육체 속 순환을 유추해 적용했다. 플라트너는 공기는 혈액과도 같다고, 공기가 몸을 통해 순환해야만 하고 피부는 몸이 공기를 들이마시고 내뱉을 수 있게 하는 기관이라고 말했다. 그런 플라트너에게 먼지는 피부가 작동하는 것을 방해하는 주된 적으로 보였다. 역사가 알랭 코르뱅에 따르면, 플라트너는 피부 구멍을 막는 먼지가 "체액이 배출되지 못하게 하고, 물질의 발효와 부패를 도우며, 심지어 피부에 쌓인 '쓰레기의 재입再入'을 촉진한다"고 주장했다.**8** 피부를 통한 공기의 움직임은 '불결한'이란 단어에 새로운 세속적 의미를 부여했다. 불결함은 영혼의 얼룩이 아니라 먼지 낀 피부를 뜻했다. 피부는 도덕적 실패의 결과가 아닌 사람들의 사회적 경험 때문에 불결해졌다.

　농촌의 농부들 사이에선 피부에 붙은 흙먼지가 자연스러운 것이고 실제로 건강을 가져다준다고 여겼다. 인간의 대소변은 땅을 비옥하게 했으니, 몸에 붙은 것도 (특히 유아들에게) 양분을 공급하는 막을 형성한다고 보았다. 따라서 농촌 사람들은 "자주 씻을 필요가 없다"고 믿었다. "말라붙은 대소변도 몸의 일부이고, 특히 (기저귀를 찬) 아이들에겐 보호막 역할을 하기 때문이다."**9**

몸에서 배설물을 꼼꼼하게 닦아내는 것은 특히 도시의 중간계급의 관행이 되었다. 1750년대 중간계급 사람들이 배설 후 항문을 종이로 닦기 시작했고, 그날그날 요강을 비웠다. 배설물이 손에 닿을까봐 두려워하는 것은 피부를 막는 불순물이란 새로운 의학적 신념에서 생겨난 도시적 두려움이었다. 또한 그런 의학적 지식의 전달자들도 도시에 살았다. 역사가 도린다 아우트럼은 "농민과 의사는 육체와 그 운명의 재현에 동의하는 세상 속에서, 말 그대로 소통할 수 없었다"고 썼다. 농부들이 생각하기에 농촌에서 과학 지식을 가진 사람은 마을에서 외과의사 역할도 했던 이발사뿐이었고, 1789년 즈음 프랑스에서 이 이발사-외과의사는 천 명 중 한 명에 불과했다. 반면에 자격을 갖춘 의사는 만 명 중 한 명이었고 대부분은 도시에 살았다.[10]

피부를 '숨쉬게' 하는 것이 중요하다는 믿음은 사람들의 옷 입는 방식을 바꿔놓았고, 이 변화는 이미 1730년대에 분명해졌다. 여자들은 모슬린이나 무명비단 같은 옷감을 사용해 옷의 무게를 가볍게 했고, 가운을 잘라 몸에 느슨하게 걸쳤다. 남자는 가발로 가장을 했고, 사실 이 가발은 18세기에 점점 더 복잡해졌지만, 머리 아래쪽으로는 남자들도 옷을 가볍게 하거나 편하게 풀고 다니려고 했다. 숨쉬기 자유로운 육체는 몸의 독 기운이 더 쉽게 배출되기에 더 건강한 것이었다.

더 나아가 사람들은 피부가 숨쉬게 하기 위해 이전보다 더 자주 씻어야 했다. 날마다 씻는 로마의 목욕도 중세엔 사라졌고, 몇몇 중세 의사들은 실제로 체온의 균형이 급격히 깨지기에 목욕을 위험하다고 여겼다. 이제 가볍게 입고 자주 씻는 사람은 더이상 진한 향수를 써서 땀 냄새를 덮지 않아도 되었다. 16~17세기에 여자들이 쓰는 향수와

제8장. 움직이는 육체

남자들이 쓰는 탄산수는 종종 피부 발진을 일으키는 기름으로 만들어졌다. 따라서 몸에서 달콤한 향이 나려면 얼룩덜룩한 피부를 각오해야 했다.

호흡과 순환이라는 건강의 덕목을 실행하고자 하는 욕망은 도시 속육체적 실천뿐 아니라 도시의 모습도 바꾸었다. 1740년대부터 유럽의도시들은 길의 먼지를 씻어내고 대소변이 가득한 물구덩이를 배수하며, 오물을 길 아래 하수구로 밀어넣기 시작했다. 이런 노력으로 거리의 바닥 자체가 변했다. 중세의 포장도로는 둥근 조약돌로 되어 있었고, 그 돌들 사이로 동물과 사람의 배설물이 끼어 있었다. 18세기 중반에 영국은 틈새가 벌어지지 않고 서로 잘 맞는 평평한 사각형 화강암 판석으로 런던을 재포장하기 시작했다. 파리는 1780년대 초반에처음으로 오데옹극장 앞 거리에 이런 돌을 깔았다. 이 거리는 한층 더깨끗하게 청소할 수 있었고, 그 아래로 도시의 '정맥', 즉 파리에서 오수와 배설물을 새로운 하수관거로 보내는 하수도가 질퍽한 오수 구덩이들을 대신했다.

이런 변화는 파리에서 제정된 일련의 보건법으로 확인할 수 있다. 1750년 파리시는 자기 집 앞의 대변과 쓰레기를 청소하도록 했고, 같은 해 물을 뿌려 주요 공공 도로와 다리를 씻기 시작했다. 1764년에는 도시 전체에서 넘치거나 막힌 도랑 청소에 착수했고, 1780년에는길에다 요강의 배설물을 버리는 것이 금지되었다. 같은 목적에서 파리의 건축가들은 집 내부의 벽에 부드러운 석고를 발랐다. 석고로 덮인벽면은 청소하기가 쉬웠다.

계몽주의 계획가들은 도시설계 단계에서 이미 건강한 육체처럼 기능하는 도시, 깨끗한 피부를 가졌을 뿐 아니라 자유롭게 이동하는 그런 도시를 원했다. 바로크 시대 초기부터 도시계획가들은 사람들이 도시의 주요 가로에서 효율적으로 순환할 수 있는 도시를 구상했다. 예를 들어 로마를 재건할 때 교황 식스토5세는 순례자들이 다닐 수 있게끔 여러 대로와 직선도로로 도시의 주요 기독교 성지들을 연결했다. 생명을 주는 순환이라는 의학적 이미지는 운동성을 강조하는 바로크 시대에 새로운 의미를 지니게 되었다. 바로크 계획가들이 했던 대로, 대상을 향한 움직임의 의례를 위한 가로를 계획하는 대신에, 계몽주의 계획가들은 움직임 그 자체를 목적으로 삼았다. 바로크 계획가들은 기념비적 목적지를 향한 전진을 강조했고, 계몽주의 건축가들은 여정 그 자체를 강조했다. 계몽주의 사고에서 가로는, 주거 지역을 통과하든 도시의 의례적 중심을 통과하든 상관없이 중요한 도시 공간이었다.

따라서 18세기에 육체의 혈액 시스템을 모델로 삼아 교통 시스템을 구축하고자 했던 설계가들은 도시 가로들에 '동맥'과 '정맥'이란 말을 적용했다. 크리스티앙 파트 같은 프랑스 도시계획가들은 일방통행 원칙을 정당화하는 데 동맥과 정맥의 이미지를 사용했다. 혈액 시스템에 기초한 독일과 프랑스의 도시 지도를 보면, 군주의 성이 설계도의 심장을 이루지만 가로들은 종종 도시의 심장을 우회하는 대신에 직접 서로서로 연결되었다. 어설픈 해부이긴 하지만, 계획가들은 피의 역학을 지켰다. 도시를 관통하는 움직임이 어디선가 막히게 되면, 마치 개인 육체가 동맥이 막힐 때 뇌졸중을 일으키고 고통을 받는 것처럼, 집합적인 육체가 순환의 위기를 겪게 된다고 생각했다. 한 역사가의 지적처럼, "하비의 발견과 그의 혈액 순환 모델은 공기와 물과 (쓰레기) 생산물 또한 움직임의 상태에 있어야 한다는 필요조건을 만들었다." 인간이 정착한 도시에서도 그런 움직임의 상태는 주의깊은 계획을 필요로 했다. 무계획적 성장은 막히고 닫히고 건강하지 못한 과거의 도시 조직을 악화시킬 뿐이었다.[11]

우리는 미국 독립혁명 직후의 워싱턴 D. C. 계획에서 이 순환의 원칙이 시행된 것을 볼 수 있다. 이 신생 공화국에서는 권력의 다양한 이해관계가 교차했기에, 워싱턴의 설계가들은 160여 킬로미터 북쪽의 더 알맞은 땅에 있던 기존 시가지와 건물을 권력의 터전으로 삼지 못했고, 아열대 습지를 바꿔 국가의 수도로 만들어야만 했다. 워싱턴 계획(그리고 오늘날 우리가 아는 워싱턴에서 그 계획이 부분적으로 실현된 부분)은, 고도로 유기적이고 종합적인 도시설계로 건강한 환경을 창조하는 권력에 대한 계몽주의의 신념을 입증한다. 또한 이 도시설계는 사람이 자유롭게 숨쉬는 '건강한' 도시의 이미지에 담긴 특정한 사회적, 정치적 비전을 보여준다.

　워싱턴 도시계획가들은 새로운 수도로 택한 장소에 로마 공화국의 옛 미덕을 반영하길 원했다. 그래서 일정 부분 로마의 도시설계를 사용하고, 일정 부분 로마식 이름을 새 도시 곳곳에 붙였다. 예를 들어 미국의 '티베르Tiber강'[테베레Tevere강의 옛 이름]은 모기가 들끓는 습지를 관통하는 개울이었고, 로마의 언덕은 상상 속에서만 그려낼 수 있었다. 이 도시계획을 주도한 세 인물—토머스 제퍼슨, 조지 워싱턴,

피에르 샤를 랑팡—은 새로운 수도를 생각하며 보다 가까운 시대의 베르사유와 카를스루에, 포츠담의 거대한 풍경을 염두에 두었던 것 같다. 이 도시들은 군주가 선을 그어 만들어진 웅장한 개방 공간을 갖고 있었다. 한 역사가가 지적하듯, "원래 전제군주와 황제의 영광을 드높이기 위해 고안된 계획 형태를, 그 철학적 기반이 민주적 평등성에 굳건히 뿌리를 둔 나라의 국가 상징으로 도입했다는 것은, 너무나 역설적인 일이었다."[12]

그러나 그것이 미국식으로 고대 로마와 대화를 나눈 결과는 아니었을 것이다. 1780년대 후반, 토머스 제퍼슨은 자신이 전 국토에 적용하고 싶어했던 농지 구획안에 기초해, 수도를 위한 가로 건설 계획을

— 랑팡의 워싱턴 D.C. 계획.(앤드루 엘리콧의 그림, 1792)

제8장. 움직이는 육체

검토했었다. 그의 머릿속에 있던 도시와 시골의 형태는 모두 기하학적인 도시를 만드는 데 사용되었던 고대 로마의 격자 계획에서 나온 것이었다. (우리가 알고 있는 그의 의도대로라면) 제퍼슨의 워싱턴은 고대 로마 도시처럼, 정부를 도시의 중심에 똑바로 앉히는 것이었다. 피에르 샤를 랑팡은 여기에 이의를 제기했다. 그는 로마의 교훈을 다르게 해석했다.

이상주의자인 다른 몇몇 프랑스 젊은이들처럼, 젊은 엔지니어 랑팡은 혁명 당시 미국의 대의에 동참했고, 밸리포지Valley Forge에서 싸웠으며, 승리 후에도 미국에 남았다. 아마도 1791년 워싱턴 대통령에게 남긴 메모에서, 랑팡은 격자 계획이 "실제의 웅장함과 진정한 아름다움이 결여된 차가운 상상력(에서 나온)…… 따분하고 재미없는" 계획이라고 조롱했다.[13] 그는 이를 대신해 더 민주적인 공간을 제안했다. 1791년 그가 제안한 '점선 지도Map of Dotted Lines'는 1792년에 앤드루 엘리콧에 의해 좀더 형식을 갖춘 워싱턴 계획안으로 다시 만들어졌다. 이 계획안에서 그려진 도시는, 격자 형태로 구역화된 복잡한 방사형 도로 시스템이었고, 이를 통해 연결되는 몇 개의 교통 교차점과 중심이 있었다. 예를 들어 랑팡은 버지니아애비뉴와 메릴랜드애비뉴라는 두 주요 도로를 크게 교차시켰고, 이 길들은 대통령 관저와 국회의사당 같은 인근의 국가 권력기관의 입지와 전혀 관계가 없었다. 도시의 모든 교차점이 권력의 교차점은 아니었다.

더욱이 랑팡은 초기 로마 공화국의 포룸에 있던 두 요소, 사회적인 것과 정치적인 것을 혼합하고자 했다. 1791년, 워싱턴 대통령에게 거의 완벽한 영어로 쓴 편지에서 보면, 의회는 "사람들이 많이 모여드는 다목적의 장소, 사방으로 극장과 회의실과 학술원, 그리고 식자들에게 매력적이고 한가한 자들에게 오락거리를 제공할 수 있는 장소"의 일부가 될 것이었다.[14] 랑팡의 계획은 다중심적이고 다용도적인 도시의 태피스트리로 거대 권력이 흡수되는 장소, 국가 수도의 진정한 공화주의적 개념이었다. 제퍼슨은 젊은 프랑스인에게 경의를 표하며, 이 정치적 이미지를 즉각 알아채고 반겼다.

다중심, 다용도의 수도를 위한 랑팡의 공화주의적 계획은 도시 내 순환이란 의미에서 바로크보다는 계몽주의의 신념을 보여주었다. 워싱턴의 습지와 넌더리나는 여름 기후 때문에 랑팡은 도시의 '허파'를 만들어야만 했다. 이를 위해 그는 고향의 경험, 특히 파리 중심의 루이15세대광장[오늘날의 콩코르드광장]의 경험을 활용했다. 루이15세광장은 루브르궁 앞에 있는 튈르리정원의 끝에서 센강과 만나는, 유럽 수도의 꽃 같은 허파였다.

랑팡의 작업에서 보듯, 허파는 계몽주의 계획가의 심장만큼 중요한 준거였다. 예컨대 18세기 파리에서 광활한 루이15세광장만큼 충격적인 것은 없었다. 이곳은 파리의 중심에 있으면서도 자유롭게 정원이 확장될 수 있게끔 계획되었다. 랑팡의 동시대인들에게 광합성은 거의 알려지지 않았지만 그들은 숨쉴 때 그 효과를 느낄 수 있었다. 루이15세광장은 사람들이 자신의 허파를 맑게 하고 싶을 때 산책할 수 있는 곳, 도시의 정글로 자라나도록 내버려두게 되었다. 그래서 이 도심 정원에서는 도시 거리의 생활에서 멀리 떨어지는 듯했다. "그 건축을 좋아했던 사람들조차도, 당시 루이15세광장이 파리 외곽에 있는 것처럼 느꼈다."[15]

제8장. 움직이는 육체

또한 이 중앙의 허파는, 루이16세의 베르사유궁전이나 프리드리히대왕의 상수시궁전 같은 도시 외곽의 왕실 정원에서 개방 공간을 통해 형상화했던 권력관계를 깨뜨렸다. 17세기 중반에 건설된 베르사유정원은 나무와 길과 연못으로 이루어진 규칙적인 선들이 소실점으로 끝없이 이어지는 풍경을 만들었다. 왕이 자연에 명령한 것이었다. 18세기 초에 영향력이 컸던 영국식 경관에서 또다른 종류의 개방 공간이 나왔다. 이는 로버트 하비슨에 따르면, "분명한 시작도 끝도 없고 모든 면에서 경계가 모호한, 경계 없는 정원"이었다.[16] 영국식 정원은 풍성하고 자유로운 성장의 장소를 시선이 휘젓고 몸으로 이동할 때, 그 놀라움으로 가득한 변화무쌍한 공간에서 상상력을 발휘할 수 있었다.

하지만 랑팡의 세대는 도시의 허파를 더 선명한 시각적 형태로 만들고자 했다. 1765년 파리의 시 당국은, 도보든 마차든 도시 사람들이 이 거대한 정원에 쉽게 올 수 있게 하기 위해, 또 파리 시민이 이곳을 지나가면서 기운을 되찾을 수 있게 하는 허파로 만들기 위해, 다양한 계획을 모색했다. 이곳의 가로와 보도는 기존의 도시 조직과 확연하게 단절되었다. 즉 어떤 상업도 허용되지 않았고, 오직 공기와 나뭇잎과의 교류, 이곳을 찾은 사람들끼리의 교류만 허용되었다. 도시의 허파를 통한 움직임은 여전히 친교적 경험이어야 했다.

흥미롭게도 랑팡의 워싱턴 계획은 파리의 공원처럼 도시 내 자연과 그다지 자연스럽게 어우러지지는 않는다. 랑팡의 도안에 따라 엘리콧이 그린 거대 몰Mall[내셔널 몰]은 포토맥강과 대통령 관저 사이를 잇는 축선에서, 또 포토맥과 국회의사당 사이의 축선에서, 베르사유

322

의 공공연한 선형적 요소를 일부 간직하고 있다. 그러나 랑팡은 1765
년 파리에서 그랬듯, 이 거대 몰에서 시민들이 움직이고 모일 것이라
는 점을 강조했다. 루이14세가 무한함이 모두 자기 것인 양 베르사유
공원을 바라보았던 것처럼, 조지 워싱턴이 자기 영토를 내려다볼 수
있게 하는 풍경을 제공하려고 몰을 만든 것은 아니었다. 랑팡은 미국
의 초대 대통령에게 자신이 바라는 것은 "매우 다양한 즐거움의 자리
와 전망을 제공하는"것과 "도시의 각 부분들을 연결하는" 것, 둘 모두
라고 말했다.[17] 모든 시민이 자유롭게 이용할 수 있는 개방 공간은 이
두 가지 목적에 부합할 것이었다.

시민은 확 트인 야외에 나옴으로써 자유롭게 숨을 쉰다고, 제퍼슨
은 말했다. 제퍼슨은 이 은유를 자신이 사랑했던 시골에 적용했다. 반
면 랑팡은 이를 도시에 적용했다.[18] 이 은유의 의학적 기원은, 순환하
는 피 덕분에 몸의 가장 작은 조직도 심장이나 뇌처럼 넘치는 생명력
을 부여받으며, 육체의 개별 부위들이 삶을 동등하게 즐긴다는 것을
의미했다. 도시의 허파는 상업을 배제했지만, 순환하는 육체라는 기
본 이미지는 그 상업을 불러들였다.

— 2 —
유동적인 개인
분업과 여행

스미스의 핀 공장

『거대한 전환』에서 현대 역사가 칼 폴라니는 자신이 생각하기에 모든

사회생활이 시장 교환으로 주조될 때 발생했던 유럽 사회의 변화를 추적하고자 했다. 물론 폴라니는 중세나 르네상스기 유럽에서 시장이 중요했다는 것을 부정하지 않았다. 하지만 17~18세기에는 "너의 손해가 내 이익"이라는 원칙이 나타났다. 이 원칙은 경제 관계뿐 아니라 문화 및 사회 관계도 사로잡았고, 점차 자선의 필요성과 이타성의 충동이라는 기독교 신념도 밀어냈다. 한편으로 『거대한 전환』은 샤일록이 결국 승리하기라도 했다는 듯, 사회생활이 살의 무게를 재고 추출하는 문제가 되었다고 본다.[19]

사실 자유시장의 미덕을 설파했던 18세기 작가들은 인간 탐욕이라는 주제에 극도로 과민했다. 그들이 스스로를 변호하고자 했던 방법 중 하나는 육체와 그 공간적 환경에 관한 새로운 과학에 의지하는 것이었다. 18세기 자유시장 지지자들은 사회 내부의 노동과 자본의 흐름을 직접적으로 육체 내부의 혈액과 신경 에너지의 흐름에 비유했다. 애덤 스미스의 동료들은 시장을 통한 '재화의 호흡' '자본의 운동' '노동 에너지의 자극'이란 이미지를 사용하며, 의사들이 육체의 건강을 위해 썼던 용어들을 그대로 경제적 건강을 말할 때 사용했다. 그들이 보기에는 혈액의 자유로운 순환이 육체의 모든 조직에 영양분을 주는 것처럼, 경제적 순환은 사회의 모든 구성원에게 영양분을 공급해주는 것이었다.

물론 이 가운데 몇 가지는 터무니없이 자족하는 말이었다. 빵이나 석탄 값이 두 배로 뛰는 마당에 그 가격을 '자극'으로 받아들일 구매자는 없을 것이다. 그러나 경제학자 애덤 스미스는 자유시장에 대한 아주 흔한 신념에 한 가지 통찰을 덧붙였다. 이 통찰은 그의 동시대인들이 명료하게 파악하지 못했던 것이고, 단순히 탐욕을 감추는 수단으로 쓰이던 생물학-경제학 언어를 구원해주었다. 스미스는 시장 움직임에 참여한 사람들이 어떻게 전에 없이 확실하게 경제의 개별 행위자가 되는지 보여주고자 했다. 그가 말하길, 이는 시장에서 일어나는 노동 분업을 통해서였다.

스미스는『국부론』초반에 이 점을 아주 간결하게 사례를 들어 설명했다. 그는 핀 공장에서 일하는 노동자 열 명의 예를 들었다. 각각의 노동자가 핀 제조에 필요한 모든 공정을 수행한다면 한 명당 20개, 모두 200개를 만들 수 있는데, 분업을 했을 때는 열 명이 4800개의 핀을 만들 수 있다는 것이다.[20] 노동자들을 이런 식의 분업으로 이끄는 것은 무엇일까? 그들이 만드는 생산물 시장일 것이다. 스미스는 이렇게 밝힌다. "시장이 매우 작으면, 아무도 한 가지 일에 전념하고자 하는 마음이 생기지 않는다. 자기 자신의 노동 생산물 가운데 자신이 다 소비할 수 없는 모든 잉여부분을 다른 사람들의 노동 생산물 가운데 자기가 필요로 하는 부분과 교환할 능력이 없기 때문이다."[21] 시장이 크고 활발하다면 노동자는 잉여를 생산하도록 부추김을 당할 것이다. 이렇게 "본디 분업을 일으키는 것도 원래는 거래한다는 것과 같은 성향이다."[22] 더 많이 순환할수록 노동은 더욱 전문화되고, 노동자는 더 개인적인 행위자가 된다.

스미스의 핀 공장은 그의 주장을 뒷받침하는 중요한 장소였다. 무엇보다도 스미스는 핀을 만든다는 가장 단순한 작업에서 가장 일반적인 정치경제학의 원칙을 끌어내고 싶었다. 우리가 지금까지 보았듯, 고대 세계에서 일반적인 인간 노동은 존엄성을 결여한 동물적이고 야

제8장. 움직이는 육체

만적인 것으로 치부되었다. 중세 수도사의 노동이 가진 존엄성은 그 영적 수양과 자비로운 사용에 달려 있었다. 스미스는 노동의 존엄성을 노동자들이 노동의 과실을 자유롭게 교환할 수 있는, 그래서 특정한 작업에서 전에 없이 숙련될 수 있었던 모든 노동자에게 확장시켰다. 기술이 노동을 존엄하게 만들고 자유시장이 기술의 발전을 촉진시켰다. 이런 점에서 스미스의 경제학은 18세기 중반 디드로의 위대한 『백과사전』과 공명했다. 『백과사전』은 의자를 만들거나 오리를 굽는 기술을 상세한 도면과 꼼꼼한 설명으로 훌륭하게 보여주었다. 여기서는 오직 소비하는 것밖에 몰랐던 주인들보다 매우 솜씨 좋은 장인이나 일꾼이 사회에 훨씬 가치 있는 구성원으로 등장했다.

스미스의 핀 공장은 도시의 장소였다. 당시에 『국부론』은 도시와 농촌의 관계를 특이하게 묘사했다. 엉베르 드 로망 같은 중세 사상가 이후, 작가들은 농촌을 희생시킨 대가로 도시의 부가 생겨났다고 보았다. 반면 애덤 스미스는 도시의 발전이 농산품의 시장 수요를 창출하며 농촌 경제를 자극한다고 주장했다. 그는 농부가 자신에 의해, 자신을 위해 모든 것을 자족하는 것이 아니라, 핀 생산자처럼 시장을 위해 농작물을 특화해야 한다고 믿었다.[23] 즉 순환의 미덕이 각자 노동의 전문화를 창출함으로써 도시와 농촌을 연결한다.

도시와 농촌에 대한 이런 관점은 스미스가 생각하기에 가장 계몽되고 희망적인 것을, 냉담하거나 탐욕스러운 것이 아닌 사회적 존재로서의 경제적 개인의 의미를 보여주는 것이었다. 스미스가 상상했듯, 노동 분업에서 각 개인이 각자의 일을 하기 위해서는 나머지 모든 사람이 필요했다. 폴라니 같은 현대 비평가에게 스미스는 제로섬 게임을

326

비호하는 자일 뿐이지만, 그의 동시대인들에게 스미스는 과학적이고 인도주의적으로 보였다. 그는 노동과 자본의 순환에서 가장 일상적인 노동을 존엄하게 만드는 힘, 독립과 상호의존을 조화시키는 힘을 발견했다.

이것은 랑팡, 파트, 에마뉘엘 로지에가 설계한 것 같은 도시가 어떻게 작동하는지의 질문에 대한 당대의 답이었다. 18세기 도시계획가가 순환의 원칙을 작동시키는 도시 설계도를 그릴 때, 스미스는 그런 도시에 적합한 경제적 활동을 알기 쉽고 신뢰할 만하게 전달했다. 이는 결국 개인의 자유라는 보다 정서적인 가능성을 약속했다.

남쪽으로 달아난 괴테

움직이는 개인에게 약속된 자유는 18세기의 가장 주목할 만한 문헌 중 하나에 등장한다. 프랑스혁명 직전에 출간된 이 책은 1786년 독일의 작고 목가적인 궁정을 벗어나 이탈리아의 악취가 진동하는 도시로 떠난 여행을 기록한 괴테의 『이탈리아 기행』이다. 괴테 자신이 생각하기에 이 여행은 시인의 육체에 다시 생기를 불어넣어주었다.

괴테는 작은 공국의 통치자인 카를 아우구스트 대공을 위해 회계사, 감독관, 행정가로 10년 넘게 일했다. 카를 아우구스트의 재정을 정리하고 영지의 배수공사를 감독하는 고역의 시간이 더디게 흘러가며, 해가 갈수록 괴테의 집필활동은 줄어들었다. 시, 소설 『젊은 베르테르의 슬픔』, 희곡 『괴츠 폰 베를리힝겐』 등 젊은 시절의 놀랄 만한 글들은 단지 추억이 되었고, 그의 빛나는 재능은 사그라졌다. 마침내 그는 남쪽으로 달아났다.

괴테의 『이탈리아 기행』은 황폐화되고 부서진 돌과 거리에 넘쳐흐르는 배설물이 가득한 이탈리아 도시를 묘사하지만 도피중인 시인은 유쾌한 경외심으로 이 폐허를 돌아다녔다. 1786년 11월 10일 로마에서 그는 이렇게 쓴다. "적어도 나는 이곳에서처럼 이 세상의 사물들을 정당하게 평가한 적이 없었던 것 같은 기분이다."²⁴ 6주 전 한 친구에게 보낸 편지에서는 "사물들에서 고양된 정신을 발견할 수는 없지만, 사물들 자체가 정신을 고양시키도록 절제하며 조용히 살고 있다네"라고 썼다.²⁵ 괴테는 수많은 외국인 사이를 돌아다니는 것이 한 개인으로서 그를 감각적으로 깨우고 있음을 깨달았다. 베네치아 산마르코광장의 군중 속에서는, "지금까지 여러 번 갈망하였던 고독을 이제야 제대로 맛볼 수 있게 되었다. 왜냐하면 아는 사람이 아무도 없는 군중 사이를 홀로 헤치고 지나다닐 때처럼 절실히 고독을 느낄 때는 없기 때문이다."²⁶ 1787년 3월 17일 나폴리에서 쓴 글은 『이탈리아 기행』의 가장 아름다운 구절 중 하나로, 소란스럽고 무질서한 군중 속에서 시인에게 다가온 내적 평온을 표현한다.

이렇게 끊임없이 움직이고 있는 수많은 군중 속을 지나는 것은 참으로 진기하기도 하고 또 보양도 된다. 인파는 서로 섞여서 흘러가지만 각자 자신의 길과 목표를 찾아낸다. 이처럼 많은 사람과 움직임 속에 있으면서 나는 처음으로 진정한 정적과 고독을 느낀다. 거리가 시끄러우면 시끄러울수록 나의 기분은 더욱더 차분해진다.²⁷

괴테는 왜 군중 속에서 더 자신을 개인이라고 느끼게 되었을까?

11월 10일에 괴테는 이렇게 썼다. "사물을 볼 수 있는 안목을 가지고 진실하게 이 도시를 구경하는 사람이라면 누구라도 반드시 **견실해질** 것이며, 견실이라는 말의 의미를 이제껏보다도 확실하게 파악하게 될 것이 틀림없다."[28] 언뜻 보기에 어색한 구절인 "**견실해질**solid werden"은 묘하게도 "거리의 소란스러움"에 대한 괴테의 반응에서 비롯된다. 군중 속을 돌아다니면서 괴테는 자기가 받은 인상을 구체화한다.[29] 로마에서 괴테는 "그러므로 되어가는 대로 몸을 흥분에 맡기자. 질서는 저절로 생길 것이다"라고 스스로에게 권고한다.[30]

1776년 첫 출판된 애덤 스미스의 『국부론』과 10년 후 나온 괴테의 『이탈리아 기행』을 비교하는 것이 이상할지 모르겠지만, 이 둘은 서로 공명한다. 둘 다 움직임이 경험을 분명하게 표현하고 구체화하고 개별화한다. 이 과정의 결과는 『이탈리아 기행』뿐 아니라 당시 괴테가 쓴 시에도 나타나기 시작했다. 로마에서 서른여덟 살의 괴테는 젊은 여자와 연애를 시작했고, 구체적인 사물에 대한 사랑이 이 에로틱한 사랑과 합쳐졌다. 그는 『로마의 비가悲歌』 마지막을 자신의 정부情婦에게 보내는 사랑의 시로 썼고, 여기서 식물의 변화, 채소의 성장만큼이나 특별한 사랑의 전개를 묘사했다. 괴테는 여행 과정에서 자신이 특별한 미적 경험을 더욱 잘 이해하게 되었음을 자각했다.

이 시인의 여행은 독특한 면이 있지만, 움직임과 여행, 탐험이 한 사람의 감각적 삶을 고양시킬 것이라는 믿음은 여행에 대한 18세기의 욕망을 보여주었다. 물론 유럽인들에게는 여전히 이국의 낯선 풍토를 자기 것으로 삼으려는 소유욕을 자극하는 여행 형태도 있었다. 괴테의 여행은 그렇지 않았다. 그는 미지의 것이나 원시적인 것을 찾으려 이탈리아에 간 것이 아니라, 자신이 있던 장소를 벗어나고 중심에서 이탈하고 싶은 충동을 느낀 것이었다. 그의 여행은 동시대에 형성된, 당시 어른들이 젊은 남자든 여자든 정착하기 전에 한 해 동안 여행하고 떠돌아보기를 권했던 '편력시대Wanderjahre'에 더 가까웠다. 계몽주의 문화에서는 신체적 자극과 정신적 정화를 위해 사람들이 이동하고자 했다. 과학에서 유래한 이런 희망은 환경의 설계, 경제의 개혁, 심지어 시적 감수성의 형성으로 확장되었다.

그러나 괴테의 『이탈리아 기행』은 계몽주의 사고방식의 한계를 보여주기도 한다. 괴테는 자신이 이동하면서 지나쳐간 이탈리아 군중에 대해 좀처럼 자신을 서술할 때처럼 구체적으로 묘사하지 않는다. 이와 유사하게, 도시의 군중을 마주한 애덤 스미스는 충동적으로 그 군중을 하나의 인간 총체가 아니라 특성과 범주에 따라 구분해 기술한다. 도시 개혁가들의 공중위생 담론에서 도시의 군중은 질병의 소굴로 나타났고, 도시 전체에 개별적으로 흩어놓아 정화해야 할 대상이었다. 제퍼슨은 도시 군중을 무서워한 것으로 유명했고, 랑팡은 이에 대한 양면성을 보여주었다. 랑팡은 자신의 계획이 워싱턴 가로에서 군중의 '응고'를 막을 수 있길 희망했다. 파리의 루이15세광장을 위해 제안된 개혁은 역마차나 다른 큰 교통수단이 아닌, 걷거나 말을 타고 혼자 오는 개인들에게 알맞은 도로를 만들려는 것이었다.

도시 군중을 헤아릴 수 없는 무능력, 혹은 온전히 받아들일 수 없는 무능력은 물론 군중에 속한 사람들—대부분 빈민—과 관련된다. 하지만 빈민은 도시에서 이 편견의 범위를 넘어서는 방식으로 움직임을 경험했다. 그 경험은 빈민에게 시장 움직임의 의미, 즉 몇 푼 차이로 출렁거리는 빵값으로도 달라지는 생존과 기아의 차이로 구체화되었다. 도시 군중은 시장이 덜 움직이기를, 정부가 더 규제하기를, 시장이 고정되고 안정되기를 바랐다. 도시에서 물리적 움직임은 그들에게 굶주림의 고통만 더할 뿐이었다. 움직임이 만든 불안정은 유럽의 수도 가운데 가장 도발적인 곳, 대혁명을 앞둔 파리에서 가장 명백해졌다.

— 3 —
군중이 움직이다

역사가 레옹 카엥의 추정에 따르면, 루이16세가 즉위했을 때 파리에는 1만 명의 성직자와 5천 명의 귀족이 있었고, 제조업자, 부유한 상인, 의사, 법률가는 약 4만 명이었다. 도시의 나머지 60만 명 이상의 주민은 빈곤에 허덕였다.[31] 돌이켜보면 인구 60만 명의 도시에 상위계급과 중간계급 5만 명 남짓은 수가 적어 보인다. 하지만 역사적으로 볼 때 정부가 파리 외곽 베르사유궁전에 있었고 왕이 재정을 틀어쥐고 있었던 루이14세 때보다 이는 훨씬 높은 비율이었다. 실제로 18세기 동안 파리는 번영을 누렸던 반면, 베르사유에 있는 왕의 영토는 더 가난해졌다. 18세기 중반 프랑스가 북아메리카를 탐험한 이후 왕실 재정은 심각해졌고, 미국 독립혁명에 프랑스가 투자한 이후에는 재앙에 가까웠다. 또한 성직자와 귀족이 토지 매각과 기업 투자 등 다양한 형태의 시장 활동을 통해 파리에 새로운 부를 창출하기 시작하고, 상업 부르주아들도 같은 방식으로 부를 창출해감에 따라, 루이16세의 베르사유는 위축되었다.

제8장. 움직이는 육체

파리는 단순히 부를 창출하는 곳이 아니라 상당한 소비가 이루어지는 장소가 되었다. 돌로 나타난 그 징후는 생토노레 교외Faubourg에 엄청난 규모로 새로 지어진 주택이었다. 조지 루데는 18세기 파리의 연대기 작가 세바스티앙 메르시에의 기록에 근거해, 파리에서 3분의 1에 해당하는 약 1만 채의 집이 앙시앵레짐 마지막 10년 동안 지어졌다고 추정한다. 메르시에는 새로운 파리 생활의 놀랄 만한 달콤함을 우리가 엿볼 수 있게 해준다. 당시 파리 사람들은 간편하고 몸에 좋은 옷을 입을 수 있는 따뜻한 집에서 차를 마시고 책을 읽고 온실 과일을 먹으면서 긴 오후를 보내고, 포장도로가 많아지면서 마차로 쉽게 새로 생긴 극장에 가서 저녁 시간을 보내는 더없이 여유로운 사회를 누렸다.

이 달콤한 생활을 즐기기 위해서는 전에 없던 많은 수의 장인과 하인, 사무원과 건설노동자가 필요했다. 그들에게 보수를 잘 줄 필요도 없었고 실제로 잘 주지도 않았다. 의류업 같은 서비스 산업에서, 자유시장주의자는 사치품 수요가 올라가면 임금도 따라 올라가리라 생각하겠지만, 반대로 1712년부터 1789년까지 실제 임금은 떨어졌다. 팽창하는 경제 부문에서 노동 공급이 수요보다 훨씬 빠르게 증가하면서 저임금을 초래했기 때문이다. 파리가 18세기 내내 안정적으로 더욱 번영하면서, 대체로 재화와 서비스는 자유롭게 유통되었다. 물리적인 도시에 스며든 이 부는 서민 대중의 삶에까지 퍼져나가지는 못했다.

불평등은 도시를 돌아다닐 때 감각적 자극을 촉발했다. 자신과 비슷한 사람들끼리만 살 때 빈곤을 느끼기 힘들다는 것은 자명한 사회적 이치다. 이런 관점에서 현대의 관찰자가 18세기 중반의 파리 지도를 본다면 두 가지 잘못된 판단을 할지 모른다. 하나는 복잡하게 얽힌 가로들이 마디마디 매듭을 이룬 것을 보고 파리 사람들은 오직 지역의 작은 매듭 안에서만 살았다고 보는 것이고, 다른 하나는 도시가 부자와 빈민의 구역quartier으로 분명하게 나뉘었다고 생각하는 것이다. 프랑스혁명 직전, 도시를 걷는 사람은 도시의 동쪽 끝 생탕투안 교외처럼 순전히 노동자계급만 사는 구역을 통과했다. 하지만 새로운 민간 대저택hôtels particuliers이 가득한 좌안의 바렌 같은 거리를 산책하면, 도시 여행자는 대저택 사이로 비참하고 너저분한 숙소, 정원 끝에 지어진 헛간 같은 숙소를 보았다. 이곳에 저택을 떠받치는 서비스 노동자들과 장인들의 무리가 있었다. 마찬가지로 금방이라도 무너질 듯한 건물들이 왕이 있는 루브르궁전을 둘러싸고 있었다. 부의 사이사이로 온통 빈곤의 틈들이 갈라져 있었다.

아마도 파리에서 부자와 가난한 자가 뒤섞여 있는 가장 인상적인 장소는 루브르 바로 옆의 팔레루아얄이었을 것이다. 이 오를레앙 가문의 집은 공원을 감싸는 거대한 직사각형 건물로 개발되었다. 개방된 열주가 지면에 일렬로 늘어서 있고, 긴 나무 회랑이 공원을 둘로 나누었다. 오를레앙공은 공원을 정원처럼 폐쇄적으로 막아두는 대신, 땅을 보다 경제적으로 사용했다. 이곳은 앙시앵레짐의 파리에서 타임스퀘어 같은 곳이었다. 팔레루아얄에는 중고 옷가게와 전당포와 주식암시장뿐 아니라, 수많은 카페와 매음굴, 야외 노름판이 있었다. 노름판에서 일주일치 임금을 날렸거나, 밤에 성병 걸린 여자의 품에서 건강을 잃은 한 젊은 남자는 그저 나무 회랑 너머의 서쪽 부속건물 쪽

└─ L. L. 부아이, 〈팔레루아얄의 회랑〉.(『파리시의 박물관』, Musée Carnavalet, Paris. Giraudon/Art
Resource N.Y., 1809)

을 올려다볼 뿐이었다. 그곳 위층의 높은 창문에서 수익성 좋은 그 불
결한 곳을 내려다보는 오를레앙공을 얼핏 발견할지도 모를 일이었다.

　범접하지 못할 부가 물리적, 공간적으로 드러난 곳에서, 많은 빈민
은 자신들 안에 고립되지 않고 돌아다녔다. 우리가 보았듯, 도시의 중
세 시장은 도시 간 교역에 의존했었다. 지역의 도로는 도시의 외부에
서 물건을 가져오고 이를 다른 외부로 내보내는 이 교역에서 분배의

중심이 되었다. 애덤 스미스가 자신의 경제 이론을 출간했을 무렵인 1776년, 도시의 시장은 과거의 모습과도 달랐고 스미스가 기술했던 모습과도 달랐다. 도시는 이제 국가의 일부처럼 교역했다. 보르도나 르 아브르의 항구는 국가의 지리적 경계에 위치했다. 도시 경제가 점점 더 도시 관료체제 및 그 문화적인 덫에 의존하게 되면서, 파리에서의 경제적 교환은 정부 권력의 중심에 있다는 점에서 중요해졌다. 그 결과 도시에서 불평등의 고통을 느낄 때, 사람들은 시장이 아니라, 노동과 자본의 순환이 아니라, 안정의 원천인 정부가 이를 해결하리라 보았다. 이런 욕망이 빵 가격 문제로 표면화되었다.

파리에서 비숙련 노동자는 하루에 대략 30수[1수^{sou} = 5상팀 ^{centime}, 1상팀 = 1/100프랑^{franc}]를 벌었고, 숙련 노동자는 50수를 벌었다. 이 소득의 반이 식사용 빵에 지출되었는데, 2킬로그램이 안 되는 빵 한 덩어리가 8~9수였고 노동자계급 한 가구가 하루에 두세 덩어리를 먹었다. 노동자 소득의 5분의 1은 채소와 몇 점의 살코기와 비계, 그리고 포도주로 나갔다. 가진 돈의 대부분을 먹을거리에 쓰는 노동자들은 옷, 연료, 초, 기타 생필품에 마지막 1상팀까지 세며 남은 돈을 배분했다. 조지 루데는 빵의 시장가격이 "매우 빈번히 발생하는 일이었지만, 12 내지 15수로(심지어는 20수까지) 급격히 오르고…… 임금 생활자의 태반은 갑작스러운 재앙에 직면했다"고 말했다.[32]

대혁명 이전과 대혁명 기간에는, 임금보다도 식품비로 인한 폭동이 더 자주 있었다. 예를 들어 1775년 밀가루 전쟁에서 거의 빈사 상태에 있던 파리 사람들은 시장가격이 아니라 그들의 지불 능력에 따라 밀가루 가격이 결정되길 바랐다. 역사가 찰스 틸리는 파리 사람들이 곡물 가게에 침입했던 사건에 대해 이야기한다. 빈민은 "주로 여자와 아이들이었고…… 이들은 빵을 제외한 다른 상품은 건들지 않으려 조심했고, 적어도 그중 몇몇은 시장가의 5분의 3에 해당하는 파운드당 2수 정도를 빵값으로 놓고 가자고 주장했다."[33]

시장은 대체로 사람들이 통제할 수 있는 영역이 아니었기 때문에, 사람들의 관심은 특히 빵과 관련해서 국가에 집중되었다. 원칙적으로 국가는 빵 가격을 고정했지만, 실상 그 가격은 시장 움직임에 의해 소용이 없거나 무시당했다. 사람들이 식품 가격을 두고 공격하기 시작했을 때, 그들은 단일하고 분명한 권력인 정부에 메시지를 보내는 것이었고 그들 행동의 성공과 실패는 숫자 하나의 등락으로 평가되었다. 실제로 빵을 찾아나선 군중의 움직임이 국가의 문앞까지 갔던 하나의 중요한 사례를 살펴보자.

1789년 파리에서 일어난 대규모 빵 폭동은 10월 5일 두 곳의 장소, 생탕투안의 동쪽 노동자계급 구역과 도심의 식량품 매점에서 시작되었다. 그날 팔던 빵 가격이 공급 부족으로 16수로 오르자, 여자들이 그 가격을 거부하면서 폭동이 시작되었다. 그때 다른 여자들이 떼를 지어 봉기에 가세하며 군중으로 불어났다. 자신들이 살 수 있는 먹을거리를 꼼꼼히 계산해야만 했던 수많은 파리 여자들이었다.

생탕투안 구역에서 여자들이 생트마르게리트성당 관리인에게 계속 종을 치라고 했고, 그 '경종'은 거리에 사람들이 필요하다는 비상 신호였다. 생탕투안에서 인접 구역으로 식량 폭동 소식이 입에서 입으로 퍼졌고, 군중이 도시의 중심인 파리시청Hôtel de Ville으로 움직였다. 창과 곤봉으로 무장한 약 6천 명의 군중이 시청에 몰려들었지만,

제3부. 동맥과 정맥

그들의 항변에 아무도 답해주지 않았다. 이미 시는 파산했기에, 오직 왕과 그의 행정관료들만이 대답해줄 수 있다는 말이 들렸다. 오후가 되어 여자들의 군중에 남자들이 합류했고, 도심을 지나 보지라르 거리의 간선도로를 내려와 베르사유 쪽으로 향할 때는 약 1만 명의 인원이 되었다. 역사가 존 랜즈는 "베르사유로 향하는 여자들의 역사적 행진은 대중 항거, 특히 생존의 위기가 닥쳤을 때 여자들이 참여하는 오랜 전통"에서 왔다고 썼다.[34] 그들은 해 질 무렵 도착했고 처음엔 의회 홀로 향했다. 그곳에서 주동자 마이야르는 "새로운 대중 팸플릿에서 '언제 우리는 빵을 받을 수 있는가?Quand aurons-nous du pain?'라는 구절을 되는대로 인용했고, 여기서 공급 부족의 책임은 빵집이 아니라 당국에 있었다."[35]

밤을 샌 군중은 새벽 무렵 베르사유궁의 경비병들에 맞섰고, 그중 두 명을 살해한 후 머리를 잘라 창에 꽂아 전시했다. 그러나 궁문은 굳게 닫혀 있었다. 파리에서 왕궁이 있는 교외로 사람들이 쏟아져 나와 그 수가 크게 불어난 군중이 궁을 에워쌌다. 마침내 10월 6일 이른 오후, 왕과 왕비가 발코니로 나와 군중 앞에 모습을 드러냈고, 군중은 "파리로!"라는 함성으로 국왕 부부를 맞았다. 그날 저녁, 순순히 파리로 돌아가기로 한 군주를 이제 6만 명에 다다른 성난 군중이 의기양양하게 호위했다. 10월 7일, 왕에게 이가 들끓는 악취나는 밀가루통을 보여줬고, 이어 적극적인 군중은 이를 센강에 던져버렸다.

10월 5일 시작한 폭동의 결과는 이중적이었다. 당국은 앞으로 터져나올 사태를 막기 위해 도시에서 무력을 강화하고자 했고, 빵 가격은 12수로 고정했다. 더 나아가 정부는 양질의 밀을 보관하고 있던 정부 곡식창고에서 도시로 밀을 공급하기로 약속했다. 그리하여 도시에 미묘한 평화가 찾아왔다. 왕비 마리 앙투아네트는 오스트리아 대사로 있던 메르시아르장토에게 편지를 썼다.

나는 백성들, 무장한 사내들과 시장의 여인들에게 말합니다. 그들 모두 내게 손을 내밀어주고 나도 그들에게 내 손을 건넵니다. 나는 이 도시에서 대접을 잘 받았습니다. 오늘 아침 백성들은 우리에게 머물러 달라고 요청했죠. 국왕과 나로 말할 것 같으면, 우리가 여기 머물 것인지는 그들에게 달렸다고 말했습니다. 왜냐하면 우리가 원하는 것은 모든 증오를 멈추는 것밖에 없기 때문이에요.[36]

이 시점에 왕비는 긴급사태가 자신에게 유리하다고 착각한 것이 아니었다. 당시 시장에서 유행하던 한 노래는 여자들이 당국에 바라던 바가 충족되었다는 믿음을 표현했다.

허풍쟁이 같은 베르사유를 향해
우리는 총을 들고 갔다
보아라. 비록 우리가 여자일지언정
아무도 비난할 수 없는 우리의 용기를
{이제} 우리는 그리 멀리 가지 않을 것이다. 정말,
우리가 우리 왕을 보고자 한다면,
그에게 더할 나위 없는 사랑을 주리니
그가 우리의 수도에 살려고 왔기에[37]

이렇게 도시의 군중은 애덤 스미스가 예측한 것과는 다른 목적지로 향했다. 역사가 린 헌트는 이 식량 폭동이 군주와 그 '자식들' 간의 부성적 관계, 신뢰와 안정성, 고정성의 관계의 핵심을 보여주는 사건이라고 본다.[38] 하비의 패러다임은 육체 내부의 개별 부위들을 똑같이 중요하게 보고자 했고, 이 개별 부위들이 혈액의 움직임을 통해 좀 더 상호의존성을 띠기를 바랐다. 이와 비슷하게, 시장에 대한 애덤 스미스의 비전도 시장 행위자들이 노동 분업을 통해 더욱 개별화됨으로써, 시장의 움직임 속에서 모든 행위자가 똑같이 중요해지고 상호의존적이 되는 것에 초점을 두었다. 그러나 빵 폭동에서 앞으로 움직인 군중은 자기들끼리 교환하는 개인들의 집합 그 이상이었다. 집단적으로 경제적 궁핍에 빠졌듯, 군중의 정체성은 개인들의 정체성에 견줄 수 없었다. 이때 '움직임'이라는 말은 집합적 의미를 지니며, 그 의미는 혁명의 불길과 유혈 속에서 확인될 것이었다.

해방된 육체

불레의 파리

프랑스혁명이 절정에 이르렀을 때, 파리의 가장 급진적인 신문은 인민이 혁명을 몸으로 느끼지 못한다면 진정한 혁명이 아니라고 주장했다. "인민에게 결코 지치지 말고 말해야 하는 것이 있다. 자유, 이성, 진실은…… 신들이 아니며…… 우리 자신의 일부라는 점이다."[1] 그러나 프랑스혁명이 파리 거리에서 육체에 활기를 불어넣고자 할 때 전혀 예상치 못한 일이 발생했다. 시민 군중이 대체로 무감각해졌던 것이다. 일정 부분 폭력의 스펙터클이 그들의 감각을 무디게 만들었고, 또 일정 부분 도시에서 만들어진 혁명 공간은 사람들을 자극하는 데 곧잘 실패했다. 우리가 그러리라 예상치 못했던 격변의 시기에, 도시의 움직이는 군중은 자주 멈춰서고 침묵하고 흩어졌다.

　군중을 다룬 가장 영향력 있는 현대 저자인 귀스타브 르 봉은 이렇게 군중이 수동적이었던 순간에 관심을 가지지 않았다. 르 봉은 파리의 거리 위 움직임이 군중의 삶에 혁명의 감정을 생생하게 전달하리라고 확신했다. 그는 제8장 끝부분에서 살펴보았던 위대한 빵 폭동이 이후 4년 동안 군중 행동으로 계속되리라고 믿었다. 우리가 아는 군중 심리학과 군중 행동의 개념은 바로 르 봉의 것으로, 끊임없이 경계하고 분노하고 능동적인 집합적 육체라는 비전에 기초하며 개별적인 행동과는 구분된다. 르 봉은 그런 군중의 움직임 속에서 사람들이 혼자서는 도저히 꿈도 못 꿀 것들을 함께한다고 믿었다. 그는 순수한 숫자의 힘이 사람들을 위대하게 느끼게 만든다고 주장했다. 이때 각 개인은 "혼자 있을 때 부득이 참고 있었을 본능에 빠져들게 만드는 무적의 권력이란 감정"에 압도당한다.[2] 고립되었을 때 사람은 "문명화된 개인일 수 있다. 군중 속에서 개인은 야만인, 즉 본능에 따라 행동하는 생명체가 된다."[3]

르 봉이 말하듯, 이런 변형이 어느 움직이는, 밀집한 인간 집단에서 발생한다면, 프랑스혁명이야말로 역사의 분기점일 것이었다. 이 혁명은 군중의 무작위적 폭력을 정치적 목적 그 자체로 정당화했다. 혁명의 지도자들에 대해 르 봉은 다음과 같이 단언했다.

한 명 한 명 따로 보면 프랑스 혁명공회 사람들은 평화로운 습성을 가진 계몽된 시민들이었다. 군중으로 합쳐지면 그들은 거리낌 없이 가장 야만적인 제안을 고집하고, 분명 결백한 개인들의 목을 치고, 그러면서…… 자멸해갔다.[4]

군중에 대한 르 봉의 믿음은 프로이트에게 영향을 주었고, 프로이트는 '원시 부족primal horde' 및 개별성이란 제약을 벗어던진 다른 군중에 관한 저작들에서 르 봉의 의견에 크게 의존했다. 르 봉의 저작은 현대 독자들에게 훨씬 더 설득력이 있었는데, 다른 면에서 너그럽고 자애로운 개인들이 어떻게 해서 (나치나 파시스트 무리에 속해 있을 때처럼) 폭력 범죄에 능동적으로 참여할 수 있는지를 설명해주기 때문이었다.

파리 군중의 다른 면모는 각양각색의 현대적 경험의 전조였다. 도시 공간 속 개별적 수동성과 불감증의 현대적 형태가 혁명기의 파리 거리에서 처음으로, 좀더 집합적으로 등장했다. 빵 폭동은 혁명이 채워주지 못한 집합적 군중 생활에 대한 욕구를 드러냈다.

— 1 —
육체와 공간의 자유
혁명과 빈 공간

역사가 프랑수아 퓌레는 프랑스혁명이 "상상이란 행위에 의해, 조각난 사회를 하나로 재건하고자 했다"고 말했다.[5] 혁명은 '시민'이 어떤 모습인지 발명해야 했다. 하지만 상상으로 이런 새로운 인간 존재를 만드는 것은 힘든 작업이었다. 옷을 입고 어떤 동작을 하고, 냄새 맡고, 몸을 움직이는 방식마다 사회적 차이를 깊게 새겼던 한 사회에서, '시민'은 어쨌든 모든 사람처럼 보여야만 했다. 더욱이 '시민'은 이미지에 주목하는 그 모든 사람에게 다음과 같은 점을 믿게 만들어야 했다. 자기 자신임을 인정하지만, 새로 태어난 자기 자신을 보고 있다는 것을. 한 역사가는, 보편적 형상을 발명해야 할 필요가 있었고 당시 여자는 불합리하다는 편견에 비춰볼 때 이상적으로 '시민'은 남자를 의미한다고 주장했다. 혁명가들은 "중성적인…… 주체, 개인의 열정과 이익을 이성의 법칙에…… 종속시킬 수 있는 자였다. 오직 남자의 육체만이 이런 주체성을 담지한 형태라는 이상적 조건을 충족했다."[6] 올랭프 드 구주 같은 당시의 열렬한 페미니스트도 여자의 감정적 생리에 대해, 미래라는 새로운 기계장치로 향하기보다는 감정에 사로잡히고 과거의 가부장적 질서에 치우칠 우려가 있다고 보았다.[7] 확실히 프랑스혁명은 1789년의 식량 폭동 등 사회에 불을 지폈던 여자들의 조직화된 활동을 1792년 무렵 진압해버린 것처럼, 이런 상상 속의 편견을 작동시켰다.

그럼에도 혁명의 풍경에 흐트러져 있던 헤라클레스, 키케로, 아이아스, 카토의 흉상과 같은 모든 혁명의 표상들 가운데 가장 많이 그려진 것은 '마리안Marianne'이라는 이상적인 시민상이었다. 신문, 판화, 주화, 그리고 왕과 교황과 귀족의 흉상을 대체한 공공 조각품, 그 어디에나 마리안의 이미지가 등장했다. 그녀의 이미지는 대중의 상상력을 불러일으켰는데, 그 이미지가 인체 내의 움직임, 흐름, 변화에 새로운 **집합적** 의미를 부여하기 때문이었다. 이제 그 자유로운 움직임의 흐름은 새로운 종류의 삶에 양식이 된다.

마리안의 가슴

혁명은 마리안의 얼굴을 젊은 그리스 여신의 얼굴처럼 형상화했다. 곧은 코와 넓은 이마, 잘 빚어진 뺨. 몸은 주로 젊은 엄마의 넉넉하고 가정적인 형태였다. 때때로 마리안은 가슴과 허벅지가 붙는 고대의 늘어 뜨린 옷을 입었다. 때로는 혁명이 그녀에게 당대의 옷을 입혔지만 가슴은 노출된 채였다. 혁명화가 클레망이 1792년에 바로 그런 방식으로 이 여신을 그려, 마리안의 가슴은 단단하고 풍만했고, 젖꼭지는 또렷했다. 그는 이 마리안 그림의 제목을 '공화국 프랑스, 그녀의 가슴을 모든 프랑스인에게 열다'라고 붙였다. 얇은 옷을 입었든 몸을 노출했든 상관없이 마리안이 음탕한 여자라는 암시는 어디에도 없었고, 이는 부분적으로 계몽주의 후기에 나타난 가슴은 육체의 성감대인 만큼이나 도덕적인 것이었기 때문이다.

노출된 가슴은 수유기 여성의 양육하는 힘을 드러냈다. 클레망의 그림에서 마리안의 풍만한 가슴은 모든 프랑스인에게 젖을 먹인다는 것을 의미했고, 혁명의 양식이라는 이미지가 그림 속 특이한 장식으로 강조되었다. 즉 목 주변에 고리 모양으로 단 리본이 마리안의 가슴 사이로 떨어지고 가슴 밑에 수준기가 달려 있는데, 이는 모든 프랑스인이 그녀의 가슴에 동등하게 다가감을 의미한다. 클레망의 그림은 마리안의 상징을 통해 가장 기본적인 것, 즉 모두를 위한 평등한 보살핌을 호소하는 것이다.

모성적 형상에 대한 숭배는 동정녀 마리아에 대한 경배와 흠모를 떠올리게 했다. 여러 해석가가 혁명적 이름과 종교적 이름이 매우 유사함을 지적했다. 하지만 마리안이 마리아에 대한 사랑에 담긴 대중적 정서와 이해의 영향력에 의존했다면, 젖을 먹이는 가슴은 그녀를 보는 이들에게 역사적으로 매우 구체적인 무언가를 의미했다.

프랑스혁명 무렵, 수유는 여자들에게 복잡한 경험이 되었다. 18세기까지 극빈 계층을 제외한 모든 여자가 아이를 유모에게 맡겼고, 그 중 상당수가 육아에 무관심했다. 앙시앵레짐 초기에 사람들은 유아와 어린아이에게 소홀한 편이었고, 심지어 부잣집에서도 아이들에게 누더기를 입히거나 하인들이 먹다 남은 음식을 먹였다. 어린아이에 대한 이런 무관심은 의도된 학대라기보다는, 유아 사망률이 매우 높았던 당시의 냉혹한 생물학적 현실을 반영한 것이기도 했다. 다정한 어머니라면 아마도 평생 슬퍼하고만 있었을지 모른다.

꾸준하지도 평탄하지도 않았지만, 가족은 아이들에게 관심을 두기 시작했다. 1730년대 공중보건의 변화로 유아 사망률이 떨어지기 시작했고, 특히 도시에서 그랬다. 1730년대 들어서 어머니들, 특히 사회의 광범위한 중간층에 속하는 어머니들이 젖을 먹이며 아이들과 새로이 다정한 관계를 만들어갔다. 루소의 『에밀』(1762)은 이야기의 중심인 도덕적 인물 소피를 통해 이런 모성의 이상형을 정의하는 데 일조했다. 루소는 소피의 넘쳐나는 가슴이 그녀의 미덕을 증명한다고 썼다. 하지만 루소는 이렇게 단언했다. "우리 남자들이 여자 없이 사는 것은 여자들이 우리 없이 사는 것보다 더 쉬울 것이고…… 여자들은 우리의 감정에, 우리가 그들의 장점에 부여하는 가치에, 우리가 그들의 매력과 미덕에 대해 가진 의견에 의존한다."**8** 메리 울스턴크래프트를 비롯한 루소 지지자들이 곧바로 지적했듯, 모성의 혁명은 여자들을 가정이란 영역에 가두어놓았다. 소피는 자신의 아이들을 자유롭게 사랑할 수 있었지만, 시민의 자유는 갖지 못했다. 비평가 피터 브룩스가 보기에, "미덕의 공화국은 여자들이 공적 공간을 차지한다고 생각하지 않았다. 여성의 미덕은 가정적이고, 사적이고, 주제넘지 않는 것이었다."[9] 그리고 마리안의 임무는 소피를 해방시키는 것과는 사뭇 달랐다.

생명을 주는 마리안의 미덕이 정치적 아이콘이 되었을 때, 그녀의 몸은 아이뿐 아니라 어른들에게도 열려 있는, 남자들에게도 열려 있는 모성의 육체처럼 보였다. 원칙적으로 마리안의 육체는 그녀의 골격 안에 사회의 무수히 다양한 인간들을 통합하는 정치적 은유였다. 하지만 혁명은 그녀를 사실상 환유의 장치로 사용했다. 그녀의 이미지를 보면서 혁명은, 마치 매직미러처럼, 단일한 이미지가 아니라 계속 변화하는 거울 이미지로 보았다.

마리안의 너그럽고 풍만하고 생산적인 여성의 몸은 무엇보다도 도덕적인 현재와 앙시앵레짐의 악을 구별하기 위해 사용되었다. 그녀의 이미지는 혁명의 적들이 가진 쾌락 추구형 육체, 성적으로 만족할 줄 모른다고 여겨진 육체와 대비되었다. 심지어 1780년대에 대중 외설물은 루이16세의 왕비를 추문의 주인공으로 삼았는데, 레즈비언적 갈망이 있는 마리 앙투아네트가 자신의 시녀와 관계를 맺었다는 혐의를 씌웠다. 또 대중의 풍자시는 그녀가 모성이 부족하다며 공격했다. 혁명 기간에 이런 공격은 더욱 날카로워졌다. 그녀에게 사형이 내려지기 직전, 마리 앙투아네트와 그녀의 시녀가 레즈비언 정사를 벌일 때 왕비의 여덟 살 된 아들이 침대에서 함께 밤을 보냈고, 여자들이 관계하는 동안 어린 왕자에게 자위를 하라고 가르쳤다는 풍문이 파리를 휩쓸었다. 18세기 중반에 티소 같은 의사들은 의학의 이름으로, 자위가 육체에 미친다고 알려진 퇴행적 효과, 즉 시력 감퇴나 뼈의 약화 같은 결과를 낳을 수 있다는 노골적인 주장을 발표했다.[10] 금지된 쾌락을 위해 마리 앙투아네트는 자기 아들의 건강을 희생시켰다는, 그래서 비난이 쇄도했다는 것이었다. 혁명기의 판화에서 마리 앙투아네트는 젖으로 가득한 마리안의 가슴과 대조적으로, 거의 평평한 가슴으로 그려졌다. 마리안은 다른 이에게 고통을 유발하지 않고 쾌락을 주는 어른으로 보는 반면, 쾌락을 추구하는 왕비는 미숙하고 철없고 제멋대로인 청소년으로 간주했던 대중의 비난은 이런 가슴의 차이로 더욱 강조되었다.

마리안의 또다른 거울상은 혁명의 슬픔을 가라앉혔다. 이를 위해 혁명은 그녀를 말 없는 존재로 만들었다. 그녀의 돌봄과 배려는 조용하고 조건 없는 사랑이었다. 그녀는 명령과 복종을 전제로 하여 백성을 부성으로 돌보는 왕을 대체했다. 시민들을 국외의 사지로 내보내고 내부에선 시민들에게 사형을 선고했던 혁명 국가는 국가를 어머니로 표상하기 위해 마리안이 필요했다. 프랑스는 내부에서 서로 싸우는 와중에 외국과 전쟁을 치르면서, 부모를 잃거나 버려진 아기들이 급증했다. 전통적으로 수도원에서 이런 아이들을 돌보았지만, 혁명으로 수도원은 폐쇄되었다. 마리안의 이미지는 혁명 국가가 이 아이들을 애국적 의무의 차원에서 보살피겠다는 보장을 상징했다. 역사가 올웬 허프턴에 따르면, 젖을 물려야 하는 아이들은 "조국의 아이들enfants de la patrie이라 총칭하여" 다시 세례를 받았고, "장차 군인과 어머니가 될 소중한 인적 자원으로 여겨졌다."[11] 그리하여 혁명기에 유모는 '소중한 시민citoyennes précieuses'으로 격상되었다.

혁명이 분명 즐거운 사건은 아니지만, 마리안의 모습은 프랑스다운 재치를 보여주었다. 작가 미상의 유명한 마리안 판화는 천사의 날개를 단 그녀가 팡테옹 거리 위로 날고 있는 모습이다. 한 손은 입에 문 트럼펫을 잡고 있고, 다른 한 손은 그녀의 항문에 꽂은 트럼펫을 잡은 채, 자유를 호소하는 악기 소리를 동시에 불고 뀐다.[12] (누가 조지 워싱턴이 그처럼 열심인 모습을 상상할 수 있겠는가?) 주변 사람들을 서로 바라보며 "우애는 어떤 것인가?"라 물었을 때, 유머가 시민들을 도왔다.

젖이 나오는 마리안의 가슴은 무엇보다도 우애가 추상이 아닌 감각적 육체의 경험임을 시사했다. 당대의 한 팸플릿은 다음과 같이 말했다. "젖꼭지는 궁굽한 아이의 입술을 느낄 때에야 젖을 내보낸다. 이와 똑같이 국가의 수호자란 사람들은 인민과 입을 맞추지 않으면 아무것도 주지 않을 수 있다. 혁명의 부패하지 않는 젖이 인민을 살려낸다."[13] 혁명기의 전단지에서 젖을 먹이는 행위는 엄마와 아이, 정부와 인민 간의, 그리고 시민들끼리의 **상호** 각성의 이미지가 되었다. 그리고 인민의 "부패하지 않는 젖"의 이미지는 우애에 가족의 느낌을 더해주었고, 이는 휘그파나 중농주의자들이 제시한 합리적인 상호 이익의 결합보다 더 강력한 것이었다. 이들은 혁명 발발 후 기껏해야 처음 몇 달을 자유시장의 작동을 강화할 기회로 보고 있었다.

이 모든 표상의 기저에 깔린 것은 흘러넘치는 체액이 가득한 육체의 이미지이다. 이 새로운 시민의 집합적 이미지에서, 젖은 옛 하비식 이미지에서 피를 대체했고 젖의 분비가 호흡을 대신했지만, 자유로운 움직임과 순환은 여전히 삶의 원칙으로 남는다. 이 이미지는 순환의 과잉 그 자체를 전달했다. 그리고 하비 이론상의 개인이 움직일 공간을 필요로 했던 것과 똑같이, 마리안도 그랬다. 프랑스혁명의 위대한

348

드라마 중 하나가 거기에 있었다. 혁명이 마리안을 볼 수 있었는지는 몰라도, 그녀에게 자리를 마련해주는 데는 실패했다. 혁명은 시민들이 자유를 표현할 수 있는 공간을, 자유와 평등과 우애라는 마리안의 미덕을 살릴 수 있는 도시 내 공간을 찾았지만, 공간이 품은 자유는 육체가 품은 자유와 충돌했다.

자유의 부피

공간상에서 자유의 혁명적 상상력을 결정한 것은 부피 그 자체였다. 장애물도 없고 한계도 없는 부피. 비평가 장 스타로뱅스키의 말처럼 모든 것이 "투명한" 공간이었다.[14] 빈터를 만들기 위해 땅을 파고 부피를 비우며, 파리시 의회가 루이15세광장의 나무를 베고 도로로 포장할 때인 1791년, 혁명가들은 자신들이 상상한 자유로운 공간을 실행에 옮겼다. 도심을 위한 모든 설계안은 앞다투어 초목과 다른 장애물을 없애고 바닥을 포장한 드넓은 광장을 구상했다. (기요틴[단두대] 처형 장소로 사용되던 기간엔 혁명광장이라 불리던) 도심의 옛 루이15세광장을 재건축하는 샤를 드 바이의 계획에서 광장은 관통하는 길이나 통로도 없는, 중앙에 거대한 빈 공간을 만드는 네 면의 건물로 정해졌다. 다른 계획안에서 베르나르 푸아예는 센강을 가로질러 광장으로 이끄는 다리들에 들러붙어 있던 작은 판잣집들을 모두 없애버렸다. 이 판잣집들이 광장으로의 출입을 방해하기 때문이었다.[15] 샹드마르스 같은 도시의 다른 곳에서 혁명파 도시계획가들은 움직임과 시야를 가로막는 모든 자연적 장애물을 제거해 열린 공간의 부피감을 창조하고자 했다.

이 빈 부피는 아낌없이 주는 마리안의 육체를 위한 집home을 제공한다는 의미였다. 시민 축제에서 마리안은 동정녀 마리아 조각상처럼 성당의 신자들 자리에 숨지 않고, 야외의 기념비적 형상이 되었다. 마리안 조각상 주변에서 치러질 의례들은 서로간의 열린 마음과 투명성, 그리고 아무것도 감추지 않는 이들의 우애를 대변했다. 더욱이 자유의 부피는 자유로운 움직임이란 계몽의 신념을 완성시켰다. 움직임의 장애물을 제거한 가로들, 막힌 곳을 뚫어내 자유롭게 숨쉬는 허파로 여겨진 중앙 광장들에서 논리적으로 이어지는 다음 단계는 열린 공간 그 자체였다.

베풀고 자유롭게 움직이는 육체와 빈 공간 간의 추상적 연결은 논리적이지만, 주변에 삶의 징후가 전혀 없는 텅 빈 공간 한가운데에서 여자가 아이에게 수유하는 모습을 구체적으로 상상해보면 이상할 것이다. 혁명 기간에 파리 사람들은 이 이상함을 도시의 길에서 실제로 목격하기 시작했다.

이상주의와 마찬가지로 권력도 자유의 부피를 설명해준다. 이 부피는 경찰이 군중을 최대한 감시할 수 있게 해주는 공간이었기 때문이다. 그러나 프랑수아 퓌레가 말하듯, 혁명의 비전은 이런 불협화음, 텅 빈 곳에서 새로운 인간 질서를 만드는 불협화음을 추구하기도 했다. 1728년에 태어나 1799년에 사망할 때까지 파리에서 살았던 건축가 에티엔루이 불레만큼 열린 공간의 해방적 힘이란 신념을 보여준 이는 없었다. 앙시앵레짐 때 훈장을 받았고(1780년 아카데미 회원이 되었다) 개인적으로 겸손하고 평온한 성품이었으며, 개혁 성향이 있었지만 혁명 기간에 잔인하지 않았던 불레는 문명화되고 계몽된 성인의 전형이었다. 불레의 작업은 대부분 비평가이자 사상가로서의 작업에 가까웠던 도면 건축paper architecture이었다. 그의 글은 비트루비우스가 그랬듯 공공연하게 육체와 공간 설계를 연결했고, 그의 건축 프로젝트는 판테온 같은 고전적인 로마 건축을 상기시켰다.

과거를 의식하기는 했으나, 불레는 진정으로 그 시대 사람이자 공간의 혁명가였다. 이런 관점에서 보면 특이하게도 권력의 분노가 그에게 경의를 표한다. 1794년 4월 8일, 사실 그는 체포 직전이었고, 공포정치를 동원한 자기모순적 고발에 위협당했으며, "예술가를 증오하고" 사회의 기생충이며 "현혹하는 제안"을 하는 "미치광이 건축가"의 한 사람으로 파리 곳곳에 방이 붙기까지 했다.[16] 특히 그의 현혹하는 제안은 자유의 상징으로, 엄격한 규율에 따라 배치된 벽과 창문으로 닫힌 거대한 부피를 보여주었다.

혁명 이전 불레의 가장 유명한 프로젝트는 아이작 뉴턴에게 바치는 기념물로, 구형의 방을 둘러싼 형태의 거대한 건물이었다. 방에는 현대 천문관처럼 하늘의 이미지가 나타났다. 이 거대한 구형의 방을 상상하며 불레는 뉴턴이 발견했던 자연의 장엄한 비어 있음을 떠올리게 하고 싶었다고 적었다. 불레의 천문관은 이를 위해 새로운 채광 방식을 사용했다. "맑은 밤의 빛을 닮아야 하는 이 기념물의 채광은, 하늘의 둥근 천장을 장식한 행성과 별들이 만든다." 이런 효과를 내기 위해 천문관의 돔은 "굴뚝 같은 개구부"로 뚫어야 하고, "외부의 빛이 이 틈을 타고 내부의 어두운 곳으로 들어와, 천장의 모든 물체가 밝게 반짝이며 빛난다."[17] 관찰자가 구형의 맨 아래쪽 외부 통로로 건물에 들어오면, 방의 바닥면으로 향하는 계단을 오른다. 하늘을 잠깐 보았

에티엔루이 불레, 〈뉴턴 천문관〉, 1784. 밤의 내부도.

으면 계단을 내려와 건물 밖으로 열을 지어 나간다. 불레는 이렇게 쓴다. "우리는 오직 시작도 끝도 없는 연속된 표면을 볼 뿐이고, 우리가 보면 볼수록 이 표면은 더 광범위해진다."[18]

이 프랑스 건축가가 천문관의 모델로 삼았던 하드리아누스 시대의 판테온은 관람자가 보는 방향을 강요하다시피 했다. 불레의 천문관 관람자가 인공 하늘을 올려다보고 있으면 땅 위 어디에 자신이 있는지에 대한 감각을 상실한다. 여기엔 육체를 특정 방향으로 인도하는 내부의 어떤 설계도 없다. 또한 불레의 뉴턴 무덤 단면도에서 구의 내부는 작은 얼룩처럼 보이는 인간보다 36배나 더 높을 만큼 거대해서, 인간은 거의 보이지 않는다. 밖의 하늘처럼, 내부의 무한한 공간은 그 자체로 하나의 경험이 되어야 한다.

1793년 불레는 (역시 도면일 뿐이지만) 그의 가장 급진적인 프로젝트인 '자연과 이성의 신전'을 설계했다. 그는 다시 한번 땅을 그대로 파내 구의 아래쪽 절반으로 '자연'을 만들고, 위쪽 절반에는 그에 대응하여 완벽히 매끄럽고 산뜻한 건축 돔인 '이성'을 만드는 식으로 구의 형태를 이용했다. 이 신전에 들어가는 사람은 대지와 건축물, 자연과 이성이 만나는 중앙의 열주를 돌며 걷게 된다. 이성의 돔을 바라보면, 보이는 모든 것은 어떤 독특함도 없는 평탄하고 평범한 표면이다. 아래를 보면, 위쪽과 상응하지만 대지의 큰 암석 구멍이 보인다. 열주에서 이 자연으로 내려가기는 불가능하며, 이 자연의 성소에서 어떤 참배자도 대지를 만지고 싶어하지 않을 것이다. 불레는 암흑 속으로 뻗어내려가는 틈, 칼자국처럼 길게 갈라진 틈에 의해 가운데가 거칠게 패인 형태로 그 큰 암석 구멍을 그렸다. 땅에 남자나 여자나 발 디딜 곳

353

제9장. 해방된 육체

은 없다. 개념들의 통합에 바쳐진 이 무서운 신전에서 인간의 자리는 없다.

도시설계에 관해 쓴 글에서 불레는 가로가 시작도 끝도 없는, 그의 천문관이나 신전과 똑같은 공간 특성을 가져야 한다고 주장했다. 그는 "끝이 보이지 않을 만큼 길게 펼쳐진 가로를 연장함으로써, 광학 법칙과 투시법 효과는 광대함의 인상을 준다"고 주장했다.[19] 순전한 부피란 수세기에 걸쳐 누적된 뒤틀린 길도 없고 비합리적인 건물 부착물도 없는 공간, 과거에 인간에 의해 훼손된 명백한 흔적이 없는 공간이다. 불레가 단언하듯, "건축가는 부피의 이론을 연구해야 하고, 부피를 분석해야 하며, 동시에 부피의 특성, 부피가 우리 감각에 미치는 영향력, 인간 유기체와 부피의 유사성을 연구해야만 한다."[20]

역사가 앤서니 비들러는 이런 설계들을 '건축적 기이함architectural uncanny'이라 부르며, 이는 숭고한 웅장함을 느끼게 하지만 개인에게는 불편함과 혼란스러움을 야기하는 설계를 의미한다. 이 표현은 건축에 관해 쓴 헤겔의 글에서 유래하며, 헤겔이 사용한 독일어는 unheimlich로, 이는 '비가정적인undomestic'이란 뜻이기도 하다.[21] 그리고 이것은 뉴턴에게 바치는, 또는 이성과 자연에 바치는 기념물이 왜 가족과 국가의 편안한 통합을 상징하는 마리안의 집home으로 부적절해 보이는지 말해준다. 마리안에게 체화되어 있는 연결의 욕망, 모성-우애의 욕망에 대항하는 또다른 혁명의 욕망이 여기에 있다. 이 혁명의 욕망은 과거를 뿌리뽑고 집에서 떠나는 것을 의미하는 신선한 빈서판에서 새로 시작할 기회를 노린다. 인간관계에서 우애의 비전은 살을 만지는 살로 표현되었고, 공간과 시간에서의 자유라는 비전은 빈 부피로 표현되었다.

어쩌면 다른 사람들과 자유롭게 연결된다는 꿈은, 언제나 새롭고 아무 방해 없이 새로 시작하고픈 꿈과 충돌하는지도 모르겠다. 그러나 프랑스혁명은 이렇게 충돌하는 자유의 원칙들의 여파로, 더 특별한 무언가를, 전혀 예상치 못한 무언가를 보여주었다. 르 봉이 두려워했던 것처럼, 혁명은 한 무리의 육체가 경계 없는 공간에서 제멋대로 날뛰는 악몽을 보여준 것이 아니었다. 그보다는 차라리 혁명은 가장 중요한 공개 행사를 위해 마련된 거대한 개방 공간에서, 시민 군중이 어떻게 시간이 갈수록 진정되었는지를 보여주었다. 자유의 공간은 혁명의 육체를 진정시켰다.

— 2 —

죽은 공간

광장의 기요틴

"프랑스혁명은 새로운 문명을 창조하기 전에 기존 문명을 파괴해야 하는 과도기의 고통에 시달렸다."[22] 가장 악명 높은 파괴 행위는 인간 육체를 기요틴에 내맡긴 것이었다. 기요틴으로 사람을 죽이는 냉혹한 일은 미술비평가 린다 노클린이 말한 '혁명적 절단'의 일부분이었다. '혁명적 절단'이란 과거의 인물들을 특정한 방식으로 죽여야 한다는, 혁명의 적들을 말 그대로 조각내서 그 죽음을 교훈으로 삼아야 한다는 믿음이었다. 이 교훈이 전달된 공간은, 르 봉이 묘사한 피의 갈망을 불러일으키는 대신, 살육을 목격한 군중을 무감각하게 만들었다.

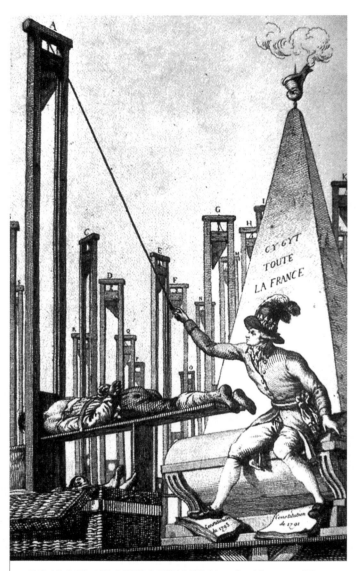

└── 작가 미상, 〈프랑스인을 다 처형한 후 집행관을 처형하는 로베스피에르〉, 1793년경.

기요틴은 단순한 기계이다. 홈이 파인 두 개의 나무 기둥 사이로 오고가는 크고 무거운 칼날이 있을 뿐이다. 사형집행관이 손잡이가 달린 줄로 3미터 정도 날을 들어올렸다가 줄을 놓으면 칼날이 아래 판에 묶인 희생자의 목을 자르며 떨어졌다. 프랑스혁명에서 '국민의 면도칼rasoir national'로 알려졌지만, 이 기요틴은 칼날의 날카로움뿐 아니라 목을 둘로 딱 부러뜨리는 날의 힘으로 사람을 죽인다.

1738년에 태어나 1814년까지 살았던 의사 조제프이냐스 기요탱Joseph-Ignace Guillotin은 실제로 기요틴을 처음 발명한 이가 아니었다. 무거운 날이 떨어져 사람의 머리를 자르는 기계는 르네상스 때도 있었고, 1564년 스코틀랜드에 세워진 '메이든Maiden'도 이런 장치 중 하나였다. 루카스 크라나흐의 그림 〈성 마태오의 순교〉는 성인이 '국민의 면도칼'과 거의 동일한 장치로 목이 잘렸음을 보여준다. 그러나 앙시앵레짐 때는 이 단두대 장치를 거의 사용하지 않았는데, 너무 빨리 사람을 죽이기 때문이었다. 이런 장치는 공개 처형에서 처벌을 위해 필요한 의례를 못하게 한다고 여겨졌다. 앙시앵레짐 때는 마을과 도시마다 고통의 스펙터클을 지켜보기 위해 거대한 군중이 모여들었다. 실제로 공개 처형일은 종교력에 얼마 없던 휴일 중 하나였기 때문에, 종종 축제의 기운을 띠기도 했다. 세비네 부인은 창자가 적출되고 교수형에 처해진 세 범죄자를 보기 위해 베르사유에서 파리로 가는 짧은 나들이를 기술한 바 있다. 이 외출은 그녀에게 궁정 업무에서 숨쉴 공간을 제공했다.

로마의 십자가형처럼, 기독교식 처형은 고통을 가하면서 국가 권력을 극적으로 과시하고자 했다. 수레바퀴나 형벌대 같은 살인 기계는 대중이 희생자의 근육이 찢겨나가는 것을 보고 비명을 들을 수 있도록 가능한 한 죽음을 지연시켰다. 십자가형과는 달리 기독교 당국은 고통을 연장시키며 희생자가 고깃덩어리나 다름없이 되기 전에 자신의 죄가 극악무도했음을 고백하게 만들고 싶었다. 고문은 종교적 목적, 또 어떤 면에서는 자비로운 목적을 지니고 있었다. 죄수가 지옥의 나락을 모면할 수 있게 죄의 고해식이라는 마지막 기회를 제공하기 때문이었다.

의사 기요탱은 이런 요구들을 거부했다. 그는 수레바퀴가 한두 번만 돌아도 대부분의 죄수는 정신을 잃거나 미쳐버려 뉘우칠 기회를 가질 수 없다고 지적했다. 더욱이 그는 아무리 비열한 죄수라도 법이 침범할 수 없는 자연적인 육체의 권리를 갖고 있다고 생각했다. 감옥에 대한 훌륭한 계몽주의 저술인 바카리아의 『범죄와 형벌』에 기초해, 기요탱은 국가가 사형을 집행할 때 죽기 직전의 육체에 최대한 경의를 보여주어야 하며, 쓸데없는 고통에서 벗어난 빠른 죽음을 고안해야 한다고 주장했다. 이렇게 함으로써 국가는 일반 살인자보다 우월함을 보여줄 수 있을 것이었다.

그렇다면 기요탱의 의도는 전적으로 인도주의적이었다. 게다가 그는 죄의 고백 같은 기독교 의례의 불합리성에서 죽음을 해방시켰다고 생각했다. 의사 기요탱은 혁명 초기인 1789년 12월에 계몽화된 의례 없는 죽음에 관한 제안서를 제출했지만, 국민의회는 1792년 3월에서야 그의 기계를 승인했다. 한 달 후 관습법상의 죄수 한 명이 칼날 아래서 죽었고, 1792년 8월 21일 기계는 처음으로 왕당파 콜르노 도그르망의 목을 베며 정치적으로 사용되었다.

기요틴은 형벌을 종교적 의례에서 해방시키고자 했기 때문에, 처음에 기요틴 지지자들은 도시 외부의 중립적 공간에서 이를 사용해야 한다고 생각했다. 1792년 초반의 한 판화는 어딘지 모르는 숲속에서 일어난 이 중립적 이벤트를 보여주었고, 여기에 딸린 설명에는 "기계는 사람들의 접근을 막는 장애물로 둘러싸여 있을 것이다"라고 강조되어 있다.[23] 기요틴을 처음 사용했을 때 당국은 형벌이 눈에 띄지 않기를 바랐다. 하지만 기요틴이 도시로 돌아왔을 때 기요탱이 두려워했던 죽음의 전시展示도 격렬하게 복귀했다.

사형수는 감옥에서 사형 집행 장소까지 이어지는 긴 행렬에서 도시의 시선에 완전히 노출되었다. 이 행렬은 보통 도시의 감옥에서 주요 가로로 천천히 움직여 두 시간 정도 진행되었고 군중은 가로변에 10~12줄로 겹겹이 늘어섰다. 사형수들의 이런 행렬은 앙시앵레짐의 전통적인 처형 절차의 일부였다. 초기의 처형 의례나 도시를 지나는 종교 행렬에서처럼, 구경꾼들도 행렬에 참여했다. 길에 늘어선 사람들은 종종 욕설이나 격려의 말을 외쳤고, 수레에 실린 사람이 여기에 대답했다. 호송차가 천천히 움직임에 따라 사형수가 군중에게 장광설을 늘어놓을 수도 있었다. 군중의 성격도 길에서 바뀔 수 있어, 호송차가 거리로 내려올 때 성난 군중이 우호적인 군중으로 변하기도 했고, 종종 사형수 수레를 따라오던 사람이 자신의 견해를 바꾸기도 했다. 혁명 기간에 기요틴으로 향하는 행렬은 프랑스인들이 말하는 '사육제 carnavalesque', 활달하고 자발적인 그 군중의 삶의 전형에 가까웠다.

일단 사형 집행 장소에 도착하면, 이 능동적인 군중의 활기가 갑자기 사라졌다. 의례화된 형벌의 전통적 형태는 기요틴 아래서 끝났

제9장. 해방된 육체

다. 이제 사형수의 육체는 장애물이 제거된 공간, 빈 부피로 들어갔다.

기요탱의 기계는 강의 우안에 위치한 중간 규모의 그레브광장에 처음 설치되었고, 이곳은 일반 죄수들이 새로운 방식으로 죽는 모습을 보러 온 호기심 많은 2~3천 명의 군중을 수용할 수 있었다. 1792년 8월, 정치적 사형집행이 시작된 직후, 시 당국은 기요틴을 더 도시 중심으로, 정치적으로 중요한 개방 공간이었던 카루젤광장으로 옮겼다. 루브르궁 외곽 건물로 둘러싸인 이 부지는 중요한 처형이 있을 때 1만 2천 명에서 2만 명을 수용했다. 루이16세의 처형 때 기요틴은 더 도심인 튈르리정원의 반대편 끝에 있는 넓은 공간으로 다시 한번 옮겨졌다. 옛 루이15세광장이던 이곳은 혁명광장으로 개명되었고, 오늘날 우리가 아는 이름은 콩코르드광장이다. 그리하여 기요틴은 옛 국가의 심장에서 더 깊게 내려치는 것처럼 보다 넓은 도시의 부피들로 이동했다.

기요틴이 놓였던 이 세 곳의 공공 공간 중 어디에도, 올려다보는 시선을 통해 시각성을 높이기 위한 고대 프뉙스 같은 경사지는 없었다. 세 도시 광장 어디에서도 처형대 단상은 30미터 이상 떨어져서도 그곳의 이벤트를 볼 수 있을 만큼 높지 않았다. 그레브광장에서는 그나마 간신히 볼 수 있었고, 더 넓었던 다른 두 공간에서는 불가능했다. 게다가 정치적 사형 집행에서는 군대가 처형대를 여러 겹으로 싸며 순식간에 공간을 채웠다. 중요한 처형 때에는 500명 이상이 기요틴을 지켰다. 이런 방식으로 더 넓은 개방 공간은 사형수와 군중 간의 감정적이고 시각적인 접촉을 모두 끊어버렸다.

또한 기계 그 자체로 인해 죽음의 행위는 더이상 볼 수 있는 이벤트가 아니었다. 기요틴의 칼날은 너무나 빨리 내려오기에, 한순간 칼 아래 묶인 살아 있는 사람을 보고 나면 바로 다음 움직이지 않는 시체를 봤다. 희생자의 목에서 나온 피의 솟구침이 단 한순간 지속될 뿐이었고, 이후 물이 새는 파이프처럼 몸의 잘린 부위에서 피가 천천히 흘러나왔다. 다음은 기요틴의 칼날이 떨어지고 나서 롤랑드 부인의 육체가 어떻게 보였는지에 대한 묘사이다.

> 칼날이 그녀의 머리를 잘랐을 때, 잘려진 몸통에서 두 개의 핏줄이 솟구쳤고, 이는 흔히 볼 수 없는 것이었다. 대개는 떨어진 머리는 창백했고, 끔찍한 순간의 감정으로 피가 심장으로 역류해 다소 약하게 한 방울씩 떨어졌다.[24]

죽음의 테크놀로지가 변했기 때문에, 죽음의 스펙터클의 등장인물들도 더 이상 이전의 사형 집행에서 해온 역할을 수행하지 않았다. "사형수의 인간성도 사형집행자의 인간성도 언급하지 않는다. 이제 초점은 기계 그 자체였다"고 신문 기사는 전한다.[25] 앙시앵레짐의 고문관-집행관은 마치 자신이 이 의식의 주인인 것처럼 군중에게 새로운 기술을 선보이고 뜨거운 인두나 수레바퀴의 회전을 보여달라는 군중에게 화답했다. 이제 사형집행관은 물리적으로 중요하지 않은 사소한 행동, 기요틴의 칼날을 지탱하는 밧줄을 놓는 행동만 한다. 혁명 기간에 오직 몇 번의 처형 때만 집행관과 이를 바라보는 군중에게 좀더 능동적인 역할이 맡겨졌다. 에베르의 처형이 그런 예외적인 죽음이었다. 사람들은 배반자의 목 바로 위로 칼날을 낮추라고 요구했고, 에베르는 이전 집행에서 묻은 피가 칼날에서 떨어지는 것을 느꼈다. 그가 공포로 비명을 질렀을 때, 카루젤광장의 많은 군중은 모자를 흔들며 "공화국 만세"를 외쳤다. 집행관과 군중이 능동적으로 참여했던 이런 죽음은 혁명의 규율에 비추어볼 때 부적절한 일탈로 치부되었고 거의 되풀이되지 않았다.

칼날 아래 나무판에 묶이기 전에 희생자가 군중을 향해 말하는 것은 거의 허락되지 않았다. 당국은 찰스 디킨스가 『두 도시 이야기』에서 그려낸 고상한 죽음의 극적인 장면, 고상한 최후의 말들로 인해 군중이 돌아서 당국에 맞서게 되는 그런 극적인 장면을 두려워했다. 사실 공간의 부피가 기계에 의한 죽음의 중립성을 뒷받침하기에, 당국은 자신들이 상상한 것보다는 덜 두려워해도 되었다. 희생자가 찢겨져나갈 때 시민 대중은 하나의 몸짓을 볼 뿐이고 소리를 들을 수 있는 유일한 사람은 호위병이었다. 기요틴에 포박되어 얼굴을 아래로 하고, 칼날이 피부를 말끔하게 가를 수 있게 목을 면도한 채, 희생자는 움직이지 않았고, 죽음이 다가오는 것도 보지 못했고, 고통도 없었다. 기요탱의 "인간적인 죽음"은 이 최후의 순간에 수동적 육체를 창조했다. 집행관이 사형수를 죽이기 위해 자기 손의 압력을 살짝 느슨하게 하는 것 말고는 아무것도 하지 않는 것처럼, 사형수는 그저 죽으려고 잠자코 누워 있었다.

1793년 1월 21일, 혁명광장에서 루이16세가 기요틴으로 처형되었다. 보쉬에 주교는 1662년 그 왕의 할아버지 앞에서 강론하며 다음과 같이 선언했다. "당신(왕)이 죽는다 하더라도 당신의 권위는 죽지 않는다. ……사람이 죽는 것, 이는 진실이나 왕은 결코 죽지 않는다."[26] 이제 왕을 죽임으로써 당국은 이렇게 바꾸고 싶었다. 그의 죽음으로 그들 자신의 주권이 실현되리라. 이 운명의 발걸음을 둘러싸고 한없이 복잡했겠지만, 왕이 죽은 방식과 관련해 몇 가지 사실은 명확하다. 하나는 왕이 사형수 호송차에 실려 가긴 했지만, 기요틴으로 가는 행렬은 이전 다른 사형 집행의 사육제 같은 이벤트와는 사뭇 달랐다. 엄청난 수의 호위 군대가 수레를 둘러쌌고, 게다가 도시를 통과하는 경로에서 루이16세는 기이할 정도로 조용한 군중과 마주쳤다. 이러한 고요함을 혁명파 해석가들은 주권의 이양을 존중한다는 표시로 받아들였고, 왕당파 해석가들은 군중의 침묵이 대중의 후회를 드러내는 첫 번째 신호라고 생각했다. 역사가 린 헌트는 군중이 이 두 가지를 모두 경험했다고 믿는다. "혁명가들이 가부장적 개념의 권위와 단절함에 따라, 그들은 두 개의 무거운 감정 상태에 직면했다. 하나는 새로운 시대에 대한 환호였고, 다른 하나는 미래에 대한 불길한 예감이었다."[27] 여기에 세번째 요소도 있었다. 죽으러 가는 왕을 보면서도 아무런 반응을 나타내지 않는다는 것은 책임의 감정을 회피한다는 의미이다. 현장에 있었다고 해서 책임을 물을 수는 없었다.

　루이 카페는 더이상 프랑스의 왕이 아니라는 사실을 강조하기 위해, 혁명광장에서 그를 죽이기 위해 사용된 도구는 다른 사형 집행에서 사용되었던 것과 같은 도구―같은 기계, 같은 칼날, 그것도 마지막으로 사용하고 나서 닦지도 않았던 칼날―였다. 기계적인 반복은 평등하게 만든다. 루이 카페는 다른 사람과 똑같이 죽을 것이었다. 하지만 왕에게 사형선고를 내린 사람들은 이 기계적 상징만으로 군중이 움직이리라 믿을 만큼 순진하지 않았다. 사형 집행을 계획한 자들은

제9장. 해방된 육체

왕의 잘려나간 머리가 말을 하지 않을까, 정말로 왕은 결코 죽지 않는 건 아닐까 두려워했다. 좀더 합리적으로는 왕이 죽기 전에 처형대에서 정말 감동적인 연설을 할지 모른다고 두려워했다. 그래서 그들은 왕이 죽을 때의 환경을 가능한 완벽하게 중립화하려 했다. 어마어마하게 밀집한 병사들이 군중 쪽이 아니라 처형대 쪽을 바라보면서 군중을 에워쌌다. 적어도 1만 5천 명의 병사가 이런 방식으로 배치되었다. 병사들이 절연체의 역할을 했고, 약 300미터 두께로 도열한 병사들로 인해 군중은 루이16세가 말하는 어떤 것도 들을 수 없었고, 그의 얼굴이나 몸의 작은 부분도 볼 수 없었다. "당대의 판화는 군중이 실제로 처형 모습을 보기가 매우 어려웠음을 분명히 보여준다."[28]

실제 이벤트에서 별다른 의식儀式이 없었다는 것은(있었다면 꽤 흥미로웠겠지만) 중립성을 향한 동일한 욕망에서 기인한다. 국왕 살해자 중 아무도 그와 함께 처형대에 나타나거나 군중에게 연설하지 않았다. 아무도 의식의 주관자로서 당당히 나서지 않았다. 다른 대부분의 정치범처럼 국왕은 처형대를 무대처럼 쓸 수 없었다. 그가 중얼거린 마지막 말이 무엇이었든 간에, 그 말은 처형대 아래에서 왕 주변에 있던 병사들만 들을 수 있었다. 루이 카페의 머리를 군중에 내보이며 [사형집행관] 샤를앙리 상송은 최후의 동작을 취했지만, 두껍게 띠를 이룬 병사들로 인해 그 머리를 볼 수 있는 사람은 거의 없었다. 그렇게 국왕 파괴자들은 처형을 하는 동안 그저 수동적으로 참여한 것처럼, 기계적으로 돌아가는 상황의 일부인 것처럼 보임으로써, 자신들을 보호했다.

도린다 아우트럼에 따르면, 혁명 기간에 벌어진 폭력적 이벤트들의 목격자 기록은 "군중의 냉담함을 자주 강조한다." 공포정치 시기에는 "사형 집행 현장에 있는 잔혹한 군중의 이미지"라는 예상과 달리, 오히려 "수동적 군중을 묘사하는 것이 진실에 더 가깝다."[29] 이벤트가 아닌 죽음, 수동적 육체에 다가오는 죽음, 죽음의 산업적 생산, 빈 공간에서의 죽음. 이 죽음들은 왕과 다른 수천 명의 살해를 둘러싸고 있던 물리적이고 공간적인 연합체였다.

국가 관료주의를 다루는 사람이라면 누구나 기요틴의 작동을 이해할 것이다. 중립성은 아무 책임도 지지 않고 권력을 작동할 수 있게 만든다. 비어 있는 부피는 권력이 얼버무리며 작동하기에 적절한 공간이었다. 혁명의 군중이 린 헌트가 떠올린 복합적 감정으로 고통받는 만큼, 불레와 그의 동료들이 상상한 비어 있는 공간도 어떤 목적을 수행했다. 그 공간에서 군중은 책임에서 벗어났다. 빈 공간은 참여했다는 감정적 부담을 덜어주었다. 군중은 집단 관음증자가 되었다.

그러나 혁명은 그저 또다른 권력 기계만은 아니었으며, 새로운 시민을 창조하고자 했다. 혁명의 열정에 불타오르던 사람들이 직면한 딜레마는 어떻게 인간적 가치로 빈 부피를 채울 것인가였다. 새로운 혁명의 의례와 축제를 만들면서 혁명의 조직가들은 도시의 이 빈 곳을 채우고자 했다.

— 3 —
축제의 육체
마취제로서의 자유

프랑스혁명의 초반 몇 년 동안, 파리의 가로는 계속되는 대중의 시위로 채워졌다. 예컨대 '가장무도회'에서는, 훔친 옷들을 사용하면서 당나귀를 타고 돌며 옛 지배자들을 조롱하고, 떼를 지어 모인 사람들이 성직자나 귀족처럼 차려입었다. 가로는 또한 상퀼로트들sans-culottes의 공적 공간이기도 했다. [귀족의 상징인] 반바지(퀼로트)를 입지 않은 가난하고 빼빼 마른 남자들과 누더기 모슬린 원피스를 입은 여자들인 이 상퀼로트들은 꾸미지 않은 혁명의 육체였다. 혁명이 진행됨에 따라 가장무도회는 혁명의 무리 중 상층부를 위협하기 시작했고, 정권은 가로를 규제하고자 했다. 상퀼로트 역시 저항자로서의 모습 그 이상을 원했다. 과거에 고통받고 거부당하기만 했던 그들은 혁명이 완성되었을 때 혁명가가 어떤 모습일지 보고 싶었다.

그래서 연이은 혁명 정권들은 인간 육체에 추상적 관념을 부여하고, 시민 군중의 적절한 옷과 몸짓, 행동을 연출하는 공식 축제를 만들고자 했다. 그러나 프랑스의 시민 축제는 적들의 숙청과 같은 덫에 빠졌다. 의례는 종종 시민들의 육체를 진정시키고 중립화하는 것으로 끝났다.

사라진 저항
혁명력 2년, 혁명 축제의 조직가들은 행사를 위한 도시 내 열린 장소들을 체계적으로 찾기 시작했다. 역사가 모나 오주프는, 혁명이 "종교적 영향으로부터의 해방"을 필요로 했던 1790년에 도시를 휩쓴 감정적 물결로 이런 추동이 생겼다고 본다.[30] 2년째 접어든 혁명이 기성 종교의 작동방식을 목표로 했던 반면, 성직자가 아닌 다비드와 카트르메르 드 캉시 같은 예술가들은 시민의 의례를 담당했다. 그럼에도 많은 옛 종교 의례는 새로운 포장과 이름으로 계속되었다. 예를 들어 그리스도 수난극을 대체한 거리극에서 인민의 대표자가 부활한 예수의 역할을 하고, 새로운 지배 엘리트 구성원들이 사도를 맡는 식이었다.

　1792년 봄, 혁명이 절정일 때 치러진 두 개의 대규모 군중 축제는 이런 스펙터클이 파리의 지리를 어떻게 사용했는지 보여준다. 샤토비외Châteauvieux 축제는 1792년 4월 15일에 있었고, 이에 대응하는 시모노Simonneau 축제는 1792년 6월 3일에 열렸다. 모나 오주프는 다음과 같이 썼다. 파리에서 샤토비외 축제는 "1790년 8월에 폭동을 일으켰고 갤리선에서 구출된 샤토비외의 스위스인들을…… 기리는 것이었다." 그것은 "폭동에 대한 찬양은 아니어도 폭도들의 복권"이었다. 반면 시모노 축제는 "식량법을 유지하며 인민 폭동 때 살해된 에탕프 시장[J. C. 시모노]을 기리는 것이었다. 이번에는 폭동의 희생자에 대한 찬양이다."[31] 샤토비외 축제는 혁명 예술가 자크루이 다비드가 만들었고, 시모노 축제는 건축가이자 작가 카트르메르 드 캉시가 만들었다. 양쪽 모두에서 자유의 부피는 방음재 역할을 했다.

　다비드의 축제는 오전 10시, 1790년 대규모 식량 폭동의 시발점이었던 생탕투안 지구에서 시작했다. 선택된 행로는 도시 동쪽 끝 노동자계급 구역에서 출발해 서쪽으로 파리를 가로질러, 거대한 개방 공간인 축제의 목적지 샹드마르스까지 가는 것이었다. 다비드는 종교 축제처럼 상징적인 쉬어가는 지점(처處), '정거장'을 만들었다. 첫번째 주요 정거장은 바스티유였고, 여기서 군중은 자유의 조각상을 헌정했다. 두번째 정거장은 파리 시청이었고, 이곳에서 당통이나 로베스피에르 같은 정치지도자들이 합류했다. 세번째 정거장은 도심의 혁명광장이었다. 여기서 무대 설계자는 광장을 내려다보는 루이15세 동상의 눈을 가렸고, 붉은색 프리지아 모자를 씌웠다. 이는 왕실의 정의는 치우침이 없어야 하고 왕은 프랑스 시민정신을 나타내는 새로운 의상을 입는다는 것을 상징했다. 2만에서 3만 명에 달하는 군중은 출발한 지 열두 시간이 지나 어두워질 무렵 마지막 정거장인 샹드마르스에 도착했다.

참여를 독려하기 위해 다비드는 탁월한 상징을 생각해냈다. "폭동 진압봉 대신 밀 다발을 든 축제 진행요원이 경찰을 대신했다는 것은 주목할 만한 일이었다."[32] 곡식의 상징성이 식량 폭동의 상징성을 뒤집었고, 여기서 곡식은 의식이 진행되는 현재, 부족함이 아닌 풍부함의 상징이었다. 위협적이지 않으면서 생기를 주는 밀 다발은 경로를 따라가는 사람들에게 그들 사이에는 어떤 규율적 장벽도 없다고 생각하게 만들었다. 신문 『레볼뤼시옹 드 파리(파리의 혁명)』는 이렇게 기록했다. "행렬의 마디가 매번 끊겼고…… 구경꾼들이 그 사이를 막았다. 모든 사람이 축제에 참여하고 싶어했다."[33]

군중은 즐겁게 이동했지만 무엇이 진행되는지 느낄 수는 없었다. 이렇게 걷는 대중은 다비드가 연출한 의상과 의식 행렬을 거의 볼 수 없었다. 다비드는 거리에서 이런 혼란을 예측했고 축제가 정점에 다다를 때의 정거장인 샹드마르스에서 이를 바로잡고자 했다. 약 6만 5천 제곱미터의 광활한 벌판에서, 다비드는 거대한 반원형 띠 형태로 군중을 배치했다. 6~7천 명이 하나의 띠를 이루었고 각 군중 띠 사이에 빈 공간을 유지하게 해 전체 군중에 형태를 부여했다. 단순한 몇 개의 장면으로 구성된 의식으로 그날 하루를 마쳤다. 한 정치가가 갤리선에서 이루어진 부당한 감금의 불순함을 불로 정화한다는 의미로, 조국의 제단에 불을 지폈다. 또다른 당대의 신문 『레자날 파르리오티크(애국의 연대기)』에 따르면, 군중은 축제를 위해 음악가 고세크가 작곡하고 셰니에가 가사를 붙인 자유의 찬가를 불렀고, "애국의 행복, 완벽한 평등, 시민의 우애"를 축하하며 제단 주위에서 춤을 추었다.[34]

시나리오는 계획대로 실행되지 않았다. 샹드마르스 야외에서 그날을 위해 작곡한 혁명가의 가사와 음악은 멀리까지 전달되지 않았다. 다비드는 거대한 띠의 군중이 제단 주위에서 춤추는 것을 의도했지만, 가까이 있던 이들만이 춤추라는 말을 들었고 무엇을 해야 할지를 알았다. 참가자들은 시민으로 행동하려고 애쓰면서 느낀 엄청난 혼란에 대해 말했다. 어떤 이는 "샹드마르스에서 춤추는 것이 어떻게 나를 더 나은 시민으로 만드는지 모르겠다"고 말했고, 다른 이는 "우리는 어쩔 줄 몰라서 바로 술집으로 갔다"고 말했다.[35] 확실히 시위의 바로 그 평화로움은 인민의 연대를 확인해주었다. 하지만 다비드와 다른 혁명파 설계가들에게는 이 축제의 실체가 중요했다. 그들은 인민의 자발적 분출이 앙시앵레짐만큼이나 혁명의 질서도 위협할 수 있음을 알았기에, 군중의 육체를 훈련시키고자 했고, 그 시나리오는 결국 실패했다.

이런 의식들에서 가로는 사형수의 행렬과 성인 기념일 행진의 정거장들처럼 과거의 것을 거의 그대로 되풀이했다. 또한 가로는 그 다양성이 통합에 걸림돌이 되었던 장소로, 새로운 질서의 행진이 그곳의 경제적 목적을 제거한 것도 아니었고, 그 무너질 듯한 주택도 여전히 사라지지 않았다. 이와 대조적으로 빈 공간에서는 처음부터 다시 시작하는 것이 가능해 보였다. 역사가 존 스코트가 보기에, 텅 빈 공간에서 거행된 의례는 육체의 몸짓과 그 정치적 준거 사이에 어떤 것도 끼어들지 않았고, 기호와 상징 사이를 가로막는 것도 없었다.[36]

그럼에도 지워서 비워버린 그런 거리가 육체를 평온하게 만드는 듯했다. 몇 달 후 샹드마르스의 유사한 이벤트에서 한 소년이 다비드의 문제를 간결하고 날카롭게 지적했다.

> 그는 많은 사람이 조국의 제단에 올라선 것을 보았다. 그는 '왕'과 '국민의회'라는 말을 들었지만, 그것에 대해 무슨 말이 오가는지 이해하지 못했다. ……저녁에 그는 붉은 깃발이 도착하리라는 말을 들었고, 도망가기 위해 두리번거렸다. 그는 조국의 제단에 있는 자들이 훌륭한 시민이라면 거기에 남아 있어야 한다고 말하는 것을 들었다……[37]

다비드를 막는 것은 아무것도 없었다. 거대한 축제는 열린 공간에서, 아무 막힘 없는 공간에서, 순수한 부피에서 완성되었다. 그 대단원에서는 혼돈과 무관심이 군림했다.

카트르메르 드 캥시는 다비드의 축제에 대응하는 시모노 축제를

370

설계했고, 이는 사람들이 규율된 행동을 하게끔 주눅들게 할, 정당한 권위와 안정성을 과시하는 축제였다. 밀 다발로 무장한 군중 속의 진행요원 대신, 카트르메르 드 캥시는 소총과 총검으로 진행요원을 무장시켰다. 그는 다비드처럼 군중에게 무관심하지는 않았다. 스펙터클이 펼쳐지는 지점마다 파리 사람들에게 감동을 주어야 했다. 축제 조직가들은 새로운 체제가 국민을 책임지고 있음을, 국가의 문은 무정부주의에 닫혀 있음을 느끼게 하고 싶어했다. 카트르메르 드 캥시는 다비드가 썼던 것과 똑같은 시나리오에 기댔다. 축제는 도시의 동쪽에서 출발해 바스티유, 시청, 혁명광장의 정거장을 거쳐, 샹드마르스에서 끝나는 동일한 경로를 따라갔다. 군중이 시모노의 흉상에 월계관을 씌우는 마지막 단막극은 참가자들이 하나가 되었다는 것을 뜻했다. 자연이 이 순간을 도왔다. 사람들이 조각상에 경례할 무렵 하늘이 갈라지면서 극적으로 번개가 쳐 군중을 비추었고, 천둥 사이로 대포가 발사되었다. 하지만 이 이벤트 역시 끝나버렸다. 참가한 집단은 무엇을 해야 할지, 옆에 있는 이에게 무슨 말을 해야 할지 모른 채, 거의 곧바로 흩어졌다. 카트르메르 드 캥시는 개방 공간의 순수한 부피가 대중에게 법의 위엄을 느끼게 해줄 것이라 생각했었다. 그런데 대중은 벌판에서 벌어지는 이 통합과 힘의 쇼를 무심하게 바라보았다.

이 축제들은 자유에 대한 헷갈리던 교훈을 명확히 했다. 저항을 극복하고 장애물을 제거하고 빈 서판과 더불어 새롭게 시작하는 자유— 순수하고 투명한 부피처럼 상상된 자유—는 육체를 둔하게 만든다. 그것은 마취제이다. 육체를 각성시키는 자유는, 자유라는 그 경험의

제9장. 해방된 육체

일부로 불순함과 어려움과 장애물을 받아들여야 한다. 프랑스혁명의 축제들은 자유라는 본능적 경험을 움직임의 역학—어디든, 장애물 없이 움직이고, 자유롭게 순환하는 능력, 즉 빈 부피에서 얻는 최대한의 자유—이란 이름으로 축출해버렸던 서양 문명의 한 지점을 나타낸다. 이 움직임의 역학은 광범위한 현대의 경험에 침투했고, 이 경험은 사회적, 환경적, 개인적 저항을, 경험에 따른 불만들이라며 다소 불공정하고 부당한 것으로 여겼다. 인간관계에서 손쉽고 편안한 '사용자 친화성'은 개인 행위의 자유를 보장하는 것처럼 되었다. 하지만 저항은 인간 육체에서 근본적이고 필수적인 경험이다. 저항감을 느낌으로써, 육체는 자신이 살아가는 세상에 주목하게 된다. 이것이 에덴 추방에 대한 세속적 버전의 교훈이다. 육체는 어려움에 대항할 때 살아 움직인다.

사회적 접촉

현대 사회가 방해받지 않는 움직임을 자유로 여기기 시작하면서, 마리안의 육체가 재현하는 욕망을 어떻게 다뤄야 할지 난처해했다. 이 욕망은 타인들과 연결되고자 하는 우애의 욕망이고, 단순한 성적 접촉이라기보다는 사회적 접촉이었다. 마리안이 출현하기 40여 년 전에 호가스의 판화 〈맥주 거리〉는 사교적인 방식으로 서로를 접촉하는 사람들의 상상 속 도시를 보여주었다. 자유의 부피가 육체를 진정시키기 시작하면서, 그러한 사교성은 일하러 가는 길에 공공 기념물을 지나가는 것처럼, 사람들이 올바르지만 추상적인 경의를 표하는 하나의 이상이 되었다.

마리안 자체가 1793년 8월 10일의 축제 무대에서 그런 기념물로 등장했다. '공화국의 통합과 일체성의 축제'에서 거대하고 벌거벗은 여성 조각상의 가슴에서 고압으로 물을 분사하게 한 분수가 눈에 띄었다. 이집트식으로 머리를 땋은 채 연단에 앉은 여성 조각상이었다. '재생의 분수'란 별명이 붙은 이 혁명의 여신은 젖을 분비하는 가슴에서 두 줄기 하얀색 물을 내뿜었고, 동상 아래에서 혁명을 축하하는 이들이 이 물을 그릇에 떠서 마셨다. 이는 혁명의 '부패하지 않는 젖'이 그들을 길러내는 자양분임을 상징하는 것이었다.

축제가 시작되었을 때 국민공회 의장이 "어떻게 자연이 {아마도 그 가슴에 접근하는 데 있어} 모든 인간을 자유롭고 동등하게 만드는지 설명하는 연설을 했고, 분수에는 '우리는 모두 그녀의 아이들Nous sommes tous ses enfants'이라는 문구가 새겨져 있었다."[38] 하지만 오직 그 시점의 정치 지도자들만이 그녀의 부패하지 않는 젖을 마실 수 있었다. 축제 조직가들은 그녀의 가슴에 접근하는 데 있어 이런 불평등성을, 모두가 볼 수 있는 단순한 스펙터클을 만드는 것으로 정당화했다. 이런 이벤트를 담아낸 현존하는 그림들은 어떤 이벤트에서든 자기 잇속만 챙기는 이런 예술에 주목한 사람이 거의 없었음을 보여준다. 당시 재생의 분수 주변에 모인 군중을 그린 모네의 그림은 샤토비외와 시모노 축제 때와 똑같이 샹드마르스에서 매우 혼란스럽게 흩어져 있는 군중을 보여준다.[39]

역사가 마리엘렌 위에는 "국민을 관객으로 만드는 것은…… 권력의 실제 형태인 소외를 유지하는 것이다"라고 지적했다.[40] 마치 그 진실을 강조하려는 것처럼, 이 축제에서 마리안의 육체와의 접촉은 그날의 더 먼 '정거장'을 향한 전주곡이었다. 군중은 마리안에서 (거대한 근육질 가슴을 하고 오른팔에 검을 든) 헤라클레스 조각상으로 이동했다. 그 앞에서 혁명에 대한 충성 서약을 하기 위해서였다. 헤라클레스의 육체에 대한 응답으로 군중은 군대식 밀집 대형으로 뭉쳐야 했다. 그렇듯 극본은 여성에서 남성으로, 가정에서 군대로, 사교에서 복종으로의 이동을 요구했다.

혁명이 공고해짐에 따라 우수한 남성 전사인 헤라클레스(고대 로마신화에서는 헤르쿨레스)가 마리안을 대신했다. 현대 역사가 모리스 아귈롱은 마리안이 갈수록 수동적인 '자유의 여신'으로 묘사되는 방식을 추적했다. 1790년에서 1794년까지 그녀의 얼굴은 부드러워졌고 몸에선 근육이 사라졌으며, 자세도 전장으로 나아가는 전사에서 앉아 있는 여인으로 더욱 정적이고 수동적이 되었다. 마리안 상징에서 이런 변화는 혁명을 겪은 여자들, 초기에 혁명을 추동했던 여자들, 자신들만의 정치 모임과 대중 운동을 조직했던 여자들의 경험과 유사했다. 이 여자들은 결국 혁명이 1793년에 공포정치로 빠져들면서 남성 급진주의 집단에 의해 탄압받았다. 이 축제들에서 마리안과 헤라클레스가 차지했던 공간을 비교하며, 현대 역사가 메리 자코버스와 린 헌트는 다음과 같이 결론내렸다. "대중적 영향력이 있는 인물들, 결정적으로 남성들이 점차 '자유'를, 혹은 '마리안'을 밀어내는 것은…… 늘어나던 여성의 정치 참여라는 위협에 대응한 측면이 어느 정도 있었다."[41]

그러나 마리안의 존재가 쉽사리 지워지지는 않았다. 살아 있는 상징으로서 마리안은 만지고 싶고 만져지고 싶은 욕망을 표현한다. 이

374

욕망의 또다른 이름이 '신뢰'이다. 옛 종교적 상징의 현대적 반영으로서, 동정녀 어머니인 마리안은 연민의 상징, 고통받는 이들에 대한 보살핌의 상징이다. 그러나 불레가 상상하고 다비드가 구현했던 일종의 혁명 공간에서, 마리안은 접근 불가능한 것이 되었다. 그녀는 만질 수도 만져질 수도 없었다.

당시 축제 속 육체를 디자인한 혁명가 중 하나인 자크루이 다비드는 이런 주제들에 대한 기이하고 가슴 뭉클한 작품을 만들었다. 린 헌트는 "프랑스혁명의 영웅들은 죽은 순교자였지 살아 있는 지도자가 아니었다"고 지적한다.[42] 혁명은 어떻게 그들의 고통을 명예롭게 할 수 있었을까? 다비드는 두 명의 혁명 순교자를 그린 유명한 초상화에서 이를 추구했다. 한 명은 1793년 7월 13일 욕조에서 암살된 장폴 마라였고, 다른 한 명은 농촌에서 반혁명 진영과 싸우면서 일찍 죽었던 열세 살의 조제프 바라였다. 두 초상화에서, 빈 공간은 비극적 가치를 가진다.

　마라의 죽음에서 다비드가 그려낸 비극적 가치는 아마도 시간이 지나며 사라져갔을 텐데, 다비드는 마라가 실제로 생활했을 공간 배경을 바꾸어놓았기 때문이다. 마라는 찬물에 들어가 있어야만 완화되는 고통스러운 피부병을 앓았고, 사람들을 만날 때나 욕조에 놓인 판에서 글을 쓸 때나, 일하는 대부분을 욕조에서 보냈다. 부자였던 마라는 자신의 욕실을 고대 열주가 그려진 하얀색 벽지로 장식한 쾌적한 방으로 꾸몄다. 욕조 뒤편 벽에는 커다란 지도가 있었다. 마라의 죽음을 표현하고자 했던 당대의 몇몇 화가는 샤를로트 코르데가 혁명

자크루이 다비드, 〈마라의 죽음〉, 1793.

가였던 언론인을 칼로 찔렀던 방을 상세하게 묘사했다. 다른 화가들은 죽어가는 마라의 몸을 미덕의 상징으로 장식했다. 예를 들어 이런 동판화 중 하나에서 마라는 욕실에서 월계관을 쓰고 있고, 다른 그림에서는 어째서인지 토가를 입은 채 목욕하고 있다.

다비드는 월계관, 토가, 실내장식을 없애버렸다. 그는 녹색-갈색 톤의 중립적인 배경으로 그림의 위쪽 절반을 차지하는 빈 공간을 채웠다. 아래쪽 절반은 욕조에서 죽어가는 마라로 채웠다. 서판 위로 뻗은 마라의 한 손에는 편지가 있었고, 이는 그의 방에 들어올 수 있었던 샤를로트 코르데가 건네준 것이었다. 반대쪽 손은 펜을 잡은 채 욕조 옆으로 떨구었다. 마라의 벌거벗은 몸은 드러나 있지만, 여기서도 다비드는 그 표면을 벗겨냈다. 하얗고 털도 없고 부드러운 피부엔 부스럼도 반점도 없으며, 코르데가 찌를 때 마라의 가슴에 생긴 작은 칼자국에서 나오는 피가 칠해져 있을 뿐이다. 욕조 앞에는 글쓰기용 받침대와 잉크병, 종이 한 장이 있다. 한 미술사가는 다비드가 "샤르댕의 방식으로" 이 물건들을 작은 정물처럼 그린다고 보았다.[43] 고요함과 비어 있음이 이 폭력적인 암살 장면의 특징을 이룬다. 반세기 뒤 이 그림을 보면서 보들레르는 비어 있음을 떠올렸다. "이 방의 차가운 공기에서, 이 차가운 벽에서, 이 차가운 죽음의 욕조 주위에서" 마라의 영웅성을 깨닫게 되는 것이다.[44] 그러나 이 그림은 다른 이들과 마찬가지로 보들레르에게도 비개인적인 인상을 주었다. 영웅 이야기로 채워진 그림은 마라의 인간적 고통을 알지 못한다. 이 중립적이고 비어 있는 공간에 연민은 없다.

조제프 바라의 초상화는 비슷한 빈 공간에서의 순교를 환기시키

└─ 자크루이 다비드, 〈바라의 죽음〉, 1794.

지만, 이 추모 그림은 연민으로 가득하다. 다비드는 이 작품을 미완성으로 남겼는데, 아마도 그가 그림을 그린 의도 때문에 끝을 보지 못했을 것이다. 방데에서 혁명의 전초기지를 방어하다 살해된 젊은 소년은 벌거벗겨져 있다. 마라 그림과 마찬가지로 죽은 육체는 극단적으로 비어 있는 중립적인 배경과 대비된다. 배경에는 소년의 이야기를 전해줄 만한 장식이 전혀 없기 때문이다. 이렇게 황량한 상태에서 그림은 오직 육체만을 주목한다. 죽음, 지워짐, 비어 있음. 이는 혁명이 육체에 새긴 자국들이다.

하지만 화가는 어린 조제프 바라를 성적으로 모호한 모습으로 만들었다. 소년의 엉덩이는 펑퍼짐하며, 발은 작고 모양이 섬세하다. 몸통은 관람객 쪽으로 돌려놓아 인물의 성기가 전면에 드러나 있다. 소년의 성기는 다리 사이로 접혀 들어가 있고 주변에 털은 거의 보이지 않는다. 어린 바라의 머리카락이 머리를 푼 소녀처럼 목 주위에 둥글게 말려 있다. 미술사가 워런 로버츠처럼, 다비드가 양성성兩性性을 지닌 인물을 창조했다고 말하는 것은 잘 맞지 않는다.[45] 이 순교자의 초상이 '여성성의 재조명'도 아니다. 이 혁명 영웅은 다비드가 혁명 이전에 그린 〈호라티우스의 맹세〉 같은 그림의 남성적이고 영웅적인 젊은이들과는 달라 보인다. 죽음이 바라의 육체에서 성性을 비워버렸기 때문이다. 아이 같은 순수함, 이기적이지 않은 모습으로 인해 바라는 마리안의 형상에 담긴 모든 희망의 원 안에 위치한다. 프랑스혁명의 마지막 영웅 조제프 바라는 마리안에게로 돌아왔다. 그는 그녀의 아이이고, 아마도 그녀의 존재 증명일 것이다.

〈바라의 죽음〉은 피에로 델라 프란체스카의 〈채찍질〉과 극명하게 대비된다. 피에로는 도시 배경을 통해 명확하게 드러나는 장소 및 연민의 위대한 아이콘을 만들었다. 다비드는 빈 공간에서 연민을 묘사한다. 프랑스혁명에서 연민은 장소가 아니라 육체를 통해 전달될 수 있었다. 살과 돌 사이의 이 도덕적 구분은 세속화된 사회의 특징 중하나가 되었다.

도시 개인주의

E. M. 포스터의 런던

— 1 —
새로운 로마
1차대전 직전의 런던

제1차세계대전 전야에 런던을 걷던 미국 사업가가 자신의 조국이 [영국에] 절대 반기를 들면 안 된다고 확신했다 해도 용서받을 만한 일이다. 에드워드 시대의 런던은 몇 킬로미터에 걸쳐 훌륭한 건물이 띠를 이루며 늘어서 제국의 웅장함을 보여주었다. 중앙의 거대한 정부관청들은 동쪽으로 시티의 은행가와 무역업자의 밀집된 경제 세포를 끼고 있고, 메이페어, 나이츠브리지, 하이드파크의 인상적인 대저택이 서쪽으로 펼쳐지며, 이후 중간계급이 많기는 해도 여전히 주목을 끄는 주택들, 모두 블록마다 장식벽토로 치장된 집들이 이어졌다. 보스턴이나 뉴욕 같은 미국 도시들은 확실한 부촌—뉴욕 5번가와 보스턴의 새로운 백베이Back Bay에서 무리지어 급증한 대저택들—이 있지만, 런던은 로마제국 시대 이래로 유례없이 전 세계에서 긁어온 노획물을 과시했다.

헨리 제임스는 에드워드 시대의 런던을 '현대의 로마'라 불렀고, 규모나 부유함 면에서 그 비유는 적절해 보였다. 현대 제국의 수도에서 그 의례적 조직의 끈질긴 연속성은 런던 어디에나 만연한 빈곤 및 사회적 고통과 단절된 듯 보였다. 고대 도시, 또는 현대 뉴욕과 보스턴의 부촌과는 달랐다.

프랑스 정치인이라면 다른 이유로 이 도시를 부러워할 것이었다. 영국 음식 때문에 런던에 영원히 사는 것은 생각할 수도 없는 일이겠지만, 이를 무릅쓰고 찾아간 프랑스인은 겉보기에 영국인들 사이에서 계급 적대보다 더 강해 보이는 계급 선망, 일상생활에서 하위 계급과의 차이를 기대하고 또 요구하는 상위 계급 등 이 도시의 정치적 질서 정연함에 충격을 받게 될지도 모른다. 실제로 대륙에서 온 많은 방문객은 이방인과 외국인에게 영국 노동자계급이 보이는 크나큰 호의에 주목했다. 이 호의는 '해외abroad'를 혐오하던 존 불John Bull[전형적인 영국 사람을 가리키는 별명]의 편협한 생각과는 거리가 멀었다. 이곳을 찾은 파리 사람이라면 혁명을 겪지 않았던 런던을 1789년 이래로 1830년, 1848년, 1871년에 파리에서 일어난 폭발과 대비해봤을 것이다. 예를 들어 위장은 고생했겠지만 사회학적 경외감으로 런던 거리를 돌아다녔던 조르주 클레망소는 도시의 내부 질서를 그 제국의 부와 연결했다. 클레망소가 보기에, 상상을 초월한 이 부유한 장소는 정복의 노획물로 빈곤층을 달랬다.

물론 첫인상은 사람의 경우와 마찬가지로 만족감을 주는 장소에 대해서도 오해를 유발하고, 또 종종 바로 그런 이유에서 첫인상이 더 좋을 수도 있다. 이 잘못된 인상은 어찌되었던 시사하는 바가 있다. 런던과 로마를 비교해보자.

물리적으로나 사회적으로나, 하드리아누스 시대의 로마는 거대한 도로망을 통해 여러 황제와 기술자들이 함께 일구어낸 제국의 중심이었다. 수도와 지방의 성쇠는 서로에게 달려 있었다. 에드워드 시대의 런던은 그 외부 지역과의 관계가 상이했다. 19세기 후반에 런던과 다른 영국 도시들이 성장함에 따라, 국제무역으로 촉발된 위기의 희생양이 된 영국 농촌은 급격히 비워졌다. 영국 도시들은 끊임없이 미국에서 곡물을 받았고, 호주에서는 모직, 이집트와 인도에서는 면을 공급받았다. [영국 농촌에서 일어난] 이 단절은 에드워드 시대를 산 한 사람의 생애만큼의 기간 동안 빠르게 진행되었다. 이 과정을 지켜본 이에 따르면, "1871년만 해도 인구의 절반 이상이 인구가 2만 명도 안 되는 촌락이나 읍에 살았고, 인구 10만을 도시의 기준이라 할 때, 전체 인구의 4분의 1이 조금 넘는 사람들만이 도시에 살았다."[1] 40년 후 E. M. 포스터가 도시와 농촌을 대비시킨 위대한 소설 『하워즈엔드Howards End』를 썼을 무렵엔, 영국인의 4분의 3이 도시에 살았고, 그중 다시 4분의 1은 대런던Greater London의 궤도 안에 있었다. 그 [도시화의 흐름이] 지나간 자리에는 버려진 들판과 황폐해진 촌락이 남겨졌다. 하드리아누스 시대의 로마는 에드워드7세의 런던과 비슷한 규모였지만, 이 규모가 되기까지 600년이 필요했다.

현대의 지리적 변화가 19세기 후반기에 모든 서양 국가들을 휩쓸었다. 1850년에는 영국처럼 프랑스, 독일, 미국도 주로 농촌 사회였지만, 한 세기 뒤에는 매우 집중된 도심을 갖는 확연한 도시사회였다. 베를린과 뉴욕은 런던과 비슷하게 무분별하게 성장했고, 두 도시 모두 농촌 지역이 국제무역의 흐름에 굴복하면서 성장한 것이었다. 1848년부터 1945년에 이르는 100여 년은 충분히 '도시 혁명'이라 할 만했다.

하지만 애덤 스미스가 상상했던 제조업과 자유시장의 성장만으로 이렇게 빠른 도시변화를 설명할 수는 없다. 도시 땅값이 비쌌기 때문에 뉴욕이나 파리, 베를린처럼 런던도 대규모 제조업이 우세했던 도시는 아니었다. 이 도시들은 자유시장의 중심도 아니었다. 정부와 대형은행, 기업연합corporate trust이 재화와 서비스 시장을 국가적으로나 국제적으로나 통제하고자 했던 도시들이었다. 또한 이 도시들은 단순히 희생자들—농촌 붕괴, 또는 정치적, 종교적 박해의 희생자—을 끌어왔기 때문에 성장했던 것도 아니다. 물론 그런 희생자들이 도시에 엄청 많기는 했지만 말이다. 자본이나 일자리가 없어도 삶을 단념하지 않았고 어디에도 매인 것 없는 수많은 젊은이가 자발적으로 왔다. 대부분의 갑작스러운 사회 변화처럼 '도시 혁명'은 여러 가지가 중첩되어 벌어진 사건이었고, 처음엔 거의 무분별한 성장처럼 경험되었다. 런던은 한편으로 서양 세계 전체에서 발생한 갑작스럽고 거대한 도시팽창의 사례이면서도, 그것이 재앙일 필요는 없다고 약속해주는 듯했다.

제국의 로마와 제국의 런던이 대비되는 두번째 측면은 로마의 경우 로마제국 전역의 도시들에 모델이 되어주었다는 점에 있다. 19세기 말 급격한 도시화가 진행되는 동안 런던은 영국의 다른 도시들, 특히 맨체스터나 버밍햄 같은 북부 및 중부 도시들과 차이가 벌어졌다. 클레망소는 제조업 발전으로 인해 영국 도시가 안정된 장소라고, 서열에 따라 자기 자리가 정해져 있는 사람들의 장소라고 상상했다. 그의 환상은 런던보다는 제분소와 공장과 조선소로 가득찬 산업도시에 더 잘 들어맞았을지 모른다. 그런 산업도시에서 경제는 조선업, 장인의 수공업, 중공업, 금융업, 제국 경영, 어마어마한 규모의 사치품 교역을 뒤섞었다. 비평가 레이먼드 윌리엄스는 북부에서보다 "그곳의 사회적 관계가…… 더욱 복잡하고 알기 힘들다"고 말한다.[2] 포스터도 『하워즈엔드』에서 런던에 대해 비슷하게 기술한다. "돈이 소비되고 생겨났으며, 명성들이 생겨났다 사라졌다 했다. 또 그들 인생의 표상이 되는 도시 자체도 끊임없는 물결(흐름) 속에 차올랐다 가라앉기를 반복했다."[3]

상상이긴 하지만 로마와 비교하면서 런던의 웅장함에 감명받은 방문자[클레망소]의 눈에는 강한 정부가 대중을 장악한 것으로 보였을 것이다. 그것은 방문자 자신의 도시가 그토록 추구했던 중앙의 통제였다. 1871년 파리코뮌의 격변 이후 파리 당국은 도시의 효율적인 중앙집중형 정부 기구들을 완성했다. 뉴욕에서는 보스 트위드Boss Tweed[19세기 중반 뉴욕시에 막대한 영향력을 행사한 정치인 윌리엄 트위드] 조직의 붕괴 이후, 개혁가들이 유사하게 이런 합리적 시민 통제 도구들을 고안하고자 했다.

그럼에도 불구하고 뉴욕이나 파리와 다르게 런던은 중앙정부 조직이 부족했다 1888년까지 런던은 "메트로폴리탄 실무 이사회Metropolitan Board of Works, 수십 개의 작은 교구위원회와 행정교구, 48개

빈민구제위원회를 제외하고는 다른 어떤 도시 행정기관도 없었다."[4] 1888년 개혁 이후에도 중앙정부는 여전히 상대적으로 힘이 약했다. 하지만 중앙의 정치적 행정 당국이 없다고 해서 중앙 권력이 없는 것은 아니었다. 중앙 권력은 도시 대지의 상당 부분을 사적으로 지배하고 있던 대지주들의 손에 있었다.

18세기에 최초의 블룸즈버리광장 건설 이후, 런던의 도시개발은 일관되게 극빈자들이 살던 건물과 상점을 밀어내고 중간계급이나 부유층을 위한 주택을 만드는 식이었다. 상속받은 지주들이 넓은 대지를 지배했기 때문에, 거의 공공의 개입이나 저항 없이 이런 갑작스러운 변화가 가능했다. 귀족 지주들은 자유롭게 건설했고, 그들의 도시 '재생' 계획은 더욱 가난의 집중화를 초래했다. 밀려난 빈민들이 점점 더 서로 가까이 모여 살게 되었던 것이다. 1885년 노동계급 주택에 관한 왕실위원회는 다음과 같이 지적했다.

> 빈민굴{황폐한 슬럼}은 파괴되고 근린 위생과 사회적 편익에 기여했지만, 빈민을 위한 대체 주택은 전혀 제공되지 않았다. ……이런 일이 벌어지면 집 없는 인구는 철거가 시작될 때 인근 거리와 건물 빈 공간으로 밀려들고, 새 주거지가 완성될 때 이 증가한 인구 압력을 낮추려는 조치는 거의 없다.[5]

19세기가 지나며, 도시개발계획은 금융가인 런던시티 동쪽으로, 템스강 남쪽으로, 리젠트공원 북쪽으로 빈곤을 밀어냈다. 중심부에서 빈곤이 존재했던 곳은 주머니 모양으로 몰아놓고 채색 벽돌로 가려

제10장. 도시 개인주의

대중의 눈에 띄지 않게 했다. 파리보다 일찍, 뉴욕보다 더 완벽하게, 런던은 같은 계급끼리 모이는 단절된 공간의 도시를 만들었다.

번영하는 런던은 잉글랜드와 웨일스, 스코틀랜드 지역이 경제적부 측면에서 큰 차이가 있음을 잘 보여주었다. 1910년에 그레이트브리튼섬의 상위 10퍼센트 부자 가문이 전체 국가 부의 90퍼센트를 갖고 있었고, 상위 1퍼센트 부자가 전체의 70퍼센트를 소유했다. 새로운 용어를 쓰자면, 도시화된 사회는 부와 빈곤 사이의 산업사회 이전의 분열을 유지했다. 1806년에는 상위 10퍼센트가 국가 부의 85퍼센트를 소유했고, 1퍼센트가 65퍼센트를 갖고 있었다. 한 세기가 지나며, 더 많은 제조업자와 제국의 사업가들이 상층을 차지하면서 대지주 중 일부의 부가 줄기도 했다. 이와 대조적으로 국가 인구의 절반이 전체 국부의 3퍼센트만을 차지하는 소득으로 생계를 유지했고, 이 궁핍 상태에서 벗어난 런던 사람은 거의 없었다.[6] 이런 면에서 클레망소는 잘못 생각했다. 정복의 노획물은 대중에게까지 가지 않았다.

현대 제국 도시의 실상이 이러한데, 방문자가 느낀 완전함과 공공질서를 어떻게 설명할 수 있을까? 많은 런던 사람은 분명 사회불안을 느끼기도 했지만, 자신들의 수도가 혁명이란 도전 없이 자본주의의 이득을 가져온 방식을 좋게 보았다. 이 안정성은 상상컨대 영국인이 계급 시스템에 무관심한 때문이라고 설명할 수는 없다. 비평가 앨프리드 케이진이 말하길, "계급 전쟁이 영국의 특권은 아니었지만", 영국은 미국이나 독일 측보다 계급에 훨씬 더 민감했다. 예컨대 케이진은 1937년 조지 오웰이 했던 언급을 떠올린다. "어느 쪽을 봐도 이 계급 차이라는 저주가 마치 돌벽처럼 당신을 막는다. 아니다. 돌벽이라기보다는 수족관의 판유리 같을 것이다."[7]

다른 작동하는 힘들이 누구나 아는 혁명으로부터 이 거대하고 불평등한 도시를 지켜주는 것 같았다. 도시학자 발터 벤야민은 파리를, 그 본보기가 되는 문화를 근거로 "19세기의 수도"라고 불렀다. 런던 또한 그 본보기가 되는 개인주의 면에서 19세기의 수도라 할 만하다. 실제로 19세기는, 알렉시스 드 토크빌이 『미국의 민주주의』 2권에서 만든 표현인 '개인주의 시대'로 흔히 불린다. 개인주의의 멋진 측면은 자립일지 모른다. 하지만 토크빌은 일종의 사회적 고독이라 생각한 좀더 우울한 측면을 보았다. 토크빌은 다음과 같이 썼다. "각 개인은 자신이 다른 모든 사람의 운명에선 이방인인 것처럼 행동한다. ……동료 시민들과 거래하면서 그들과 섞일지는 모르지만, 그는 동료 시민들을 보지 않는다. 그들과 접촉하지만 그들을 느끼지 않는다. 그는 오직 자신만으로, 자신만을 위해 존재한다. 그리고 이런 면에서, 그의 마음속에 가족에 대한 의식은 남아 있지만, 사회에 대한 의식은 더이상 없다."[8]

토크빌은 이런 종류의 개인주의로 인해 사회에 내향적인 사람들이 공존하는 특정 질서가 생길지 모른다고 생각했다. 서로 무관심하게 다른 이를 견뎌내는 질서. 이런 개인주의는 도시 공간에 특별한 의미가 있었다. 19세기 도시계획은 자유롭게 움직이는 개인들로 이루어진 군중을 창조하고자 했고, 도시를 통해 조직화된 집단의 움직임을 막으려고 했다. 도시 공간을 지나며 움직이는 개인들의 육체는 그들이 움직이는 공간에서, 그리고 공간이 담고 있는 사람들에게서 점차 분리되었다. 공간이 움직임을 통해 가치가 낮아지면서, 개인들은 점차 타인과 공동 운명이란 의식을 상실했다.

런던에서 토크빌식 개인주의의 승리는 1910년 『하워즈엔드』를 썼을 때 소설가 포스터의 생각이기도 했다. 그의 책은 심리적 명령이면서 사회적 명령이었던 유명한 표현 "오직 연결해라……"로 시작한다. 포스터의 소설은 사람들이 개인적으로 연결되지 않는다는 바로 그 이유 때문에, 사회적으로 결속하는 것 같은 한 도시를 보여준다. 그들은 서로 무관심한 채 고립되어 살아가고 이것은 사회에서 불행한 균형을 만든다.

소설은 대규모 도시혁명의 시기, 비정상적으로 빠르게 변모하는 런던을 반영한다. 당시의 다른 많은 이들처럼, 포스터에게 **속도**는 현대 생활의 핵심으로 보였을 것이다. 소설가에게 자동차의 등장은 변화의 속도를 완벽하게 보여주는 사례였으며, 『하워즈엔드』에는 새로운 기계에 대한 저주가 가득하다. 포스터가 에드워드 시대의 런던을 정신없는 변화로 고동치지만 죽은 도시라고 묘사할 때, 토크빌식 특징이 나타난다. 포스터의 표현대로 런던이 "분노와 전보電報"의 장소라면, 그것은 "어리석은 둔감함"으로 가득한 장면이기도 하다. 포스터는 도시 일상생활의 결과로 (감춰져 있을지언정) 만연한 감각적 무관심—걸어다니는 관광객에게는 보이지 않는 것—을 환기하고자 한다. 이 무관심은 삶의 가파른 흐름 속에서 가난한 대중뿐 아니라 유행을 따르는 부자들 사이에서도 존재한다. 개인주의와 속도의 현실은 함께 현대의 육체를 무감각하게 만든다. 이 육체는 [사람들을] 연결하지 않는다.

『하워즈엔드』는 이 모두를 사생아, 엇갈린 유산, 살인자라는 비교적 끔찍한 이야기에서 끌어낸다. 이 소설에 열광하진 않았던 버지니아 울프가 논평했듯, 포스터는 예술의 장인이 아니라 사회 비평가로 자신을 보라고 하는 것 같다. 울프는 이렇게 지적한다. "누군가 우리 어깨를 치면, 이를 알아채고 거기에 주의를 기울여야 한다."[9] 사실 『하워즈엔드』는 단 몇 문단으로 독자를 사람들의 운명이 바뀌는 격변의 사건으로 몰고 가곤 하는데, 그렇게 해서 느긋하게 그 사건들의 의미를 다시 생각할 수 있게 한다. 아이디어가 많은 소설가는 자주 너무 많은 생각으로 예술적 대가를 치르지만, 이 소설은 여전히 도발적인 놀라운 통찰로 끝맺는다. 즉 개인의 육체는 밀려남[displacement]과 난관을 경험함으로써 감각적인 삶으로 돌아올 수 있다는 것. "오직 연결하라……"는 명령은 개인의 신속하고 자유로운 움직임을 실제로 방해하는 것들이 있다고 인정하는 사람들만이 따를 수 있다. 살아 있는 문화는 저항을 긍정적 경험으로 다룬다.

이 장에서 우리는 소설가로 하여금 도시 개인주의—소설가의 이야기에 깔려 있는 육체의 움직임 및 육체의 수동성의 경험들—를 고발하게끔 만든 현대사회의 발전을 좀더 자세히 살펴볼 것이다. 이 소설의 놀라운 대단원은 도시 문화에 대해 사고하는 새로운 방식을 제안한다.

— 2 —
현대의 동맥과 정맥
런던과 파리의 거대 건설 프로젝트

19세기의 도시설계로 도시에서 더 많은 개인들의 움직임이 가능해졌고, 프랑스혁명에서 나타났던 위협적인 집단 움직임은 이제 불가능했다. 19세기 도시설계가는 도시를 움직임의 동맥과 정맥으로 보았던 계몽주의 선구자들을 따랐지만, 그 이미지를 새롭게 사용했다. 계몽주의 시대의 도시학자들은 도시 군중을 통해 움직임에 자극받는 개인들을 상상했고, 19세기 도시학자들은 군중으로부터의 움직임에 의해 보호받는 개인들을 상상했다. 한 세기 동안 세 개의 거대 건설 프로젝트가 이런 변화를 잘 보여준다. 19세기 초 런던에서 진행된 리젠트공원 및 리젠트가로 조성, 19세기 중반 오스만 남작 시대에 있었던 파리 가로의 개조, 19세기 말 런던 지하철 건설이다. 세 프로젝트 모두 어마어마한 작업이었다. 우리는 이 프로젝트들이 어떻게 사람들을 움직이도록 했는지에 한정해 살펴볼 것이다.

리젠트공원

18세기에 파리와 런던 모두에서 도시계획가들은 공원을 만들 때 중세 도시 정원 같은 안식처라기보다는 도시의 허파로 보았다. 18세기에 이 허파로서의 공원은 식물 감시가 필요했다. 1750년대 중반 파리 당국은 한때 개방했던 튈르리 왕실 공원에 철책을 둘렀는데, 이는 도시에 건강한 공기를 제공하는 식물들을 보호하기 위해서였다. 18세기부터 시작된 런던의 대규모 도시 광장도 19세기 초에는 담장을 쳤다. 현대 도시학자 브뤼노 포르티에가 지적하듯, 공원을 허파에 비유하는 것은 단순하고 직설적이었다. 피가 허파에서 정화되듯, 도시의 가로-동맥을 따라 흘러가는 사람들은 신선한 공기를 마시며 담을 두른 공원들 주변으로 순환했다. 포르티에의 말대로, 18세기 도시계획가들은

"움직이고 덩어리지는 것은 결코 썩지 않는다"는 당대의 의학적 원칙을 끌어왔다.[10] 런던 도시계획의 최대 걸작으로, 19세기 초 건축가 존 내시와 함께 미래의 조지4세가 이루어낸 리젠트가로 및 리젠트공원의 조성은 허파로서의 공원이란 원칙에 기초한 것이지만, 훨씬 더 빠른 속도가 가능한 도시에 초점을 맞춘 것이기도 했다.

옛 메릴본공원 부지에 만들어진 리젠트공원의 대지는 광대했다. 내시는 이 광활한 부지에 높낮이 차이를 두기를 원했고, 리젠트공원에 나무보다는 풀을 많이 심어 허파를 만들고자 했다. [리젠트공원의] 퀸메리로즈가든 주변에서 보듯, 오늘날 공원의 많은 나무는 이후에 심은 것이다. 광대하고, 평평하고, 풀로 덮인 개방 공간은 조직화된 집단이 모이기에 완벽한 조건으로 보였을 것이고 빅토리아 시대엔 그런 집회가 허용되었다. 하지만 내시의 계획은 공원 주위로 빠르게 움직이는 교통 흐름으로 벽을 만들어 그런 식의 개방 공간 이용을 막으려는 것이었다. 리젠트공원 울타리 밖에서 원을 그리는 도로는 많은 교통량을 수용하는 환상環狀도로로 기능했다. 그 환상도로 주변의 자연 경작지와 여기저기 흩어져 있던 주택들은 마차가 방해받지 않고 움직일 수 있도록 철거되었고, 종국에는 리젠트공원을 따라 흐르는 수로 바닥도 교통에 방해되지 않게 조정되었다. 디킨스는 공원 주변의 환상 도로가 경주 트랙을 닮았다고 생각했다. 일부 내부 도로도 유사하게 마차 교통량을 위해 건설되었다. 마차들이 빠르게 움직일 수 있도록 배치되었던 것이다.

존 내시의 런던은 속도를 위한 장소였지만, 개인들을 위한 공간처럼 보이지는 않았다. 18세기 런던에서 등장한 도시 광장은 겉으로 보기에 런던이 주로 개별 주택들의 도시라는 사실을 감춘다. 광장에 면한 큰 집들은 심하게 통일된 인상을 주는 15~20채로 이루어진 큰 블록으로 건설되었다. 18세기 런던의 건축 법규, 특히 1774년에 통과된 법은 간판이나 다른 개별적 표식을 금지시켰다. 블룸즈버리에서 평범한 건물 블록은 광장에 만발한 꽃들과 대비되었고, 또한 내부와 외부, 공적인 것과 사적인 것 사이를 명확히 구분해주었다.

리젠트공원은 예전 광장들보다 컸지만, 내시는 이전 것과 비슷한 유형인 것처럼, 개별 주택들을 줄지어 세우면서 교통 흐름을 마주보며 건물들을 설계했다. 내시는 스투코^{stucco}[벽면에 칠하는 미장 재료]를 자유롭게 활용해서 이 건물들을 하나로 묶었다. 스투코는 환상을 창조하는 건축 재료이다. 스투코는 물과 섞었을 때, 르네상스 궁전을 지탱하는 크고 뭉툭한 돌처럼 모양을 잡을 수 있었고, 정교하고 섬세한 기둥을 만드는 주물에 부을 수도 있었다. 리젠트공원의 테라스 주택들에서 내시는 이 거대한 블록을 한데 묶기 위한 방법으로, 주택 전면에 스투코를 두둑이 발랐다. 표면을 섬세하게 표현한 스투코 외벽은 블록에서 블록으로 일종의 리듬을 만들어냈다.

반면 이 건축 재료는 사회적 단절을 나타낼 수도 있었다. 리젠트공원를 감싼 블록들은 대부분 외부 시각을 의식한 듯 화려했다. 그렇게 공들여 꾸밈으로써 공원 공간과 공원 밖 도시 조직을 구분할 수 있게 해주었다. 리젠트공원을 둘러싼 지역에서 내시의 계획은 예전 북쪽 넓은 땅 어디선가 살았던 빈민을 초크팜과 캠던 구역으로 밀어냈다. 교통 흐름처럼 다 같이 스투코로 벽을 칠한 큰 주택들이 늘어선 그 방대한 공간은 공원으로 진입하는 것을 어렵게 만들었다. 그 결과 초기에 리젠트공원은 드넓은 빈 공간이었다. 공원 설계는 빠른 움직임과 쓸모 있는 도시계획 용어인 '밀도 저하^{de-densification}'를 결합했다. 게다가 이 빠른 움직임은 이륜마차와 사륜마차라는 개별 운송수단에 한정돼서 일어났다.

내시의 계획은 바로 인접한 곳이 아니라 도시의 중앙에서 오는 교통을 검토했다. 화려한 벽 뒤에 사륜마차를 이용할 만한 사람은 거의 없었기 때문이다. 리젠트공원은 남쪽 끝에서 내시가 만든 대로인 리젠트가로와 연결된다. 이 대로를 만들기 위해 내시는 교회처럼 철거할 수 없는 수많은 고정 장애물을 처리해야 했다. 이 장애물들을 극복하려면 부술 수 없는 것들을 다 우회하는 식으로 길을 설계해야 했다. 또한 이 가로는 마차뿐 아니라 보행자를 포함한 많은 교통량을 고려해 설계해야 했고, 단일 형태 건물들로 이루어진 거대한 블록도 있었다. 리젠트가로에서 이 블록들은, 내시가 1층에 연속된 상점 공간으로 설계했기에, 새로운 상업적 목적으로 쓰였다. 반면 옛 런던 주택에 있던 상점들은 원래 주거 목적이었던 것을 괴상하게 변형시켜 사용하고 있었다. 내시는 런던 상점 아케이드의 원칙을 바꾸었고, 이 아케이드는 중심축을 따라 거리로 나간 상점들이 자리한 유리 지붕의 바실리카였다.

리젠트가로는 도시설계에서 획기적인 사건이었다. 그것은 1층의 단일 기능 용도에 연속적이고 많은 교통 흐름을 결합한 것이었다. 내시가 북쪽의 공원에서 그랬듯, 이런 식의 가로 구성은 가로와 그 가로 뒤쪽 구역을 분리시켰다. 상업은 옆길을 침범하지 않았다. 마차를 빌리기 위해 예전같이 뒤엉킨 곳으로 갈 필요가 없었다. 가로의 보행자

흐름은 바실리카에서처럼 축을 가로지르는 것이 아니라 축을 따라 이동했다. 가로선街路線은 오직 상류층을 위한 거래에만 사용되고 근처 공간은 가로에 인접할 필요가 없는 장인이나 사업 용도로 쓰이며, 단일 기능의 가로는 노동 분업과 유사한 공간 분화를 창출했다.

리젠트공원과 리젠트가로의 조화는 움직임에 새로운 사회적 의미를 부여했다. 리젠트공원에서처럼 교통 흐름을 이용해 공간을 분리하고 제한함으로써, 의도적으로 모이는 군중을 분산시켰다. 예를 들어 리젠트가로에서 줄지어 가는 보행자들로 인해, 군중이 한곳에 멈춰 모이고 말하고 듣는 것이 어려워졌고 지금도 여전히 그렇다. 그 대신, 가로에서도 공원에서도 개인의 움직이는 육체가 우선시되었다. 확실히 예나 지금이나 리젠트가로 자체는 결코 생기가 없는 곳이 아니다. 또한 내시가 자기 설계의 사회적 파장을 고려했다고 써놓은 바도 없다. 많은 영국 도시학자처럼 그는 불레가 했던 식의 이론화를 혐오했다. 그러나 단일 기능 가로에서의 대중 움직임은 그 첫 단계로 군중 속에서 자신의 관심사만 추구하는 개인들을 특권화할 필요가 있었다.

오스만: 세 개의 네트워크

런던에서 내시가 한 작업은 두 세대쯤 지나 파리에서 나폴레옹3세와 그의 도시계획 책임자인 오스만 남작이 수립한 계획의 전조였다. 1830년과 1848년의 혁명을 겪었고, 조부모 세대의 대혁명도 생생히 기억하고 있던 이들은 대중의 움직임에 신경이 쓰였다. 우리가 내시에 대해 아는 것 이상으로, 그들은 도시 군중의 움직임을 막기 위해 의식적으로 개인들의 움직임에 특권을 부여하려 했다.

1850~60년대 파리 개조 계획은 나폴레옹3세 본인이 세운 것이었다. 1853년 역사가 데이비드 핑크니가 쓴 대로 "오스만이 센 지역 국가지사로 임명되던 날"의 일이다.

나폴레옹은 자신이 건설하기로 계획한 길들을 네 가지 대비되는 색깔로 그린 파리 지도 한 장을 그에게 건넸다.(그 색깔들은 각 프로젝트의 긴급한 정도를 나타냈다.) 루이 나폴레옹이 혼자 만든 이 지도는 이후 20년 동안 도시 변형의 기본 계획이 되었다.[11]

오스만은 이를 바탕으로 현대에 와서 최대 규모의 도시 재개발 계획을 수행했다. 중세와 르네상스의 도시 조직을 제거하고, 가로를 둘러싼 경계면에 획일적인 건물 벽을 새로 세우며, 많은 마차 교통량을 수용하는 직선 가로를 건설하는 계획이었다. 이런 가로 건설 계획은 도시 중심과 외곽지역을 연결했다. 오스만은 건축가 발타르에게 "철, 철, 오직 철!"[12]이라 외치며, 파리의 중앙시장을 새로운 건축자재인 주철로 지었다. 그는 파리오페라극장 같은 거대 기념물을 건설했고, 도시의 공원들을 재설계했으며, 지하에 거대 하수도망을 만들었다.

가로 건설에 있어 오스만은 로마의 직선 형태 원칙을 새로운 방식으로 적용했다. 나폴레옹3세가 지사에게 넘긴 것은 깔끔한 스케치에 불과했다. 그 계획안대로 실제 길을 만들기 위해 오스만은 나무로 된 높은 탑을 세웠다. 그가 '도시 측량기'라 부른 이 탑에 그의 조수가 올라가서 컴퍼스와 자로 도시의 옛 성벽까지 다다르는 직선 가로를 측정했다. 도시 측량기가 바라보는 방향, 특히 북쪽과 북동쪽은 대부분 노동자의 집, 공작소, 조그마한 공장들이 있던 땅이었다. 이 구역들을 잘라내면서 오스만은 교통이 흐르는 대로를 따라 빈민의 주거 공동체를 쪼개고 갈라놓았다.

리젠트공원를 둘러싼 내시의 환상도로처럼, 이제 교통 흐름은 움직이는 탈것들로 이루어진 벽을 만들었고, 그 뒤로 조각조각 흩어진 빈민 구역이 있었다. 더욱이 오스만은 군중의 반란 움직임을 두려워했기에 이 가로들의 폭을 정교하게 계산했다. 필요하다면 군대가 가로 양쪽 벽 너머의 지역 공동체에 발포할 수 있도록, 가로의 폭은 군 마차가 두 줄로 나란히 지나갈 수 있도록 정했다. 다시 한번 리젠트공원 주변처럼, 1층에는 상점이 있고 그 위로 땅에 가까울수록 부자들이, 하늘에 가까울수록 가난한 이들이 사는 줄지은 건물 블록이 가로의 벽을 만들었다. 가장 가난한 구역에서 오스만은 거의 전적으로 건물의 파사드에 집중했다. "건설자들은 특정 표준 높이를 따라야 하고 지정된 파사드를 세워야만 했다. 하지만 그 파사드 뒤로 고밀도의 통풍도 안 되는 셋방을 지을 수 있었고, 실제로 많은 건설자들이 그렇게 했다."[13]

오스만과 그의 측량기가 만든 도시 지도는 도시를 세 개의 '네트워크'로 나누었다. 첫번째 네트워크는 중세에 만들어진 뒤엉킨 길들을 다루었다. 여기서 오스만은 옛 도시에 마차 교통이 가능하도록 건물들을 자르고 센강 인접 지역 가로를 직선으로 만들고자 노력했다. 두번째 네트워크는 입시세入市稅 납부소(옥트루아octroi)라 불리던 성벽 너머의 주변부와 도시를 연결하는 가로들이었고, 주변으로 가로가 뻗어나감에 따라 도시 행정은 이제부터 중심과 연결된 지방에까지 권력을 행사했다. 세번째 네트워크는 도시의 주요 도로들의 연결 가로들, 그리고 첫번째와 두번째 네트워크를 이어주는 가로들로, 보다 비정형적이었다.

오스만의 계획에서 첫번째 네트워크 가로들은 랑팡이 이미 워싱턴에서 건설했던 것 같은 도시 동맥으로 기능했다. 건설 형태를 움직이는 육체에 빗대는 것은 중요하게 여겨졌고, 기념물과 성당 등 다른 구조물은 탈것이나 걷는 육체의 진보를 나타냈다. 시청과 생탕투안성당을 연결하는 리볼리가로, 루브르 바로 북쪽의 팔레루아얄과 새로운 오페라극장으로 연결하는 이 가로가 첫번째 네트워크 동맥이었다.

두번째 네트워크 가로들은 도시의 정맥 역할을 했다. 오스만은 빈민이 도심 쪽으로 몰려오는 것을 결코 원하지 않았기 때문에, 네트워크에서의 움직임은 대체로 도시 밖으로 나가는 것이었고 상업이나 경공업 지역으로 향했다. 여기서 가로를 따라 지어진 건설 형태의 정확한 성격은 별로 중요하지 않았다. 샤틀레광장에서 도시의 북문인 생드니까지 이어지는 상트르대로(오늘날의 세바스토폴대로)가 도시의 정맥이었다. 이 거대한 가로는 직선 형태에 담긴 사회 통제를 보여주는 사례였다. 폭은 약 30미터, 길이는 1.6킬로미터가 넘는 세바스토폴대로는 밀집되고 불규칙하고 가난한 지역을 둘로 나누었다. 옛 길과 건물 조직은 이 정맥에 포함되거나 연결되지 않았고, 길들은 종종 어설프게 혹은 통행할 수 없는 각도로 대로와 만났다. 또한 세바스토폴대로가 벽 뒤편의 조각난 공간들을 먹여 살리지도 않았다. 대신 이 대로는 북쪽으로 상품을 공급하는 통로였다. 오스만은 실제로 그 방향으로 가는 일방통행로를 생각했다. 무엇보다도 이런 종류의 두번째 네트워크 길은 차량이 빠르게 움직일 수 있는 공간이어야만 했다.

세번째 네트워크의 지도는 그 목적에 부합하듯, 동맥과 정맥 둘 다로 이루어졌다. 계획이 폐기되긴 했지만 오스만의 콜랭쿠르가로가 이 유형의 전형이다. 동으로 가고 서로 가는 두번째 네트워크 정맥들을 연결하려던 이 계획은 도시의 북쪽 끝 몽마르트르묘지 부근에서 화물을 적재한 마차들을 어떻게 움직이게 할 것인가란 문제에 부딪혔다. 여기서 오스만은 가로 일부가 묘지 위로 지나게 하여 살아 있는 자들보다 죽은 자들을 괴롭혀야만 했다. 이로 인해 그는 흉내낼 수 없는 프랑스 방식으로, 죽은 자의 공중권 가격을 두고 실랑이를 벌이며 유족과의 값비싼 소송에 빠져들었다. 하지만 콜랭쿠르가로 프로젝트는 파리에서 이동의 새로운 지리地理가 도시 생활의 모든 양상을 얼마나 흔들어놓았는지를 극적으로 보여주었기에 더욱 심각한 반대를 불러일으켰다.

19세기 파리 문화를 탁월하게 연구했던 발터 벤야민은 도시의 유리지붕 아케이드를 "도시의 모세혈관"이라 묘사했다. 도시에 생기를 불어넣는 모든 움직임이 전문상점, 작은 카페가 있고, 곳곳에 사람들이 뭉쳐 있는 이 작고 지붕 덮인 통로에 모여들었다. 세바스토폴대로는 삶의 소용돌이와 결부된 또다른 움직임의 무대였다. 공간을 분할하는 돌진이자 너무 빠르고 너무 급한 한 방향의 움직임이었다. 또다시 리젠트가로와 마찬가지로, 세바스토폴대로는 19세기형의 생생한 공간이었다. 이 대로가 하나의 정치 집단 같은 도시 군중을 흩어놓았다면, 마차를 타거나 걸어다니는 개인들은 거의 광포한 소용돌이로 내몰렸다. 하지만 설계상으로 이 길은 너무 불길해 보였다. 사람들의 요구를 무시하고 움직임을 강조하는 두 개의 새로운 조치가 취해졌기 때문이다. 가로 교통의 설계는, 파사드만을 문제삼으면서 가로를 따라 지어지는 건물 매스의 설계와는 달라졌다. 그리고 도시의 정맥은 가로를 도시 중심에 살기보다는 거기서 벗어나는 수단으로 만들었다.

런던 지하철

런던 지하철로 시작된 사회혁명은 사람들이 도시로 몰렸던 이유 중 하나로 종종 거론된다. 그러나 지하철 시스템의 개발자들은 오스만의 네트워크 시스템에서 배웠다. 그들은 사람들을 도시로 불러들이는 것만큼, 사람들을 도시 밖으로 내보내고자 했다. 이 밖으로의 움직임은 계급적 성격을 띠었고, 이는 심지어 가로의 가장 확고한 산책자^{flâneur}도 안타깝게 여길 수밖에 없던 점이다.

19세기 말에 집안의 하인은 풍요로운 파리나 베를린, 뉴욕에서처럼 런던의 메이페어, 나이츠브리지, 베이스워터 같은 부촌 지역에 있는 빈민 노동자 중 가장 큰 단일집단이었다. 서비스직 노동자의 두번째 집단은 집안의 하인과 관련된, 집에서 쓰는 기기를 수선하고, 생필품을 납품하고, 마차와 말을 관리하는 사람들로 이루어졌다. 집에 사는 하인들은 가장 내밀한 가족생활 장면에서 자신들의 고용주와 섞여 있었다. 매년 늦은 5월부터 8월까지 지속되는 런던의 사교 시즌에는 약 2만 명의 어린 소녀들로 이루어진 세번째 노동자 집단이 전국에서 몰려와, 화려한 사교 모임에 참석하는 젊은 숙녀들의 옷과 머리 단장을 돕는다. 에드워드 시대 런던은 부자와 가난한 자가 이렇게 집 안에서 친근하게 살았던 유럽 역사의 마지막 시기이다. 세계대전 이후에는 점점 더 기계가 하인들의 일을 대신하게 된다.

하지만 제국의 관료 체제와 도시가 필요로 했던 수많은 사무원과 낮은 수준의 서비스직 노동자처럼, 부잣집에서 일하는 두번째 노동자 집단 대부분도 대지주들의 사업과 무관한 구舊런던의 한쪽 구역에 빽빽이 모여 살았다. 19세기 중반 무렵, 고용된 노동자였지만 가난했던 많은 이들이, 예전에는 부랑자나 선원 같은 임시 거주자들만 살았던 이스트엔드와 사우스뱅크 구역에 몰려들었다.

도심의 빈민주택 구역과 이스트엔드 및 사우스뱅크의 주택은 스투코로 치장한 제국식 기념물과는 극단적으로 다른 도시를 보여주었다. 여기서 마침내 고대 로마와 정말 비슷한, 대중의 더러운 로마가 되었다고 생각할 수도 있다. 하지만 고대 로마의 아파트형 주거 블록인 인술라insula와는 대조적으로, 또한 실상 다른 유럽 도시에서 발생한 방대한 슬럼과도 대조적으로, 런던은 더 작은 건축적 규모로 불행을 만들었다. 도시학자 도널드 올슨이 밝혔듯, 영국에서는 가로의 경계를 이루는 벽을 따라 개인 주택들이 띠를 이루는 가운데, "전형적인 주거 단위와 건물 단위는 동일하다. 대륙에서는 주거 단위가 건물 단위의 일부분일 뿐이다."14 이스트엔드의 정말 남루한 지역에서는 가족들이 작은 집의 단칸방에 살았다. 지하철은 이들의 상황을 바꿀 수 있게 해주었다.

국가 부의 3퍼센트를 차지하는 전체 인구의 50퍼센트 이상은 지하철이라는 저렴한 교통수단 덕분에 좀더 형편이 나은 곳에서 살 수 있었다. 건축 협동조합이 늘어나면서 꿈을 실현할 자본도 조달할 수 있었다. 1880년대 즈음에는, 런던으로 몰려들었던 도시의 밀물이 빠져나가기 시작했다. 개선된 대중교통 덕분에 돈을 모을 수 있었던 노동자 빈민은 도시 중심에서 멀어져, 템스강 남쪽과 캠던타운 같은 지구의 북쪽, 새로운 연립주택 형태의 개별 집으로 이사할 수 있었다. 특권층을 위한 주택에서처럼, 아주 소박한 이 연립주택은 개별적인 작은 뜰과 뒤쪽의 변소를 가진 획일적인 블록 형태였다. 포스터와 당대 중간계급에게 이 건물의 건축적 품질은 끔찍한 충격이었다. 집은 음울하고 잘못 지어졌으며, 습기 차고 밖의 변소에선 악취가 났다. 하지만 노동자계급 표준으로 보면, 이 집은 엄청난 성취였다. 사람들은 먹는 곳과 다른 층에서 잤고, 더이상 안에서 대소변 냄새가 나지는 않았다.

지하철은 사실 동맥이자 정맥으로 기능했다. 지하철은 런던의 중심으로 쉽게 접근할 수 있게 했고, 특히 1880년대와 1890년대 형성된 새로운 백화점에서의 대중 소비에 기여했다. 그때까지는 집안 하인이 아닌 자들이 살던 가난한 이스트엔드와는 별개로 런던의 부유한 웨스트엔드에 사는 것이 가능했었다. 하지만 역사가 주디스 워코위츠가 지적하듯, 1880년대가 시작되면서 "런던의 지배적인 상상의 풍경은 지리적 경계를 갖던 풍경에서 그 경계를 무분별하고 위험하게 넘나드는 풍경으로 (변했다)."[15] 넘나드는 자들은 도둑이 아니라 쇼핑객이었다.

그러나 런던의 동맥과 정맥인 지하철 시스템이 더욱 혼합된 도시를 만들었어도, 이 혼합은 시간상 분명한 한계가 있었다. 낮에는 도시에서 인간의 혈액이 땅 밑에서 심장으로 흘렀고, 밤에는 이 땅 밑의 길이 사람들을 집으로 데려가면서 대중을 중심에서 비워내는 정맥처럼 되었다. 지하철 모델의 대중교통과 더불어 이제 현대 도심의 시간 지리가 형태를 갖춰갔다. 즉 낮의 밀도와 다양성, 밤의 한산함과 등질성. 그리고 낮 동안의 혼합은 더이상 계급 간의 강한 인간적 접촉이 아니었다. 사람들은 일하고 쇼핑하고, 그다음 집으로 돌아갔다.

— 3 —
편안함
의자, 카페, 승강기

보들레르의 시에서 속도는 열광적인 경험으로 묘사되었고, 속도를 내는 도시인은 히스테리의 경계에 있는 남녀로 그려졌다. 사실 교통수단의 기술적 혁신에 따라, 19세기에 속도는 다른 성격을 가졌다. 혁신은 여행하는 육체를 편안하게 했다. 편안함은 우리가 휴식, 수동성을 연상하는 상태이다. 19세기의 기술은 움직임을 점차 이런 수동적인 육체 경험으로 만들었다. 움직이는 육체가 더 편안해질수록, 그 육체는 홀로 조용히 여행하며 사회적으로 뒤로 물러섰다.

　물론 편안함은 경멸하기 쉬운 감각이다. 하지만 편안함의 욕구는 노동으로 피곤한 육체가 쉬려 하는 것이기에, 근원적으로 품위 있는 것이다. 19세기 들어 공장 및 산업 노동이 시작된 몇십 년 동안, 노동자들은 서 있거나 팔다리를 움직일 수 있는 한 하루에 한번도 쉬지 않고 계속 일을 해야만 했다. 19세기 말에 와서야 이렇게 강요된 노동은 날이 갈수록 생산성이 떨어진다는 것이 명확해졌다. 산업 분석가들은 19세기 말 대부분 10시간 일을 한 영국 노동자들과 12시간이나 14시간을 일한 독일 및 프랑스 노동자들을 대조해봤고, 그 결과 영국 노동자가 시간당 생산성이 훨씬 더 높았다. 똑같은 차이가 일요일에 일한 노동자와 일요일에 쉰 노동자 사이에서도 나타났다. 일요일에 쉰 노동자는 주중에 더 열심히 일했다.

헨리 클레이 프리크 같은 저급한 자본가들의 시장논리에 따르면, "더 나은 노동자"는 언제나 일하기를 원하는 노동자였고, 돈을 벌기 위해서라면 몸을 한계까지 밀어붙일 기회에 더 에너지를 끌어올리는 노동자였다. 그러나 피로는 사실상 다른 경제의 이야기이다. 1891년 이탈리아 생리학자 안젤로 마소는 피로와 생산성 간의 관계를 설명할 수 있었다. 자신의 책『피로』에서 마소는 사람들이 더이상 버틸 수 없기 훨씬 이전부터 피로를 느낀다는 점을 보여주었다. 피로감은 "둔화된 감각"이 유기체에 유발하는 부상으로부터 육체를 보호하는, 육체가 자신의 에너지를 통제하는 보호 메커니즘이다.[16] 이렇게 육체를 보호하는 피로감의 시작은 생산성이 급격히 떨어지는 순간을 규정한다.

19세기에 편안함의 추구는 이런 공감의 맥락에서 이해해야만 한다. 쉬기 편안한 가구와 장소처럼, 편안한 여행은 피로감으로 드러나는 육체적 학대로부터 회복하는 데 도움을 주기 시작했다. 하지만 편안함이 **개별적** 편안함과 동의어가 되면서, 편안함은 그 기원에서 나오는 또다른 궤적을 갖게 되었다. 편안함이 한 사람의 자극과 수용의 수준을 낮춘다면, 이로 인해 그 사람은 가만히 타인에게서 멀어지게 될 수 있다.

의자와 탈것

고대 그리스인은 침실에서, 로마의 커플은 트리클리니움^triclinium[만찬용 긴 의자]에서, 옆으로 다정하게 눕거나 서 있었다. 몸이 쉬고 있는 이 사교적인 자세는 고대 극장에서처럼 '감정에 취하'거나 상처받기 쉬운 앉은 자세와는 대조적이었다. 앉은 이의 서열에 따라 다르긴 했지만, 중세 시대의 사교적인 자세는 거의 쪼그려 앉기였다. 휴식을 위한 가장 흔한 가구는 등받이 없는 낮은 의자이거나 상자였고, 등받이 있는 의자는 지위가 높은 사람을 위한 것이었다. 루이14세의 베르사유궁에서 보듯, 17세기 무렵의 정교한 에티켓은 사람들이 언제 어떻게 누구와 앉아야 하는지를 규정했다. 백작부인은 공주 앞에서 서 있어야 하지만 왕과 직접적 혈연관계가 없는 공주 앞에서는 낮은 의자에 앉을 수 있었다. 직계든 아니든 공주는 왕이나 여왕이 있는 자리만 아니면 팔걸이의자에 앉았다. 왕이나 왕비가 있는 자리에서는 직계가 아닌 공주는 일어섰고, 직계 공주는 앉아 있을 수 있었으나 팔걸이 없는 의자여야 했다. 서 있는 것은 공손한 자세였다. 공주부터 신하까지 누구나 자신보다 사회적 지위가 높은 사람 앞에서는 서 있었고, 높은 사람은 앉아 있는 편안함을 만끽했다.

이성의 시대에 의자는 더욱 이완된 자세를 담아내는 그릇이 되었고, 이는 베르사유의 궁정 양식에서 나온 예절이 점차 이완되는 현상을 반영하는 것이었다. 의자의 등받이는 앉는 자리만큼 중요해졌고, 앉은 이가 기댈 수 있게 기울어졌다. 팔걸이는 앉은 사람이 양옆으로 자유롭게 움직일 수 있도록 낮아졌다. 이 변화는 1725년경 두드러졌고, 실제로 양치기는 전혀 앉을 것 같지 않았던 '양치기의 의자' 베르제르^{bergère}[안락의자]같이 자연을 떠올리는 이름의 비격식적인 의자들이 이때 출현했다. 가구 제작사 루보^{Roubo}는 이런 의자에서 어깨를 등받이에 기댈 수 있고, "숙녀든 신사든 머리카락이 헝클어지지 않은 채 머리를 자유롭게 둘 수 있다"고 언급했다.[17] 따라서 18세기의 편안함 은 앉은 사람이 한쪽이든 다른 쪽이든 기댈 수 있고, 주변의 모든 사 람과 쉽게 말하며, 앉아 있을 때조차 움직임이 자유로운 것을 뜻했다. 이렇게 앉은 채로 몸을 돌리고 움직일 수 있는 자유는 가장 비쌌을 뿐 아니라 가장 단순했던 18세기 의자의 특징이다. 당시 영국과 미국 의 빈민 주택을 꾸며주었던 아름다운 나무 의자 '윈저Windsor'는 귀족 의 의자 베르제르처럼 등받이가 있었지만, 몸의 나머지 부분은 자유 롭게 열려 있었다.

19세기 의자는 이렇게 사교적으로 앉아 있기라는 경험을 미묘 하지만 강력하게 바꾸어놓았고, 이는 의자 덮개의 혁신 덕분이었다. 1830년 무렵, 의자 제조사는 좌석과 등받이 아래에 스프링을 쓰기 시 작했고, 새로 기계화된 방적기의 부산물이었던 주름진 말총이나 모 직으로 채운 무거운 쿠션을 스프링 위에 얹었다. 의자, 디방[등받이와 팔걸이가 없는 긴 쿠션 의자], 소파는 그렇게 두툼하게 설계되어 크기 가 커졌다. 프랑스 실내장식업자 데르빌리에르는 1838년 '콩포르타 블confortables'이라고 부르는 이런 의자를 제작하기 시작했다. 그는 후 속으로 1863년에 '콩포르타블 세나퇴르confortable senateur'를, 1869년엔 앉은 이가 옆으로 몸을 낮출 수 있는 보트 모양의 '콩포르타블 공돌 confortable gondole' 같은 다양한 모델을 내놓았다. 이 모든 '콩포르타블' 시리즈에서 육체는 푹 꺼지고 더이상 쉽게 움직이지 못하는, 감싸안 는 구조에 가라앉았다. 대량생산 과정이 증가하면서, 특히 쿠션의 기 계 제작이 발전하면서, 더 많은 대중이 의자를 접했다. 노동자와 점원의 집에서 '편안한 의자'는 자랑거리였고 세상 근심에서 벗어난 휴식의 장소였다. 역사가 지그프리드 기디온은 이 의자들의 편안함이, 이전 시대와 비교해 "앉았다고도 누웠다고도 할 수 없는 자유롭고 자연스러운 자세의…… 휴식에 기초한" 사람의 특정 자세를 의미하게 되었다고 믿는다.[18]

19세기에 의자에 앉은 사람은 몸을 움직이지 않은 채 푹신한 의자에 잠기는 휴식이란 의례에 들어갔다. 이 같은 [육체의] 내맡김을 잘 보여주는 것이 19세기 흔들의자였다. 원저 흔들의자 같은 18세기 형태에서는 앉은 이가 발을 밀면 바로 진동을 누그러뜨리는 움직임이 나왔다. 19세기 제조사들은 이런 의자에 스프링을 추가해 좀더 복잡한 기계적 움직임이 나오게 했다. 1853년에는 오늘날 틸팅tilting(젖혀지는) 사무용 의자라 불리는 의자의 미국 첫 특허가 출원되었다. 당시에 이 의자는 단순히 앉는 의자로만 알려졌는데, 스프링과 코일을 통한 의자의 흔들림은 "휴식"이 "자세의 무의식적인 변화", 그 작은 변화에서 나온다는 것을 의미했다.[19] 스프링 등받이에 기대는 것, 사무용 의자를 젖히는 것은 나무 흔들의자에 등을 기대는 것과는 물리적으로 다른 경험이다. 편안함을 경험하기 위해 육체는 거의 움직이지 않고, 발이 할 일을 스프링이 대신한다.

편안함과 육체의 수동적인 내맡김은 앉는 행위의 가장 사적인 은밀한 부분에서도 만났다. 19세기 중반, 수세식 변기의 개발은 위생을 향한 18세기의 돌풍을 이어갔다. 그러나 [19세기] 빅토리아 시대의 유리 같은 변기와 나무로 된 앉는 부분은 효용적인 측면을 넘어섰다. 변기는 예쁜 모양으로 주조되고 도기에는 색을 입혔으며, 이렇게 변기가 더욱 화려해졌다는 것은 가구가 되었다는 뜻이다. 변기 제조사는 사람들이 다른 의자에 앉아서 쉬는 것처럼 변기에 앉아서 쉴 수 있기를 기대했다. 잡지 선반이 갖춰진 변기도 있었고 컵이나 접시받침이 있는 경우도 있었다. (발명자의 이름을 딴) 독창적인 '흔들 변기 크래퍼rocking Crapper'가 빅토리아 시대의 상업 시장에 등장하기도 했다.

19세기에 배변은 사적인 은밀한 행위가 되었다. 한 세기 이전 사람들이 밑에 요강이 놓인 구멍난 의자chaise-percé에 앉아 친구와 이야기하던 습관과는 완전히 달라진 것이었다. 이제 욕조와 개수대와 변기가 포함된 방에서 사람들은 생각하고 읽거나 마시고, 말 그대로 풀려서 완벽히 방해받지 않은 채 조용히 앉아 있었다. 집 안의 보다 공적인 곳에 놓인 편안한 의자들에서도, 일을 마치고 지친 사람이 방해받지 않을 권리를 누렸던 의자들에서도, 이와 똑같은 침잠이 일어났다.

여행하며 앉아 있는 일도 마찬가지로 개인화된 편안함의 궤적을 따라갔다. 데르빌리에르의 의자 덮개 기술은 차량의 내부 디자인으로 확산되어, 차량 아래의 스프링이 덜컹거림을 훨씬 완화시켰다. 차량의 편안함은 승객들이 감내할 수 있는 속도의 증가를 가져왔다. 이전에는 탈것들의 속도가 빨라질 때면 어김없이 고생했었다.

이런 변화들이 여행의 사회적 조건을 바꾸어놓았다. 19세기 유럽의 열차 차량은 한 칸에 6~8명을 서로 마주볼 수 있게 앉혔고, 이는 이전 시기 대형 마차에서 연유한 좌석 배치였다. 역사가 볼프강 시펠부슈는 처음 이런 열차 좌석이 등장했을 때 마차 소음이 사라졌기 때문에 그 배치가 "침묵 속에 서로 마주보는 사람들을 당혹스럽게" 했다고 주장한다.[20] 하지만 철도 차량의 편안한 부드러움 덕분에 사람들은

제10장. 도시 개인주의

독서를 할 수 있었다.

책을 읽거나 조용히 창밖을 보며 바싹 붙어 있는 육체들로 채워진 열차 차량은 19세기에 일어난 사회적 대변화를 잘 보여주었다. 바로 개인의 프라이버시 보호를 위해 사용하는 침묵이다. 사람들은 열차 차량에서처럼 길거리에서도 낯선 사람과 말을 하지 않는 것을 권리로 생각하기 시작했고, 말을 걸어오는 것을 [권리] 침해라 여겼다. 호가스의 런던이나 다비드의 파리에서는 낯선 사람에게 말한다고 프라이버시 침해는 아니었다. 공공장소에서 사람들은 말을 하고 또 누군가 말을 걸어오리라 예상하고 있었다.

1840년대에 발전한 미국의 열차 차량에서 승객들은 사실상 침묵 속에 혼자 있고 싶은 욕망을 충족시키는 자세를 취할 수 있었다. 칸막이 객실이 없는 미국 열차 차량은 얼굴보다는 서로의 등을 보며 승객 모두 앞을 바라보게끔 바뀌었다. 유럽 기준으로 보면 미국의 열차는 종종 엄청난 거리를 달렸는데, 구대륙에서 온 방문자가 보기에는 차량의 승객들 간에 아무 물리적 벽이 없는데도 서로 아무런 말도 없이 미국 대륙을 횡단한다는 것은 놀랄 만한 일이었다. 사회학자 게오르크 짐멜이 지적했듯, 대중교통이 발전하기 전에는 오랜 시간 동안 단지 바라만 보면서 서로 침묵할 일은 거의 없었다. 대중교통에서 이 '미국식' 앉아 있기는 이제 사람들이 카페와 펍에 앉아 있는 방식으로 유럽에서도 나타났다.

카페와 펍

유럽 대륙의 카페는 18세기 초의 영국 커피하우스에서 유래했다. 일부 커피하우스는 마차 정거장의 부속물에 불과했고, 다른 일부는 그 자체가 사업이기도 했다. 런던의 로이드보험회사는 커피하우스로 시작했고, 그 규칙은 다른 대부분의 도시적인 장소가 그렇듯 사교성을 특징으로 했다. 커피 한 잔의 가격은 로이드의 방에서 누구와도 이야기할 수 있는 권리를 주었다.[21]

커피하우스에서는 단지 수다떠는 것 이상으로 낯선 사람들끼리 서로 말하게끔 부추겨졌다. 수다는 도로 상태, 도시, 사업에 관한 정보를 얻는 가장 중요한 수단이었다. 외양과 말하는 방식에서 사회적 서열의 차이는 명확히 드러났지만, 자유롭게 수다를 떨 필요성 때문에 사람들은 함께 술을 마시며 그런 차이를 크게 신경쓰지 않았다. 18세기 후반에 근대적 신문이 출현하면서 오히려 말하고 싶은 충동은 더 강해졌다. 방에 놓인 신문은 토론거리를 제공했고, 글로 쓰인 문자가 말보다 더 확실해 보이지도 않았다.

영국 커피하우스에서 이름을 빌려온 앙시앵레짐 시대의 프랑스 카페는 영국과 비슷하게 운영되어, 낯선 사람들이 자유롭게 토론하고 수다를 떨고 정보를 교환했다. 프랑스혁명 이전에는 카페에서 만난 사람들이 종종 정치 집단을 결성했다. 처음에는 좌안 최초의 카페프로코프에서 그랬듯, 많은 다양한 집단이 같은 카페에서 만났다. 혁명이 발발하자 파리에서 경합을 벌이던 정치 집단들은 자기만의 장소를 찾았다. 혁명 시기와 혁명 이후에 카페가 가장 많이 밀집한 곳은 팔레루아얄이었다. 19세기 초, 바로 여기서 카페가 사회적 기구로 변모하는 실험이 시작되었다. 그 실험은 단순히 팔레루아얄 중앙을 지나가는 나무 회랑 밖으로 몇 개의 테이블을 놓는 것이었다. 이 야외 테이블은 정치 집단들에게서 지붕을 빼앗은 것이었다. 이제 테이블은 서로 작당하는 것이 아니라 손님들이 흘러가는 광경을 구경하는 용도로 쓰였다.

오스만 남작의 파리 대로 개발, 특히 두번째 네트워크 가로의 개발은 이런 옥외 공간 사용을 촉진했다. 넓은 가로는 카페가 더 많이 퍼져나갈 수 있게 공간을 제공했다. 두번째 네트워크의 카페 말고도 오스만의 파리에는 카페의 거점이 두 곳 있었는데, 하나는 오페라극장 근처로 그랑카페, 카페드라페, 카페앙글레 등이 모여 있었고, 다른 하나는 라탱 구역으로 여기서 제일 유명한 곳으로는 카페볼테르, 솔레이도르, 프랑수아프르미에가 있었다. 빈민들은 음료 가격을 감당할 수 없기에, 19세기 대형 카페의 고객은 중간계급과 상위계급이었다. 게다가 이 대형 카페들에서 파리 사람들은 기차를 탄 미국인처럼 행동했다. 카페에 오는 사람은 혼자 있을 권리를 가졌다고 생각했다. 이 넓은 시설에서 사람들의 침묵이 노동자계급의 마음에는 들지 않았음이 밝혀졌고, 노동자들은 골목길에 있던 친근한 카페들cafés intimes의 사교성에 더 이끌렸다.

큰 카페의 옥외 테이블에서 사람들은 한자리에 오래 머물렀고, 여기저기 돌아다니고 싶은 사람은 바에 서 있었다. 서비스 속도는 바에 서 있는 손님보다 고정된 육체에게 더 느렸다. 예를 들어 1870년대 카페의 바깥 테이블은 가장 나이 많은 웨이터들이 담당하는 관행이 생겼고, 이들의 느릿느릿함이 손님들에게는 큰 실수가 아니었다. 카페의 테라스에 머무는 사람들은 지나가는 군중을 조용히 바라보며 앉아 있었다. 그들은 개별적으로 앉아 저마다의 생각에 빠져 있었다.

포스터의 시대에는 피커딜리 서커스광장 근처에 몇 개의 큰 프랑스식 카페가 있었지만, 도시에서 보편적으로 술 마시는 장소는 당연히 펍이었다. 런던에서 에드워드 시대의 펍은 안락함을 위해 자신의 사촌뻘인 대륙식 카페의 몇몇 공공 예절에 동화되었다. 바에 서서는 자유롭게 수다를 떨었지만, 어딘가에 앉으면 침묵하고 홀로 있을 수 있었다. 파리에서 대부분의 카페는 런던의 펍처럼 이웃들이 모이는 자리였다. "대로에서, 오페라극장과 라탱 구역의 카페에서, 거래의 근간은 관광객이나 화류계와 거리가 먼 고상한 사람들이 아니라 단골들이었다."[22] 물론 펍은 카페처럼 거리와 공간적으로 연결된 것은 아니었다. 펍은 피난처 같았고, 그 안에서는 오줌과 맥주와 소시지 냄새가 뒤섞이며 편안한 분위기를 발산했다. 그러나 카페 테라스에서 꾸물거리는 파리 사람들도 거리와는 분리되었다. 그들은 침묵하며 대륙을 가로질러 여행하는 미국인처럼 어느 한 영역에 머물렀고, 그들에게 거리의 사람들은 풍경이면서 볼거리로 보일 뿐이었다. 여행가 오거스터스 헤어는 "파리의 대로나 튈르리정원의 의자에서 보내는 30분은 한없이 즐거운 극장 공연의 효과를 낸다"고 썼다.[23] 즉 펍에서나 카페에서나 앉아 있는 개인의 머릿속 극장에서는 이런 볼거리가 펼쳐지는 것이다.

그 자체로 볼거리의 일부였던 외부의 군중은 더이상 혁명의 군중처럼 위협적이지 않았고, 거리의 사람들이 맥주나 코냑 잔을 들라고 요구하지도 않았다. 1808년에는 파리에서 경찰 첩자가 위험한 정치 성향을 가진 자들을 찾고자 카페에 잠입해 정말 많은 시간을 보냈지만, 1891년의 경찰은 카페 감시 전담 부서를 없애버렸다. 런던만큼이나 파리에서도, 움직이면서 구경하는 개인들로 가득한 공공 영역은 더이상 정치적 영역이 아니었다.

의자와 마찬가지로 카페는 그렇게 수동적인 것과 개인적인 것이 만나는 편안함의 공간을 제공했다. 그럼에도 불구하고 카페는 몹시 도시적인urban, 세련된urbane 곳이었고, 지금도 여전히 그렇다. 누구나 삶에 둘러싸여 있고 또 그래왔다. 비록 삶과 유리되어 있다 해도 말이다. 도시 건축이 기계적으로 밀폐되기 시작하면서, 편안함의 공간은 안쪽으로 또다른 변화를 낳았다.

밀폐된 공간

18세기의 설계가들은 건강한 육체를 모델로 삼아 건강한 도시를 창조하고자 했었다. 도시학자 레이너 밴험이 주목했듯, 당시의 건설기술로는 이 목적을 거의 충족시킬 수 없었다. 건물은 외풍이 심하면서도 환기가 안 되어 답답했고, 건물 안 공기의 움직임도 제멋대로여서 난방을 해도 열 손실이 엄청났다.[24] 19세기 말, 돌 내부에서의 이런 호흡 곤란이 알려지기 시작했다.

서양 문명사에서 중앙난방의 출현은 푹신한 의자만큼이나 대수롭지 않아 보일지 모른다. 하지만 이후의 내부 조명과 공기 조절, 쓰레기 처리의 출현처럼 중앙난방은 건강한 환경이란 계몽주의의 꿈이 성취되는 건물을 창조한 것이었다. 사회적 비용을 치르고서 말이다. 이 발명들은 건물을 도시 환경으로부터 고립시켰던 것이다.

벤저민 프랭클린 덕분에 우리는 불을 지피는 대신 뜨거운 공기를 방사해서 방을 덥히는 개념을 알았다. 1742년에 프랭클린은 첫번째 '프랭클린 난로'를 만들었다. 증기기관을 발명한 제임스 와트는 1784

년에 증기로 자기 사무실을 난방했다. 19세기 초에는 큰 건물들도 증기로 난방하기 시작했다. 증기를 생산하는 보일러는 뜨거운 물도 만들 수 있었다. 그 덕분에 부엌에서 물을 끓여 하인이 나르지 않고도 필요한 방마다 파이프로 뜨거운 물을 배분하게 되었다. 1877년, 버질홀리는 뉴욕에서 하나의 보일러로 증기열과 온수를 여러 빌딩에 공급하는 실험을 했다.

이 발명품의 문제점은 이중적이었다. 건물이 밀폐가 잘 안 되어 뜨거운 공기가 금세 밖으로 빠졌고, 환기가 나쁘면 뜨거운 공기는 안에서 움직이지 않았다. 통기의 문제는 1860년대 스터트번트^{Sturtevant} 사의 강제 공기 난방이 발전하며 부분적으로 해결할 수 있었지만, 이 새로운 기술은 여전히 공기 누출이란 악마 때문에 고생했다. 건축가들이 건물을 밀폐하기 시작했을 때, 그들은 외부 공기를 주입하고 오래된 공기를 밖으로 빼냄으로써, 공기의 효율적 순환이란 문제에 대응할 수 있었다. 효율적이고 유연한 단열재는 조금 늦게 1910년대와 1920년대에 발전했고, 19세기에는 설계를 통해 효과적으로 밀폐하는 데 집중했었다. 이런 시도 중 하나는 판유리를 연속으로 이어붙여 창구멍을 덮는 식으로 새로운 재료를 사용하는 것이었고, 이는 1870년대 백화점에서 처음 개발되었다. 다른 시도는 예전에 창으로 하던 기능을 대신하는 환기 덕트를 만드는 것이었다. 1903년에 완공된, 북아일랜드 벨파스트의 거대한 로열빅토리안병원에서 이 방식으로 작동하는 덕트를 만들었다.

건물의 밀폐는 조명의 발전 덕도 보았다. 19세기 건물의 가스등은 대부분 가스가 샜고, 종종 매우 위험했다. 전기 조명을 도입한 토머스 에디슨의 설비 조합은 1882년 무렵 새 건물을 짓는 영국 건설자들의 참고사항이 되었고, 몇 년 후에는 프랑스와 독일에 영향을 주었다. 1882년, 가로등도 전기 조명이 가스등을 대체하기 시작했다. 대형 도시 건물에서 전기 조명이 발전하면서 내부 공간은 더 효용이 높아질 수 있었고, 거리와 통하는 창문에 덜 의존하게 되었다. 결국에는 획일적인 전기 조명이 건물 전체를 채우며 아예 창문을 없앨 수도 있었다. 새로운 기술은 예전 건축에서 필수적이었던, 내부와 외부를 잇는 빛의 결속을 끊어버렸다.

이 모든 기술이 도시의 기존 건물들에 도입될 수 있었다. 예를 들어 전기등은 예전 가스 소켓에 맞출 수 있었고, 난방 파이프와 환기 덕트는 층간에 끼우거나 계단통에 놓을 수 있었다. 하지만 큰 건물에서 물리적으로 가장 불편하게 만드는 요인이 새로운 도시 형태를 만드는 계기가 되었다. 그 불편한 요인은 많은 층의 계단을 올라가는 수고였다. 승강기를 통해 수직 이동의 고초를 극복하면서 초고층 건물이 탄생했다. 승강기는 1846년부터 건물에 사용되었고, 처음에는 사람이 반대편의 무거운 물건을 당기는 방식이다가, 이후엔 증기 엔진으로 움직였다. 뉴욕의 다코타아파트주택과 런던의 코노트호텔에서는 승강대를 상하로 이동시키기 위해 수력 시스템을 사용했다. 승강기의 성공 여부는 안전에 달려 있었고, 1857년 엘리샤 그레이브스 오티스가 동력 상실시 자동 브레이크 잠금장치를 발명하면서 승강기는 안전한 기계가 되었다.

우리는 승강기를 너무 당연하게 여겨서, 이 기기가 우리 육체에 일으킨 변화, 올라갈 때 숨이 차지 않고 서 있기만 해도 된다는 그 변화를 쉽게 인식하지 못한다. 더욱이 승강기는 완전히 새로운 방식으로 건물을 밀폐된 공간으로 만들었다. 사람은 몇 초 안에 거리와 그 거리의 모든 것에서 멀리 떨어져 위로 올라갈 수 있다. 승강기와 지하주차장을 갖춘 현대식 건물에서는 수동적으로 움직이는 육체가 외부와의 모든 신체적 접촉을 상실할 수 있다.

이 모든 것들로 인해, 속도의 지리와 편안함의 추구는 토크빌이 '개인주의'라 부른 고립된 상황으로 사람들을 이끌었다. 하지만 시대의 건축적 상징이 공항 대합실인 오늘날, 에드워드 시대 런던의 화려하게 장식된 거리를 걸으며 "얼마나 단조로운가!"라고 생각하는 사람은 거의 없을 것이다. 게다가 편안함을 위한 공간과 기술은 현대 도시에서 실제적 쾌락을 생산했다. 예를 들어 뉴욕 사람은 소설 『하워즈엔드』가 쓰이던 15년 동안에 건설되어 많은 사랑을 받는 건물, 57번가와 파크애비뉴 북동쪽 모퉁이의 리츠타워Ritz Tower를 생각할지 모른다. 41층 건물에 중앙난방과 통기 시스템을 갖춘 리츠타워는 1925년 개장했을 때, 서구 세계에서 모든 층이 주거용인 최고층 건물이었다. 1916년 용도지역 조례zoning ordinance에 따라 적용된 건물후퇴setback[도로경계에서 물러나 건물을 짓게 만든 도시계획 명령] 덕분에 길거리의 소음이 사라지고, 시선이 빈 공간을 향하며, 하늘 높이 바빌론의 공중정원이 놓이게 되었다. 건축사가 엘리자베스 호즈는 "그것은 건물후퇴선에서 위쪽으로 구름 속의 타워까지 망원경처럼 좁아짐에 따라, 깎아지르는 듯한 수직으로 보였다"고 쓴다.[25]

리츠타워는 극적이면서도 효율적이었다. 건설가 에머리 로스의 난

415

방과 신선한 공기의 내부 공학기술은 디자인이나 실행 면에서 나무랄 데가 없었고, 그렇기에 리츠 아파트 거주자들은 더이상 생명줄인 양 창문에 매달리지 않았다. 리츠타워가 다른 고층건물로 둘러싸이고 파크애비뉴는 이 모퉁이에서 끔찍한 교통체증의 현장이 된 오늘날에도, 이 건물 안의 사람은 세상에서 가장 신경과민인 도시에서 크나큰 평온과 평화를 느낀다. 왜 저항하는가? 『하워즈엔드』가 하나의 답을 주었다.

— 4 —
장소 이동의 미덕
육체의 각성

속도, 편안함, 효율성의 사회조직에 맞서 E. M. 포스터는 안전하다는 느낌에서 사람을 밀어내는 움직임, 보다 심리적인 부분인 그런 움직임의 미덕을 일깨웠다. 이 작가는 이런 일에 적합하지 않아 보일는지 모른다. 『민주주의를 위한 두 번의 건배』에서 "오직 연결하라……"고 명령했던 남자[포스터]는 또한 다음과 같이 단언했다. "나는 원인이란 관념을 싫어한다. 그리고 내 조국을 배반하느냐, 내 친구를 배반하느냐 선택해야 한다면, 내 조국을 배반할 배짱이 나한테 있었으면 좋겠다."**26** 『하워즈엔드』의 여주인공은 "인류를 상대로 펼치는 선행은 소용이 없다. 그러한 노력들은 아름다운 색채를 띠고 있지만, 너무 넓은 영역에 얇은 막처럼 펼쳐지기 때문에 전체적으로 잿빛이 되고 만다"고 생각하고, 대신 "한 사람에게, 또는…… 소수의 사람에게 선행을 베푸는 것이 그녀가 희망할 수 있는 최상의 것이었다"라고 믿는다.[27] 예술가의 세상은 특수하고 작아 보인다. 그리고 이 은밀한 영역 안에 서지만, 편안함에 대한 기념비적인 도전이 일어난다. 소설가는 이 도전들이 일어나야만 하는 일이라고 우리를 설득한다.

『하워즈엔드』는 하워즈엔드라는 수수한 영국 농촌 집에서 만나는 세 가족의 성쇠를 그린다. 윌콕스 가족은 주로 돈과 명예를 위해 살지만 엄청난 에너지와 의지도 지녔다. 그들은 에드워드 시대의 새로운 도시 엘리트에 속한다. 슐레겔 가족은 고아이면서 적당히 재산이 있는 두 자매 마거릿과 헬렌, 그리고 고급 예술과 수준 높은 인간관계를 추구하는 막내 남동생으로 이루어져 있다. 사회적 지위가 훨씬 낮은 세번째 가족에는 젊은 사무원 레너드 바스트와 결국 그의 부인이 되는 정부가 있다.

포스터가 플롯을 잘 짜는 사람은 아니기 때문에, 그의 이야기는 마치 추상적인 낱말 퍼즐처럼 읽히고, 모든 것이 깔끔히 해결된다. 헬렌 슐레겔은 윌콕스의 둘째 아들과 짧지만 지저분한 로맨스를 벌인다. 윌콕스 부인이 죽자 그녀의 남편(헨리)은 마거릿 슐레겔과 결혼한다. 헬렌과 다른 윌콕스 자녀들은 그 결혼을 싫어한다. 헬렌은 노동계급 사무원 레너드 바스트와 친해지고 같이 자게 된다. 품행이 안 좋은 레너드의 부인은 헨리 윌콕스가 이전 결혼생활 중에 불륜을 저지른 상대였음이 드러난다. 이 이야기의 대단원은 하워즈엔드에서 윌콕스의 첫째 아들이 사랑하는 헬렌을 찾아 시골로 돌아온 레너드 바스트를 공격할 때 발생한다. 레너드는 죽고, 윌콕스의 아들은 살인죄로 감옥에 간다. 이 엄청난 불행을 겪고 헨리 윌콕스와 부인 마거릿은 화해한다. 그리고 마거릿의 누이 헬렌과 그 아이도 하워즈엔드에 정착한다.

소설은 인물의 행동을 요구하는 인간의 장소 이동^{displacement} 으로 구원받는다. 포스터는 이런 장소 이동을 거의 의사가 해부하듯 묘사한다. 이를 이해하기 위해서는 『하워즈엔드』를 더 큰 프로젝트의 반쪽으로 볼 필요가 있는데, 1910년 『하워즈엔드』가 출간되자마자 바로 집필에 들어간 또다른 작품(『모리스』)과 이 소설이 연결되어 있기 때문이다. 두번째 소설은 상류층에 가까운 주식중개인과 배운 것 없는 사냥터지기와의 동성애 이야기이다. 포스터 당대의 기준에 따르면 성과 계급의 경계를 뛰어넘는 이야기는 재앙으로 끝나야만 했다. 하지만 『모리스』는 인습과 계급에 매여 있기 십상인 신사가 하인의 팔에 안겨 궁극적인 행복을 얻는 것으로 끝난다. 포스터는 이렇게 말했다. "행복한 결말이 반드시 필요했다. ……소설에서는 어쨌든 두 남자가 사랑에 빠져야 했고, 소설이 허락하는 한 그 사랑은 언제까지나 계속되어야 한다고 정했다."[28]

『하워즈엔드』 또한 헬렌 슐레겔과 레너드 바스트의 하룻밤 정사 장면에서 상이한 계급 사이에서 일어난 사회 통념에 어긋난 섹스를 이야기한다. 『하워즈엔드』는 『모리스』의 결론인 "언제까지나" 지속되는 허구적 사랑으로 끝나지 않는다. 대신 살인자가 있다. 소설 속에서 가장 사회 순응적이고 존경받을 만한 인물이 레너드 바스트를 살해하고 감옥에 간다. 이 소설에서는 배신도 드러난다. 마거릿 슐레겔은 그녀의 남편이 섹스 및 돈과 관련해 자신에게 거짓말했다는 것을 알게 된다. 이 소설에서는 진정 행복도 이루어진다. 겁도 없이 성적 일탈을 벌인 헬렌 슐레겔은 자신의 사생아와 함께 하워즈엔드라는 시골집으로 이사를 한다. 『하워즈엔드』의 모든 인물이 끝에서는 스스로에게 확신을 갖지 못하게 된다. 그들은 모리스가 동성애에서 발견한 것과 같은 정체성의 확신을 찾지 못한다. 하지만 『하워즈엔드』의 사람들은 스스로에게 확신을 잃어갈 때조차 자신들이 사는 세상으로부터, 서로에 대해 더 많이 알게 해준 그 세상으로부터 자극을 받는다. 포스터는 장소 이동[displacement는 '쫓겨남'의 뜻도 있다]을, 『실락원』에서 밀턴이 에덴으로부터의 추방에 대해 생각했던 것과 어느 정도 같은 것이라 생각했다. 포스터의 소설에서 개인의 장소 이동은 특정한 사회적 차원을 지닌다.

처음에 포스터의 독자들은 예컨대 슐레겔 자매를 정말 잘 이해했다고 생각했을지 모른다. 그녀들은 1888년 『맥밀런매거진』 지면에 처음 나타났던 해방된 젊은 여성의 전형, "화려한 독신녀"의 이미지에 잘 들어맞는 듯했다. 『맥밀런』은 화려한 독신녀를 경탄스럽고도 정중하게 묘사했다. 그런 독신녀는 "의존하고 복종하는 자세로" 살고 싶어하지 않았고, "한푼 한푼 모아 최대한의 즐거움을" 추구하고 싶어했으며, "행복과 지적 즐거움을 찾고 사회환경에는 상대적으로 무심해지고자" 했다.[29] 화려한 독신녀는 자신의 자유를 위해 섹슈얼리티와 모성을 희생했다.

『하워즈엔드』라는 소설의 진행과정에서 마거릿과 헬렌 슐레겔은 각자의 방식으로 화려한 독신녀의 이미지를 전복시켰다. 마거릿은 헨리 윌콕스에게 비판적이었고 그에게 의존하지도 않았지만, 결국 그와 더불어 성적 충만함을 얻었다. 헬렌은 한층 더 급진적으로, 행복하게 결혼하지 않은 어머니가 되었다. 그러나 이 자매는 자신들이 해온 일을 잘 이해하지 못했고, 소설의 끝에 가서는 스스로를 설명하거나 서로를 분석하려는 시도를 멈추었다.

『하워즈엔드』는 평범하지 않은 소설이다. 왜냐하면 등장인물들이 고집스럽게 자기 주변을 바라보고 냄새 맡고 만지면서 자신들이 누구인지 알고자 하기 때문이다. 성性과 마찬가지로, 장소에 대한 고정관념도 점차 부서진다. 예를 들어 마거릿 슐레겔이 처음 하워즈엔드의 기둥이 있는 낮은 방들을 보았을 때, 그녀는 '순수'와 '평화'를 발견했다고 생각한다. "응접실, 식당, 현관 입구…… 여기는 그저 아이들이 뛰어놀고 친구들이 비를 피해 머물 세 개의 방이 있을 뿐이었다."**30** 그녀는 이를 "런던이 부추기는 거대함의 유령"과 대비시켰고, 그 유령은 "그녀가 하워즈엔드의 현관 입구에서 부엌으로 나아가며 지붕 양쪽 사면으로 흘러내리는 빗물 소리를 들을 때 영원히 가라앉았다."**31** 소설의 마지막에, 이 고정관념들은 더이상 작동하지 않는다.

포스터가 이런 변화를 준비하는 것은, 헨리 윌콕스가 자기 아들 및 자기 자신의 불행의 무게에 짓눌려 마거릿에게 다음과 같이 털어놓을 때이다. "무엇을 해야 할지, 뭘 해야 할지 모르겠어. 난 박살났어. 난 끝났어." 소설은 이 순간 감상적 진부함으로 붕괴될 수 있었다. 포스터는 마거릿의 반응을 통해 소설을 구해낸다. "그녀에게 갑작스레 따뜻한 마음이 일지는 않았다. ……그녀는 고통스러워하는 헨리를 감싸안지 않았다. ……(헨리는) 비틀거리며 마거릿을 찾아가 자신에게 어떤 일이든 해달라고 부탁했다. 그녀는 가장 쉬워 보이는 일을 했다. 그를 데리고 하워즈엔드로 간 것이다."**32** 그녀의 남편은 완전히 지쳤지만 그녀 자신의 충만하고 독립적인 삶은 이제 그곳에서 시작된다.

회복하기 위해 그는 과거 한때 있었던 진부한 관례들이 없는 채 살아야만 한다. 마거릿의 '타락한' 동생도 마거릿의 독립적인 힘도 인정해야만 한다. 그곳은 그를 시험하고 바꿔놓는 장소가 될 것이다. 아마도 이 책에서 가장 미묘한 선언은 하워즈엔드에서 마거릿이 동생에게 하는 다음과 같은 말이다. "획일에 맞선 싸워야 해. 차이, 신은 가족 안에도 영원한 차이를 심어놓잖아. 이 세상에 다채로운 색깔이 존재하도록 말이야. 그래서 슬퍼질 수도 있겠지만, 일상의 잿빛 속에 색깔이 생기지."33 시골집은 생생한 삶의 불확실성과 도발로 가득찼다.

이런 장소 감각의 변화는 작가에게도 그의 등장인물 중 하나에게도 중요하다. 소설 속의 집은 포스터 자신이 어릴 때 네 살에서 열네 살까지 살다가 어머니와 함께 떠나야만 했던 집을 모델로 한 것이었다. 하지만 그는 어릴 적 이 집에서 쫓겨난 것을 천우신조로 생각했다. "그때 그 땅이 나를 반겼다면, 내 성격의 토리당[보수당] 쪽 측면이 발전하고 내 자유주의는 위축되었을 것이다." 아니면, 그가 생의 마지막에 더욱 강하게 강조했듯, "그곳에서 받은 인상들이…… 여전히 타오르고…… 내가 사회와 역사를 편향된 시각으로 보게 만들었다. 그것은 중간계급의 편향된 시각이었고…… {이런} 의미에서 집을 가진 적도 없었던 사람들, 집을 원하지도 않았던 사람들과 만나면서 그런 시각은 바로잡혀졌다."34

장소 이동은 이제 이 소설에서 포스터가 자동차를 그 전형으로 제시한 순수한 움직임, 혐오스럽고 의미 없는 움직임과는 아주 다른 무언가가 된다. 장소 이동은 사람들의 정신을 번쩍 들게 함으로써 서로에 대해, 그리고 자신이 있는 장소에 대해 마음을 쓰지 않을 수 없게 한다. 긍정적 의미의 장소 이동은 런던에 대한 묘사에서도 등장한다. 어려서 시골에 살던 때 작가가 자신의 집을 잃었을 때도 그랬고, 이는 런던에 있을 때의 슐레겔 자매도 마찬가지였다. 이런 순간에 포스터는 좀더 일반적으로 말한다. "런던 사람들은 도시의 물결이 그들을 정박지에서 밀어낼 때에야 비로소 그곳을 이해하게 되고, 마거릿도 {도시 내 그녀의 집이었던} 위컴플레이스 계약 만료일이 다가오자 비로소 눈을 떴다."[35]

포스터는 친구 포레스트 리드에게 자신의 인생에 대해 이야기한 적 있었다. "나는 날 때부터 함께였던 모든 조각난 것들을 연결해서 사용하고자 애썼다네."[36] 그의 소설 속 인물들도 똑같이 그러려고 한다. 하지만 포스터의 소설에서 사람들이 연결하는 장소들은, 철학자 마르틴 하이데거가 독일의 흑림黑林에 있는 한 농가에서 상상했던 "사물의 단순한 일체성"이 없다. 그런 일체성은 곧 "한 지붕 아래 여러 세대를 위해 설계되고, 그들의 시간 여행의 성격을 보여주는" 영속하는 집이기도 하다.[37] 하워즈엔드는 불연속성이 긍정적 가치가 되는 장소이다.

앨프리드 케이진은 『하워즈엔드』에서 보이는 포스터의 희망에 대해 이렇게 쓴다. "슬프도록 계급을 자부하고 계급을 보호하고 계급을 원통해 하는 사회가, 그래도 더 깊고 더 옛것인 '동료의식'을 자신의 독특한 특징 중 하나로 여기게 된 것 같다."[38] 『모리스』와 『하워즈엔드』 모두에서 포스터는 성과 계급의 경계를 돌파하면서 그것을 보여주고자 한다. 그러나 『하워즈엔드』에서는 장소가 가진 현대적 의미의 가능성 또한 보여준다. 그의 장소 감각은 성소聖所의 감각이 아니다.

대신에 그것은 사람들이 활기를 띠는 무대, 자기 자신과 서로의 불협화음을 드러내고 인정하고 전달하는 무대이다.

　오늘날 서로 다른 인종, 민족성, 섹슈얼리티, 계급, 연령 등 차이들로 채워진 불협화음의 도시들에서 사는 우리에게 이 비평은 무슨 의미가 있을까? 한 다문화 사회는 어떻게 해서 안전과 편안함이 아닌 장소 이동을 필요로 하게 되었을까?

시민의 육체

다문화 도시 뉴욕

— 1 —

차이와 무관심

활기를 잃은 몸

그리니치빌리지

다른 많은 이들처럼, 나는 20여 년 전 직접 가보기 전까지, 제인 제이콥스의 『미국 대도시의 죽음과 삶』에 나오는 그리니치빌리지를 나만의 방식으로 읽었다. 이 유명한 책에서 그리니치빌리지는 전형적인 도심, 여러 집단이 얽힌 다양성이 개인들을 활기차게 만드는 마을로 나온다. 할렘이나 사우스브롱크스와는 다르게, 저자는 이탈리아인, 유대인, 그리스인이 민족적으로 혼합되어, 여기서 아주 조화롭게 사는 여러 인종의 모습을 그렸다. 제인 제이콥스에게 이 빌리지는 뉴욕 심

장부에 있는 현대판 아고라로 보였다.¹

내가 발견한 그곳은 그녀의 말과 다르지 않았다. 1970년부터 그곳 이민자들의 아이들은 교외로 많이 이주했지만, 커뮤니티는 정말 다양하고 관대했다. 십대들은 깨끗하고 따뜻한 보금자리가 있으면서도 워싱턴스퀘어공원의 야외 곳곳에서 잠을 잤다. 그곳에서는 밤에 솜씨를 겨루는 노래꾼들의 노래를 자장가 삼아 잠들었고, 도둑 걱정도 없었으며, 잘 곳 없는 사람들로 곤란도 겪지 않았다. 빌리지의 잘 가꾼 주택과 거리는 상대적으로 안전하게 사는 이방인들 사이에 강한 공동체 의식이 있는 이곳이 뉴욕의 다른 곳과는 상이한 장소라는 인상을 주었다.

그리니치빌리지는 오늘날에도 차이들의 공간이다. 여전히 맥두걸가를 따라 한 무리의 이탈리아 가족이 관광객과 뒤섞여 산다. 이곳의 매력적인 집과 아파트 건물에는 나이든 사람들도 있는데, 이들은 자신들의 저렴한 집을 지키며 더 부유하고 젊은 새 주민들과 섞여 살아간다. 제이콥스의 시절부터, 큰 동성애 커뮤니티가 빌리지 서쪽 끝에서 번창했고, 일부 관광객에게 괴롭힘을 당하기도 했지만 가까운 이웃들과는 비교적 조화를 이루며 살았다. 남아 있는 작가와 예술가는 나처럼 임대료가 쌌을 때 들어온 사람들이다. 우리는 이 다채로운 장면이 매력적으로 느껴지는 늙어가는 부르주아 보헤미안들이다.

하지만 종종 다양성과 관련해 사회적으로 오해의 소지가 있다. 제인 제이콥스는 그리니치빌리지 사람들이 융합된 것처럼 보일 만큼 서로 단단히 결합되었다고 보았다. 그렇지만 맥두걸가에서 관광객의 행동은 대부분 서로를 바라보는 일이다. 이탈리아 사람들은 마치 밑에 아무도 없는 것마냥 반대편 건물의 이웃과 이야기를 하며 길가 상점 위쪽 공간을 차지한다. 스페인어권 사람, 유대인, 한국인이 2번가를 따라 섞여 있지만, 2번가 아래로 내려가다보면 각 집단이 깔끔하게 자신의 텃밭을 지키는, 민족적으로 덧쓴 양피지를 통과하게 된다.

차이와 무관심은 그리니치빌리지의 삶 속에 공존한다. 다양하다는 사실 그 자체만으로 사람들이 교류하지는 않는다. 이는 지난 20년간 『미국 대도시의 죽음과 삶』에서 보지 못했던, 좀더 잔인한 방식으로 이곳의 다양함이 늘어났기 때문이기도 하다. 워싱턴스퀘어는 일종의 마약 슈퍼마켓이 되었다. 광장의 네 구석 모두 코카인 도매시장이며, 북쪽 아이들 공터의 그네는 헤로인 단독 상점으로, 폴란드 애국자 동상 아래 벤치는 다양한 알약 전시 판매대로 쓰인다. 이제 공원에서 잠을 청하는 젊은이는 없고, 다양한 판매원과 그 경호원들은 그네 타는 아이를 보는 엄마들이나 광장 인근 대학의 학생들에게는 익숙한 풍경이지만, 이 범죄자들이 경찰 눈에는 거의 안 보이는 것 같다.

투퀴디데스는 『역사』에서 페리클레스의 추모연설과 몇 달 후 아테네에서 발생한 전염병을 비교함으로써, 아테네인들이 가진 시민의 힘을 판단했다. 그리니치빌리지의 거리에 AIDS라는 현대 전염병이 출현했을 때, 투퀴디데스가 묘사했던 도덕적 붕괴 같은 것은 없었다. 커뮤니티의 서부에서 AIDS가 퍼져나가자 동성애자 주민들은 정치적 참여도가 높아졌다. 도시의 보건 체계는 충분하지는 않지만 그래도 적극적으로 주민들을 상대했다. 웨스트빌리지에서 제작되고 공연된 많은 미술, 연극, 무용 작품이 AIDS를 다루었다.

하지만 맨해튼 남동쪽 로어이스트사이드Lower East Side의 극빈 지역과 섞이는 그리니치빌리지의 동쪽 끝에서, 이는 전혀 다른 이야기이다. 이곳에는 주사기를 같이 쓰며 AIDS에 걸린 남녀 약물중독자들, 매춘으로 병을 앓게 된 여자들이 몰려 있다. AIDS와 마약이 리빙턴가를 따라 매우 확연하게 섞여 있다. 바워리 거리에서 조금 떨어져 버려진 집들, 중독자들에게 '사격장'[마약 주사 맞는 곳]으로 쓰이는 그런 집들이 군데군데 끼어 있는 것이다. 때때로 젊은 사회복지사들이 잠긴 문이나 사격장 창틀을 두드려 공짜로 깨끗한 주사기를 건네면서, 리빙턴가를 돌아다니는 것을 볼 수 있다. 그러나 그 외에는 빌리지 사람들이 죽어가는 사람들을 곤란하게 하지 않는 편이다. 마약 밀매소가 번창하는 상황을 시민들은 감내하고, 경찰들은 거기서 이득을 취할 것이다.

지역 주민들이 뻔한 결말을 알기에 마약 문제로 경찰을 귀찮게 하지 않는다면, 내 이웃 중 누구도 빌리지에 새로 나타난 낯선 사람이나 홈리스를 전화로 신고하지 않는다. 한 예로, 여름에 뉴욕 중심지에는 200명에 한 명꼴로 홈리스이고, 이는 특정 빈곤 지수에서 인도 캘커타보다 높고 이집트 카이로보다 낮은 수준이다.[2] 빌리지에서 홈리스는 워싱턴스퀘어 근처 거리지만 마약이 없는 곳에서 자고, 낮에는 동네 은행 밖에 서 있다. 내 재무 담당인 '도어맨'은 빌리지 사람들이 도시 다른 부촌보다는 돈을 덜 맡긴다고 불평하지만, 자신을 애먹이는 일도 적다고 말한다. 그 이상도 그 이하도 아니다. 여기 사람들은 서로를 내버려둔다.

현대 도시의 개인주의가 발전하면서, 도시에서 개인들은 침묵에 빠져들었다. 거리, 카페, 백화점, 철도, 버스, 지하철은 대화의 무대가 아니라 시선의 장소가 되었다. 현대 도시에서 이방인끼리의 언어적 소통이 유지되기 힘들 때, 도시에서 주변을 바라보며 개인들이 느끼는 공감의 충동은 일시적인 것, 삶의 스냅사진을 바라보는 짧은 반응에 그친다.

빌리지의 다양성은 이렇게 작동한다. 우리의 다양성은 순수하게 시각적인 아고라이다. 2번가 같은 거리에서 눈의 자극을 토론할 수 있는 곳은 어디에도 없고, 집합적으로 시민의 이야기를 만들어갈 수 있는 장소도 없다. 아마도 그에 따른 결과겠지만, 질병으로 황폐화된 이스트빌리지의 모습을 염두에 둔 안식처도 없다. 물론 도시의 다른 곳처럼 빌리지에도, 우리 시민들이 시민으로서의 불만, 분노를 표하는 많은 공식적 기회가 있다. 그러나 정치적 행사는 거리에서의 일상화된 사회적 실천으로 전환되지 않는다. 더욱이 이런 행사는 도시의 다양한 문화를 공동의 목적으로 거의 섞어내지 못한다.

사람들이 차이를 포용하지 않는 것, 차이가 적의를 만드는 것, 바람직한 최선은 매일 참고 사는 것, 이것이 사회학적 이치일지도 모르겠다. 이런 이치는 『하워즈엔드』 같은 소설에서 보여주는 자극적이고 개인적인 경험을 더 폭넓게 사회로 적용할 수는 없다고 주장할지 모른다. 하지만 뉴욕은 지난 한 세기 넘게 다양한 문화로 가득찬 도시였고, 그중 많은 것들이 르네상스기 베네치아의 유대인처럼 차별의 대상이었다. 차이는 불가피하게 상호간의 후퇴를 야기한다고 말하는 것은, 이런 다문화 도시가 공통의 시민 문화를 가질 수 없다고 말하는 것이고, 가능하면 비슷한 사람끼리의 시민 문화를 상상했던 베네치아 기독교인들의 입장을 택하는 것이다. 더 나아가 사회학적 이치는, 활성화된 종교의 힘들이 다문화의 바다로 그저 휩쓸려들어갔듯, 유대-기독교 신앙의 깊은 원천인 연민의 폐기를 의미한다.

뉴욕의 역사가 인간의 차이에서 어떤 시민 문화가 나올 수 있는지에 대해 일반적인 질문을 제기한다면, 빌리지는 좀더 구체적인 질문을 던진다. 어떻게 그 다양한 시민 문화가 사람들의 뼛속 깊이 각인될 수 있는가.

중심과 주변부

다문화 사회의 본능적인 자극이 지닌 딜레마는 뉴욕의 역사와 지리로 인해 더 심각해졌다.

로마인들이 상상한 격자는 아니지만, 뉴욕은 모범적인 격자 도시, 동일한 블록의 끝없는 기하학이다. 뉴욕의 격자에는 고정된 경계나 중심이 없다. 로마의 도시 건설자들은 지상의 도시 위치를 정하기 위해 하늘을 연구했고, 그 내부의 기하학을 결정하기 위해 도시의 경계를 그렸다. 뉴욕의 설계자들은 도시 격자를 팽창하는 체스판으로 생각했다. 1811년 시의 지도자들은 그리니치빌리지 위쪽 도시에 격자 계획을 적용했고, 1855년 이 계획은 맨해튼 너머 브롱크스 북쪽 자치구borough까지, 동쪽으로 퀸즈 자치구까지 확장되었다.

로마의 도시 격자처럼 뉴욕의 계획은 대부분 빈 땅에 적용되었고, 도시는 사람이 살기 전에 설계되었다. 로마인들이 이 노력의 길잡이로서 하늘에 자문을 구했다면, 뉴욕시의 지도자들은 은행에 자문을 구했다. 일반적으로 이 현대식 격자 계획에 대해 루이스 멈퍼드는 "17세기에 부상한 자본주의는 그 역사적 쓰임새와 지형적 조건, 사회적 필요를 고려하지 않은 채, 개별 필지와 블록과 거리와 가로街路를 사고파는 추상적 단위로 취급했다"고 말했다.[3] 뉴욕의 격자가 만들어낸 필지의 절대적 획일성으로 인해, 땅도 돈처럼 같은 값을 가진 땅 조각으로 취급할 수 있었다. 더 행복했던 공화국 초기에, 은행은 돈이 필요하면 달러 지폐를 찍어냈다. 마찬가지로 부지를 확장하면서 땅의 공급도 늘릴 수 있었고, 그 결과 투기꾼이 투기 충동을 느낄수록 더 많은 도시가 생겨났다.

이 경계 없는 격자 도시에 중심은 없었다. 1811년 도시계획에도 1855년의 계획에도, 지도상에 어디가 더 비싸고 싼지 표시가 없었다. 로마의 계획은 집 밖의 주요 거리 교차점을 찾아내 알 수 있었지만, 여기서는 사람들이 만날 법한 장소가 어딘지 짐작할 수도 없었다. 뉴욕을 방문하는 사람은 논리적으로 도시의 중앙이 센트럴파크 근처일 거라고 짐작한다. 1857년 캘버트 복스와 프레더릭 로 옴스테드가 공원 계획을 시작할 때 그들은 이곳을 도시에서 벗어난 피난처로 생각했다. 지역 정치인들이 옴스테드를 이 거대 프로젝트에서 손떼게 한 순간부터 공원은 쇠퇴했고, 사람들은 관리가 부실하고 범죄가 극심한 잔디밭에서 만나기를 꺼렸다.

도시계획에 고정된 경계도 고정된 중심도 없다면, 이론상 무수히 다양한 사회적 접촉이 가능할 것이다. 계획 초안은 이후 세대의 건설자들에게 강제력이 없다. 예를 들어 1930년대 시작한 뉴욕 록펠러센터의 거대 오피스군은 북쪽이나 남쪽, 심지어 서쪽으로도 몇 블록 떨어진 곳에 위치할 수도 있었다. 중립적인 격자는 그 입지를 강제하지 않았다. 뉴욕에서 공간의 유연성은 중앙 집중화된 도시가 아니라 다양성을 추구한 피에르 샤를 랑팡의 도시계획 정신을 반영한 것처럼 보여도, 뉴욕은 사실 프랑스혁명 도시계획가들이 상상했던 도시 공간을 실현한 것에 가까웠다. 뉴욕 계획에는 지침이 별로 없었기에, 돌과 유리, 철로 이루어진 장애물들, 과거로부터 쌓여온 그 장애물들을 쉽게 치워버릴 수 있었다.

아주 최근까지도, 뉴욕에서 정말 멀쩡한 건물들이 등장할 때만큼이나 규칙적인 패턴으로 사라졌다. 예를 들어 지난 60년 사이에 그리니치빌리지에서 센트럴파크 위쪽까지, 5번가를 따라 길게 늘어선 대저택들이 건설되어 그곳에 사람들이 살았지만, 더 큰 빌딩이 들어서기 위해 철거되었다. 오늘날까지도 뉴욕의 고층건물은, 공학적으로 훨씬 더 버틸 수 있지만, 유적지 규제로 인해 50년을 버티도록 계획하고 이에 따라 자금이 조달된다. 전 세계 모든 도시 중에서 뉴욕은 성장을 위해 자신을 가장 많이 파괴해왔다. 100년 안에 사람들은 광섬유로 연결된 뉴욕보다 하드리아누스 시대 로마의 유적을 더 많이 접하게 될 것이다.

이 카멜레온 같은 도시 조직은 뉴욕 다문화주의의 역사에서 매우 중요했다. 남북전쟁 이후 뉴욕이 처음으로 국제도시가 되었을 때, 이민자들은 빈곤층이 밀집한 이 거대 격자로 몰려들었다. 주로는 맨해튼 자치구의 남동쪽이었고, 맨해튼 서부와 브루클린 자치구의 동쪽 끝을 따라 들어선 항만 부두 뒤에도 있었다. 이른바 신법 공동주택New Law Tenement의 이 블록에서 여러 가지 비참한 일이 있었다. 이 건물들은 내부 공간에 빛과 공기를 제공하도록 설계되었지만, 건축가의 선의는 이 건물에 몰려든 사람들의 절대적 숫자에 압도되었다.

20세기 초, 뉴욕의 이민자 자식들은 상황이 허락하는 대로 외곽으로 나갔다. 이는 영국 노동계급이 지하철 덕분에 런던 북부로 이사할 수 있었던 것과 마찬가지다. 일부 이민자 2세대는 처음에 할렘으로 갔고, 다른 1세대는 외곽 자치구의 인구가 적은 지역으로 갔으며, 가장 부유한 층은 개인 주택으로, 제법 부유한 층은 뉴욕 중심부의 비좁은 공동주택을 부수고 만든 아파트 주택으로 이동했다. 두 가지 힘이 밖으로 나가는 흐름을 막았다. 대부분의 일자리가 여전히 도심에 있었고, 뉴욕 지역은 도시의 동맥과 정맥으로 이루어진 정교한 네트워크가 부족했다.

제2차세계대전 이후 뉴욕에선 바깥쪽으로 새로운 진격이 가능해졌고, 이는 대부분 로버트 모지스라는 한 인물 덕분이었다. [파리에서] 조르주외젠 오스만이 해낸 일처럼, 1920~30년대 모지스가 시작한 사업은 그 규모만으로도 상상을 초월한다. 그는 다리, 공원, 항구, 해안, 고속도로를 건설했다. 그리고 역시 오스만처럼, 오스만 이전의 불레와드 바이처럼, 로버트 모지스는 뉴욕의 기존 도시 조직을 형태상 임의적인 것으로 보았다. 그의 입장에서는 이전에 다른 사람들이 해놓은 것을 자신이 보존하거나 개선할 의무가 전혀 없었다.

뉴욕 지역에서 모지스가 만든 대규모 교통 체계는 움직이는 육체를 따라 도시를 만들고자 한 계몽주의적 충동을 실현했다. 모지스가 건설을 시작했을 당시 뉴욕은 세계에서 가장 비싼 대중교통 시스템을 개발하고 있었지만, 그는 개인들이 자동차를 타고 다니길 원했다. 다른 계획가들이 볼 때 이 거대 도로망은 도시권을 확장한다기보다는 기존 도심의 생존능력을 위협하는 것이었다. 예를 들어 고전적 연구서

인 『메갈로폴리스』를 쓴 도시학자 장 고트만이 봤을 때, 방대한 도시 지역이 미국의 동부 해안을 따라 보스턴에서 워싱턴까지 형성될 것이었다. 고트만은 이 메갈로폴리스가 "지역의 '중심'이자 '심장'"인 중심 도시를 파괴할 것이라고 말했다.[4]

모지스는 자신의 고속도로가 파괴적 설계가 아니라 생활 편의 시설이라고 옹호했다. 움직임의 즐거움을 아는 그의 감각은 공원도로 시스템에서 나타났는데, 트럭이 다니지 않는 이 도로는 주택에서는 보이지 않으며 예술적으로 건설된 공원을 통과하는, 리본처럼 휘감기며 깔린 콘크리트 길이다. 이 비싸고, 환상적인 공원도로에서는 자동차를 모는 경험이 자기만족적 즐거움, 저항으로부터 자유로운 경험을 의미했다.

모지스는 고속도로와 공원도로 체계 덕분에 사람들이 도시의 스트레스를 잊을 수 있다고 믿었다. 모지스의 이런 시각이 가장 잘 나타난 것 중 하나가, 도시 근처에 공공 리조트로 조성한 긴 모래사장 존스비치Jones Beach였다. 그의 동료 프랜시스 퍼킨스는 해변에 대한 모지스의 태도에 대해 이렇게 지적했다. "그는 일반 사람을 끔찍하게 비난했다. 그가 보기에 그들은, 존스비치에 우글거리며 몰려와 병이나 던져대는 더러운 사람들이었다. '내가 잡고야 말겠어!' '내가 그들을 교육시키지!'…… 그는 공공의 것을 사랑하지만 그게 사람은 아니다."[5] 특히 모지스는 자신이 만든 공공 공원에서처럼 존스비치에서도 흑인을 몰아내고자 했다. 그는 흑인을 아주 불결하게 여겼다.

로버트 카로가 모지스의 전기를 쓰며 고른 제목 『권력 중개인The Power Broker』은 모지스가 일할 때의 심정을 잘 잡아낸다.[6] 모지스 자신은 전문 도시계획가가 아니었다. 하지만 설계가들이 이용하는 행정적, 재정적 수단을 구축했다. 특히 모지스는 지도 그림과 청사진이 3차원 형태로는 어떻게 보일지 알아보는 시각적 상상력이 부족했다. 흔히 계획을 수립하는 악마 취급을 받지만 그는 어떤 면에서 더 무서운 존재, 곧잘 자기가 건설하는 것이 무엇인지도 몰랐던 막대한 권력의 소유자였다. 그러나 존스비치에서처럼 그의 사회적 목표는 너무나도 명확했다.

그의 계획은 다양성의 제거를 지향했다. 도시에 가득찬 군중은 그가 조각조각 쪼개야 할 바위처럼 보였고, '공공의 선'은 도시를 분할함으로써 달성될 것이었다. 이런 면에서 모지스는 선택적 노력을 했다. 오직 (차를 소유하고 집을 살 수 있을 만큼) 성공한 사람들에게만 교량과 고속도로라는 도피 수단을 제공했던 것이다. 이를 통해 성공한 사람들은 시위의 소음, 거지들, 대공황 시기 뉴욕 거리를 가득 채운 고통받는 이들로부터 탈출할 수 있었다.

모지스가 고밀도의 도심에 균열을 가져오긴 했지만, 그의 개입은 깊이 자각하게 된 커뮤니티의 요구, 적절한 가족 주택의 필요성에 부응한 것임을 인정해야 한다. 모지스가 동쪽 여러 갈래로 뻗은 고속도로를 통해 뉴욕의 도시 지역을 확장할 때, 개발업자들은 2차대전 이후 롱아일랜드의 거대 사유지와 감자농장에 주거지역을 건설했다. 모지스가 북쪽으로 다른 고속도로를 건설할 때, 더 영세한 토지는 교외 지역으로 바뀌었다. 허버트 갠스는 모지스가 건설한 고속도로 덕분에 한 세대 전에 들어섰던 롱아일랜드 레빗타운이란 새로운 주거 공동체를 연구했다. 그는 대규모 단독 가족 주택이 각 집안에서 "가족 간 유대를 더 깊게 하고 사기를 더 높였다"고 주장했다.[7] 갠스는 이런 주택을 고상한 체하며 묵살하는 사람들을 대놓고 조롱했다. 가족들에게 너무나도 갑갑한 도시 아파트를 떠날 수 있으면, 사람들은 "독립된 주택을 소유하려는 욕망" 때문에 자신들의 새 집을 소중하게 생각했다.[8]

그럼에도 모지스는 자신이 새로운 경제 영토를 탄생시켰다는 것을 잘 이해하지 못했다. 뉴욕 주변의 성장은 사실 전기통신 덕분에 더이상 임대료가 비싼 고밀도의 도심에 위치하지 않아도 되는 사무직과 서비스직이 늘어났기 때문이다. 이 주변부 역시 제조업의 변화와 맞물려 성장했다. 여기서는 서비스직과 작은 하청공장들에서 여성 노동자를 점점 많이 고용했다. 여성들은 자신이 사는 곳 근처에서 일할 수 있었지만 남성들보다 낮은 임금을 받았다.[9] 주변부가 경제적 활기를 띠게 되자, 탈출의 꿈은 부분적으로 약해졌다. 교외에서는 빈곤과 저임금 일자리가 다시 등장했다. 범죄와 마약도 덩달아 나타났다. 허버트 갠스가 기록한, 교외에서 안정되고 안전한 가족생활을 누리겠다는 희망 또한 시들어갔다. 그 희망이 탈출을 전제로 하는 한 그랬다.

하지만 로버트 모지스는 두 가지 방식으로 유산을 남겼다. 그의 뉴욕 재구조화는 두 세기 전 유럽에서 형성되기 시작했던 개인의 움직임이라는 힘을 위험에 빠뜨렸다. 그리고 그는 다양성을 지닌 오래된 도심에 남아 있던 사람들이 타인을 인식하고 타인과 교감하는 데 더욱 심각한 어려움을 겪도록 만들었다.

몸의 움직임은 생물학적 활동의 새로운 원리로서 현대적 중요성을 가지기 시작했다. 피의 순환, 폐의 호흡, 신경에서 두루 작용하는 전기력에 대한 의학적 분석은 건강한 육체에 대한 새로운 이미지를 만들었다. 이때의 육체는 그 움직임의 자유로움으로 유기체에 자극을 준다. 이런 의학적 지식을 통해 공간은 몸의 움직임과 이와 관련된 호흡 과정을 돕도록 설계되어야만 했고, 18세기 계몽주의 도시계획가들이 공간에 대한 이런 추론을 이끌어냈다. 자유롭게 움직이는 사람은 이런 물리적 자유를 경험했기에 자신을 좀더 자제력 있는 개인으로 느꼈다.

이제 사람들은 특히 대도시 주변 지역으로, 오직 자동차로만 연결된 조각조각 흩어진 이 지역들로 혹은 그 안에서 빠르게 움직인다. 하지만 이 속도를 관리하는 실행 계획은 육체를 그 육체가 움직이는 공간에서 분리시킨다. 고속도로 계획가는 오로지 안전 때문에라도, 자동차가 빨리 달리는 공간을 중립적이고 표준적으로 만들고자 한다. 운전하고, 앉아서 몸을 가지런히 하고, 미세한 움직임만을 필요로 하는 그런 행동은 운전자를 물리적으로 평온하게 만든다. 하비의 세대는 움직임을 자극이라고 생각했지만, 로버트 모지스의 뉴욕에서 우리는 이제 이 움직임이 지루하다는 것을 안다.

19세기에 움직이는 것과 앉아 있는 것 둘 다를 위한 디자인은 개인의 육체를 편안하게 만드는 기술과 결부되었다. 편안함은 자극의 양을 줄이고 그 강도를 낮춘다. 또한 그것은 단조로운 에세이이기도 하다. 편안한 자극, 더 적은 자극을 찾는 것은 우리가 다양한 다문화 공동체에서 잠재적으로 어렴풋이 나타나는 불안감을 어떻게 대처하는가의 문제와 직접적으로 연결되어 있다.

이 연결에 처음 주목했던 롤랑 바르트는 사람들이 낯선 이와 마주칠 때 '이미지-목록image-repertoire'을 사용한다고 말한다.[10] 개인은 어떤 복잡하거나 생소한 장면을 면밀히 살피면서, 사회적 통념을 바탕으로 간단하고 일반적인 범주로 나눈 이미지들에 따라 이를 분류하고자 한다. 거리에서 흑인이나 아랍인과 마주치면 백인은 위협을 인식하고는 더이상 자세히 보지 않는다. 바르트가 보기에, 판단은 순간적이고 결과는 놀랍다. 이미지-목록의 분류 능력 덕분에, 사람들은 더 큰 자극을 차단해버린다. 차이와 직면한 사람들은 빠르게 수동적이 된다.

　도시학자 케빈 린치는 어떻게 이미지-목록이 같은 방식으로 도시 지리를 해석하는 데 쓰일 수 있는지 보여주었다. 그에 따르면, 모든 도시인은 마음의 눈으로 '내가 속한 곳'의 이미지를 갖게 된다. 그의 연구에서 린치는 피실험자들이 새로운 장소를 이 마음의 스냅사진과 비교한다는 것, 이 둘의 상관성이 떨어질수록 피실험자들은 새로운 환경에 무관심하다는 것을 발견했다. 자동차에서 일어나는 것과 같은 빠른 움직임은 이미지-목록의 사용을, 즉각적으로 분류하고 판단하는 성향을 촉진한다. 파편화된 지리 역시 이미지 목록을 강화하는데, 대도시 주변 지역에서 각각의 지리적 조각은 특수한 기능—주택, 상가, 사무실, 학교—을 지니며, 다른 지리적 조각들과는 중간중간의 공백 지역을 통해 분리가 이루어진다. 그러므로 누군가 어떤 특정 장소에 속하지 않거나 부적절하게 행동하는지 여부는 쉽고 빠르게 판단할 수 있다.

　이와 유사하게 사회학자 어빙 고프먼도 사람들이 걸어 다니는 곳에서 '방어적인 자극-제거'가 거리에서 사람들이 자신의 육체를 다루는 방식에 어떤 영향을 미치는지 보여주려 했다. 사람들은 처음 서로를 바라보며 분류를 한 다음, 가능한 한 물리적으로 접촉하지 않도록

결론_시민의 육체

애쓰며 걷거나 자세를 잡는다는 것이다.[11] 이미지-목록을 통해 주변 환경을 훑어보고, 환경을 단순한 재현 범주에 묶어두며, 유사함과 차이를 비교함으로써, 사람은 도시 경험의 복잡성을 줄인다. 타인에게서 벗어나기 위해 이미지-목록을 사용하면서 개인은 좀더 편안함을 느낀다.

현실을 느끼는 이런 도구를 통해, 혼란스러움과 모호함을 피할 수 있다. 베네치아 게토에서 생겨난 접촉의 두려움은 현대 사회에서 개인이 다양성과 마주칠 때 자신의 육체적 경험에 게토 같은 것을 만들면서 더욱 강화되었다. 속도, 탈출, 수동성. 새로운 도시 환경에서 하비의 발견은 이 세 가지로 이해할 수 있다.

자아를 둘러싼 이 지각의 벽은 뒤에 남겨진 사람들의 삶에서 특별한 의미를 가졌다.

1960년대 말 모지스가 마침내 권력에서 밀려났을 때, 『메갈로폴리스』에서 장 고트만이 한 예언이 실현될 것으로 보였다. 뉴욕 도심의 오래되고 가난한 지역은 미국의 다른 도시들에서처럼 황폐해지고 인구가 빠져나가리라는 예언이었다. 새로운 국가 이민법이 제정되면서 1965년 도시로의 이주가 멈춘 것 같았기 때문이다. 푸에르토리코인들은 흔히 뉴욕의 '마지막 외국인'이라 불렸다. 그러나 세계경제의 밀고 당기기는 이 기대를 깨뜨렸다. 처음에는 카리브해와 중미 지역에서, 이어 한국에서, 그다음에는 무너져가는 소비에트 연방과 동유럽, 멕시코에서 새로운 이민자들이 몰려왔다. 이 새로운 이민자들이 이제 도시 인구의 절반을 차지한다.

이들은 교외에서 도심으로 역류하는 흐름과 합쳐졌다. 한 세대 전에 떠났던 이들의 자식들은 도심으로 돌아오고 싶어했다. 이 역류는 뉴욕 교외 주택 시장의 특이성 때문이기도 했고, 맨해튼에 위치한 전국적인 사업체들에서 단순 서비스직과 전문직 일자리가 급증했기 때문이기도 했다. 그러나 이런 지역적 특수성은 도시로 향하거나 돌아오는 많은 젊은이들의 더 커진 욕망과 맞물려 있다. 뉴욕에 도착하는 가장 큰 단일 부류는 18~30세의 젊은 백인이다.

이 새로운 뉴요커들은 도시를 한번도 떠난 적 없는 사람들의 복잡한 삶을 상대해야만 했다. 2차대전 이후 뉴욕에서는 일종의 사회적이고 가족적인 선별이 일어났다. 성공한 유대인, 그리스인, 이탈리아인, 아일랜드인은 도심에서 벗어났고, 그들처럼 성공하지 못한 동포들은 그대로 남았다. 많은 노인들도 그들이 몸부림치며 살아왔던 그 장소에 남기로 했다. 20세기 후반기에 뉴욕의 감춰진 거대한 드라마 중 하나는 도심 유대인들의 가난이었다. 뉴욕의 유대인을 아주 성공한 민족 집단으로 보는 고정관념은 로어이스트사이드(맨해튼 남동부), 어퍼웨스트사이드(맨해튼 북서부), 브루클린의 플랫부시 지역에 남겨진 수만 명의 가난한 유대인을 은폐해왔다. 이들은 대부분의 유대인이 시작했던 장인 직종 및 서비스 거래를 통해 근근이 생활하고 있다. 가장 가혹한 전망에서 출발했던 다른 지역 커뮤니티에서도 계급 이동성과 세대 분열은 비슷한 버림과 배반의 드라마를 만들었다. 예를 들어 교외의 성공한 중간계급 흑인들은 자신들의 가난한 형제자매를 내버려두었다.

한 게토의 순수성을 위해서는 확실한 분리 명령이 있어야 한다.

유대인을 한곳에 몰아넣은 베네치아에서의 명령, 혹은 흑인에게 돈을 빌려주지 말라는 뉴욕에서의 명령이 그런 예이다. 하지만 19세기에 처음 생겨날 당시 뉴욕의 게토는 당국이 특정 성격이나 정체성을 부여한 곳이라기보다는 부동산 지구였다. 뉴욕의 로어이스트사이드는 전부 가난했지만 아주 다양한 민족이 섞여 있었다. 1920년대 리틀이탈리아는 아일랜드인과 슬라브인의 근거지였고, 오늘날 이탈리아인만큼 많은 아시아인이 살고 있다. 1920년대 '할렘 르네상스' 전성기에 할렘에는 흑인보다 그리스인과 유대인이 더 많이 거주했다.

로버트 모지스가 만든 변화의 물결로 인해 메갈로폴리스로 편입된 도심이 되어버리면서, '게토'란 말은 '남겨진 사람들'이라는 거의 드러나지 않는 의미를 지니게 되었다. 예를 들어 할렘은 인구가 줄었는데, 1930년대에 유대인과 그리스인이 떠났고 이후 40년 동안 초기 흑인 부르주아들이 떠났다. 한 게토에 속한다는 것은 실패를 공유한 사람들끼리 사는 것으로 여겨졌다.

게토 공간을 되살리려는 현대의 많은 시도는, 르네상스 시대 유대인의 방식대로, 격리된 삶을 명예로운 집단 정체성으로 바꾸고자 했다. 흑인과 가난한 유대인, 다른 남겨진 민족뿐 아니라 새 민족 이주민들 사이에서도 뉴욕 어디서나 이런 노력이 벌어졌다. 게토의 명예를 되살린다는 것은 공간적으로나 정신적으로나 내부로 향한다는 의미였다. 대부분의 공동체 건설 노력은 공동의 정체성을 결정하는 것, 그리고 다른 부류의 사람들과 접촉하기보다는 공동 생활의 중심이 되는 건물이나 공간을 강화하는 것에 주력한다. 뉴욕은 결코 용광로였던 적이 없지만, 이제 그 다문화의 문제에 방치의 역사와 그 명예를 회복하려는 방치된 자들의 욕구가 더해졌다. 그런데 로버트 모지스의 계승자들이 떠나간 후 도심에 새로운 사람들을 불러들인 바로 그 힘은 이런 내부로의 전환을, 베네치아 유대인을 모델로 삼아 격리 공간에서 구축된 이런 명예를 허락하지 않을 것이다.

인구 측면에서, 뉴욕은 옛 게토 공간에 다시 사람을 끌어와야만 새로운 민족을 받아들일 수 있었다. 예를 들어 월가 북동쪽의 빈민 지역은 이제 광통신 금융의 신전에서 일하는 밤의 군대로 채워져 있다. 이들은 청소, 인쇄, 배달, 서비스 노동자들이다. 도미니카공화국, 엘살바도르, 아이티 출신들이 할렘 북서쪽 구석의 여전히 살 만한 집들에 몰려든다. 브루클린에는 러시아계 유대인, 하시디즘 추종자들, 시리아인들이 이전 세대 유대인이 버리고 간 장소를 다시 채우고 있다. 그리고 도심에서는 전반적으로 젊은 미국 백인들이 예전 중간계급이 버리고 간 장소로 꾸준히 들어오고 있다.

게다가 도시의 경제는 이런 내부로의 전환을 허락하지 않을 것이다. 전국적 체인망을 가진 상점들이 많은 지역 사업체의 자리를 대신 차지해왔다. 뉴욕에는 여전히 강력한 작은 사업체들도 남아 있는데, 이들은 지역 손님보다는 대도시 고객을 끌어오는 종류의 사업—바이올린 수리부터 구리 복원, 특수 인쇄까지—을 한다. 이제 이런 특이하고 작고 전문적인 사업체가 많은 이민자에게 과거처럼 사회적 사다리의 첫걸음을 제공한다. 뉴욕에서 다문화주의의 최근 역사는 분리주의 경향으로 움직였으나, 이 민족 분리주의는 적어도 경제적으로는 막다른 골목일 뿐이다.

페리클레스의 아테네에서 자크루이 다비드의 파리까지 '시민의'이라는 말은 서로 꼬인 운명, 운명의 교차를 함축한다. 페리클레스 시대 그리스인들은 자신의 운명이 도시의 운명과 별개라고 생각할 수 없었고, 하드리아누스 시대 로마인들도 그랬다. 초기 기독교인들은 자신의 운명이 자기 내부에 있다고 믿었지만, 이 내적인 삶은 결국엔 다른 사람과 공유하는 세속적 삶과 다시 연결되었다. 중세의 조합corporation은 이 공동 운명이란 개념을 깨는 것처럼 보였다. 자신의 의지로 변화할 수 있었고, 볼로냐대학처럼 자신의 현상황을 돌파할 수 있었기 때문이다. 하지만 조합은 집합적 몸체, 문자 그대로 개별 사람을 그 생명보다 더 큰 생명을 갖는 법적 실체로 병합한 것이었다. 그리고 베네치아의 게토는 공동 운명에 대한 쓸쓸한 이야기를 전해주었다. 베네치아의 기독교인은 자신들의 운명이 도시 내에 있던 유대인들과 분리될 수 없음을 알았고, 게토 내 유대인들의 운명은 그들의 압제자들의 삶에서 떨어질 수 없었다. 프랑스혁명의 여명기에 파리 여자들이 시작한 식량 폭동 또한 자신들의 운명을 그들 너머의 권력과 결부시키려 했던 것이다.

현대 세계에서 공동 운명이란 믿음은 기이한 분열에 시달렸다. 국수주의는 혁명 이데올로기와 마찬가지로 사람들이 운명을 공유한다고 주장해왔지만, 도시는 이런 주장을 위조했다. 19세기가 지나는 동안 도시개발은 운동성과 공중보건, 사적 편의의 공학을 이용했고, 시장의 작동, 거리와 공원과 광장의 설계를 활용했다. 이는 군중의 요구에 맞서고 개인들의 주장을 특권화하기 위해서였다. 토크빌이 지적하듯, 이 개인들은 "서로의 운명을 생소하게" 느낀다. 개인주의의 진전을 지켜본 다른 관찰자들과 마찬가지로, 토크빌은 개인주의가 "부패하진 않지만 영혼을 약화시키고 소리 없이 그 행동의 생기를 억누르는 독선적인 물질주의"와 매우 밀접하다고 보았다.[12] 공동 생활에서 멀어지면서 그 개인은 삶을 잃을 것이었다.

뉴욕에서 거대한 사무용 빌딩, 아파트, 주택을 짓고 허물고 하는, 철거와 재건축의 휘몰아치는 에너지는 시민 문화에 대한 시대적 요구를 거부해왔다. 뉴욕에서 나타난 이 궤적은 사회적으로 런던이나 다른 도시들—개인들로 분리시키는 움직임을 통해 현대적 모양새를 갖추게 된 도시들—이 택한 길과 흡사하다. 공동 운명의 거부가 이 모든 움직임의 핵심이었다.

그러나 2차대전 이후 뉴욕주 롱아일랜드로 향하던 백인 무리가 남겨진 백인이나 흑인과 운명을 공유하길 거부한 것이라면, 더 미묘한 거부도 있었다. 뒤에 남겨진 사람들은 체면상 자신들의 운명이 다른 이들과 얽혀 있음을 부정했다. 특권층은 자극에 맞서 스스로를 보호했듯 빈민에 맞서 스스로를 지키려 했다. 궁핍한 사람들은 갑옷 같은 것을 걸치려 했고, 이는 그들이 필요로 하는 것을 가로막을 뿐이었다. 그리니치빌리지에서의 삶은 어쩌면 우리가 도달할 수 있었던 최대치의 예시이다. 기꺼이 차이와 더불어 살아가려는 마음, 부정되었긴 하지만 이것이 운명의 공유를 이끌어낸다.

결론_ 시민의 육체

— 2 —

시민의 육체

타인의 고통에 공감하는 삶

이 연구를 시작하면서 나는 종교 신자로서 이 책을 썼다고 말했고, 이
제 마지막에 그 이유를 설명하고자 한다. 이 책 『살과 돌』에서 나는 사
람들이 자신의 육체를 경험하는 방식으로부터 도시 공간이 대체로
형성된다고 주장했다. 다문화 도시에서 사람들이 서로를 돌보며 살아
가기 위해서는 우리 자신의 육체에 대한 이해를 바꿔야 한다고 나는
믿는다. 우리의 육체가 불충분하다는 점을 인정해야만 우리는 타인들
과의 차이를 경험할 수 있을 것이다. 시민의 연민은 순수한 선의나 정
치적 판단이 아니라 우리 자신의 부족함을 신체적으로 깨달을 때 생
겨난다. 이 주장이 뉴욕의 실제 현실과는 거리가 멀어 보인다면, 이는
도시 경험이 종교적 이해로부터 얼마나 멀어졌는지를 보여주는 징표
일 것이다.

육체에서 배워야 할 이런 교훈은 유대-기독교 전통의 토대 중 하
나이다. 이 전통의 핵심에는 아담과 이브의 죄, 자신들의 벌거벗은 몸
에 대한 수치심, 낙원으로부터의 추방이 있고, 이는 최초의 인간들이
어떻게 되었으며 그들이 무엇을 잃었는지에 대한 이야기로 이어진다.
낙원에서 최초의 인간들은 순진하고 무지하고 순종적이었다. 세상에
나온 그들은 자각했다. 자신들이 흠 많은 피조물임을 알았고, 그래서
다른 낯선 것들을 탐구하고 이해하고자 했다. 그들은 더이상 모든 것
을 받은 신의 아이들이 아니었다. 구약은 최초의 인간들의 이 슬픈 자

각을 거울처럼 되비추는 사람들의 이야기를 거듭해서 전해준다. 이 사람들은 육체적 욕망에 사로잡혀 신의 계명을 어기고 처벌받으며, 그러고 나서 추방당한 아담과 이브처럼 깨달음을 얻는다. 최초의 기독교인들은 그리스도가 지상에서 거쳐간 행로로 이런 이야기를 만들었다. 인간의 죄를 대신해 십자가에 못박힌 그리스도가 인간 남녀에게 전한 선물은 살flesh의 불충분함을 깨닫게 만든 것이다. 그리스도를 따르는 이들이 육체적 쾌락을 덜 즐길수록 그들은 더욱 서로를 사랑하게 될 것이다.

이교도의 역사는 이 오래된 진리를 다른 방식으로, 즉 도시에서 육체가 무엇을 경험하는지에 대한 이야기로 전한다. 아테네의 아고라와 프눡스는 시민들이 육체적으로 불충분함을 느끼던 도시 공간이었다. 고대 아고라는 사람들을 물리적으로 자극했고, 그 대가로 타인들과 조리 있게 말할 수는 없었다. 프눡스는 말의 연속성을 보장했고 공동체에 서사적 논리를 경험할 수 있게 했으나, 그 대가로 사람들은 말의 수사적 자극에 취약해졌다. 아고라와 프눡스의 돌은 사람들을 유동적인 흐름 속에 있게 했고, 이 둘은 각각 자신의 불만족을 제기함으로써만 다른 편이 해결할 수 있는 불만족의 원천을 그 중심에 두었다. 이중의 중심을 가진 도시에서 사람들은 자신의 육체적 경험에서 불완전성을 인식했다. 하지만 이 아테네 사람들만큼 더욱 의식적으로 시민 문화에 가치를 부여한 경우도 없었다. '인간'과 '폴리스'는 서로 바꿔 쓸 수 있는 말이었다. 강력한 시민 연대는 바로 이런 치환에서 나왔고, 사람들은 자신들의 육체적 요구를 충분히 만족시키지 못했던 공간에서 서로를 열심히 돌보았다. 실제로 당시 유대인들은 그 공간이 육체적 요구를 충분히 만족시키지 못했기 **때문**이라고 말했을지 모른다. 하지만 고대 도시는 그 자체가 안정성의 기념비 같지는 않았다. 인간 행동을 가장 강하게 결속시키는 의례조차 그런 응집력을 보장할 수는 없었다.

사회적 불안정성과 개인의 불충분함을 부정적으로만 생각하는 것은 현대적 관행이다. 현대 개인주의의 형성은 대체로 개인을 자기충족적으로 만들고자, 즉 미완이 아니라 완성된 존재로 만들고자 했다. 심리학은 스스로 중심을 찾고 자아의 통합과 일체성을 달성하는 언어를 말한다. 공동체가 개인들처럼 일관되고 일체성을 갖고자 노력했던 것처럼, 현대 사회운동 또한 이 언어를 구사한다. 뉴욕에서는 뒤에 남겨지거나 쫓겨나는 고통이 이 개인-공동체의 언어를 굴절시켰다. 인종, 민족, 사회 집단은 응집하기 위해, 그래서 치유받기 위해 내부로 향한다. 장소 이동[밀려남], 비응집성의 심리학적 경험—정신분석학자 로버트 제이 리프턴이 "프로테우스적 자아"[그리스신화에 나오는 프로테우스는 모든 사물로 변신할 수 있는 해신海神]라 부른 영역[13]—은 그 깊어져가는 사회적 상처의 유일한 처방전으로 보일 것이다.

하지만 스스로-이동self-displacement하는 중요한 경험이 없다면 타자에 대한 관심은 시들 것이기에 사회적 차이가 점차 굳어져간다. 프로이트는 1920년에 출판한 소논문 『쾌락원리 너머』에서 사회학적 진실이 곧 육체적 진실이라고 지적했다. 그는 일체성과 평정 상태의 육체적 쾌락과 그 쾌락을 넘어서는 좀더 현실 중심의 육체적 경험을 대비시킨다. 프로이트는 쾌락이 "번번이 불쾌한 긴장에 의해 자극받아서…… 결국 이 긴장을 완화시킨"다고 썼다.[14] 다시 말해 쾌락은 감각의 자극적 교란을 수반하는 성적 자극 같은 것이 아니다. 대신 쾌락은 프로이드가 궁극적으로 상상한, 자궁 속 태아의 편안함, 안전하고 세상을 모르는 것 같은 그런 상태로 돌아가고자 하는 것이다. 쾌락원리에 지배당하면 사람들은 도망치고 싶어한다.

편안함을 추구하는 욕망이 극심한 생물학적 요구를 표현하는 것임을 알고 있었던 프로이트는 종교적 고행자가 아닌 세속적 현실주의자로서 우리에게 말한다. "살아 있는 유기체에서 자극에 **맞서는 보호는 자극의 수용**보다 훨씬 더 중요한 기능이다."[15] 그러나 보호가 지배한다면, 육체가 주기적으로 위기에 노출되지 않는다면, 유기체는 자극이 부족해 병이 든다. 프로이트에 따르면, 편안함을 향한 현대적 욕구는 인간 존재에게 매우 위험한 충동이다. 우리가 피하고자 하는 난관들은 결국 사라지지 않는다.

쾌락으로 빠져드는 욕구를 무엇으로 이겨낼 수 있을까? 『쾌락원리 너머』에서 프로이트는 두 가지 길이 있다고 내다봤다. 하나는 그가 '현실원리'라고 부르는 것이다. 사람은 순수한 의지의 힘으로 신체적 혹은 감정적 난관에 맞선다. 현실원리의 지배하에서 사람은 '불쾌 unpleasure'를 알고자 한다.[16] 이 불쾌는 일상생활에서 용기를 필요로 한다. 그러나 프로이트는 현실원리가 그다지 강하지 않다는 것, 용기는 드문 일임을 알기에 현실주의자이기도 하다. 쾌락을 이겨내는 또다른 길은 더 확실하고 더 지속적이다. 프로이트에 따르면, 사람의 경험 속에서 "개인의 본능 혹은 그 본능의 일부는 자기 목적이나 요구에서 남아 있는 것들과 공존할 수 없고 이런 일은 거듭 되풀이된다."[17] 육체는 자기 자신과 전쟁을 치른다고 느끼고, 불편할 정도로 자극을 받는다.

그러나 욕망과의 불일치는 그 간극이 너무나 커서 해소할 수도 밀어 낼 수도 없다.

이것이 바로 문명이 하는 일이다. 문명은 우리의 모든 연약함 속에서, 모순적 경험들과 더불어 우리에게 닥쳐온다. 이 모순적 경험을 우리는 무시할 수 없고, 그래서 우리 스스로 불완전함을 느끼게 된다. 하지만 정확히는—후대 비평가의 용어를 빌리면—'인지 부조화 cognitive dissonance' 상태에서, 인간은 총체적 쾌락이 불가능한 영역에 초점을 맞추고, 거기에 집중하며 탐구하고 관여하게 된다. 서구 도시의 역사는 일체성의 기본 이미지를 통해 쾌락뿐 아니라 권력을 창출하고자 했던 노력과 그 문명화의 가능성 사이에 벌어진 긴 투쟁의 기록이다. '육체'의 기본 이미지는 도시 공간에서 권력의 일을 수행했다. 아테네 사람들과 이교도 로마인들이 이런 기본 이미지를 이용했다. 유대-기독교 전통의 발전 과정에서 정신적 방랑자는 도시의 중심으로 돌아왔는데, 그곳에서 그의 고통받는 육체는 그가 항복하고 얌전해진 이유가 되었고, 정신적 육체는 그 결과 살과 돌이 되었다. 현대 과학의 시대가 시작되면서 중심은 '육체'의 새로운 기본 이미지—육체는 순환시키는 기계이고, 중심은 심장 펌프와 허파—를 제공했고, 이 과학적 육체 이미지는 사회적으로 정치 체제의 요구를 압도하는 개인의 힘을 정당화하는 쪽으로 발전했다.

하지만 내가 보여주고자 했듯, 이 유산은 깊은 내적 모순과 긴장을 품고 있다. 아테네에서 남성 나체라는 기본 이미지는 옷 입은 여성의 육체를 완전히 통제할 수도 규정할 수도 없었다. 로마의 중심은 로마의 연속성과 일관성이란 허구의 신화적 중심으로 기능했고, 이 일관성을 표현한 시각적 이미지는 권력의 도구가 되었다. 그러나 민주주의의 중심에서 아테네 시민은 목소리의 노예가 되었다면, 제국의 중심에서 로마 시민은 눈의 노예가 되었다.

초기 기독교가 도시에 뿌리를 내렸을 때, 기독교는 유대-기독교의 '말씀'과 '빛'을 따르는 떠도는 유민의 정신적 조건과는 너무나도 상반되는, 이 시각적이고 지리적인 독재와의 관계를 받아들였다. 기독교는 자신의 시각적 상상을 내부와 외부, 정신과 권력, 이렇게 둘로 나눔으로써 도시 중심의 권력을 받아들였다. 바깥 도시라는 세상이 있다고 해서 영혼의 안쪽 도시의 믿음에 대한 필요성이 완전히 사라지지는 않았다. 중세의 기독교 도시들은 계속해서 이 나눠진 중심을 경험했고, 이제 성소와 거리의 차이를 나타내는 돌로 건설되었다. 하지만 모방을 통해 기독교 도시를 지배했다고 하는 그리스도의 육체조차도 그 거리를 지배할 수는 없었다.

정화 행위로도 중심은 유지될 수 없었다. 더럽혀진 기독교 육체를 속죄하고 깨끗이 씻어내려는 충동은 기독교 베네치아에서 유대인과 다른 불순한 육체에 대한 분리 정책을 촉발했지만 그렇다고 해서 영혼의 핵심을 회복시키지도 못했다. 혁명의 의식儀式도 그 핵심을 일관성 있게 만들지 못했다. 장애물을 제거하고, 혁명기 파리의 도심에 투명한 자유의 공간을 만들려는 충동은, 지속적인 시민의 변화를 지향하는 혁명의 의식을 망가뜨림으로써 공허해지기만 했고 무관심을 초래했다. 현대의 기본 이미지, 즉 거리를 두고 떨어져 있는 개인화된 육체도 승리했다고 보기는 어렵다. 이는 수동성으로 귀결되었다.

공간 속 육체의 기본 이미지들에서 나타나는 간극과 모순 속에서,

저항의 순간들과 사건들이 나타났다. 테스모포리아와 아도니아의 위엄 있던 저항, 기독교인 주택의 식당과 욕실에서의 의례, 게토에서 이루어진 밤의 의례 등은 지배 질서를 파괴하지는 않았지만, 지배 질서가 자신의 이미지로 지배하고자 했던 육체들을 위해 더욱 복잡한 삶을 창조해냈다. 프로이트가 기술한 대로, 서양사에서 육체와 도시 사이의 복잡한 관계는 사람들을 쾌락원리 너머로 데려갔다. 그들은 불안한 육체, 쉬지 못하는 육체, 동요하는 육체였다. 사람들은 부조화와 불편을 얼마나 견딜 수 있을까? 2천 년 동안 그들은 자신들이 열정을 바쳤던 장소들에서 많은 일을 견뎌왔다. 우리는 어느 한 중심에서 이루어진 능동적인 물리적 삶을 이렇게 기록할 수 있을 것이다. 그 중심이 현재 우리가 가진 자산을 평가할 척도는 아니지만 말이다.

마침내 지배와 문명 간의 이 역사적 긴장은 우리 자신에 대해 한 가지 질문을 던진다. 우리 자신의 육체적 수동성에서 어떻게 탈출할 수 있는가? 즉 어디가 우리 시스템의 틈이고, 우리의 해방은 어디서 시작될 것인가? 나는 이 질문이 집단 상처와 집단 권리라는 현재의 담론과는 거리가 멀지라도, 다문화 도시에서는 특히나 시급한 문제라고 주장하는 바이다. 왜냐하면 우리 자신의 감각을 흔들어놓지 않는다면, 어찌 대부분의 사람—마약 밀매소의 문을 두드릴 만큼 용감하진 못한 사람들—이 서로를 향해 나아가도록, 타자를 경험하도록 유도할 수 있겠는가?

어느 사회나 사람들로 하여금 이중성, 불완전성, 다름을 긍정적으로 경험하게 하지는 못해도 그에 대해 참을성을 갖게 하는 강한 도덕적 제재를 필요로 한다. 서양 문명에서 이 도덕적 제재는 종교의 힘에서 나왔다. 피터 브라운의 표현대로, 종교 의례는 도시와 육체의 결속을 가져왔다. 가령 테스포모리아 같은 이교도 의례는 말 그대로 여자를 집의 경계 밖으로, 의례 공간으로 내보내서 그렇게 했다. 이 의례 공간에서는 남녀 모두 시민의 자격이어서 성별의 모호성과 맞닥뜨려야만 했다.

인간을 외부로 향하게 하려면, 공리주의 방식으로 또다시 종교 의례가 필요하다고 말할 수는 없다. 도시 의례 공간의 역사를 살펴본다면 그런 도구적인 방식의 신념을 생각할 수는 없을 것이다. 이교도 세상이 사라지자, 기독교인은 의례 공간을 만들면서 새로운 정신적 소명을 발견했다. 그것은 예전 농촌의 성소가 그랬듯 종국에는 도시에도 각인될 노동과 자기규율의 소명이었다. 이 의례 공간의 중요함은 고통받는 육체를 보살피고, 기독교의 에토스와 떼려야 뗄 수 없는 인간 고통을 인식하는 데 있었다. 운명이 지독하게 꼬이면서, 기독교 공동체가 전혀 다른 부류의 사람들과 함께 살아야만 했을 때, 기독교인들은 이 장소 공유의 감각과 고통받는 육체의 짐을 자신들이 억압했던 베네치아의 유대인 등 다른 사람들에게 떠넘겼다.

프랑스혁명은 이 기독교 드라마를 다시금 끝냈고 되풀이하지도 않았다. 혁명으로 고통을 겪었던 물리적 환경, 혁명가들이 자신의 고통을 통합하고 변형해줄 모성의 인물상을 되찾고자 했던 그 물리적 환경은 장소의 특수성과 밀도를 잃어버렸다. 빈 공간에서, 오래 이어지는 인간적 접속이 없는 추상적 자유의 공간에서 고통받는 육체가 자신을 드러냈다.

결론_ 시민의 육체

혁명 의례의 드라마는 마찬가지로 고대의 삶에 깊이 뿌리 내린 이교도식 드라마를 반영하기도 했다. 이는 의례를 효율적으로 활용하고, 억압받는 자들과 거부된 자들을 통해 의례를 진행하려는 시도였다. 샹드마르스[당시 왕립군사학교 연병장]에서 이 노력은 의례의 설계 단계에서 중단되었다. 의례가 "다른 어딘가에서 온다"는 고대의 믿음은 이제 그 의례의 힘이 설계 차원을 넘어서고 인간의 작용을 넘어선다는 것을 의미하는 듯했다. 그것은 인도적이고 문명화된 사회의 힘 너머에 존재하는 힘들로부터 영향을 받은 것이었다.

그 대신에 설계는 원래부터 피로를 보상하고 노동의 짐을 가볍게 해주기 위해, 편안한 형식으로, 쾌락을 형상화하는 일이 되었다. 그러나 육체를 쉬게 해주었던 이 설계의 힘은 육체를 주변 환경에 대해 더욱 수동적으로 놓으면서, 감각의 무게도 가볍게 만들었다. 설계된 쾌락의 궤적은 인간 육체를 항상 고독한 휴식으로 이끌었다.

만일 지배 권력에 맞서 문명의 힘을 동원하는 데 신앙이 할 수 있는 여지가 있다면, 그것은 정확히 고독이 피하고자 하는 것, 바로 고통을 받아들이는 것에 있다. 영화관에서 내 친구가 분명히 보여주었던 그 살아 있는 고통 말이다. 그의 부서진 손이 이를 증언한다. 살아 있는 고통은 드러난 사회 권력 너머로 움직이는 육체를 증언한다. 세상에서 고통의 의미는 언제나 불완전하다. 고통의 수용은 세상에서 인간이 만든 질서 바깥 영역에 있다. 이 연구의 초반에 인용한 문장에서 비트겐슈타인도 고통에 대해 그런 증언을 했다. 철학자 일레인 스캐리도 자신의 대작 『고통받는 육체』에서 비트겐슈타인의 직관을 끌어왔다. 그녀가 쓰기길, "물리적 고통의 경험을 감당하는 능력은 듣고 만지고 욕망하는 능력만큼이나 인간에겐 원초적 사실이지만", 고통은 "외부세계에 대상이 없다는 점에서 다른 모든 육체적, 심리적 사건과는" 다르다.[18]

불레의 계획안에 나타나는 거대한 부피는 세속사회가 놓쳐버린 고통과의 접점을 잘 보여준다. 혁명가들은 장애물과 과거의 쓰레기가 없는 빈 공간의 부피를 인간적 의미로 채울 수 있다고 믿었다. 말하자면 장애물 없는 공간이 새로운 사회의 요구를 충족할 수 있다고 보았던 것이다. 장소를 지움으로써 고통도 지울 수 있었다. 이 동일한 지움이 이후 시대엔 다른 목적으로, 개인이 타인에게 다가가는 것이 아니라 타인에게서 달아나려는 목적으로 사용되었다. 그 결과 프랑스혁명은 고통에 대한 서양 문명의 이해에 있어 심각한 단절을 가져왔다. 자크루이 다비드는 [프랑스혁명 정신의 상징인] 마리안이 차지했던 공간, 비어 있고 주인 없는 바로 그 공간에 고통 속의 육체를 놓아두었다. 오로지 자신의 고통과 함께할 뿐인 육체. 그리고 이는 견딜 수 없는 상황이다.

다문화 도시에 나타나는 시민사회의 문제점에는 타자인 사람들에게 공감을 일으키지 못한다는 도덕적 어려움이 도사리고 있다. 그리고 나는 육체의 고통이 왜 이를 인정하고 그 초월적 기원을 가시화하는 장소를 필요로 하는지 이해함으로써 그런 공감이 일어난다고 믿는다. 그런 고통은 인간의 경험에서 하나의 궤적을 그린다. 그것은 자아를 혼란스럽게 하고 불완전하게 만들며, 일관성을 향한 욕망을 잠재운다. 고통을 받아들이는 육체는 시민적 육체가 될 준비가 되어 있다. 이 시민적 육체는 다른 사람의 고통, 거리에 함께 현존하는 고통, 끝내

결론_ 시민의 육체

견딜 수 있는 그 고통에 민감하다. 비록 다양한 세상에서 각자가 자신이 무엇을 느끼는지, 자기 자신이 누구인지를 타인에게 설명하지 못하더라도 말이다. 그러나 사회가 고안해낸 것들 속에서 느끼는 고통의 치료제는 없다는 것, 그 불행은 다른 어딘가에서 왔다는 것, 그 고통은 추방된 자들로서 함께 살아가라는 신의 명령에서 유래한다는 것을 인정해야만, 육체는 이 시민적 궤적을 따라갈 수 있다.

주

서론

1__ Hugo Münsterberg, *The Film: A Psychological Study: The Silent Photoplay in 1916* (New York: Dover Publications, 1970; 1916), 95, 82쪽.

2__ Robert Kubey and Mihaly Csikszentimihalyi, *Television and the Quality of Life: How Viewing Shapes Everyday Experience* (Hillsdale, NJ: Lawrence Erlbaum, 1990), 175쪽.

3__ M. P. Baumgartner, *The Moral Order of a Suburb* (New York: Oxford University Press, 1988), 127쪽.

4__ 특히 다음 글 참조. Max Horkheimer and Theodor Adorno, "The Culture Industry: Enlightenment as Mass Deception," *Dialectic of Enlightenment*, trans. John Cummings (New York: Continuum, 1993; 1944), 120~167쪽; Theodor Adorno, "Culture Industry Reconsidered," *New German Critique* 6 (1975): 12~19쪽; Herbert Marcuse, *One-Dimensional Man: Studies in the Ideology of Advanced Industrial Society* (Boston: Beacon Press, 1964).

5__ John of Salisbury, *Policraticus*, ed. C. C. J. Webb (Oxford: Oxford University Press, 1909; original, 1159), pt. 5, no. 2. 이 텍스트는 상태가 안 좋기 때문에 다음 글에 수록된 것을 사용했다. Jacques Le Goff, "Head or Heart? The Political Use of Body Metaphors in the Middle Ages," in *Fragments for a History of the Human Body, Part Three*, eds. Michel Feher, Ramona Naddaff, and Nadia Tazi (New York: Zone Books, 1990), 17쪽.

6__ Michel Foucault and Richard Sennett, "Sexuality and Solitude," *Humanities in Review* I. 1 (1982): 3~21쪽 참조.

7__ Ludwig Wittgenstein, *The Blue and Brown Books: Preliminary Studies for the "Philosophical Investigations"* (New York: Harper Colophon, 1965), 50쪽.

제1장

1__ Nicole Loraux, *The Invention of athens: The Funeral Oration in the Classical City*, trans. Alan Sheridan (Cambridge, MA: Harvard University Press, 1986; Paris, 1981), 113쪽.

2__ Thucydides, *History of the Peloponnesian War*, trans. Rex Warner (London: Penguin, 1954), 145쪽.[한국어판: 투퀴디데스, 『펠로폰네소스 전쟁사』, 천병희 옮김(도서출판 숲, 2011), 168쪽]

3__ 같은 책, 146쪽.[한국어판 169쪽]

4__ 같은 책, 147쪽.[한국어판 171쪽]

5__ Kenneth Clark, *The Nude: A Study in Ideal Form* (Princeton: Princeton University Press, 1956) 참조.

6__ Thucydides, 같은 책, 38쪽.[한국어판 32쪽]

7__ R. E. Wycherley, *The Stones of Athens* (Princeton: Princeton University Press, 1978), 19쪽.

8__ C. M. Cipolla, *Economic History of Europe*, vol. I (London: Fontana, 1972), 144~145쪽에서 재인용.

9__ M. I. Finley, *The Ancient Economy*, 2판 (London: Hogarth Press, 1985), 81쪽.[한국어판: 핀리, 『서양고대경제』, 지동식 옮김(민음사, 1993), 126쪽]

10__ Hesiod, *Works and Days*, 176~178쪽; Finley, 같은 책, 81쪽에서 재인용.[한국어판 126쪽]

11__ J. W. Roberts, *City of Sokrates: An Introduction to Classical Athens* (London and New York: Routelege & Kegan Paul, 1984), 10~11쪽.

12__ Aristotle, *Politics*, ed. Richard McKeon, trans. Benjamin Jowett (New York: Random House, 1968), VII, 1330B.[아리스토텔레스, 『정치학』, 천병희 옮김(도서출판 숲, 2010), 396쪽]

13__ Thucydides, 같은 책, 120쪽.[한국어판 134~135쪽]

14__ M. I. Finley, *The Ancient Greeces: An Introduction to Their Life and Thought* (London: Penguin, 1963), 137쪽

15__ E. R. Dodds, *The Greeks and the Irrational* (Berkeley: University of California press, 1951), 183쪽.[한국어판: 에릭 도즈, 『그리스인들과 비이성적인 것』, 주은영·양호영 옮김(까치, 2002), 138쪽]

16__ Evelyn B. Harrison, "Athena and Athens in the East Pediment of the Parthenon" (1967), *The Parthenon*, ed. Vincent J. Bruno (New York: Norton, 1974),

226쪽.

17__ Philippe Fehl, "Gods and Men in the Parthenon Frieze" (1961), in *The Parthenon*, 321쪽.

18__ John Boardman, "Greek Art and Architecture," in *The Oxford History of the Classical World*, eds. John Boardman, Jasper Griffin, Oswyn Murray (New York: Oxford University Press, 1986), 291쪽.

19__ Clark, 같은 책, 3, 23~24쪽.

20__ Peter Brown, *The Body and Society: Men, Women, and Sexual Renunciation in Early Christianity* (New York: Columbia University Press, 1988), 10쪽.

21__ Aristotle, *On the Generation of Animals*, II. i, 761a 5; trans. A. L. Peck, Loeb Classical Library (Cambridge, MA: Harvard University Press, 1953), 11쪽.

22__ Thomas Laqueur, *Making Sex: Body and Gender from the Greeks to Freud* (Cambridge: Harvard University Press, 1990), 39쪽.[한국어판: 토머스 래커, 『섹스의 역사: 고대에서 현대에 이르는 남성과 여성의 변천사』, 이현정 옮김(황금가지, 2000), 69쪽]

23__ Françoise Héritier-Augé, "Semen and Blood: Some Ancient Theories Concerning Their Genesis and Relationship," in *Fragments for a History of the Human Body*, Part Three, 171쪽.

24__ Aristotle, On the Generation of Animals, II. i, 732a 22~23; trans. Peck, 133쪽.

25__ Laqueur, 같은 책, 25쪽.

26__ 같은 책에서 재인용, 25쪽.

27__ Aristotle, *On sense and Sensible Objects*, 437b 25; *On the Soul, Parva Naturalis, On Breath*, trans. W. S. Hett, Loeb Classical Library (Cambridge, MA: Harvard University Press, 1964), 223쪽 참조.

28__ Aristotle, *On sense and Sensible Objects*, 438b; trans. Hett, 225쪽.

29__ 예를 들어 다음 책에서 '독재'에 관한 토론 참조. Plato, *The Republic*, vol. 8, trans. Desmond Lee, 2판. (New York: Penguin, 1974), 381~398쪽.

30__ B. M. W. Knox, "Silent Reading in Antiquity," *Greek, Roman, and Byzantine Studies* 9 (1968): 421~435쪽; Jesper Svenbro, "La voix intérieure," *Phrasikleia: anthropologie de la lecture en Grèce ancienne* (Paris: Editions la Découverte, 1988), 178~206쪽.

31__ Guilia Sissa, "The Sexual Philosophies of Plato and Aristotle," in *A History of Women in the West*. Vol. I: *From Ancient Goddesses to Christian Saints*, ed. Pauline S. Pantel, trans. Arthur Goldhammer (Cambridge, MA: Harvard University Press, 1992; Paris, 1991), 80~81쪽.

32＿ Joint Association of Classical Teachers, The World of Athens: An Introduction to Classical Athenian Culture (Cambridge, UK: Cambridge University Press, 1984), 174쪽.

33＿ Wycherley, The Stones of Athens, 219쪽.

34＿ Aristophanes, The Clouds, 1005ff; 앞의 책에서 재인용, 220쪽.[한국어판: 『아리스토파네스 희극』, 천병희 옮김(단국대학교출판부, 2000), 73쪽]

35＿ R. E. Wycherley, How the Greeks Built Cities, 2판 (New York: Norton, 1976), 146쪽.

36＿ Brown, "Body and the City," The Body and Society, 5~32쪽.

37＿ Aiskhines, Prosecution of Timarkhus, 138ff; Kenneth Dover, Greek Homosexuality (Cambridge, MA: Harvard University Press, 1989)에서 재인용.

38＿ David M. Halperin, One Hundred Years of Homosexuality (London: Routledge, 1990), 22쪽.

39＿ Dover, Greek Homosexuality, 100쪽.

40＿ 같은 책에서 재인용, 106쪽.

41＿ Homer, Iliad, 15.306~10; trans. A. T. Murray, vol. II, Loeb Classical Library (Cambridge, MA: Harvard University Press, 1963), 129쪽.

42＿ Jan Bremmer, "Walking, Standing, and Sitting in Ancient Greek Culture," in A Cultural History of Gesture, eds. Jan Bremmer and Herman Roodenburg (Ithaca, NY: Cornell University Press, 1991), 20쪽. 호메로스 부분은 Iliad, 5.778에서 인용.

43＿ Alexis, fragment 263; T. Kock, Comicorum Atticorum fragmenta, trans. C. B. Gulick (Leipzig, 1880-88); Bremmer, "Walking, Standing, and Sitting in Ancient Greek Culture,"에서 재인용, 19쪽.

44＿ Thucydides, History of the Peloponnesian War, 149쪽.

45＿ 이 점을 지적해준 G. W. 바우어삭 교수에게 감사한다.

46＿ Birgitta Bergquist, "Sympotic Space: A Functional Aspect of Greek Dining Rooms," in Sympotica: A Symposium on the Symposion, ed. Oswyn Murray (Oxford: Clarendon Press, 1990), 54쪽.

47＿ John M. Camp, The Athenian Agora: Excavations in the Heart of Classical Athens (London: Thames & Hudson, 1986).

48＿ Vincent J. Bruno, "The Parthenon and the Theory of Classical Form," in The Parthenon, 95쪽.

49＿ Camp, The Athenian Agora, 72쪽.

50＿ Aristophanes, The Clouds, 207; Wycherley, The Stones of Athens에서 재인용, 53쪽.[한국어판: 『아리스토파네스 희극』, 천병희 옮김(단국대학교출판부, 2000), 25쪽]

51__ Johann Joachim Winckelmann, *History of Ancient Art*, trans. Johann Gottfried Herder (New York: Ungar, 1969).

52__ Aristotle, *Politics*, trans. Jowett, 310쪽.[한국어판 399쪽]

53__ 같은 곳.[한국어판 66쪽]

54__ Josiah Ober, *Mass and Elite in Democratic Athens: Rhetoric, Ideology, and the Power of the People* (Princeton: Princeton University Press, 1989), 299~304쪽의 토론 참조.

55__ Wycherley, *How the Greeks Built Cities*, 130쪽.

56__ Finley, *The Ancient Greeks*, 134쪽.

57__ Bremmer, "Walking, Standing, and Sitting in Ancient Greek Culture," 25~26쪽.

58__ Froma Zeitlin, "Playing the Other," in *Nothing to Do with Dionysos?*, eds. John J. Winkler and Froma Zeitlin (Princeton: Princeton University Press, 1990), 72쪽.

59__ 이하의 설명은 다음 책에서 가져왔다. Xenophon, *Hellenika*, I.7.7~35; *Hellenika*, I-II.3.10, trans. Peter Krentz (Warminster, UK: Aris & Phillips, 1989), 59~67쪽.[한국어판: 크세노폰, 『헬레니카』, 최자영 옮김(아카넷, 2012), 37~41쪽]

60__ Hesiod, *Works and Days*, 43.[한국어판: 헤시오도스, 「일과 날」, 『신들의 계보』, 천병희 옮김(도서출판 숲, 2009), 104쪽] Joint Association of Classical Teachers, *The World of Athens*, 95쪽에서 재인용.

61__ Ober, *Mass and Elite in Democratic Athens*, 175~176쪽.

62__ Thucydides, *History of the Peloponnesian War*, 49쪽.[한국어판 46쪽]

63__ 같은 책, 242쪽.[한국어판 287쪽] 강조는 내가 한 것.

64__ John. J. Winkler, "The Ephebes' Song," in *Nothing to Do with Dionysos?*, 40~41쪽.

65__ 이 부분을 좀더 보고 싶으면 다음 글 참고. G. R. Stanton and P. J. Bicknell, "Voting in Tribal Groups in the Athenian Assembly," *GRBS* 28 (1987): 51~92쪽; Mogens Hansen, "The Athenian Ekklesia and the Assembly Place on the Pnyx," *GRBS* 23 (1982): 241~249쪽.

66__ Loraux, *The Invention of Athens*, 175쪽. 또한 Edouard Will, "Bulletin historique," *Revue Historique* 238 (1967): 396~397쪽.

제2장

1__ Thucydides, *History of the Peloponnesian War*, 151쪽.[한국어판 175쪽]

2__ 같은 책, 146쪽.[한국어판 169쪽]

3__ Roberts, *City of Sokrates: An Introduction to Classical Athens*, 128쪽.

4__ Erika Simon, *Festivals of Attica: An Archeological Commentary* (Madison: University of Wisconsin Press, 1983), 18~22쪽.

5__ J. P. Vernant, *"Introduction" to Marcel Detienne, The Gardens of Adonis*, trans. Janet Lloyd (Atlantic Highlands, NJ: The humanities Press, 1977), xvii–xviii.

6__ Sarah Pomeroy, Goddesses, *Whores, Wives, and Slaves: Women in Classical Antiquity* (New York: Schocken Books, 1975), 78쪽.

7__ Roman Jakobson, "Two Types of Language and Two Types of Aphasic Disturbances," in *Fundamentals of Language*, eds. R. Jakobson and Morris Halle (The Hague: Mouton, 1956); Peter Brooks, *Reading for the Plot* (New York: Knopf, 1984), 1장.

8 __ Herodotus, *History*, II.35; François Lissarrague, "Figures of Women," *A History of Women in the West*, vol. I: From *Ancient Goddesses to Christian Saints*, ed. Pauline Schmitt Pantel, 194쪽에서 재인용.

9__ Xenophon, *Oikonomikos* 7.35; Joint Association of Classical Teachers, *The World of Athens: An Introduction to Classical Athenian Culture*, 168에쪽서 인용.

10__ Annick Le Guerer, *Scent*, trans. Richard Miller (New York: Random House, 1992), 8쪽.

11__ Aristophane, *Lysistrata*, 928; Nicole Loraux, "Herakles: The Super Male and the Feminine," in *Before Sexuality: The construction of Erotic Experience in the Ancient Greek World*, eds. David Halperin, John J. Winkler, and Froma I. Zeitlin (Princeton: Princeton University Press, 1990), 31쪽에서 재인용.

12 __ Alciphron, *Letters*, IV.14; Detienne, *The Gardens of Adonis*, 65쪽에서 재인용.

13 __ 같은 책, 68쪽에서 재인용. 원문은 Dioscorides, *Materia Medica*, II.136. 1-3.

14__ 같은 곳.

15__ Eva Cantarella, *Bisexuality in the Ancient World*, trans. Corma O'Cuilleaniain (New Haven: Yale University Press, 1992), 90쪽.

16__ Oswyn Murray, "Sympotic History," in *Sympotica: A Symposium on the Symposion*, 7쪽.

17__ L. E. Rossi, "Il simposio greco arcacico e classico...," ; Ezio Pellizer, "Sympotic Entertainment," trans. Catherine Mclaughlin, Sympotica, 183쪽에서 재인용.

18__ Sappho, *Greek Lyrics*, vol.1, trans. David A. Campbell, Loeb Classical Library (Cambridge: Harvard University Press, 1982), 79~80쪽.[한국어판: 아르킬로코스, 사포 외, 『고대 그리스 서정시』, 김남우 옮김(민음사, 2018)]

19__ Plato, *Phaedrus*, 276b; *Phaedrus and Letters VII and VIII*, trans. Walter Hamilton

(London: Penguin, 1973), 98쪽.[한국어판: 플라톤, 『파이드로스』, 김주일 옮김(이제이북스, 2012), 138~139쪽]

20 __ John J. Winkler, "The Laughter of the Oppressed: Demeter and the Gardens of Adonis," *The Constraints of Desire: The Anthropology of Sex and Gender in Ancient Greece* (New York: Routledge, Chapman & Hall, 1990) 참조.

21__ Walter Burkert, *Structure and History in Greek Mythology and Ritual* (Berkeley: University of California Press, 1979) 3쪽. "Ouk emos ho mythos"는 Euripides, *fragment*, 484쪽에서 처음 볼 수 있다. Plato, *Symposium*, 177a, trans. Alexander Nehamas and Paul Woodruff (Indianapolis: Hackett Publishing, 1989), 7쪽과 *Gorgias*, 523a와 527a, trans. Walter Hamilton (London: Penguin, 1960), 142~143, 148~149쪽에서 이 구별을 따른다.

22__ Meyer Fortes, "Ritual and Office," in *Essays on the Ritual of Social Relations*, ed. Max Gluckman (Mancherster: Mancherster University Press, 1962), 86쪽.

23__ Thucydides, *History of the Peloponnesian War*, 152~153쪽.[한국어판: 177~178쪽]

24__ 같은 책, 155쪽.[한국어판: 180~181쪽]

25__ 같은 곳.

26__ Plutarch, "Perikles," *The rise and Fall of Athens: Nine Greek Lives*, trans. Ian Scott-Kilvert (London: Penguin, 1960), 201쪽.

27__ Thucydides, *History of the Peloponnesian War*, 604쪽.

28__ Loraux, *The Inventions of Athens: The Funeral Oration in the Classical City*, 98~118쪽 참조. 이 책의 주 123은 Thucydides, *History of the Peloponnesian War*, 148쪽에서 인용.

29__ Thucydides, *History of the Peloponnesian War*, 156쪽.[한국어판: 181쪽]

30__ Jean-Pierre Vernant, "Dim Body, Dazzling Body," in *Fragments for a History of the Human Body, Part One*, eds. Michel Feher, Ramona Naddaff, and Nadia Taxi (New York: Urzone Books, 1989), 28쪽.

31__ Thucydides, *History of the Peloponnesian War*, 147쪽.[한국어판: 171쪽]

제3장

1__ Frank E. Brown, *Roman Architecture* (New York: George Braziller, 1972), 35쪽.

2__ William L. McDonald, *The Pantheon* (Cambridge, MA: Harvard University Press, 1976), 88~89쪽.

3__ 같은 책, 88쪽.

4__ Seneca, *Letters to Lucilius*, no 37; Carlin A. Barton, *The Sorrows of the Ancient Romans* (Princeton: Princeton University Press, 1993), 15~16쪽에서 재인용.

5__ Barton, *The Sorrows of the Ancient Romans*, 49쪽.

6__ E. H. Gombrich, *Art and Illusion: A Study in the Psychology of Pictorial Representation*, Bollingen Series XXXV.5 (Princeton: Princeton University Press, 1961), 129쪽.

7__ Augustine, *Confession*, X.30; trans. R. S. Pine-Coffin (London: Penguin, 1961), 233쪽. 성서 인용은 「요한복음」 2장 16절.

8__ Richard Brilliant, *Visual Narratives* (Ithaca, NY: Cornell University Press, 1984), 122쪽.

9__ Mary Taliaferro Boatwright, *Hadrian and the City of Rome* (Princeton: Princeton University Press, 1987), 46쪽.

10__ Suetonius, "Nero," 31; *The Twelve Caesars*, trans. Robert Graves, rev. ed. (London: Penguin, 1987), 46쪽.[한국어판: 『열두 명의 카이사르』, 조윤정 옮김(다른세상, 2009)]

11__ Fergus Millar, *The Emperor in the Roman World* (Ithaca: Cornell University Press, 1992), 6쪽.

12__ Vitruvius, *The Ten Books of Architecture*, trans. Morris Hicky Morgan (New York: Dover, 1960), 1쪽. 모건의 번역을 약간 수정했다.

13__ Livy, *Histories*, V.54.4; Donald Dudley, *Urbs Roma*, ed. Donald Dudley (London: Phaidon Press, 1967), 5쪽에서 재인용.

14__ Spiro Kostof, *A History of Architectures: Settings and Rituals* (Oxford: Oxford University Press, 1985), 191쪽.

15__ Ovid, *Fasti*, II.683-684; trans. James George Frazer, Loeb Classical LIbrary (Cambridge, MA: Harvard University Press, 1976), 107쪽.[한국어판: 오비디우스, 『로마의 축제일』, 천병희 옮김(한길사, 2005), 110쪽]

16__ Lidia Mazzolani, *The Idea of the City in Roman Thought*, trans. S. O'Donnell (London: Hollis and Carter, 1970), 175쪽에서 재인용.

17__ Michael Grant, *History of Rome* (New York: Scribners, 1978), 302쪽.

18__ 같은 책, 266쪽.

19__ Boatwright, *Hadrian and the City of Rome*, 132쪽.

20__ Scriptores Historiae Augustae, Hadriani 8.3; Boatwright, *Hadrian and the City of Rome*, 133쪽에서 재인용.

21__ William L. McDonald, *The Architecture of the Roman Empire*, vol. I: *An Introductory Study* (New Haven: Yale University Press, 1982), 129쪽.

22__ Dio Cassius, *Roman History*, LXIX 4.6; *Dio's Roman History*, vol.8, trans. Earnest Cary, Loeb Classical LIbrary (Cambridge, MA: Harvard University Press, 1925), 433쪽.

23__ Pliny, *Natural HIstory*, xxxv.64~66; Norman Bryson, *Vision and Painting* (New Haven: Yale University Press, 1983), 1쪽에서 재인용.

24__ Barton, *The Sorrows of the Ancient Romans*, 13쪽.

25__ Keith Hopkins, "Murderous Games," *Death and Renewal* (New York: Cambridge University Press, 1983), 1~30쪽 참조.

26__ Katherine Welch, "The Roman Amphitheater After Golvin" (미출간 원고, New York University, Institute of Fine Arts), 23쪽에서 재인용. 원형극장에 관한 자료를 제공해준 웰치 박사에게 감사를 전한다.

27__ Tertullian, *Apology*, no 15; *Apologetical Works* (and Octavius, Minucius Felix), trans. Rudolph Arbesmann, Emily Joseph Daly, and Edwin A. Quain, Fathers of the Church Series, 10권 (Washington, D.C.: Catholic University of America Press, 1950), 48쪽.

28__ Martial and Welch in Welch, "The Roman Amphitheater After Golvin," 23쪽.

29__ Suetonius, "Nero," 39; *The Twelve Caesars*, 243쪽.[한국어판: 351~352쪽]

30__ 같은 책.[한국어판: 360쪽]

31__ Richard C. Beacham, *The Roman Theater and Its Audience* (Cambridge, MA: Harvard University Press, 1992), 152쪽.

32__ Quintilian, *Institutio Oratoria*, 100; Fritz Graf, "Gestures and Conventions: The Gestures of Roman Actors and Orators," in *A Cultural History of Gesture*, 41쪽에서 재인용.

33__ Richard Brillant, *Gesture and Rank in Roman Art* (New Haven: Connecticut Academy of Arts and Sciences, 1963), 129~130쪽.

34__ Robert Auguet, *Cruelty and Civilization: The Roman Games* (London: Allen & Unwin, 1972) 참조.

35__ Vitruvius, *The Ten Books of Architecture*, 73쪽.

36__ 같은 책, 75쪽.

37__ Joseph Rykwert, *The Idea of a Town* (Cambridge, MA: MIT Press, 1988), 59쪽.

38__ Polybius, *Histories*, VI. 31, trans. F. Hultsch and E. S. Shuckburgh (Bloomington: Indiana University Press, 1962), 484; Spiro Kostof, *The City Shaped: Urban Patterns and Meanings Through History* (London: Thames & Hudson, 1991), 108쪽에서 재인용.

주

39__ Joyce Reynolds, "Cities," in *The Administration of the Roman Empire*, ed. David Braund (Exeter: University of Exeter Press, 1988), 17쪽.

40__ Ovid, *Tristia*, V.7.42~46, 49~52; *Ovid*, vol. VI, trans. Arthur Leslie Wheeler, rev. G. P. Gould, 2판, Loeb Classical Library (Cambridge, MA: Harvard University Press, 1988), 239쪽.

41__ Tacitus, *Agricola*, 23; Tacitus, *Agricola, Germania, Dialogues*, trans. M. Hutton, rev. R. M. Ogilvie, Loeb Classical Library (Cambridge, MA: Harvard University Press, 1980), 67쪽.

42__ Rykwert, *The Idea of a Town*, 62쪽.

43__ Plautus, *Curculio*, 466~482; *Plautus*, vol. II, trans. Paul Nixon, Loeb Classical Library (Cambridge, MA: Harvard University Press, 1977), 239쪽.

44__ Ramsay MacMullen, *Paganism in the Roman Empire* (New Haven: Yale University Press, 1981), 80쪽.

45__ Richard Krautheimer, *Early Christian and Byzantine Architecture*, 4판 (New York: Viking-Penguin, 1986), 42쪽.

46__ John E. Stambaugh, *The Ancient Roman City* (Baltimore: The Johns Hopkins University Press, 1988), 119쪽.

47__ Frank E. Brown, *Roman Architecture*, 13~14쪽.

48__ Stambaugh, *The Ancient Roman City*, 44쪽.

49__ Malcolm Bell, "Some Observations on Western Greek Stoas," (미출간 원고, ,American Academy of Rome, 1992), 19~20쪽; Marcel Detienne, "En Grèce archai que: Géométrie politique et société," *Annales* ESC 20 (1965): 425~442쪽 참조.

50__ Velleius Paterculus, *Compendium of Roman History*, II. trans. Frederick William Shipley (London: Heinemann, 1924), xx, cxxvi, 2~5쪽.

51__ Frank E. Brown, *Roman Architecture*, 14쪽.

52__ Yvon Thebert, "Private Life and Domestic Architecture in Roman Africa," in *A History of Private Life*. Vol. I: *From Pagan Rome to Byzantium*, ed. Paul Veyne, trans. Arthus Goldhammer (Cambridge, MA: Harvard University Press, 1990), 363쪽.

53__ Mark Girouard, *Life in the English Country House: A Social and Architectural History* (New Haven: Yale University Press, 1978) 참조.

54__ Peter Brown, *The Body and Society*, 21쪽.

55__ Plutarch, *Praecepta conjugalia*, 47.144f; Peter Brown, *The Body and Society*, 21쪽에서

재인용.

56__ H. W. Garrod, ed., *The Oxford Book of Latin Verse* (Oxford: Oxford University Press, 1944), 라틴어 원문은 349쪽, 영어 번역은 500쪽.

57__ 이런 제안을 해준 바우어삭 교수에게 다시 한번 감사한다.

58__ Marguerite Yourcenar, *Memoirs of Hadrian*, trans. Grace Frick (New York: Farrar, Straus & Giroux, 1954), 319~320쪽.[한국어판: 마르그리트 유르스나르, 『하드리아누스 황제의 회상록 2』, 곽광수 옮김(민음사, 2008), 241~242쪽]

59__ H. W. Garrod, *The Oxford Book of Latin Verse*에서 이렇게 연결한다. 하지만 포프의 시라고 알려진 시는 하드리아누스의 것이라 여겨져, 직접적인 관련은 없는 듯하다. 해당 시는 500~501쪽에 실려 있다.

제4장

1__ Origen, *Contra Celsum*, trans. and ed. Henry Chadwick, rev. ed. (Cambridge, UK: Cambridge University Press, 1965), 152쪽.

2__ 같은 곳.

3__ 같은 곳.

4__ 같은 곳.

5__ Arthur Darby Nock, *Conversion* (Oxford: Oxford University Press, 1969), 227쪽.

6__ 두 군데 인용문은 같은 책, 8쪽. James, *The Varieties of Religious Experience*, 209쪽도 참조.

7__ Peter Brown, *The Body and Society*, 특히 5~32쪽 참조.

8__ 다음에 이어지는 두 문단은 내가 이전에 쓴 책 *The Conscience of the Eye* (New York: Norton, 1992; 1990), 5~6쪽의 내용을 가져와 다시 쓴 것이다.

9__ Harvey Cox, *The Secular City: Secularization and the Urbanization in Theological Perspective*, rev. ed. (New York: Macmillan, 1966), 49쪽.

10__ "Epistle to Diognatus," 7.5; Jaroslav Pelikan, *Jesus Through the Centuries* (New Haven: Macmillan, 1966), 49쪽에서 번역하여 재인용. 마지막 문장에서 펠리칸이 넣은 강조 표시는 뺐다.

11__ Augustine, *The City of God*, XV.1; trans. Gerald G. Walsh, et al. vol. 2, Fathers of the Church Series, vol. 14 (Washington, D.C.: Catholic University of America Press, 1950), 415쪽.

12__ Origen, *Contra Celsum*, 313쪽.

13__ 「고린토인들에게 보낸 첫째 편지」 11:2~16. 12:4~13 참조.

14__ John Chrysostom, *Homiliae in Matthaeum*, 6,8:72; Peter Brown, *The Body and Society*, 315~317쪽에서 재인용 및 검토.

15__ Peter Brown, *The Body and Society*, 316쪽.

16__ Origen, *Contra Celsum*, 381쪽.

17__ 같은 책, 382쪽.

18__ Regina Schwartz, "Rethinking Voyeurism and Patriarchy: The Case of Paradise Lost," *Representations* 34 (1991): 87쪽.

19__ Dio Cassius, *Roman History*, LIII.27.2; *Dio's Roman History*, vol. VI, trans. Earnest Cary, Loeb Classical Library (Cambridge, MA: Harvard University Press, 1917), 263 쪽; Mac Donald, *The Pantheon*, 76쪽에서 재인용. 퍼시 셸리가 토머스 피콕에게 보낸 1819 년 3월 23일자 편지, *Letters of Percy Bysshe Shelley*, ed. F. L. Jones, vol.2 (Oxford: Oxford University Press, 1964), 87~88쪽; Mac Donald, *The Pantheon*, 92쪽에서 재인용.

20__ 「고린토인들에게 보낸 첫째 편지」 11:20, 12~14.

21__ L. Michael White, *Building God's House in the Roman World: Architectural Adaptation Among Pagans, Jews, and Christians* (Baltimore: Johns Hopkins University Press, 1990), 107, 109쪽.

22__ 「갈라디아인들에게 보낸 편지」 3:28.

23__ Augustine, *The Confessions*, 229쪽. 「갈라디아인들에게 보낸 편지」 5:17 참조.

24__ Augustine, *The Confessions*, 235쪽.

25__ 「고린토인들에게 보낸 첫째 편지」 11:24~25.

26__ Wayne A. Meeks, *The Moral World of the First Christians* (Philadelphia: Westerminster press, 1986), 113쪽. 인용한 성서 구절은 「골로사이인들에게 보낸 편지」 3:9~11 및 「에페소인들에게 보낸 편지」 4:22~24 참조.

27__ Seneca, *Moral Epistles*, lvi.1-2; *Roman Civilization* Vol II: The Empire, 3판, eds. Naphtali Lewis and Meyer Reinhold (New York: Columbia University Press, 1990), 142쪽에서 재인용.

28__ Jerome Carcopino, *Daily Life in Ancient Rome*, trans. E. O. Lorimer (New Haven: Yale University Press, 1968), 263쪽. 라틴어 원문은 *Corpus Inscriptionum Latinarum*, VI 15258에서 확인할 수 있을 것이다.

29__ Wayne A. Meeks, *The First Urban Christians* (New Haven: Yale University Press, 1983), 153쪽.

30__ Jacob Neusner, *A History of the Mishnaic Law of Purities, Studies in Judaism in Late*

Antiquity, 6.22; *The Mishnaic System of Uncleanness* (Leiden: Brill, 1977), 83~87쪽.

31__ 「로마인들에게 보낸 편지」 6:3.

32__ 「골로사이인들에게 보낸 편지」 2:11~12.

33__ Krautheimer, *Early Christian and Byzantine Architcture*, 24~25쪽.

34__ Richard Krautheimer, *Rome: Profile of a City, 312-1308* (Princeton: Princeton University Press, 1983), 24쪽.

35__ Krautheimer, *Early Christian and Byzantine Architecture*, 40쪽.

36__ White, *Building God's House in the Roman World*, 102~123쪽 참조.

37__ 같은 곳.

38__ Peter Brown, *Augustine of Hippo* (Berkeley: University of California Press, 1967), 289쪽.

39__ 같은 책, 321쪽.

40__ Augustine, *The City of God*, XIV.1; trans. Gerald G. Walsh, vol. 2, 347쪽.

41__ Friedrich Nietzsche, *On the Genealogy of Morals* I.13, trans. Walter Kaufmann and R. J. Hollingdale (New York: Vintage Books, 1967), 44~46쪽.[한국어판: 프리드리히 니체, 『도덕의 계보학』, 홍성광 옮김(연암서가, 2011), 53~56쪽]

42__ 같은 책, 45쪽.[한국어판 54쪽]

43__ 같은 곳. 원문 강조.[한국어판 55쪽]

44__ 같은 책, 46쪽.[한국어판 56쪽]

45__ Louis Dumont, *Home Hierarchicus: Essai sur le Système des castes* (Paris: Gallimard, 1967) 참조.

제5장

1__ Georges Duby, *The Age of the Cathedrals: Art and Society, 980~1420*, trans. Eleanor Levieux and Barbara Thompson (Chicago: University of Chicago Press, 1981; Paris, 1976), 112쪽.

2__ Max Weber, *The City*, trans. Don Martingale and Gertrud Neuwirth (New York: Macmillan, 1958; Tübingen, 1921), 212~213쪽.

3__ Walter Ullmann, *The Individual and Society in the Middle Ages* (Baltimore: Johns Hopkins University Press, 1966), 132쪽.

4__ John of Salisbury, *Policraticus*, Le Goff, "Head or Heart? The Political Use of Body Metaphors in the Middle Ages," in *Fragments for a History of the Human Body*, Part

Three, 17쪽에서 인용.

5__ Ullmann, *The Individual and Society in the Middle Ages*, 17쪽.

6__ Weber, *The City*, 181~183쪽.

7__ Henri Pirenne, *Medieval Cities*, trans. Frank Halsey (Princeton: Princeton University Press, 1946; Paris, 1925), 102쪽.[한국어판: 앙리 피렌, 『중세 유럽의 도시』, 강일휴 옮김(신서원, 1997), 91쪽]

8__ Duby, *The Age of the Cathedrals*, 221쪽.(강조는 저자)

9__ Robert Grinnell, "The Theoretical Attitude Towards Space in the Middle Ages," *Speculum* XXI.2 (April 1946), 148쪽.

10__ Jean Barthélemy, *Le livre de crainte amoureuse; Johann Huizinga, The Waning of the Middle Ages*, trans. F. Hopman (New York: St. Martin's Press, 1954; Leiden, 1924), 199쪽에서 인용.

11__ Jacque Le Goff, *Medieval Civilization, 400~1500*, trans. Julia Burrows (Cambridge, MA: Basil Blackwell, 1988), 158쪽.

12__ Vern Bullough, "Medieval Medical and Scientific Views of Women," *Viator* 4 (1973), 486쪽.

13__ Galen, *Ars medica, preface; Owsei Temkin, Galenism: Rise and Decline of a Medical Philosophy* (Ithaca, NY: Cornell University Press, 1973), 102쪽에서 번역하여 인용.

14__ Galen, *Ars medica*, 11; Temkin, *Galenism*, 103쪽에서 재인용.

15__ 이 정보를 번역해준 찰스 말렉 박사에게 감사한다.

16__ 이어지는 설명은 Marie-Christine Pouchelle, The Body and Surgery in the Middle Ages, trans. Rosemary Morris (New Brunswick, NJ: Rutgers University Press, 1990; Paris, 1983)에서 인용.

17__ Georges Duby, "The Emergence of the Individual; Solitude: Eleventh to Thirteenth Century," in *A History of Private Life*, vol. II: *Revelations of the Medieval World*, eds. Philippe Ariès and Georges Duby, trans. Arthur Goldhammer (Cambridge, MA: Harvard University Press, 1988), 522쪽에서 드 몽드빌의 묘사 참조.

18__ Henri de Mondeville, *Chirurgie (of E. Nicaise)*, 243쪽; Barthelmey, *L'Anglais, Grand Propriétaire*, f.xxvj; 이 둘 모두 Pouchelle, *The Body and Surgery in the Middle Ages*, 115쪽에서 재인용.

19__ 같은 곳.

20__ *Ménagier de Paris*, I; Pouchelle, *The Body and Surgery in the Middle Ages*, 116쪽에서 재인용.

21__ Duby, *The Age of the Cathedrals*, 233쪽.

22__ John of Salisbury, *Policraticus*, IV.8, "De moderatoire justitae et elementiae principis"; Pouchelle, *The Body and Surgery in the Middle Ages*, 203쪽에서 재인용.

23__ 이탈리아인의 도시에 대한 이상은 드 몽드빌의 내부로 침투할 수 있는 도시의 이미지와 일맥상통한다. Françoise Choay, "La ville et le domaine ba   ti comme corps dans les textes des architectes-théoriciens de la première Renaissance italienne," *Nouvelle Revue de Psychannalyse* 9 (1974) 참조.

24__ Caroline Walker Bynum, *Jesus as Mother: Studies in the High Middle Ages* (Berkeley: University of California Press, 1982), 120~125쪽 참조.

25__ Caroline Walker Bynum, "The Female Body and Religious Practice in the Later Middle Ages," in *Fragments for a History of the Human Body*, Part One, 176~188쪽 참조.

26__ Anselm, prayer 10 to St. Paul, *Opera omnia*; Bynum, *Jesus as Mother*, 114쪽에서 재인용. 안셀모가 참조하고 있는 성서 대목은 「마태오의 복음서」 23:37.

27__ Bynum, *Jesus as Mother*, 115쪽.

28__ David Luscombe, "City and Politics Before the Coming of the Politics: Some Illustrations," *Church and City 1000~1500: Essays in Honour of Christopher Brooke*, eds. David Abulafia, Michael Franklin, and Miri Rubin (Cambridge, UK: Cambridge University Press, 1992), 47쪽에서 인용.

29__ Raymond Klibansky, "Melancholy in the System of the Four Temperaments," in *Saturn and Melancholia*, eds. Raymond Klibansky, Erwin Panofsky, and Fritz Saxl (New York: Basic Books, 1964), 97~123쪽에서 재인용.

30__ Duby, *The Age of the Cathedrals*, 228쪽.

31__ Philippe Ariès, *Western Attitudes Toward Death: From the Middle Ages to the Present*, trans. Patricia Ranum (Baltimore: John Hopkins University Press, 1974), 15쪽.

32__ 같은 책, 12쪽.

33__ 같은 책, 12~13쪽.

34__ Moshe Barasch, *Gestures of Despair in Medieval and Early Renaissance Art* (New York: New York University, 1976), 58쪽.

35__ Otto von Simson, *The Gothic Cathedral*, 3판, Bollingen Series XLVIII (Princeton: Princeton University Press, 1988), 138쪽.

36__ Achille Luchaire, *Social France at the Time of Philip Auguste*, trans. Edward Krehbiel (London: John Murray, 1912), 145쪽.

주

37__ Allan Temko, *Notre-Dame of Paris* (New York: Viking Press, 1955), 249쪽.

38__ 같은 책, 250쪽.

39__ Howard Saalman, *Medieval Cities* (New York: George Braziller, 1968), 38쪽.

40__ Michel Mollat, *The Poor in the Middle Ages*, trans. Arthur Goldhammer (New Haven: Yale University Press, 1986), 41쪽.

41__ Lester K. Little, *Religious Poverty and the Profit Economy in Medieval Europe* (London: Paul Elek, 1978), 199쪽.

42__ Humbert de Romans, *Sermons*, xl. 475~476쪽; Bed Jarett, *Social Theories of the Middle Ages 1200~1500* (New York: Frederick Ungar, 1966), 222쪽 에서 재인용.

43__ Little, *Religious Poverty and the Profit Economy in Medieval Europe*, 67쪽.

44__ 같은 책, 173쪽.

45__ Duby, "The Emergence of the Individual," 509쪽.

46__ Marie Luise Gothein, *A History of Garden Art*, vol. I, trans. M. Archer-Hind (New York: Hacker, 1966; Heidelberg, 1913), 188쪽.

47__ *Vigil's Works*, trans. J. W. Mackail, intro. Charles Durham (New York: Modern LIbrary, 1934), 291쪽에 있는 Ecologue X의 번역을 수정했다.

48__ Saalman, *Medieval Cities*, 119쪽, 주 16.

49__ Terry Comito, *The Idea of the Garden in the Renaissance* (New Brunswick, NJ: Rutgers University Press, 1978), 41쪽.

50__ 같은 책, 43쪽에서 재인용.

51__ Bynum, *Jesus as Mother*, 87쪽.

제6장

1__ Maurice Lombard, Jacques Le Goff, "Introduction," *Histoire de la France urbaine*, vol. II: *La Ville Médiévale*, eds. André Chedeville, Jacques Le Goff, and Jacques Rossiaud (Paris: Le Seuil, 1980), 22쪽.

2__ Le Goff, *Medieval Civilization, 400~1500*, 27쪽.

3__ 같은 책, 215쪽.

4__ Jacques Heers, *La Ville au Moyen Age* (Paris: Fayard, 1990), 189쪽.

5__ Philippe Contamine, "Peasant Hearth to Papal Palace: The Fourteenth and Fifteenth Centuries," in *A History of Private Life*, Vol. II: *Revelations of the Medieval World*, ed. Duby and Ariès, 439쪽.

6__ 같은 곳.

7__ Jean-Pierre Leguay, *La rue au Moyen Age* (Rennes, France: Editions Ouest-France, 1984), 156~157쪽.

8__ 같은 책, 155쪽.

9__ 같은 책, 198쪽.

10__ Virginia Wylie Egbert, *On the Bridges of Medieval Paris: A Record of Fourteenth Century Life* (Princeton: Princeton University Press, 1974) 참조.

11__ 같은 책, 26쪽.

12__ Robert S. Lopez, *The Commercial Revolution of the Middle Ages, 930~1350* (Englewood Cliffs, NJ: Prentice-Hall, 1971), 88쪽.

13__ 같은 책, 89쪽.

14__ Humbert de Romans, Sermon xcii, *In Merchatis* 562; Jarett, *Social Theories of the Middle Age*, 164쪽에서 재인용.

15__ 같은 곳.

16__ Lopez, *The Commercial Revolution of the Middle Ages*, 127쪽.

17__ Summerfield Baldwin, *Business in the Middle Ages* (New York: Cooper Square Press, 1968), 58쪽.

18__ Lopez, *The Commercial Revolution of the Middle Ages*, 127쪽.

19__ Gerald Hodgett, *A Social and Economic History of Medieval Europe* (London: Methuen, 1972), 58쪽.

20__ Gordon Leff, *Paris and Oxford Universities in the Thirteenth and Fourteenth Centuries: An Institutional and Intellectual History* (New York: John Wiley & Sons, 1968), 16~17쪽.

21__ Jarrett, *Social Theories of the Middle Ages*, 95쪽.

22__ Jacques Le Goff, *Your Money of Your Life: Economy and Religion in the Middle Ages*, trans. *Patricia Ranum* (New York: Zone, 1988), 67쪽.

23__ Ernst Kantorowicz, *The King's Two Bodies: A Study in Medieval Political Theology* (Princeton: Princeton University Press, 1981), 316쪽.

24__ Leff, *Paris and Oxford Universities in the Thirteenth and Fourteenth Centuries*, 8쪽.

25__ Guillaume d'Auxerre, *Summa aurea*, III, 21쪽; 원본은 플로렌스의 Biblioteca S. Croce에 있다.(그 사본에서 직접 번역) 이 문구는 Jacques Le Goff, "Temps de l'Eglise et temps du marchand," *Annales* ESC 15 (1960): 417쪽에도 인용되었다.

26__ Etienne de Bourbon, *Tabula Exemplorum*, trans. and ed. J. T. Welter (1926), 139쪽.

27__ Guillaume d'Auxerre, *Summa aurea*; "Temps de l'Eglise et temps du marchand," 417쪽.

28__ Norman Cohn, *The Pursuit of the Millennium: Revolutionary Millenarians and Mystical Anarchists of the Middle Ages*, 개정판 (New York: Oxford University Press, 1972) 참조.

29__ Le Goff, "Temps de l'Eglise et temps du marchand," 424~425쪽.

30__ David Landes, *Revolution in Time: Clocks and the Making of the Modern World* (Cambridge, MA: Belknap Press, 1983) 참조.

31__ Marie-Dominique Chenu, *La théologie au XXème siècle* (Paris: J. Vrin, 1957; 1976), 66쪽에서 재인용.

32__ Albert Hirschmann, *The Passions and The Interests: Political Arguments for Capitalism Before Its Triumph* (Princeton: Princeton University Press, 1977), 10~11쪽.

33__ William of Conches, *Moralis Philosophia*, PL. 171.1034~1035; Jean Claude Schmitt, "The Ethics of Gesture," *Fragments for a history of the human body, Part Two*, eds. Michel Feher, Ramona Naddaff, and Nadia Tazi (New York: Zone Books, 1989), 139쪽에서 재인용.

34__ Le Goff, *Your Money of Your Life*, 73쪽.

35__ Wolfgang Stechow, *Brueghel* (New York: Abrams, 1990), 80쪽.

36__ Marilyn Aronberg Lavin, *Piero della Francesca: The Flagellation* (New York: Viking Press, 1972), 71쪽.

37__ Philip Guston, "Piero della Francesca: The Impossibility of Painting," *Art News* 64 (1965), 39쪽.

38__ Stechow, *Brueghel*, 51쪽에서 인용.

39__ W. H. Auden, "Musée des Beaux Arts," *Collected poems*, ed. Edward Mendelson (New York: Random House, 1976), 146~147쪽.[오든, 『아킬레스의 방패: 오든 시선집』, 봉준수 편역 (나남, 2009), 67쪽]

제7장

1__ William Shakespeare, *The Merchant of Venice*, ed. W. Moelwyn Merchant (London: Penguin, 1967), III.3.26.[한국어판: 윌리엄 셰익스피어, 『베니스의 상인』, 이경식 옮김(문학동네, 2011), 96쪽]

2__ 같은 책, IV.1.215~216.[한국어판 119~120쪽]

3__ 같은 책, III.3.27~31.[한국어판 96쪽]

4_ William H. McNeill, *Venice, The Hinge of Europe, 1081~1797* (Chicago: University of Chicago Press, 1974) 참조.

5_ Frederick C. Lane, "Family Partnerships and Joint Ventures in the Venetian Republic," *Journal of Economic History* IV (1944), 178쪽.

6_ Figures from Ugo Tucci, "The psychology of the Venetian Merchant in the Sixteenth Century," in *Renaissance Venice*, ed. John Hale (Totowa, NJ: Rowman & Littlefield, 1973), 352쪽.

7_ Frederic Lane, *Venice: A Maritime Republic* (Baltimore: Johns Hopkins University Press, 1973), 147쪽.

8_ Alberto Tenenti, "The Sense of Space and Time in the Venetian World," *Renaissance Venice*, 30쪽에서 재인용.

9_ 같은 글, 27쪽.

10_ Brian Pullman, *Rich and Poor in Renaissance Venice* (Oxford: Basil Blackwell, 1971), 484쪽에서 인용.

11_ Felix Gilbert, "Venice in the Crisis of the League of Cambrai," in *Renaissance Venice*, 277쪽.

12_ Anna Foa, "The New and the Old: The Spread of Syphilis, 1494~1530," in *Sex and Gender in HIstorical Perspective*, eds. Edward Muir and Guido Ruggiero (Baltimore: Johns Hopkins University Press, 1990), 29~34쪽.

13_ Sigismondo de'Conti da Foligno, *La Storie dei suoi tempi dal 1475 al 1510*, vol.2 (Rome 1883), 271~272쪽; Foa, "The New and the Old," 36쪽에서 재인용.

14_ Gilbert, "Venice in the Crisis of the League of Cambrai," in *Renaissance Venice*, 279쪽.

15_ Robert Finlay, "The Foundation of the Ghetto: Venice, the Jews, and the War of the League of Cambrai," *Proceedings of the American Philosophical Society* 126.2 (April 1982): 144쪽.

16_ Aristotle, *The Politics*, ed. Richard McKeon, trans. Benjamin Jowett (New York: Modern Library, 1947), 1권 10장 참조.

17_ Benjamin N. Nelson, "The Usurer and the Merchant Prince: Italian Businessmen and the Ecclesiastial Law of Restitution, 1100~1500," *Journal of Economic History VII* (1947), 108쪽.

18_ Thomas Dekker, *The Seven Deadly Sins of London* (London, 1606); L. C. Knights, *Drama and Society in the Age of Jonson*, 165쪽에서 재인용.

19__ Sir Thomas Overbury, "A Devilish Usurer," *Characters* (1614); L. C. Knights, *Drama and Society in the Age of Jonson*, 165쪽에서 재인용.

20__ Sander L. Gilman, *Sexuality* (New York: John Wiley & Sons, 1989), 31쪽.

21__ Le Geurer, *Scent*, 153, 159쪽.

22__ Gilman, *Sexuality*, 86~87쪽에서 재인용.

23__ Mary Douglas, *Purity and Danger: An Analysis of Concepts of Pollution and Taboo* (London: Routledge & Kegan Paul, 1978) 참조.

24__ Marino Sanuto, *I Diarii di Marino Sanuto*, ed. Rinaldo Fulin, et al. (Venice 1879~1903), 20권, 98쪽; Finlay, "The Foundation of the Ghetto," 146쪽에서 재인용.

25__ Pullman, *Rich and Poor in Renaissance Venice*, 495쪽에서 인용.

26__ 같은 책, 486쪽.

27__ Shakespeare, *The Merchant of Venice*, III.1.76~77.[한국어판 77쪽]

28__ Hugh Honour, *Venice* (London: Collins, 1990), 189쪽,

29__ 금욕주의가 금욕주의자들을 위협하는 관능성으로 전이될 수 있었던 원인을 이해하려면, Douglas, *Purity and Danger* 참조.

30__ Norbert Huse and Wolfgang Wolters, *The Art of Renaissance Venice: Architecture, Sculpture, and Painting, 1460~1590*, trans. Edmund Jephcott (Chicago: University of Chicago Press, 1990), 8쪽.

31__ Zacaria Dolfin, Benjamin Ravid, "The Religious, Economic, and Social Background and Context of the Establishment of the Ghetti of Venice" (1983), *Gli Ebrei e Venezia*, ed. Gaetano Cozzi (Milano: Edizioni di Communità, 1987), 215쪽에서 재인용.

32__ Brian S. Pullan, *The Jews of Europe and Inquisition of Venice, 1550~1670* (Totowa, NJ: Barnes & Noble, 1983), 157~158쪽.

33__ 같은 책, 152쪽에서 재인용.

34__ Johann Burchard, *Liber Notarum* (Cita di Castello, n.p.l., 1906). Georgina Masson, *Courtesans of the Italian Renaissance* (New York: St. Martin's Press, 1975), 8쪽의 번역을 따르되 일부는 수정했다.

35__ Pierto Aretino, *Ragionamenti*; Masson, *Courtesans of the Italian Renaissance*, 24쪽에서 재인용.

36__ 같은 책, 152쪽에서 인용.

37__ Guido Ruggiero, *The Boundaries of Eros: Sex Crime and Sexuality in Renaissance Venice* (New York: Oxford University Press, 1985), 9쪽.

38__ Masson, *Courtesans of the Italian Renaissance*, 152쪽에서 인용.

39__ Diane Owen Hughes, "Earrings for Circumcision: Distinction and Purification in the Italian Rennaisance City," in *Persons in Groups*, ed. Richard Trexler (Binghamton, NY: Medieval and Renaissance Texts and Studies, 1985), 157쪽.

40__ 같은 책, 163, 165쪽.

41__ Ravid, "The Religious, Economic and Social Background and Context of the Establishment of the Ghetti of Venice," 215쪽에서 재인용.

42__ Carol H. Krinsky, *Synagogues of Europe: Architecture, History, Meaning* (New York: The Architectural History Foundation and MIT Press, 1985), 18쪽.

43__ Thomas Coryat, *Coryat's Crudities*, 1권 (Glasgow, 1905), 372~373쪽.

44__ Kenneth R. Stow, "Sanctity and the Construction of Space: The Roman Ghetto as Sacred Space," in *Jewish Assimilation, Acculturation and Accomodation: Past Traditions, Current Issues and Future Prospects*, ed. Menachem Mor (Lanham, NE: University Press of America, 1989), 54쪽.

45__ 이 점을 지적해준 조지프 리쿼트에게 감사를 전한다.

46__ Elliot Horowitz, "Coffe, Coffeehouses, and the Nocturnal Rituals of Early Modern Jewry," *Association for Jewish Studies* 14 (1988), 17~46쪽 참조.

47__ Jacob Katz, *Exclusiveness and Tolerance: Studies in Jewish-Gentile Relations in Medieval and Modern Times* (Oxford: Oxford University Press, 1961), 133쪽.

48__ Katz, *Exclusiveness and Tolerance*, 138쪽.

49__ Howard Adelman, "Leon Modena: The Autobiography and the Man," in *The Autobiography of a Seventeenth-Century Rabbi: Leon Modena's "Life of Judah"*, ed. Mark R. Cohen (Princeton: Princeton University Press, 1988), 28쪽.

50__ Frank Manuel, *The Broken Staff: Judaism Through Christian Eyes* (Cambridge, MA: Harvard University Press, 1992) 참조.

51__ Adelman, "Leon Modena," 31쪽.

52__ Benjamin C. I. Ravid, "The First Charter of the Jewish Merchants of Venice, 1589," *Association for Jewish Studies Review*, I (1976), 207쪽.

53__ Natalie Z. Davis, "Fame and Secrecy: Leon Modena's Life as an Early Modern Autobiography," in *The Autobiography of Seventeenth-Century Rabbi*, 68쪽.

54__ Gilman, *Sexuality*, 41쪽.

55__ Leon Modena, "Life of Judah," in *The Autobiography of Seventeenth-Century Rabbi*, 144쪽.

주

56__ 같은 곳.

57__ 같은 책, 162쪽.

58__ Shakespeare, *The Merchant of Venice*, III.1.53~62.[한국어판 76쪽]

제8장

1__ William Harvey, *De motu cordis* (Frankfurt, 1628), 165쪽; Richard Toellner, "Logical and Psychological Aspects of the Discovery of the Circulation of the Blood," *On Scientific Discovery*, eds. Mirko Grmek, Robert Cohen, and Guido Cimino (Boston: Reidel, 1980), 245쪽에서 재인용.

2__ William Bynum, "The Anatomical Method, Natural Theology, and the Functions of the Brain," *ISIS* 64 (December 1973), 435쪽에서 재인용.

3__ Thomas Willis, *Two Discourses Concerning the Soul of Brutes* (London, 1684), 44쪽; Bynum, "The Anatomical Method, Natural Theology, and the Functions of the Brain," 453쪽에서 재인용.

4__ E. T. Carlson and Meribeth Simpson, "Models of the Nervous System in Eighteenth-Century Neurophysiology and Medical Psychology," *Bulletin of the History of Medicine* 44 (1969), 101~115쪽 참조.

5__ Barbara Maria Stafford, *Body Criticism: Imaging the Unseen in Enlightenment Art and Medicine* (Cambridge: MIT Press, 1991), 409쪽.

6__ Harvey, *De motu cordis*, 165쪽; Toellner, "Logical and Psychological Aspects of the Discovery of the Circulation of the Blood," 245쪽에서 재인용.

7__ Dorinda Outram, *The Body and the French Revolution: Sex, Class and Political Culture* (New Haven: Yale University Press, 1989), 48쪽.

8__ Alain Corbin, *The Foul and the Fragrant: Odor and the French Social Imagination* (New York: Berg, 1986; Paris, 1982), 71쪽.

9__ Marie-France Morel, "Ville et campagne dans le discours medical sur la petite enfance au XVIII siecle," *Annales* ESC 32 (1997), 1013쪽.

10__ Outram, *The Body and the French Revolution*, 59쪽.

11__ Corbin, *The Foul and the Fragran*, 91쪽.

12__ John W. Reps, *Mounumental Washington* (Princeton: Princeton University Press, 1967), 21쪽.

13__ Elizabeth S. Kite, *L'Enfant and Washington* (Baltimore: Johns Hopkins Univerity

Press, 1929), 48쪽에서 재인용.

14__ 랑팡의 제안서는 H. Paul Caemmerer, *The Life of Pierre Charles L'Enfant* (New York: Da Capo, 1970)에서 복원되었다. 이 문구는 153쪽에서 인용.

15__ Mona Ozouf, *Festivals of the French Revoltuions*, trans. Alan Sheridan (Cambridge, MA: Harvard University Press, 1988; Paris, 1976), 148쪽.

16__ Robert Harbison, *Eccentric Spaces* (Boston: Godline, 1988), 5쪽.

17__ L'Enfant, "Memorandum," in Caemmerer, *Life*, 151쪽.

18__ "Query VI: Productions Mineral, Vegetable and Animal," in *Thomas Jefferson, Notes on the State of Virginia*, edited with an introduction by William Peden (Chapel Hill: University of North Carolina Press, 1955), 26~72쪽 참조.

19__ Karl Polany, *The Great Transformation: The Political and Economic Origins of Our time* (Boston: Beacon Hill Press, 1957) 참조.

20__ Adam Smith, *The Wealth of Nations* (New York: Everyman's Library, Knopf, 1991), 4쪽.[한국어판: 애덤 스미스, 『국부론』, 유인호 옮김(동서문화사, 2008), 18쪽]

21__ 같은 책, 15쪽.[한국어판 30쪽]

22__ 같은 책, 12쪽.[한국어판 28쪽]

23__ Smith, "How Commerce of the Towns Contributed to the improvement of the Country," 같은 책, 362~374쪽 참조.

24__ Johann Wolfgang Goethe, *Italian Journey*, trans. W.H.Auden and Elizabeth Mayer (New York: Pantheon, 1962), 124쪽.[한국어판: 요한 볼프강 폰 괴테, 『이탈리아 기행 1』, 박찬기 옮김(민음사, 2004), 227쪽]

25__ Goethe, Diary of the Journey from Karlsbad to Rome, September 24, 1786; T. J. Reed, *Goethe* (Oxford: Oxford University Press, 1984), 35쪽에서 재인용.

26__ Goethe, *Italian Journey*, 58쪽.[한국어판 117쪽]

27__ 같은 책, 202쪽.[한국어판 345쪽]

28__ 같은 책, 124쪽.[한국어판 226~227쪽]

29__ T. J. Reed, *Goethe*, 35쪽에서는 이러한 묘한 어법에 주목한다.

30__ Goethe, *Italian Journey*, 124쪽.[한국어판 227쪽]

31__ Léon Cahen, "La population parisienne au milieu du 18ème siècle," *La Revue de Paris* (1919), 146~170쪽.

32__ George Rudé, *The Crowd in the French Revolution* (Oxford: Oxford University Press, 1959), 21~22쪽.

33__ Charles Tilly, *The Contentious French* (Cambridge, MA: Harvard University Press,

1986), 222쪽.

34__ Joan Landes, *Women and the Public Sphere in the Age of the French Revolution* (Ithaca: Cornell University Press, 1988), 109쪽.

35__ Rudé, *The Crowd in the French Revolution*, 75~76쪽.

36__ 마리 앙투아네트가 메르시아르장토에게 보낸 1789년 10월 10일자 편지. Simon Schama, *Citizens* (New York: Knopf, 1989), 469쪽에서 인용.

37__ Schama, *Citizens*, 470쪽.

38__ Lynn Hunt, *The Family Romance of the French Revolution* (Berkeley: University of California Press, 1992), 특히 1, 2장 참조.

제9장

1__ *Les Révolutions de Paris*, vol. 17, no. 215 (혁명력: 25~30 brumaire an II)

2__ Gustave Le Bon, *The Crowd*, intro Robert K. Merton, no trans. listed (New York: Viking, 1960; Paris, 1895), 33쪽.

3__ 같은 책, 30쪽.

4__ 같은 책, 32쪽.

5__ François Furet, *Penser la Révolution Française* (Paris: Gallimard, 1978), 48~49쪽.

6__ Joan Landes, "The Performance of Citizenship: Democracy, Gender and Difference in the French Revolution," 'Conference for the Study of Political Thought'에서 발표된 미출판 논문 (Yale University, April 1993), 2쪽.

7__ Joan Wallach Scott, "'A Woman Who Has Only Paradoxes to Offer': Olympe de Gouges Claims Right for Women," in *Rebel Daughters: Women and the French Revolution*, eds. Sara E. Melzer and Leslie W. Rabine (New York: Oxford Univerity Press, 1992), 102~120쪽 참조.

8__ Jean-Jacques Rousseau, *Emile* (Paris: Pleiades, 1971), 5권, 247쪽.

9__ Peter Brooks, *Body Work: Objects of Desire in Modern Narrative* (Cambridge, MA: Havard University Press, 1993), 59쪽.

10__ Michel Foucault and Richard Sennett, "Sexuality and Solitude," *Humanities in Revue* I. 1 (1982): 3~21쪽 참조.

11__ Olwen Hufton, *Women and the Limits of Citizenship in the French Revolution* (Toronto: University of Toronto Press, 1992), 64쪽.

12__ Michel Vovelle, *La Révolution Française: Images et récits* (Paris: Editions Messidor/

Livre Club Diderot, 1986), 2권, 139쪽.

13__ Edmond Sirel, "Les Lèvres de la Nation," revolutionary broadsheet (Paris, 1792), 6쪽.

14__ Jean Starobinski, *Jean-Jacques Rousseau, la transparence et l'obstacle: Suivi de sept essais sur Rouseau* (Paris: Gallimard, 1971) 참조.

15__ 샤를 드 바이의 계획안은 Vovelle, *La Révolution Française: Images et Récits*, 4권, 263 쪽 참조. 푸아예의 계획안은 Ministère de la Culture et de la Communication, des Grands Travaux et du Bicentenarie, *Les Architectes de la Liberté, 1789~1799*, exh. cat. (Paris: Ecole Nationale Supérieure des Beaux Arts de Paris, 1789), 216쪽, 그림 154 참조.

16__ Helen Rosenau, *Boullée and Visionary Architecture* (New York: Harmony Books, 1976), 8쪽에서 인용.

17__ Etienne-Louis Boullée, *Architecture, An Essay on Art*, trans. Sheila de Valle (original MS Français 9153, Bibliothèque Nationale, Paris); Rosenau, *Boullée and Visionary Architecture*, 107쪽에 재수록.

18__ 같은 곳.

19__ 같은 책, 91쪽.

20__ 같은 책, 82쪽.

21__ Anthony Vidler, *The Architecture Uncanny: Essays in the Modern Unhomely* (Cambridge, MA: MIT Press, 1992). 나는 불레의 작품을 날카롭게 분석한 비들러 교수에게 많은 빚을 졌다.

22__ Emmert Kennedy, *A Cultural History of the French Revolution* (New Haven: Yale University Press, 1989), 197쪽.

23__ 작자 미상, "Machine proposée à l'Assemblée Nationale pour le Supplice des Criminelles par M. Guillotine," Musée Carnavalet #10-63; Daniel Gerould, *Guillotine: Its Legend and Lore* (New York: Blast Books, 1992), 14쪽에 재수록.

24__ Georges Dauban, *Madame Roland et son temps* (Paris, 1864; 1819), 263쪽. 다니엘 아라스 같은 현대 역사가는 원본이 아닌 자료를 참조하고 있다. 이 문구의 원본은 프랑스혁명의 중요한 문서 중 하나에 있다.

25__ Daniel Arasse, *The Guillotine and the Terror*, trans. Christopher Miler (London: Allen Lane, 1989), 28쪽.

26__ J.-B. Bossuet, *Oeuvres oratoires*, ed. J. Lebourg (Lille and Paris, 1892), 4권, 256쪽; Kantorowicz, *The King's Two Bodies: A Study in Medieval Political Theology*, 409쪽, 주 319에

서 재인용.

27__ Lynn Hunt, *Politics, Culture, and Class in the French Revolution* (Berkeley: University of California Press, 1984), 32쪽.

28__ Outram, *The Body and the French Revolution*, 115쪽.

29__ 같은 곳.

30__ Ozouf, *Festivals of the French Revolution*, 79쪽.

31__ 같은 책, 66쪽.

32__ David Lloyd Dowd, *Pageant-Master of the Republic: Jacques-Louis David and the French Revolution* (Lincoln: University of Nebraska Press, 1948), 61쪽.

33__ *Révolutions de Paris*: Ozouf, *Festivals of the French Revolution*, 67쪽에서 재인용.

34__ *Annales Patriotiques* 108 (1792. 4. 17): 478. Dowd, *Pageant-Master of the Republic*, 61쪽은 이 부분을 정확하게 번역하지 못했다.

35__ Edmond Constantin, *Le Livre des Heureux* (Paris, 1810), 226쪽.

36__ 이 점을 지적해준 스코트에게 사의를 표한다.

37__ "A Boy's Testimony Concerning all Illiterate Woman Signing the Petition at the Champ de Mars, July 17, 1791," *Women in Revolutionary Paris, 1789~1795*, eds. Earlene Gay Levy, et al. (Chicago: University of Illinois Press, 1980), 83~84쪽에서 재인용.

38__ Mary Jacobus, "Incorruptible Milk: Breast-feeding and the French Revolution," in *Rebel Daughters. Women and the French Revolution*, eds. Sara Melzer and Leslie Rabine (New York: Oxford University Press, 1992), 65쪽.

39__ Engraving by Helman, After Monnet, *La Fontaine de la Régénération; Vovelle; La Révolution Française: Images et récit*, 4권, 142쪽.

40__ Marie-Hélène Huet, *Rehearsing the Revolution: The Staging of Marat's Death, 1793~1797* (Berkeley: University of California Press, 1983), 35쪽.

41__ Jacobus, "Incorruptible Milk," 65쪽 및 Hunt, *Politics, Culture, and Class in the French Revolution*, 94~98쪽 참조.

42__ Hunt, *The Family Romance of the French Revolution*, 80쪽.

43__ Anita Brookner, *Jacques-Louis David* (London: Thames & Hudson, 1980), 114쪽.

44__ Daniel and Guy Wildenstein, *David: Documents supplémentaires au catalogue complèt de l'oeuvre* (Paris: Foundation Wildenstein, 1973)에서 재인용. Brookner, *David*, 116쪽에도 나온다.

45__ Warren Roberts, "David's 'Bara' and the Burdens of the French Revolution,"

Revolutionary Europe, 1750~1850 (Tallahassee, FL: Conference Proceedings, 1990) 참조.

제10장

1__ Raymond Williams, *The Country and the City* (New York: Oxford University Press, 1973), 217쪽.

2__ 같은 책, 220쪽.

3__ M. Forster, *Howards End* (New York: Vintage Books, 1989; London, 1910), 112쪽.[E. M. 포스터, 『하워즈엔드』, 고정아 옮김(열린책들, 2006), 141~142쪽]

4__ Judith R. Walkowitz, *City of Dreadful Delight: Narratives of Sexual Danger in Late-Victorian London* (Chicago: University of Chicago Press, 1992), 25쪽.

5__ *Housing of the Working Classes*, Royal Commission Report 4402 (1884-85.xxx), 19~20; Donald J. Olsen, *Town Planning in London: The Eighteenth and Nineteenth Centuries*, 2판 (New Haven: Yale University Press, 1982), 208쪽에서 재인용.

6__ Paul Thompson, *The Edwardians: The Remaking of British Society*, 2판 (New Yorkj: Routledge, 1992), 286쪽에 나오는 토지대장 통계자료로 만든 국가 자본 분배표 참조.

7__ Alfred Kazin, "Howards End Revisited," *Partisan Review* LIX.1 (1992), 30~31쪽.

8__ Alexis de Tocqueville, *Democracy in America*, trans. Henry Reeve, 4판, 2권 (New York: H. G. Langley, 1845) 참조.

9__ Virginia Woolf, "The Novels of E. M. Forster," *The Death of the Moth and Other Essays* (New York: Harcourt, Brace, 1970), 172쪽.

10__ Bruno Fortier, "La Politique de l'Espace parisien," in *La politique de l'espace parisien à la fin de l'Ancien Régime*, ed. Fortier (Paris: Eiditions Fortier, 1975), 59쪽.

11__ David Pinckney, *Napoleon III and the Rebuilding of Paris* (Princeton: Princeton University Press, 1958), 25쪽.

12__ G. E. Haussmann, *Mémoires*, 3권 (Paris, 1893), 478~483쪽 참조; Pickney, *Napoleon III and the Rebuilding of Paris*, 78쪽에서 재인용.

13__ Pickney, *Napoleon III and the Rebuilding of Paris*, 93쪽.

14__ Donald Olsen, *The City as a Work of Art: London, Paris, Vienna* (New Haven: Yale University Press, 1986), 92쪽.

15__ Walkowitz, *City of Dreadful Delight*, 29쪽.

16__ Angelo Masso, *Fatigue*, trans. M. and W. B. Drummond (London, 1906), 156

쪽; Anson Rabinbach, *The Human Motor: Energy, Fatigue, and the origins of Modernity* (New York: Basic Books, 1990), 136쪽에서 재인용.

17__ Roubo; Sigfied Giedion, *Mechanization Takes Command* (New York: Oxford University Press, 1948), 313쪽에서 인용.

18__ Giedion, *Mechanization Takes Command*, 396쪽.

19__ 같은 책, 404쪽.

20__ Wolfgang Schivelbusch, *The Railway Journey* (Berkely: University of California Press, 1986), 75쪽.[한국어판: 볼프강 쉬벨부쉬, 『철도여행의 역사』, 박진희 옮김(궁리, 1999) 참조]

21__ Richard Sennett, *The Fall of Public Man* (New York: W.W.Norton, 1992; 1976), 81쪽 참조.

22__ 같은 책, 216쪽.

23__ Augustus J. C. Hare, *Paris* (London: Smith, Elder, 1887) 5쪽; Olsen, *The City as a Work of Art*, 217쪽에서 재인용.

24__ Reyner Banham, *The Well-Tempered Environment*, 2판 (Chicago: University of Chicago Press, 1984), 18~44쪽 참조.

25__ Elizabeth Hawes, *New York, New York: How the Apartment House Transformed the Life of the City, 1869~1930* (New York: Knopf, 1993), 231쪽.

26__ E. M. Forster, *Two Cheers for Democracy* (London: Edward Arnold, 1972), 66쪽.

27__ Forster, *Howards End*, 134쪽.[한국어판 168쪽]

28__ E. M. Forster, *Maurice* (New York: W. W. Norton, 1993), 250쪽.

29__ 작가 미상, "The Glorified Spinster," *Macmillan's Magazine* 58 (1888): 371, 374쪽.

30__ Forster, *Howards End*, 209~210쪽.[한국어판 261쪽]

31__ 같은 책, 210쪽.[한국어판 261쪽]

32__ 같은 책, 350쪽.[한국어판 432~433쪽]

33__ 같은 책, 353~354쪽.[한국어판 437쪽]

34__ Alistair M. Duckworth, *Howards End: E. M. Forster's House of Fiction* (New York: Twayne/Macmillan, 1992), 62쪽에서 재인용.

35__ Forster, *Howards End*, 113쪽.[한국어판 143쪽]

36__ 포레스트 리드에 보낸 1915년 3월 13일자 편지. P. N. Furbank, *E. M. Forster: A Life* (New York: Harcourt Brace Jovanovich, 1978), 2권, 14쪽에서 재인용.

37__ Martin Heidegger, "Building Dwelling Thinking," *Poetry, Language, Thought*, intro. and trans. Albert Hofstadter (New York: Harper & Row, 1975) 160쪽. 강조는

원저자의 것. 1951년 8월 5일 독일 다름슈타트 강연에서 처음 언급했다.

38__ Kazin, "Howards End Revisited," 32쪽.

결론

1__ Jane Jacobs, *The Death and Life of Great American Cities* (New York: Random House, 1963) 참조.[한국어판: 제인 제이콥스, 『미국 대도시의 죽음과 삶』, 유강은 옮김(그린비, 2010)]

2__ 홈리스 통계는 계산하는 사람마다 다르다. 그럼에도 최근 맨해튼에서 여름이면 약 3만 명을 넘었고, 겨울에도 1만에서 1만 2천 명 사이이다. 이 쫓겨난 사람들 대부분 혼자인 개인들이다. 도시 외곽의 자치구에서는 홈리스 수가 이보다는 적고, 홈리스 가족이나 파탄 가족의 비율은 더 높다.

3__ Lewis Mumford, *The City in History* (New York: Harcourt Brace Jovannovich, 1961), 421쪽.

4__ Jean Gottmann, *Megalopolis* (New York: Twentieth Century Fund, 1961), 736쪽.

5__ Robert Caro, *The Power Broker* (New York: Knopf, 1974), 318쪽에서 재인용.

6__ Caro, *The Power Broker* 참조.

7__ Herbert Gans, *The Levittowners* (New York: Pantheon, 1967), 220쪽.

8__ 같은 책, 32쪽.

9__ 이 변화에 대한 간결한 설명은 Melvin M. Webber, "Revolution in Urban Development," in *Housing: Symbol, Structure, Site*, ed. Lisa Taylor (New York: Rizzoli, 1982), 64~65쪽 참조.

10__ Roland Barthes, *A Lover's Discourse*, trans. Richard Howard (New York: Hill & Wang, 1978) 참조.

11__ Kevin Lynch, *The Image of the City* (Cambridge, MA: MIT Press, 1960); Erving Goffmann, *Relations in Public: Microstudies of the Public Order* (New York: Basic Books, 1971) 참조.

12__ Alexis de Tocqueville, *Democracy in America*, trans. Edward Reeve (New York: Vintage Books, 1963), 2권, 141쪽.

13__ Robert Jay Lifton, *The Protean Self: Human Resilience in an Age of Fragmentation* (New York: Basic Books, 1993) 참조.

14__ Sigmund Freud, *Beyond the Pleasure Principle*, trans. James Strachey (New York: W.W.Norton, 1961), 1쪽.[한국어판: 지그문트 프로이트, 『쾌락원리 너머』, 김인순 옮김(부북

스, 2013)]

15__ 같은 책, 21쪽. 강조는 프로이트.

16__ 같은 책, 4쪽.

17__ 같은 책, 5쪽.

18__ Elaine Scarry, *The Body in Pain: The Making and Unmaking of the World* (New York: Oxford University Press, 1985), 161쪽.

『살과 돌: 서양 문명에서의 육체와 도시』, 리처드 세넷의 이 책은 1994
년 출간되었고 25년이 넘은 지금 고전이 되었다. 1999년 우리나라에
서 세넷의 저작 중 처음으로 번역되기도 했던(임동근·박대영·노권형 공
역) 이 책은 도시, 건축, 문화연구 등 다양한 분야에서 기본 교양서로
널리 읽힌 책 중 하나이다. 역자의 소개가 필요하지 않을 만큼 많은
이들이 『살과 돌』을 읽었지만 새롭게 번역본을 내는 이유는, 1999년
출간된 번역본은 꽤 오래전에 절판되어 구할 수 없고, 그동안 발전한
우리의 지적 역량을 반영할 필요도 있었기 때문일 것이다.

    2021년 새롭게 번역한 이 책의 끝, 역자가 저자의 글을 덮고 마무
리하는 후일담, 책을 읽기 시작하거나 혹은 방금 저자의 마지막 글을
읽은 독자들에게 역자가 하는 말인 이 후기에서, 나는 다른 책들의 역
자 후기처럼 저자의 말을 요약하거나 나의 해석을 덧붙일 수 없다. 이

미『살과 돌』의 서론과 결론에서 세넷 본인의 말로 책의 화두를 던지고 훌륭하게 요약하고 있으며, 학자로서 나의 비평은 세넷의 글을 읽는 사람이 아니라 그 글의 대상을 연구하고 분석하는 사람들에게 향해야 하기 때문이다. 그렇기에 역자로서 나는 이 후기를 쓰면서 꽤 고약한 처지에 빠졌다. 가장 최근에 나온 세넷 저작의 번역본『짓기와 거주하기』(2020)의 해제를 쓰면서도 느꼈던 이 곤혹스러움은 1999년 처음으로 세넷 글을 번역했고, 20여 년이 지난 후 이를 다시 번역하는 역자로서 쓰는 이 글에서 곱절로 커졌다. 결국 '개인적인 기록', 저자의 서론에서처럼 이 글에서『살과 돌』과 관련된 역자의 기록을 남기고자 한다.

1994년『살과 돌』이 출간된 해는 온라인 서점이 세상에 갓 등장한 시기였다. 1992년 북스택스Book Stacks가 전산망을 통해 처음으로 책을 팔기 시작했고, 1994년 넷스케이프 웹브라우저가 확산되면서 이 서점은 북스닷컴books.com 인터넷 서점이 되었다. 아마도 최초의 인터넷 서점이었거나 그중 하나였을 이곳은 책을 주문하면서 담당 직원과 메일을 주고받으며 다음 책을 추천받기도 하고, 자주 이용하는 고객들에게 새로 나온 책을 선물로 주기도 하는 등 옛 서점의 정취를 느낄 수 있었다. 이곳을 통해 나는 피터 홀, 루이스 멈포드, 제인 제이콥스 등의 도시학 관련 책들과 존 버거, 조녀선 크레리, 로잘린드 크라우스, 로잘린 도이치 등의 현대미술 비평들을 접했다. 이때는 한국에서 고퍼 등으로 외국 주요 대학의 커리큘럼을 처음으로 접할 수 있던 시기이기도 했기에 서구의 학문 흐름을 동시간대에 접할 수 있었고, 이는 예전 같으면 현지에 유학을 가야 접할 수 있는 호사들이었다. 『살과 돌』뿐만 아니라 세넷의 다른 책들인 『무질서의 효용』(1970), 『공적 인간의 몰락』(1977), 『눈의 양심』(1991) 등을 함께 볼 수 있었고, 베를린 장벽 붕괴(1991) 이후 동구권의 도시사 책들이 영어로 소개되며 보다 확장된 도시사 연구를 접할 수 있었다. 1999년 출간된 『살과 돌』 번역본은 1990년대 중반 이후 기존 대학의 지식풍경을 덮어버리는 새로운 지식의 해일 속에서 벌어진 작은 결과물이었다.

지도교수의 오래된 노트에서 더듬더듬 말로 전해지던 대학가의 지식과 동시대적으로 전해지는 서구의 지식담론들이 겹쳐지며 긴장을 유발하던 이 시기는 오래가지 않았다. 북스닷컴이 출발한 지 1년 후인 1995년 온라인 서점 아마존이 열렸고, 이곳은 여러모로 이전의 북스닷컴과 달랐다. 전통적인 오프라인 서점이었던 반스앤노블이 1997년 북스닷컴을 인수하고 곧 아마존을 고소한다. 반스앤노블은 당시 아마존의 선전문구 '세계 최대 규모의 서점'은 거짓이고, 아마존은 서점이 아니라 책 브로커라고 비난했다. 하지만 그후 인터넷 서점의 발달은 이미 우리가 아는 바대로 흘러갔다. 거대 온라인 서점은 책 할인마켓으로 변해갔고, 인터넷은 책과 관련된 소식을 쏟아냈으며, 전 세계가 동시에 책을 사고팔며 서로 공조했다. 유명한 책들은 시차 없이 바로 번역되기 시작했다. 인터넷을 통해 서점의 주인과 대화를 나누며 책을 파는 것은 불가능해지고 양적으로 확대된 베스트셀러들이 가격을 낮추며 전 세계를 누볐다. 두툼한 『괴델, 에셔, 바흐』를 11달러에 구하고, 곰브리치의 미술사 등 학교 교재들이 반값으로 쏟아져나왔다.

아마존의 등장 직전인 1994년에 접한 『살과 돌』은 인터넷이란 신기술이 오프라인 감성으로 움직이던 아주 짧았던 시절, 국내와 해외의 지식 텍스트 생산의 괴리가 그 어느 때보다도 심했던 잠깐 동안 대학가에서 읽고 번역된 것이다. 『살과 돌』 독일어본이 1995년에 번역되었을 뿐, 프랑스어본은 2003년, 스페인어본이 2007년에 나온 것을 고려하면, 나와 동료들은 당시의 우연한 상황에서 우리나라에 거의 알려지지 않은 세넷의 책을 비교적 빠르게 한글로 소개했던 셈이다.

그러나 우리가 했던 '공'은 빠르게 소개한 것이 다였다. 1999년 번역본 곳곳에 역자들의 부족함이 있었다. 당시 서양사학 전공자들도 아날학파 브로델의 저작들을 영어로 공부하던 시절이었고, 서양 도시사를 다룬 책들은 1980년대 하버드대학을 중심으로 번역 소개된 유럽 도시사 저서들, 혹은 안식년으로 외국을 방문한 교수들이 갖고 온 교과서들이 전부였다. 온라인 서점에서 개인적으로 구하던 미국 도시사 책들이 대학도서관 서고를 압도했고, 건축 분야에서 한글로 번역된 멈포드와 기디온의 책 몇 권은 그 책들이 탄생한 지적 배경이나 맥락을 잃은 채 생뚱맞게 거작으로 취급되고 있었다. 『살과 돌』에서 세넷이 언급한 많은 책들이 영어본이었지만 온라인 서점에선 구할 수 없는 절판본이 많았고, 영어로 번역되기 전인 1차문헌들은 찾을 수조차 없었다. 그렇기에 고대 그리스부터 현대 뉴욕까지 수천 년을 오가며 시간여행을 하는 『살과 돌』의 번역은 지금 기준으로 생각하면 엄두도 못 냈을 무모한 일이었다. 당시 번역본은 출간된 후 곧 절판되었지만, 그 짧은 시간 동안 성장한 우리나라 인문학의 발전으로 이 책은 내내 모자란 역자들의 흔적을 보여줄 뿐이었다. 세넷의 다른 책들이 번역되고 국내외에 세넷 글이 널리 퍼지기 시작하면서, 절판된 『살과 돌』 번역본을 찾는 사람들을 심심찮게 만나게 되었고 그렇게 마음이 무거웠던 차에, 2010년 말 문학동네 출판사에서 나에게 재번역을 요청했다. 부족했던 번역본의 역자였기에 미안하기도 하고 기쁘기도 한 제안이었으며, 나름 유럽에서 공부했기에 이제는 제대로 번역할 수 있겠다는 기대감도 있었다.

그후 지금 이 책이 번역 출간되기까지 10년 넘게 흘렀다. 재번역을 시작하면서 우리나라 학계뿐 아니라 번역과 출판을 포함한 지식의 세상이 놀랄 만큼 발전했음을 느꼈다. 서양사뿐 아니라 다양한 학문 전공자들이 라틴어와 희랍어를 손쉽게 접하고, 어지간한 서양 철학 및 역사 책들은 국가의 지원을 받아 우리말로 읽을 수 있었다. 셰익스피어의 작품은 비교가 가능할 정도로 여러 출판사의 번역본들이 있고, 유럽의 다양한 언어로 된 고전들이 다른 언어를 매개하지 않고 바로 한글로 옮겨졌다. 『살과 돌』에서 인용한 많은 책들의 한글본이 도서관 한쪽에 교양도서로 쌓여 있었고, 그 원서들도 쉽게 구할 수 있었다. 세넷이 영어로 소개된 고전들을 읽으며 『살과 돌』을 썼듯이, 나는 한글로 번역된 책들의 도움으로 『살과 돌』을 번역할 수 있었다. 우리말로 번역되지 않은 자료라 하더라도 영어본은 손쉽게 온라인 서점을 통해 볼 수 있었으며, 유럽 각 언어로 된 책과 지도 등의 자료들도 해외 대학을 방문하며 볼 수 있는 등, 나는 1990년대 후반과 확연히 다른 지적 토대 위에서 번역을 진행할 수 있었다.

하지만 역설적으로 예전과는 다른 이유로 번역은 어려운 일이 되었다. 세넷이 이 책을 쓸 무렵인 1990년대 영미권 세상과는 비교할 수 없는 지식 아카이브들이 있었고, 희랍문학과 같은 몇몇 분야는 우리 말로 번역된 이해 수준이 20~30년 전의 영미권 저작보다 훨씬 충실하고 정확했다. 『살과 돌』에서 세넷이 들려주는 이야기를 학문적으로 접근하는 순간 해당 주제와 관련된 수많은 논문들이 다양한 언어로 쏟아져 나왔고, 번역은 단순히 언어를 옮기는 것이 아닌 고민해야 할 연구가 되기 일쑤였다. 전공이었던 도시사는 디지털 아카이브를 통해 사료를 접한 이들의 연구가 풍부하게 축적되었고, 『살과 돌』의 많은 부분이 '종결된 이야기'가 아닌 새로운 논란의 서론이었다. 세넷은 역사의 에피소드들을 모아 현대 도시의 문제점을 추적하는 계보학적인 접근으로 『살과 돌』을 썼지만, 세넷의 글을 번역하는 입장에서 나는 텍스트의 '기의'를 따라 말들의 족보를 찾아야 했고 그 와중에 책을 쓸 당시 세넷이 모를 수밖에 없었던 무한히 증식하는 다른 이들의 글에 갇혔다. 즉 1994년의 시간으로 박제된 세넷의 글을 번역하는 일은 글의 외부를 돌아다닐 수밖에 없는 고된 여행이었으며, 돌아와 다시 본 세넷의 텍스트는 설명이 아닌 시의 감탄사 같은 외마디의 글들이었다. 그 와중에 그간 축적된 학문적 논의들을 벗겨 『살과 돌』의 큰 흐름을 파악할수록 기독교 텍스트의 철학적 울타리는 더욱 노출되고, 번역 시작부터 출간 직전인 지금까지 나의 무지는 끊임없이 발견되었다.

아마도 문학동네 출판사의 여러분이 도와주지 않았으면 『살과 돌』의 새로운 번역본인 이 책은 계속 서랍 속에 있었을지 모른다. 책은 글로 생각을 전달하는 매개체이고, 역자는 번역을 통해 두 언어의 세상을 연결하는 자라는 본연의 임무를 가졌음에도, 충실하게 그 임무를 다하지 못한 나를 후원해주었던 출판사의 여러분께 감사할 뿐이다. 나는 이 글을 끝으로 괴로운 역자에서 즐겁게 책 내용을 떠들고 잡담할 수 있는 독자로 돌아간다. 『살과 돌』의 글들과 세넷의 생각은, 25년 전 나에게 그랬듯이, 여전히 많은 사람에게 새로운 지적 영감을 줄 것이고, 책에 등장하는 장소를 방문할 때면 공간 속에서 구체적으로 만져지는 인문학적 상상력에 가슴을 설레게 할 것이다. 시간과 공간을 넘나들며 설파하는 세넷의 자유주의적인 개방된 자세는 도시를 살아가며 잃어버리기 쉬운 우리의 유한한 '몸'을, 고통 속에 불편하게 마주치는 내 것 아닌 도시의 '불안함'을 깨닫게 해주며, 익명의 도시인으로 살아가는 우리 삶의 가이드가 될 수 있다.

옮긴이의 말

살과 돌
서양 문명에서의 육체와 도시

1판 1쇄 2021년 6월 7일
1판 2쇄 2023년 5월 11일

지은이 리처드 세넷
옮긴이 임동근

책임편집 김영옥
편집 오윤성 이경록
디자인 이효진
저작권 박지영 형소진 최은진 오서영
마케팅 정민호 김도윤 한민아 이민경 안남영 김수현 왕지경 황승현 김혜원 김하연
브랜딩 함유지 함근아 박민재 김희숙 고보미 정승민
제작 강신은 김동욱 임현식
제작처 상지사

펴낸곳 (주)문학동네 | 펴낸이 김소영
출판등록 1993년 10월 22일 제2003-000045호
주소 10881 경기도 파주시 회동길 210
전자우편 editor@munhak.com | 대표전화 031) 955-8888 | 팩스 031) 955-8855
문의전화 031) 955-2696(마케팅) 031) 955-1905(편집)
문학동네카페 http://cafe.naver.com/mhdn
인스타그램 @munhakdongne | 트위터 @munhakdongne
북클럽문학동네 http://bookclubmunhak.com

ISBN 978-89-546-7976-3 03300

www.munhak.com